21世纪经济与管理规划教材·经济学系列

创新经济学

余泳泽 编著

图书在版编目(CIP)数据

创新经济学/余泳泽编著. --北京：北京大学出版社，2024.7
21世纪经济与管理规划教材·经济学系列
ISBN 978-7-301-35057-7

Ⅰ.①创… Ⅱ.①余… Ⅲ.①经济学—教材 Ⅳ.①F0

中国国家版本馆 CIP 数据核字（2024）第 095290 号

书　　名	创新经济学 CHUANGXIN JINGJIXUE
著作责任者	余泳泽　编著
策划编辑	王　晶
责任编辑	王　晶
标准书号	ISBN 978-7-301-35057-7
出版发行	北京大学出版社
地　　址	北京市海淀区成府路 205 号　100871
网　　址	http://www.pup.cn
微信公众号	北京大学经管书苑（pupembook）
电子邮箱	编辑部 em@pup.cn　总编室 zpup@pup.cn
电　　话	邮购部 010-62752015　发行部 010-62750672　编辑部 010-62752926
印 刷 者	北京飞达印刷有限责任公司
经 销 者	新华书店
	787 毫米×1092 毫米　16 开本　24 印张　502 千字 2024 年 7 月第 1 版　2024 年 7 月第 1 次印刷
定　　价	68.00 元

未经许可，不得以任何方式复制或抄袭本书之部分或全部内容。
版权所有，侵权必究
举报电话：010-62752024　电子邮箱：fd@pup.cn
图书如有印装质量问题，请与出版部联系，电话：010-62756370

丛书出版说明

教材作为人才培养重要的一环,一直都是高等院校与大学出版社工作的重中之重。"21世纪经济与管理规划教材"是我社组织在经济与管理各领域颇具影响力的专家学者编写而成的,面向在校学生或有自学需求的社会读者;不仅涵盖经济与管理领域传统课程,还涵盖学科发展衍生的新兴课程;在吸收国内外同类最新教材优点的基础上,注重思想性、科学性、系统性,以及学生综合素质的培养,以帮助学生打下扎实的专业基础和掌握最新的学科前沿知识,满足高等院校培养高质量人才的需要。自出版以来,本系列教材被众多高等院校选用,得到了授课教师的广泛好评。

随着信息技术的飞速进步,在线学习、翻转课堂等新的教学/学习模式不断涌现并日渐流行,终身学习的理念深入人心;而在教材以外,学生们还能从各种渠道获取纷繁复杂的信息。如何引导他们树立正确的世界观、人生观、价值观,是新时代给高等教育带来的一个重大挑战。为了适应这些变化,我们特对"21世纪经济与管理规划教材"进行了改版升级。

首先,为深入贯彻落实习近平总书记关于教育的重要论述、全国教育大会精神以及中共中央办公厅、国务院办公厅《关于深化新时代学校思想政治理论课改革创新的若干意见》,我们按照国家教材委员会《全国大中小学教材建设规划(2019—2022年)》《习近平新时代中国特色社会主义思想进课程教材指南》《关于做好党的二十大精神进教材工作的通知》和教育部《普通高等学校教材管理办法》《高等学校课程思政建设指导纲要》等文件精神,将课程思政内容尤其是党的二十大精神融入教材,以坚持正确导向,强化价值引领,落实立德树人根本任务,立足中国实践,形成具有中国特色的教材体系。

其次,响应国家积极组织构建信息技术与教育教学深度融合、多种介质综合运用、表现力丰富的高质量数字化教材体系的要求,本系列教材在形式上将不再局限于传统纸质教材,而是会根据学科特点,添加讲解重点难点的视频音频、检测学习效果的在线测评、扩展学习内容的延伸阅读、展示运算过程及结果的软件应用等数字资源,以增强教材的表现力和吸引力,有效服务线上教学、混合式教学等新型教学模式。

为了使本系列教材具有持续的生命力,我们将积极与作者沟通,争取按学制周期对教材进行修订。您在使用本系列教材的过程中,如果发现任何问题或者有任何意见或建议,欢迎随时与我们联系(请发邮件至em@pup.cn)。我们会将您的宝贵意见或建议及时反馈给作者,以便修订再版时进一步完善教材内容,更好地满足教师教学和学生学习的需要。

最后,感谢所有参与编写和为我们出谋划策提供帮助的专家学者,以及广大使用本系列教材的师生。希望本系列教材能够为我国高等院校经管专业教育贡献绵薄之力!

北京大学出版社经济与管理图书事业部

前　言

创新是人类最宝贵的认识和改造客观世界的活动,更是社会不断前进、民族兴旺发达的不竭动力。人类历史上的每一次重大进步,无不是创新的结果。创新这个广义而深刻的概念适用于各个学科和领域,不过在自然科学和社会科学中呈现不尽相同的内涵。

在经济学领域,对于"创新"这一概念的研究可以追溯到马克思的《资本论》。然而,真正将创新引入经济学分析框架的里程碑是熊彼特于1912年出版的《经济发展理论》。他在该著作中首次提出了创新的基本概念和思想,为创新经济学奠定了最初的理论基础。熊彼特的研究将创新概念纳入了主流经济学分析框架,开启了经济学对创新现象深入研究的时代。随着创新经济学的发展,该领域开始在经济增长函数中纳入技术进步的变量,将创新视为推动经济增长的引擎。经济学家们开始关注垄断与竞争两种不同市场结构下技术进步对经济增长的影响差异,为创新经济学的不断发展提供了理论支持。这一探索不仅深化了人们对经济结构的理解,更使得创新经济学在垄断和竞争的交汇处蓬勃发展。创新经济学的进一步扩散可追溯到制度经济学、发展经济学等方向。在这个演变过程中,国家创新系统理论、制度创新理论等逐渐形成,丰富了创新经济学的内涵。这一理论体系的建立为深刻理解创新在经济中的作用提供了更为全面的视角。

本书作为创新经济学的基础读物,将致力于系统性地介绍经济学领域中有关创新的概念、理论及学科发展,希望初学者能够通过本书的学习对创新经济学的相关理论知识形成一定的逻辑体系。为此,本书在行文设计上将遵循以下的逻辑安排:首先,前三章将分别介绍创新经济学的基本内容,以及经济学理论中有关创新的概念和定义,同时对创新经济学的理论进行详细梳理,包括经典理论中的马克思创新理论、熊彼特创新理论、斯密创新理论和波特创新理论。其次,第4章和第5章将分别从市场和政府的角度介绍创新理论在不同假设下的理论构建,其中第4章将基于市场供需关系、市场结构探究创新市场理论,第5章将结合市场失灵、政府干预和产业政策来构建创新理论基础,并简要介绍创新政策的概念和评估,同时对中国的创新政策进行系统性梳理。然后,第6章到第10章将基于创新的不同主体和要素对创新经济学理论进行详细阐述。从创新主体来看,本书将主要从企业家精神、跨国公司和企业竞争战略的角度出发去介绍企业的创新表现,并介绍大学和科研机构在创新中发挥的作用,以及将企业和高校院所联系起来的产学研合作纽带的运行机制。从创新要素来看,本书将主要介绍资本要素、平台要素和制度文化要素对创新的影响及其理论机制,其中资本要素包含金融机构和资本市场,平台要素包含载体、联盟和公共服务平台,制度文化要素主要包括知识产权制度和社会文化。通过对创新主体和要素进行深入的探讨,希望能够帮助读者较为全面地了解和掌握创新经济学理论。接着,第11章到第15章的内容将主要以创新为理论基础,探究创新在经济增长、技术赶超、产业变革、区域发展和企业战略中所扮演的角色。从创新与经济增长来看,本书将主要介绍内生增长理论、全要素生产率理论以及S型增长曲线理论。从创新与技术赶超来看,本书将聚焦于"非对称"赶超理论,介绍后发国家技术赶超的路径选择以及我国在"非对称"赶超上的成功案例。从创新与产业变革来看,本书将主要介绍创新与产业演化、新型工业化、现代服务业发展的关系。从创新与区域发展来看,本书将主要介绍创新在区域发展战略、区域发展格局和区域非均衡—均衡发展方面的作用。从创新与企业战略来看,本书将介绍创新与企业生命周期、企业竞争力以及企业管理的作用。最后,第16章的内容将主要聚焦于创新的案例分析,通过对区域、产业、企业三重维度的创新案例分析来巩固本书所介绍的创新经济学理论。以上就是本书的行文逻辑,希望读者能够在这样一个框架下对创新经济学有较为全面系统的掌握。

如今,中国经济已经从要素粗放型扩张驱动的中高速增长全面转向以创新为引擎的高质量发展。创新已然成为中国式现代化建设的核心,推动着国家迈向更为繁荣富强的未来。在这一高质量发展的过程中,中国经济面临着一系列的重大问题,这些问题不仅集聚在创新实践领域,更深入到创新经济学的理论探索领域。创新经济学理论不仅要迎接中国经济高质量发展的挑战,还应为习近平新时代中国特色社会主义经济思想提供理论支持。在习近平新时代中国特色社会主义经济思想的指导下,本书旨在从经济学理论的角度,构建具有中国特色的创新经济学基本理论框架,为中国经济发展提供智力支持,促使创新成为中国经济持续繁荣的长久引擎。

目 录
contents

第一篇 创新理论

第1章 绪论 3
1.1 经济学范畴的创新 3
1.2 创新经济学的产生与发展 4
1.3 中国创新战略演进 7
1.4 创新的重要性 11
1.5 本书的基本内容 12
思考题 14

第2章 创新经济学的基本概念 15
2.1 创新的概念、类型与特征 15
2.2 微观经济学理论中的创新 29
2.3 宏观经济学理论中的创新 35
思考题 40

第3章 创新经济学的理论演进 41
3.1 马克思的创新理论 41
3.2 熊彼特的创新理论 50
3.3 斯密的创新理论 54
3.4 波特的创新理论 57
3.5 创新经济学理论的现代发展 62
思考题 66

第二篇 创新主体与要素

第4章 市场、市场结构与创新 69
4.1 供给、需求与创新 69
4.2 市场结构与创新 80
4.3 交易市场与创新 87
思考题 99

第5章 政府、产业政策与创新 100
5.1 政府与创新 100
5.2 政府与产业政策 106

5.3 产业政策与创新 115
5.4 创新政策 124
思考题 142

第6章 金融、资本市场与创新 143
6.1 金融机构和资本市场 143
6.2 金融机构和资本市场的创新趋势 150
6.3 金融资本市场与企业创新 155
思考题 165

第7章 企业、企业家精神与创新 167
7.1 企业家精神与创新 167
7.2 跨国公司与创新 175
7.3 企业竞争战略与创新 183
思考题 189

第8章 大学、科研机构与创新 190
8.1 大学与创新 190
8.2 科研机构与创新 200
8.3 产学研合作与创新 207
思考题 211

第9章 载体、联盟与创新 212
9.1 载体与创新 212
9.2 联盟与创新 222
9.3 公共服务平台与创新 230
思考题 234

第10章 制度、文化与创新 235
10.1 制度与创新 235
10.2 知识产权制度与创新 238
10.3 文化与创新 246
思考题 251

第三篇 创新与发展

第 11 章 创新与经济增长 255
- 11.1 内生增长理论 255
- 11.2 创新与全要素生产率 268
- 11.3 创新与 S 型增长曲线 276
- 思考题 283

第 12 章 创新与国家"非对称"赶超 284
- 12.1 "非对称"赶超相关理论 284
- 12.2 "非对称"赶超的技术创新路径选择 288
- 12.3 我国"非对称"赶超的成功案例 297
- 思考题 300

第 13 章 创新与产业变革 301
- 13.1 创新与产业演化 301
- 13.2 创新与新型工业化 304
- 13.3 创新与现代服务业发展 310
- 13.4 创新与产业融合发展 315
- 思考题 320

第 14 章 创新与区域发展 321
- 14.1 创新与区域发展战略 321
- 14.2 创新与区域发展格局 326
- 14.3 创新与区域非均衡—均衡发展 330
- 思考题 336

第 15 章 创新与企业战略 337
- 15.1 创新与企业生命周期 337
- 15.2 创新与企业竞争力 343
- 15.3 创新与企业管理 348
- 思考题 353

第 16 章 科技创新案例 354
- 16.1 区域:全球科技创新中心 354
- 16.2 产业:新一轮科技革命与工业4.0 363
- 16.3 企业:苹果、华为、比亚迪及特斯拉 365
- 思考题 376

第一篇

创新理论

第 1 章
绪　论

　　创新是人类最为宝贵的认识和改造客观世界的活动,是社会不断前进、民族兴旺发达的不竭动力。人类历史的每一次重大进步,无不是创新的结果。而创新又是一个非常宽泛的概念,适用于不同的学科和领域。自然科学中的创新与社会科学中的创新是非常不同的概念。本书将从经济学理论出发,在习近平新时代中国特色社会主义经济思想的指导下,力图构建具有中国特色的创新经济学基本理论框架。

　　本章是全书的导论,我们将试图从经济学范畴来定义和阐述本书所要揭示的创新。在此基础上,本章将对创新经济学的产生与发展进行一个简单的梳理,并列出全书的基本内容。最后介绍中国创新战略的演进过程及创新的重要性。

1.1　经济学范畴的创新

　　从社会科学的角度来看,创新在经济学、管理学、社会学等学科中都形成了一定的理论脉络。从管理学角度来看,创新可以是技术上的发明专利,也可以是管理上的新方法。管理创新是指企业把新的管理要素(如新的管理方法、新的管理手段、新的管理模式等)或要素组合引入企业管理系统以更有效地实现组织目标的活动,具体包括管理思想、管理理论、管理知识、管理方法、管理工具等的创新。对于企业来讲,创新包含了产品创新、组织创新、企业制度创新等,是企业获得垄断优势和获取利润最重要的途径。从社会学角度来看,约瑟夫·熊彼特(Joseph Schumpeter)所定义的创新都发生在生产经营领域,但在非生产经营领域,也可能存在类似的函数式和新组合,即创新组合是以公共财富而不是以私人财富为指向的。这种与商业创新内核相同但指向不同的创新,就叫作"社会创新"。社会创新的重要特点之一就是满足弱势和相对弱势的人尚未满足的需求。从经济学角度来看,经济学范畴的创新从生产函数出发,研究生产要素和生产条件变化实现的新组合。经济学中的创新概念坚持了发展的观点,强调实现创新的新组合是通过小幅度的不断调整从旧组合中产生的。创新是一个过程,是一个创新者、模仿者、改进者互相竞争和蚕食的过程,是不断发展和成熟的过程。

创新为经济学家所重视，主要基于以下理由：其一，创新是经济增长的源泉。在熊彼特之前，西方经济学仅把资本和劳动看作经济增长的要素，把技术进步排除在经济学的分析框架之外，这就导致无法在经济学理论上解释要素边际报酬递减但经济在不断增长的事实。熊彼特在《经济发展理论》中明确指出，资本主义经济增长的主要源泉不是资本和劳动力，而是创新：不同的使用方法（即创新）而不是储蓄和可用劳动数量的增加，在过去的50年中已经改变了经济世界的面貌。熊彼特的思想为新古典经济学家所继承，并发展为以技术创新为核心内容的新经济增长理论。其二，创新的溢出效应是内生增长理论的基础。该理论被保罗·罗默(Paul Romer)等学者发展壮大，目前是经济学增长理论的基石。在罗默看来，知识积累和技术创新是经济增长的核心，而知识积累和技术创新是具有正向溢出效应的经济增长内生变量。知识积累和技术创新为持续的资本积累提供了源源不断的发展动力。可见，技术创新和资本积累共同撑起世界经济快速增长的大部分。

把创新纳入经济学分析的范畴就产生了创新经济学。不同于过去对创新的经济学分析限定于技术创新，本书所定义的创新包括了从微观经济学到宏观经济学的知识创新、技术创新、制度创新和管理创新四个方面。知识创新和技术创新属于知识的生产，知识生产越多，经济发展就越快，这是创新经济学的核心部分。制度创新是知识创新和技术创新的重要保证。管理创新应注重知识技术的管理。将以上四个方面结合起来，就构成了以知识为轴心的，包括知识的生产、扩散、应用和传播，并将知识、技术、制度、管理融为一体的创新经济学体系。创新不只是技术发明的应用，而是从知识创新开始，关注创新的全过程和全局性。

1.2 创新经济学的产生与发展

20世纪50年代以后，随着科学技术的迅猛发展，尤其是以微电子技术为核心的新一轮科技革命的兴起，许多国家的经济出现了长达20年的高速增长黄金期，技术创新对人类社会和经济发展的影响越来越大。西方经济学家开始重新审视熊彼特的创新理论，并将技术创新与经济增长相联系，从而出现了技术创新理论。技术与制度作为企业生产和组织结构的两个核心因素，是创新经济学领域研究的焦点。在创新经济学理论中传承着两种观点。一方面，传统的技术创新理论认为，经济增长是资本积累、劳动力增加和技术进步长期作用的结果。其中技术进步起到了主要的作用。另一方面，制度创新理论认为，制度创新能使经济创新者获得额外的利益。制度创新是技术创新的保证，只有在完备的组织制度下，技术进步才能起到自身推动经济增长的作用。两种观点尽管强调了各自研究的关键所在，但都围绕经济创新的核心因素展开。该理论的追随者把熊彼特的创新经济学理论发展成为当代西方经济学的两个重要理论分支:以技术变革和技术推广为对象的技术创新经济学;以制度变革和制度形成为对象的制度创新经济学。

创新经济学的产生与发展主要经历了以下几个阶段:

第一,创新经济学的产生阶段。创新经济学的产生可以追溯到马克思的《资本论》,他指出智力劳动特别是自然科学的发展是社会生产力发展的重要来源。[①] 熊彼特将创新概念引入经济学分析框架并进行系统分析,其在1912年出版的《经济发展理论》一书中首先提出了创新的基本概念和思想,形成了最初的创新经济学理论。1939年和1942年熊彼特又分别出版了《经济周期》《资本主义、社会主义与民主》两部专著,对创新理论加以补充完善,逐渐形成了以创新理论为基础的独特的创新经济学理论体系。熊彼特在经济学领域对创新理论的研究,将创新和企业生产联系在一起,强调企业家的重要作用,建立了创新经济学理论的最初体系,为后人继续研究提供了成熟的理论基础。

第二,创新经济学的形成阶段。把创新经济学纳入主流经济学分析框架,要从在经济增长函数中纳入技术进步的变量开始。经济学家索洛把柯布-道格拉斯生产函数形式本身和"技术水平恒定"的限制加以改进,从希克斯中性技术进步出发,推导出增长速度方程,分析了技术进步的作用,指出了经济增长中技术进步所作的巨大贡献。索洛提出,技术创新是经济增长的内生变量,是经济增长的基本因素,并建立了著名的技术进步索洛模型,专门用于测度技术进步对经济增长的贡献率。阿罗于1962年提出了"干中学"(learning by doing)模型,把从事生产的人获得知识的过程内生于模型,认为生产和物质资本积累过程引起了劳动生产率提高和技术外溢。在阿罗的模型中,技术进步是一个渐进的过程。在此基础上,后续的经济增长理论围绕着如何将技术进步变量内生化展开了一系列研究。其中最为著名的是罗默在1986年《收益递增和长期增长》一文中提出的内生经济增长模型。罗默的模型较为系统地分析了知识与技术对经济增长的作用,他突出了研究与开发对经济增长的贡献,认为知识和技术研发是经济增长的源泉。随后的知识溢出模型认为技术知识具有溢出效应,并进一步通过知识溢出提升了全社会的技术进步水平。这个阶段,创新开始被经济学家重视,并被逐步纳入主流经济学的理论框架。

第三,创新经济学的发展阶段。创新经济学被主流经济学纳入其分析框架之后,经济学家开始关注在垄断与竞争两种不同的市场结构下,技术进步对经济增长的影响。创新经济学开始逐步向微观模型进行拓展。有关市场结构与创新之间的关系,在产业组织理论下可以分为三种观点:一是熊彼特1942年在《资本主义、社会主义与民主》中提出的"创造性破坏"理论,他认为垄断性大企业是技术创新的主要承担者,是技术变革的发动机。产业的垄断程度越高,企业规模越大,技术创新的密度也越大。这一结论被称为"熊彼特假说"。二是由阿罗于1962年提出的"竞争性越强越有利于创新"的观点。他认为

---

① 参见马克思. 资本论节选本[M].北京:人民出版社,1998:369。

在完全竞争市场中,技术创新的收益大于垄断市场的收益。因此,完全竞争市场比垄断市场更有利于技术创新。三是埃德温·曼斯菲尔德(Edwin Mansfield)于1968年提出的"倒U形假说",即认为中等竞争程度的市场结构最有利于创新,随着市场竞争性的由强至弱,创新活动的强度先上升后下降。经济学家南希·施瓦茨(Nancy Schwartz)等提出了最有利于技术创新的市场结构类型。施瓦茨认为,制约和影响技术创新的因素主要有三个:一是市场竞争程度的强弱;二是企业规模的大小;三是垄断力量的强弱。他们将技术创新分为两类:一类是由预计可以获取垄断利润的引诱而采取的创新措施,即所谓垄断前景推动的创新;另一类是迫于竞争对手的威胁而采取的创新措施,即所谓竞争前景推动的创新。他们认为,要使社会上的创新活动能够持续不断地进行下去,这两类创新都是不可缺少的。因为如果只有垄断前景推动的创新,一旦企业的垄断实力增强,足以保证垄断利润的获取,创新活动就会衰减甚至停止;而如果只有竞争前景推动的创新,则所有企业都只想做花费成本较小的模仿者,而不愿做花费成本较大的创新者。

第四,创新经济学的扩散发展阶段。创新经济学经历了产生、形成和发展阶段后,开始不断向制度经济学、发展经济学等方向进行扩散,逐步形成了国家创新系统理论、制度创新理论等。熊彼特在其创新经济学理论中曾经指出,创新是企业家的职能。然而英国学者克里斯托夫·弗里曼(Christopher Freeman)通过对日本、美国等国家和地区的创新活动的特征进行实证分析后,认为技术创新不仅仅是企业家的功劳,不是企业的孤立行为,而是由国家创新系统推动的。国家创新系统是参与和影响创新资源的配置及其利用效率的行为主体、关系网络和运行机制的综合体系。在这个系统中,企业和其他组织等创新主体,通过国家制度的安排及其相互作用,推动知识的创新、引进、扩散和应用,使整个国家的技术创新取得更好绩效。国家创新系统理论以熊彼特创新理论、技术创新理论和技术进步理论为理论基础,侧重分析技术创新与国家经济发展实绩的关系,将创新作为国家变革和发展的关键动力系统。由此,弗里曼提出了技术创新的国家创新系统理论,将创新主体的激励机制与外部环境条件有机地结合起来,并相继发展了区域创新、产业集群创新等概念和分支理论。在制度创新理论方面,兰斯·戴维斯(Lance Davis)和道格拉斯·诺斯(Douglass North)合著的《制度变迁与美国经济增长》利用新古典经济学理论中的一般静态均衡和比较静态均衡方法,对制度创新作了较为系统的阐述。该理论认为,制度创新指的是能够使创新者获得追加或额外利益的、对现存制度(指具体的政治经济制度,如金融制度、银行制度、公司制度、工会制度、税收制度、教育制度等)的变革。技术创新需要与制度创新相结合,制度创新是技术创新的保证。制度经济学认为,制度创新基本上可分为两种类型:一种是诱致性制度变迁,另一种是强制性制度变迁。他们提出促成制度更新的主要因素有以下三种:一是规模经济性,市场规模扩大和商品交易额增加会促进组织实施制度变革,降低经营管理成本,以获取更多经济利益;二是技术经济性,生产技术和工业化的发展、城市人口增加和企业规模扩大,会促使人们去进行制度创新,以获取新的潜在经济利益;三是预期收益刚性,社会集团力量为防止自己预期收益下降会采取一些制度变革措施,例如在通货膨胀率持续增长的情况下,工资、利息等固定收入者就要求实行收入指数化制度,以保障自己的实际收入不因通货膨胀而下降或不至于下降得过快过多。在发展经济学领域,迈克尔·波特(Michael Porter)将创新驱动经济发展视为一个发展阶段提出来。他把经济发展划分为四个阶段:第一阶段是要素驱动阶段,第二阶段是投资驱动阶段,第三阶段是创新驱动阶段,第四阶段是财富驱动阶段。其中企业在消化吸收和创新改造外国先进技术方面的能力是一国产业达到创新驱动阶段的关键,也是创新驱动与投资驱动的根本区别。①

1.3　中国创新战略演进

中华人民共和国成立以来,在各阶段国家领导人及其领导集体的不断开拓进取下,中国创新发展战略基本实现了从技术引进、模仿创新到自主创新再到全面创新的战略转变,形成了具有中国特色的创新发展道路。中国特色创新发展理论的形成是一个不断探索的历史过程,历经了以下五个主要发展阶段:

第一个阶段是1949—1978年,以毛泽东同志为核心的第一代领导集体发出"向科学进军"的号召,确立"重点发展,迎头赶上"的方针,指引中国科技事业奠定基础、打破封锁、建立体系。当中华民族跨越百年沧桑重新走上复兴之路时,如何聚力科技创新发展实现赶超,是中国共产党领导下的新中国必须面对的时代课题。"努力发展自然科学,以服务于工业农业和国防的建设"被写入《中国人民政治协商会议共同纲领》。1949年11月,中国科学院成立。"全党努力学习科学知识,同党外知识分子团结一致,为迅速赶上世界科学先进水平而奋斗!"1956年1月,全国知识分子问题会议上,毛泽东发出"向科学进军"的号召。这一年中国成立了国家科学规划委员会,制定了《1956—1967年科学技术发展远景规划》。这一规划以"重点发展,迎头赶上"为方针,对百废待兴的新中国尽快建立自己的科学技术体系并支撑经济社会发展发挥了重要的指导作用,极大地促进了我国科学技术的发展,缩短了与先进国家的距离。

第二个阶段是1978—1998年,以邓小平同志为领导核心的党中央做出"科学技术是第一生产力"的重要判断,确立"经济建设必须依靠科学技术,科学技术必须面向经济建设"的指导方针,指引中国科技事业奋起直追、全面提升。1949年以来,由于体制等方面的原因,科技发展与经济发展相互脱节,科学技术作为第一生产力对经济发展的巨大推动作用远远没能发挥出来。1978年3月18日,全国科学大会开幕。"科学技术是生产

---

① 〔美〕迈克尔·波特.国家竞争优势[M].北京:华夏出版社,2002.

力""四个现代化关键是科学技术的现代化",邓小平的讲话极大鼓舞了科技工作者。中国进入改革开放的历史新时期,迎来了科学的春天。1985年3月,中共中央发布《关于科学技术体制改革的决定》,从宏观上制定了科学技术必须为振兴经济服务、促进科技成果商品化等方针和政策,从而为科技成果向现实生产力的转化以及高新技术产业化的发展,奠定了政策基础。1986年3月,邓小平亲自批准实施瞄准世界高新技术前沿的"863"计划。1988年8月,国务院批准实施以高新技术商品化、产业化、国际化为宗旨的"火炬计划",先后批准建立了53个国家级高新技术产业开发区。中国高新技术产业从此迅速壮大。1988年9月,邓小平说:"马克思说过,科学技术是生产力,事实证明这话讲得很对。依我看,科学技术是第一生产力。"邓小平的这一论述精辟地阐明了科学技术是经济发展的首要推动力,继承并发展了马克思主义的生产力学说。改革开放以来,中国科技发展日新月异,科技实力伴随经济发展日益壮大,一系列重大科学工程达到国际先进水平,在科技进步与创新上取得重大进展。

第三个阶段是1998—2006年,面对世界新科技革命和知识经济的发展,以江泽民同志为核心的中共第三代领导集体,高举邓小平理论的伟大旗帜,全面落实"科学技术是第一生产力"的思想,提出了科教兴国及可持续发展等一系列发展战略。1995年5月26日,江泽民在全国科学技术大会上代表中共中央、国务院首次正式提出实施"科教兴国"的战略。党中央、国务院决定在全国实施科教兴国战略,是总结历史经验和根据我国现实情况所做出的重大部署。科教兴国,是指全面落实科学技术是第一生产力的思想,支持教育为本,把科技和教育摆在经济、社会发展的重要位置,增强国家的科技实力及向现实生产力转化的能力。在中共十五大上,江泽民再次提出把科教兴国战略和可持续发展战略作为跨世纪的国家发展战略。他指出:"要充分估量未来科学技术特别是高技术发展对综合国力、社会经济结构和人民生活的巨大影响,把加速科技进步放在经济社会发展的关键地位,使经济建设真正转到依靠科技进步和提高劳动者素质的轨道上来"。1999年8月,中共中央、国务院召开的全国技术创新大会将"加强技术创新,发展高科技,实现产业化"确立为中国科技跨世纪的战略目标。这个时期,中国科技创新实现了跨越式发展,科技实力在国际上稳步提升。

第四个阶段是2006—2012年,以胡锦涛同志为核心的党中央确立了"自主创新、重点跨越、支撑发展、引领未来"的方针,提出了创新驱动发展战略,指引中国自主创新、重点跨越、塑造引领。2006年,胡锦涛同志在全国科学技术大会发表了《坚持走中国特色自主创新道路,为建设创新型国家而努力奋斗》的重要讲话,他强调本世纪前20年,是我国经济社会发展的重要战略机遇期,也是我国科技事业发展的重要战略机遇期。我们必须认清形势、坚定信心、抢抓机遇、奋起直追,围绕建设创新型国家的奋斗目标,进一步深化科技改革,大力推进科技进步和创新,大力提高自主创新能力,推动我国经济社会发展切实转入科学发展的轨道。在十八大报告中,胡锦涛同志明确提出了创新驱动发展战略。

他强调科技创新是提高社会生产力和综合国力的战略支撑,必须摆在国家发展全局的核心位置。要坚持走中国特色自主创新道路,以全球视野谋划和推动创新,提高原始创新、集成创新和引进消化吸收再创新能力,更加注重协同创新。深化科技体制改革,加快建设国家创新体系,着力构建以企业为主体、市场为导向、产学研相结合的技术创新体系。

  第五个阶段是2012年以来,以习近平同志为核心的党中央确立了到2050年建成世界科技创新强国的"三步走"战略目标,明确创新是引领发展的第一动力,并将其作为新发展理念之首。党的十八大以来,中国特色社会主义进入一个新的发展阶段,呈现出新变革、新特征、新要求和新任务。基于这些重大实践变化,习近平在继承和发展理论的同时,又创新理论,提出"创新是引领发展的第一动力"。在各类创新领域中,作为第一生产力的科技创新处于最重要的地位,对生产关系起着决定性作用。党的十八届五中全会明确了"创新、协调、绿色、开放、共享"五大发展理念。这将是我国在"十三五"期间,乃至更长时期内的发展思路、方向和着力点。而其中,"创新"一词排在第一位。在2015年10月29日召开的党的十八届五中全会第二次会议上,习近平再次强调,"我们必须把创新作为引领发展的第一动力,把人才作为支撑发展的第一资源,把创新摆在国家发展全局的核心位置,不断推进理论创新、制度创新、科技创新、文化创新等各方面创新,让创新贯穿党和国家一切工作,让创新在全社会蔚然成风"。习近平关于"建设世界科技强国"的美好愿景,是立足科技创新发展实际做出的目标选择,体现了以习近平同志为核心的党中央的道路自信和使命担当,是实现"两个一百年"奋斗目标的关键一环,是实现中华民族伟大复兴的中国梦的重要一步。习近平关于科技创新的论述,形成了从思想到战略再到行动的完整体系。习近平关于新时代科技创新的重要论述是对马克思主义科技观的继承、创新与发展,是习近平新时代中国特色社会主义思想的重要组成部分。在以习近平同志为核心的党中央的正确领导下,中国的科技实力和创新能力大幅跃升,正向世界创新型国家行列迈进,创新驱动不仅成为引领中国发展的第一动力,而且正在成为中国引领世界经济的最大动力。

  在有关中国创新发展战略演变的研究中,胡鞍钢和张新进行了较为系统的总结提炼,提出了中国创新发展战略的1.0—4.0版本,如表1-1所示。[①]

表1-1 中国创新发展战略演变

	1.0版本 (1949—1976年)	2.0版本 (1977—1994年)	3.0版本 (1995—2011年)	4.0版本 (2012—2016年)
主题词	科技追赶	开放创新	自主创新	全面创新
发展阶段	落伍者、边缘者	积极采用者、积极赶超者	赶超者、并行者	并行者、领先者

---

① 胡鞍钢,张新. 创新发展:国家发展全局的核心[J]. 中共中央党校学报,2016,20(2):107—112.

（续表）

	1.0 版本 (1949—1976 年)	2.0 版本 (1977—1994 年)	3.0 版本 (1995—2011 年)	4.0 版本 (2012—2016 年)
指导思想	自力更生为主，实现科技跨越式发展	实行"拿来主义"，加快科学发展	走中国特色自主创新道路，提高自主创新能力	创新驱动发展，科技创新带动全面创新
创新定位	科技是国家现代化的关键	科学技术是第一生产力	科技创新是加快转变经济发展方式的重要支撑	创新是引领发展的第一动力
科技实力	处于世界第三阵营	接近世界第二阵营	跻身世界第二阵营前列	进入世界第一阵营
创新能力与创新机制	引进科技能力为主	大规模提高引进科技能力	自主创新能力显著增强	自主创新能力快速提高
		科技再创新能力大幅提升	大规模利用国内市场创新能力	国内市场创新能力进一步扩大
	初步形成科技再创新能力	逐步形成自主创新能力	大规模引入世界市场创新能力	世界市场创新能力进一步拓展
		初步具备国内市场创新能力		
创新资源配置方式	主要依靠计划方式，重点突破	建立社会主义市场经济体制，积极引进先进技术设备	完善社会主义市场经济体制，成为技术出口国和技术进口国	市场配置起基础性作用，成为世界科技大国
创新发展战略	科学技术现代化	开放发展战略	科教兴国战略	网络强国战略
			人才强国战略	国家大数据战略
			知识产权战略	创新驱动发展战略
				人才优先发展战略
创新发展规划	《1956—1967 年科学技术发展远景规划》	《1978—1985 年全国科学技术发展规划纲要(草案)》	"九五"计划、"十一五"规划、"十二五"规划《纲要》	"十三五"规划《纲要》
			《国家中长期科学和技术发展规划纲要(2006—2020 年)》	《国家创新驱动发展战略纲要》
			《国家中长期人才发展规划纲要(2010—2020 年)》	《国家中长期科学和技术发展规划纲要(2006—2020 年)》
			《国家"十二五"科学和技术发展规划》	《"十三五"国家科技创新规划》

资料来源：胡鞍钢,张新. 创新发展：国家发展全局的核心[J]. 中共中央党校学报,2016,20(2):107—112.

正是在中国特色创新发展理论的指导下，中国创新发展不断取得成功，并走出了一条与西方国家不同的创新发展道路。这一道路根植于中国经济社会发展的历史与现实，具有深深的中国烙印与中国特色。一是在创新发展中坚持战略引领与自发式创新相结合。国家战略的凝聚力有利于汇聚各方智慧，发挥集中力量办大事的优势；同时为创新的自发性预留空间，鼓励民间创新、草根创新。二是在创新发展中既注重发挥市场在资源配置中的决定性作用，又更好地发挥政府的协调、引领和支持作用。三是在创新发展中既充分发挥国有企业的作用，又积极发挥民营企业的作用，二者相互补充。四是坚持自主创新与模仿创新相结合，原始创新、集成创新与引进、消化、吸收再创新相结合，多种创新模式并举。五是坚持利用国内和国外两种资源、两个市场，"引进来"和"走出去"相结合。

1.4 创新的重要性

纵观人类的发展史，就是一部科技创新史，每一次科技的重大进步标志着一个新时代的到来。蒸汽机的发明让人类步入了蒸汽时代，电脑的普及则标志着人们步入了信息时代。科技的进步给人类带来的是经济的发展、生活水平的提高乃至整个社会的进步。创新的重要性不仅体现在对国家赶超、区域发展和产业变革等宏观方面的影响，还体现在对企业竞争力甚至个人发展等微观方面的影响。科技进步与经济发展方式转变之间有着内在的不可分割的联系，是撬动生产方式变革、推进产业结构调整的有力杠杆。创新的重要性主要体现在以下四个方面：

第一，创新是一个国家综合竞争力的决定性因素，是一个民族进步的灵魂，是一个国家兴旺发达的不竭动力。纵观人类社会的发展史，国家、民族之间的竞争，本质上是生产力之争，其核心是科技创新能力之争。国家进步、民族复兴需要强大的科学技术和独立自主的创新能力作为支撑。尤其在新一轮科技革命发展的今天，科学技术已经成为经济发展的第一生产力。各个国家都在不断推进科技创新，以科学技术来推动整个国家经济的进步。一个国家只有拥有强大的自主创新能力，才能在激烈的国际竞争中把握先机、赢得主动。落后国家只有通过科技创新才有可能实现经济和综合国力的赶超。

第二，创新可以推动实现区域经济结构优化升级和可持续增长，促进区域竞争力提升。区域内生产要素的排列组合决定着该区域的经济结构，而科技创新通过技术革新重组原有产品中生产要素的比例和结构，优化配置和合理利用资源，从而优化区域内生产要素比例、改变产品生产方式，催生出新产品和新产业、带动新的消费和就业，由此实现区域内经济结构的转型升级。科技创新不仅能够带动本区域内的经济结构升级，其扩散效应还会延伸至整个集群及区域外，从而提升区域内及相邻区域的产出水平，因此创新也是区域竞争力提升的一个最重要的因素。科技创新通过不断促成区域企业集群发展，进而提升了区域内部企业整体的科技创新能力，加快了技术扩散的速度，形成了规模区域经济效益，提升了区域经济整体实力。一部波澜壮阔的世界城市发展史，就是一部辉煌灿烂的科技创新进步史。从英国伦敦到美国旧金山再到日本东京，这些世界级城市的崛起无一不是依靠科技创新的力量。

第三，创新是产业变革的重要因素，是产业转型升级的核心动力。颠覆性创新推动着产业发展的不断变革，导致新兴产业的出现。纵观人类社会历次大的产业革命的出现，如蒸汽机、机器大工业生产、电气、计算机、互联网等，无不伴随着技术创新的重要支撑。尤其是进入信息化时代后，技术和产业的发展日新月异，业态变化更加频繁、迅速，新兴产业诞生的周期缩短，影响越来越深刻，技术和业态创新变得越来越重要。新的全球化背景下，任何一个产业如果没有创新，就会进入衰落期。每一轮科技革命催生的新产业都有生命周期，经济危机及其引发的经济衰退也往往与产业缺乏进一步的创新、新的科技和产业革命没有及时跟上有关。此外，伴随着创新对产业变革的影响，创新也成为一个国家和地区产业转型升级的重要推动力。产业转型升级是产业从价值链的中低端向中高端上升的过程，是产业竞争力全面提升和经济迈上新台阶的关键。产业转型升级的根本在于提高产业发展的质量和效益，而实现后者的根本在于创新要素质量的全面提升和结构优化。所以，创新对新兴产业兴起和传统产业升级将产生巨大作用，由创新所引发的产业变革已经成为经济发展的新动力。

第四，创新是企业生存和发展的原动力，是企业最核心的竞争力。创新是企业发展的最原始的也是最大的推动力。企业从创建之始的小企业成长为百年大企业，最主要的因素还在于创新能力，没有创新能力就无法适应激烈的市场竞争，更无法长久。一个企业想要做大做强，不仅仅要有一种独特的核心竞争力，更要有一种敏锐的创新意识和创新精神。在市场竞争异常激烈的今天，产品的生产周期短，更新换代快，技术占据主要发展空间，不持续创新就意味着被时代淘汰。创新能力已成为企业最核心的竞争力，是企业不断实现跨越发展至关重要的第一步。企业为提升竞争力会制定相应的策略，而没有技术和产品的创新，企业的这些策略将是无法实现的。技术创新的战略正是现代企业核心竞争力战略的核心。创新有助于企业在激烈的市场中赢得竞争优势，无论企业希望获得哪种竞争优势，还是选择哪种竞争战略，都离不开自主创新。所以，创新是企业生存发展的根本源泉，是企业不断发展进步的动力，也是企业取得成功的保障。

1.5 本书的基本内容

本书的基本内容将按照图 1-1 所示的框架展开：

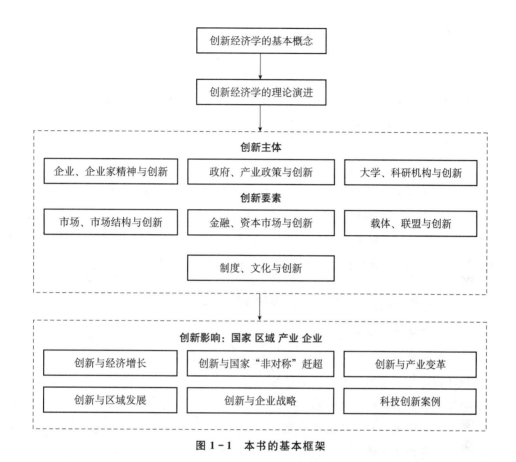

图 1-1 本书的基本框架

本书第 2 章主要从创新经济学的基本概念出发,对创新的概念、类型与特征以及微观经济学理论中的创新、宏观经济学理论中的创新进行概括和总结。第 3 章主要梳理创新经济学基本理论的演化历程,将对马克思的创新理论、熊彼特的创新理论、斯密的创新理论、波特的创新理论以及创新经济学理论的现代发展进行系统梳理。

在对创新经济学基本概念和理论进行总结的基础上,本书第 4 章到第 10 章将主要从创新主体和创新要素两个维度对创新的影响进行理论和现实的归纳总结。其中,第 4 章将从市场和市场结构对创新的影响展开,分别对市场中供给和需求对创新的影响,以及市场结构与创新成果的交易市场发展对创新的影响等方面进行理论分析和现实考察。第 5 章将从政府和产业政策对创新的影响展开,分别分析产业政策、发展型政府和政府组织与创新等方面的内容。第 6 章将从金融要素和资本市场对创新的影响展开,分别分析金融机构、资本市场和资本主体与创新等。第 7 章从企业角度展开,分别对企业家精神、跨国公司和企业竞争战略与创新的关系等进行介绍。第 8 章将从大学和科研机构对创新的影响展开,包括大学、科研机构和产学研合作与创新等。第 9 章将从载体和联盟对创新的影响展开,分别分析载体、联盟和公共服务平台与创新等。第 10 章将从制度和文化角度展开,分别对知识产权保护、交易成本以及社会文化与创新等方面进行理论分析和现实考察。

本书的第 11 章到第 16 章将主要从国家、产业、区域和企业四个维度围绕创新对经济社会发展的影响进行理论和现实的归纳总结。其中,第 11 章将从创新对经济增长的影响展开,分别从内生增长理论、创新与全要素生产率以及创新与 S 型增长曲线三个方面进行理论分析和现实考察。第 12 章将从国家"非对称"赶超的视角分析创新对国家发展的影响。第 13 章将从产业维度总结创新对产业变革的影响,分别从创新对产业演化、新型工业化以及现代服务业发展的影响进行介绍。第 14 章将从区域维度总结创新对区域发展的影响,包括创新对区域发展战略、区域发展格局和区域非均衡—均衡发展的影响等。第 15 章将从企业维度总结创新对企业战略的影响,分别从创新对企业生命周期、企业竞争力以及企业管理的影响进行理论分析和现实考察。第 16 章为科技创新的典型案例分析,将从区域、产业和企业三个维度寻找典型的创新案例进行梳理。

思考题

1. 阐述创新的经济学定义。
2. 简述创新被经济学家重视的原因。
3. 梳理创新经济学的产生与发展过程。
4. 简述创新经济学的基本内容。
5. 系统论述中国创新战略的演进过程。
6. 阐明创新的重要性。

第 2 章
创新经济学的基本概念

本章将重点介绍有关创新的概念、类型与特征,以及微观经济学和宏观经济学中的创新思想。

2.1 创新的概念、类型与特征

2.1.1 创新的概念

创新经济学是从经济学的角度出发,研究创新的过程机制、影响因素以及创新对经济增长和产业演化影响的应用经济学科。其研究对象是创新,包括技术创新、组织创新、市场创新、金融创新和制度创新等维度。创新的本质是将科学技术应用于产品、工艺以及其他商业用途上,以改变人们的生活方式,提高人们的生活质量。创新产生的经济效益只是创新的一个表现。

1. 创新的定义

迄今为止,关于创新(innovation)的概念仍有许多不同的理解和定义。有的学者认为创新与技术创新是同义词,有的则将技术创新分成广义技术创新与狭义技术创新。创新理论的创始人熊彼特认为,所谓创新就是"建立一种新的生产函数",即把一种从来没有过的关于生产要素和生产条件的"新组合"引入生产系统。经济发展就是"执行新的组合",主要包括五种情况:①采用一种新的产品(消费者还不熟悉的产品,或一种产品的新特性);②采用一种新的生产方法,即在有关的制造部门中尚未通过经验验证的方法;③开辟一个新的市场,即有关国家的某一制造部门不曾进入的市场;④控制原材料或半成品的新供应来源;⑤实现任何一种工业的新组织。① 继熊彼特之后,国内外研究者对技术创新的理解大体上都是在熊彼特的创新理论基础上展开的。主要有两种观点:一种观点是基于发明(invention)与创新的联系和区别来理解,专指与技术有关的狭义创新;另

---

① 约瑟夫·熊彼特. 经济发展理论[M]. 北京:商务印书馆,2000.

一种观点是从技术、市场、管理和组织体制等生产系统的要素方面来理解的广义创新。

美国经济学家曼斯菲尔德认为,创新就是"一项发明的首次应用"。他认为与新产品直接有关的技术变动才是创新,产品创新是从企业的产品构思开始,以新产品的销售和交货为终结的探索性活动。曼斯菲尔德对技术创新的定义常为后来的学者所认可并采用。英国经济学家弗里曼认为,工业创新是指"第一次引进一个新产品或新工艺中所包含的技术、设计、生产、财政、管理和市场诸步骤"。① 美国企业管理学家彼得·德鲁克(Peter Drucker)认为,"创新的行动就是赋予资源以创造财富的新能力",并且"创新并非都在技术方面,凡是能改变已有资源的财富创造潜力的行为都是创新,如体现在管理市场营销和组织体制等方面的新能力、新行为,即属于管理创新、市场创新和组织创新"。②

不同于国外经济学家的理论,国内学者对创新的定义主要集中在技术方面。傅家骥关注市场角度,认为技术创新是企业家抓住市场信息的潜在盈利机会,以获取商业利益为目标,重新组织生产条件和要素,建立起效能更强、效率更高和费用更低的生产经营系统,从而推出新的产品、新的工艺,开辟新的市场,获得新的原材料来源或建立企业新的组织的过程。③ 许庆瑞将技术创新视作技术变革的一个阶段,认为技术变革过程大体可分为技术发明、创新和扩散三个阶段。首先,发明是指有史以来第一次提出某种技术的新概念、新思想、新原理。其次,创新则是继发明之后实现新技术的第一次商业性应用,是科学转化为直接生产力的阶段。④ 其中,产品创新(product innovation)是指技术上有变化的产品的商业化。它既可以是完全新的产品,也可以是对现有产品的改进。而过程创新(process innovation)也称工艺创新,是指一个产品的生产技术的重大变革,它包括新工艺、新设备及新的管理和组织方法。最后,扩散(diffusion)是指创新通过市场或非市场渠道进行传播。没有技术创新的扩散,创新便不可能有经济影响。研发活动会引起新的"发明"(新的产品、工艺、生产经营和管理方法),新的"发明"一旦进入某一生产经营过程、体系之中,即会完成狭义的技术创新。任何研发活动的成果,只有通过狭义的技术创新,才能转化为直接的、现实的、物质的生产力。任何狭义的技术创新,一旦进入市场,都有可能被其他企业吸纳和模仿,即形成创新扩散。只有通过狭义技术创新的扩散,才能提高宏观经济的技术水平。因此,又可以将"研究开发—狭义技术创新—创新扩散"的全过程,称为"广义的技术创新"。广义创新的累积效应,体现为技术水平的宏观递进及国民经济的有效增长。

2. 创新的深化

首先,我们将引入一个非常简单的创新模型,这个简单的模型有时被称为"线性模

---

① Freeman,C.,Soete,L. 1997. *The Economics of Industrial Innovation*,3rd ed. London:Routledge.
② 彼得·德鲁克. 创新与企业家精神[M]. 北京:企业管理出版社,1989.
③ 傅家骥等. 技术创新学[M]. 北京:清华大学出版社,1998.
④ 许庆瑞. 研究、发展与技术创新管理[M]. 北京:高等教育出版社,2000.

型",如图 2-1 所示。此时,线性并非传统意义上的线性,而是指研究与创造以"直线"的方式引起创新和财富创造,而且这是一个单向过程。

图 2-1 简单的创新线性模型

基于努力工作和一些运气,研究与创造会产生发明,但这仅仅是创新征途上的第一步。发明只不过是一种思想,在它转化为商业上切实可行的创新之前,还需要很多开发与设计工作。并非所有的发明在成为创新之前都会经过这一步骤,我们保留"创新"这个词直到它第一次被商业应用时。换言之,只有当新的思想第一次在企业的生产过程中得以使用或者第一次在市场上实现销售时,才是一项创新。

3. 创新和发明

目前文献中关于创新的定义种类较多,仍然存在一定的争议。因为"创新"一词应用非常广泛,并非仅被经济学家使用。然而,在经济学中,创新一开始就具有相当特殊的含义,一种较为流行的定义如下:"对新想法的成功利用"。这一定义抓住了创新的两个本质特征:它并非仅仅指新想法的诞生,也包括新想法的商业利用。这种定义也有助于我们理解创新和发明在经济学上的明确区别。发明是新思想的诞生,无论是来自研究,还是来自其他形式的创造;发明也是研究活动的积累,常常表现为可以申请专利的新产品或新工艺的思想、草案或者模型,但如果不能用于商业开发或利用,发明就会停止。而当新思想应用于市场中时,我们就得到了创新。创新是发明的商业应用,很多发明永远不会变成创新,事实上,在发明和创新之间存在很长且很复杂的一系列过程,比我们理解的简单模型更加复杂。毋庸置疑,发明并不是传统意义上的模仿。如果 B 企业复制了 A 企业的一项成功创新,我们称其为模仿。创新和模仿之间的时间间隔可长可短,这取决于专利、领先时间等众多因素。

4. 创造和发明

显而易见,创造(creation)和发明有时可以相互替换。但在本书中,我们把创造视作一种过程或活动,而把发明视作一种结果。创造是一个漫长甚至痛苦的过程,考虑到创造没有什么通用的规则,所以有些人的确可能认为,把创造描述为一项"活动",而非一种"过程"会更好。即使是最伟大最有创造力的头脑,也不能总是了解他们的创造过程是如何进行的,而发明可以在书面上加以描述,即如果发明者要申请专利,他们就不得不对它们进行描述。

5. 研究和开发

研究和开发(research and development,R&D)是指各种研究机构、企业或个人为获得科学技术(不包括人文、社会科学)新知识或对技术、产品和服务进行实质性改进而持续进行的具有明确目标的系统活动,包括系统及设备的测试、安装、维护、维修等一系列的活动。按照定义,R&D活动可理解为由科技研究开发与技术研究开发两大部分构成。科技研究开发是指为获得科学技术的新知识、创造性地运用科学技术新知识、探索技术的重大改进而从事的有计划的调查、分析和实验活动。其中对科学原理、规律、理论的研究称为基础研究,而科学技术的应用研究和开发称为应用研发。科技R&D情况,例如,R&D经费、R&D人员数量、R&D成果(包括发表的论文、申请的专利)等,是衡量一个国家创新能力的重要指标。技术研究开发是指为了实质性改进技术、产品和服务,将科研成果转化为质量可靠、成本可行,具有创新性的产品、材料、装置、工艺和服务的系统性活动。

R&D包含四个基本要素:创造性、新颖性、科学方法的运用、新知识的产生。R&D活动的产出是新的知识(无论是否具有实际应用背景),或者新的具有明显改进的材料、产品、装置、工艺或服务等。R&D包括基础研究、应用研究和实验开发三种活动。

专栏2-1　中国R&D经费投入强度

近年来,中国R&D经费投入强度(R&D经费/GDP)持续提高。2000年,中国的R&D经费投入强度仅为0.89%,2014年首次突破2%,2019年达到2.24%。从国际比较来看,2019年中国的R&D经费投入强度已超过欧盟15国2.09%的平均水平,更多信息可见图2-2。

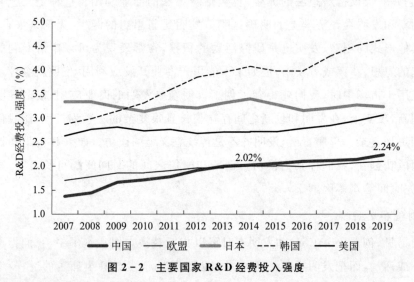

图2-2　主要国家R&D经费投入强度

资料来源:OECD数据库。

6. 设计或开发

设计委员会(Design Council)是一家英国的非政府组织,成立于1944年,致力于推动设计领域的发展。它曾汇总了来自著名设计师、企业界人士、政治家以及其他专业人士关于"设计"的50种不同的定义。其中迈克尔·沃尔夫(Michael Wolf,一位德国摄影师和艺术家)综合其他专业人士的观点,从三个不同的视角对设计进行了定义。另一个有价值的定义来自约翰·哈维·琼斯(John Harvey Jones,一位著名英国企业家),他认为"设计可以为任何产品增添额外的维度"。① 在更广泛的竞争环境中,有学者指出,制造技能、工程诀窍或高质量的材料不再是持续竞争优势的来源。因为工业品可以在全球范围内制造,所用的技术诀窍也在全球范围内共享。产品脱颖而出的关键在于其满足用户目的、能力和个性的方法,以及设计能够营造的品质,包括看得见的沟通方式的品质、销售产品的环境的品质以及产品生产者形象的品质。然而,设计不再仅仅是创造商业利润的途径,核心经济学文献更多地关注其在创新过程中的作用,将其视为创造性渠道。

7. 创新和技术变革

谈及创新和技术变革之间的区别,创新的早期经济学文献(譬如,1980 年之前的文献)大多关注技术变革经济学(the economics of technological change)②,而不是创新经济学。两者之间的区别并不是非常重要,但创新是一个比技术变革更广泛的概念。本质上,技术变革是创新的一个子集,所有的技术变革都是创新,但并非所有的创新都涉及技术变革。某些创新可能仅仅是新的包装或新的设计,但并没有包括任何新技术。例如索尼随身听(walkman)的历代产品,虽然它们是非常成功的创新产品,但这并不是因为它们包含了新技术。换言之,可以认为索尼随身听只不过使用了现有技术,而产品的包装和设计采用了一种最富于想象力的方式。

图 2-1 主要介绍关于创新的简单线性模型的前几步,而图 2-3 将阐明其余部分。首先,通过辛勤的工作和一些运气,研究与创造将产生有希望的发明,经过许多开发与设计工作以后,它们可以成为商业性的可行性创新。其次,创新在工作场所被采用后,公司将能够在市场上提供新产品,或者提供在价格上更有吸引力的产品。最后,如果消费者对这些产品感兴趣,那么,这些产品将被购买和消费。因此,消费者的状况将会更好——不管是物质财富方面,还是福利方面。

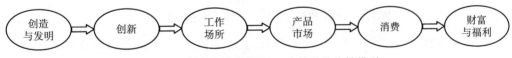

图 2-3 创新和财富创造:一个简单的线性模型

基于这个简单的模型,财富创造效应将沿着一条渠道进行传导。因此,这个模型说明,创造与发明只有借助创新才可以创造财富;而且,创新只有借助在工作场所生产并在产品市场上销售的产出才可以创造财富。随后,通往财富与福利的唯一通道就是消费。但是,这样的观点过于片面:第一,创造可以通过其他渠道提高福利和财富。例如一些人

---

① 从学术研究的角度来看,将产品创新视为一种增加维度的活动,我们会发现这个定义尤为有意义。
② 有时也被称为 the economics of technical change。

将创造当作一种爱好。第二,该观点忽视了反向联系,这使得它局限性太大。例如在这个模型中,没有从创新到创造的反馈,而现实中存在(或者应该存在)许多这样的联系。第三,这个简单线性模型也会导致我们犯其他潜在的很严重的错误。例如,如果财富创造的唯一路径是借助工作场所的产出,有些人就会认为我们应该只关注生产力提高,创新对经济的影响只限于它可以提高生产力,但这是一个很严重的错误:创新的作用远远不止于提高生产力。为了避免这样的错误,我们应该建立一个关于创造和创新如何创造财富的更加复杂的交互作用的模型。

在图2-4中,除了图2-3中的那些因素,我们又引进了环境因素。主要原因如下:第一,部分创新(或许不是故意的)会对环境产生负向影响;第二,如果我们采用约翰·罗斯金(John Ruskin)关于财富的定义,即"财富"(wealth)并不等同于"富有"(richness),财富的真正价值取决于附于其上的道德符号,那么对多数人而言,环境本身就是"罗斯金财富"的一个基本因素;第三,相关证据表明,有利的环境会对图2-3中的其他一些活动产生有益的影响。

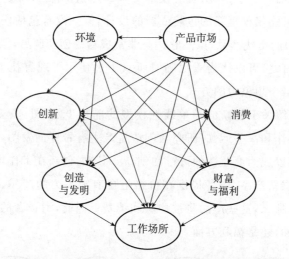

图2-4 创新和财富创造:一个复杂的相互影响模型

需要注意的是,首先,图2-4中的所有联系并非同样重要,但它们都是客观存在的。其次,在这些关系中,有些是正相关关系,有些是负相关关系。最后,我们可以从任何地方开始研究,但是,应主要关注创新对其他变量的影响。具体分析如下:

第一,从创新到创造与发明存在或者应该存在一个重要的反馈。政府一直强调,大学的研究者应该加强与公司中创新者的对话。一方面,部分商业人士认为,这对于确保学者做"商业相关"研究以及劝阻其做没有明显工业用途的"无价值"研究是十分必要的。另一方面,更开明的商业人士认为,最好是学者们继续做他们的"无价值"研究,但是,同时要注意一下工业上发生了什么以及工业如何从这些研究中实现商业利益。许多学者发现,与工业界以及政策制定者进行对话可以带出许多有趣的研究问题,这正是一个基本的反馈机制。

第二,有些创新是针对市场而不是针对工作场所的。诸如超市或电子商务这样的创新形成了市场本身,而不是改变了在市场上可以买到的商品和服务。超市已经成为一个极其强大的几乎不可阻挡的零售创新。显而易见,超市提供了更多元的选择,而且在某些情况下存在价格优势。但是,超市里出售的商品和服务与其他地方相比几乎没有差异。相反,创新的地方在于它给消费者提供了方便。同样,电子商务是一种可能会引起熊彼特巨大兴趣的创新,因为它确实创造了一种新的市场。毫无疑问,超市在财富创造中发挥着自己的作用,但是,作为一种创新,它以一种与上面所描述的简单线性模型非常不同的方式发挥作用。首先,超市让零售界具有了前所未有的影响力。其次,我们也能看到这个创新消极的一面,那就是为了争夺客源,超市迫使其他零售商店选址在繁华的商业大街上,这无形中增加了消费者的生活成本(尤其是老人)。最后,这种零售创新导致了额外的车程,超市要对大量的碳排放负责。

第三,从创新到环境之间存在一些很重要的联系,其中一些是良性的。例如,创新城市计划已经通过把老仓库和其他工业建筑本身变得有吸引力,促使老工业城市恢复了生机。这种改善在利物浦的港区、曼彻斯特的中心和诺丁汉的花边市场区是很明显的。同样,创新的风景园区也达到了与上面同样的效果。我们也期望从清洁技术或者从汽车和飞机的更大燃料功率、更小噪声排放上发现创新和环境的良性联系。然而,我们必须承认,从创新到环境之间存在许多潜在的负向联系。其中有一些很明显。例如,在工业革命中,一些工厂的创新可能使工作场所达到了更高的生产率,但是它们也产生了空气污染、水污染以及更普遍的环境污染。另一些是不明显的。自20世纪80年代中期以后,我们见证了个人电脑操作系统的一系列创新(从MSDOS到历代的Windows系统)。虽然软件本身的创新不会带来污染,但是,这些创新可能会导致大量的电子废品。关键在于,操作系统的每一次升级都要求具有更强运行能力以及更高内存的电脑。当一个也许只用了6~8年的电脑因为不能运行目前的软件而被淘汰时,问题就出现了,尽管它仍然可以很好地运行老的软件。许多环境学家高度关注不断增长的电子废品(仍然可以使用,但是由于上面描述的原因被淘汰的产品)交易,它们被运往第三世界国家而且被倾倒在垃圾掩埋区里。总之,一些开始看起来好像无污染的创新会与环境存在一些非常负向的联系。

2.1.2 创新的类型

从不同角度可以将创新划分成不同的类型。创新理论的创始人熊彼特将创新分为五种类型:产品创新、工艺创新、市场创新、原材料来源创新和组织创新。[①] 日本经济学家斋滕优把技术创新划分为五种类型:补充性技术创新、组合性技术创新、飞跃性技术创

---

① 约瑟夫·熊彼特. 经济发展理论[M]. 北京:商务印书馆,2000:73—74.

新、巨大技术创新、科学技术革命。① 英国经济学家弗里曼根据创新的性质将技术创新划分为四种类型:渐进创新、基本创新、技术体系的变革、技术经济范式的变革。② 这里将创新分为以下几种类型加以介绍。

1. 根本性创新与渐进性创新

首先,根本性创新(fundamental innovation)是指世界上首创的与现有产品和工艺完全不同的创新。它以新的科学发现所带来的基本技术发明或现有的研究开发成果为基础,能够导致一系列渐进性技术创新,如能够导致技术革命、产业革命以及使整个技术体系发生重大变革的"通用创新"(或称技术变革型创新);能够导致新的社会经济活动或新的产业部门的"特有创新"(或称原理独创型创新);能够开拓新的市场或取代现有产品或工艺的原理发展型创新(或称功能综合型技术创新)。例如,无线电信产品的推出就是根本性创新,它包含了新的技术并需要新的制造工艺和劳务方法。渐进性创新(incremental innovation)指在已有的根本性技术创新所提供的技术经济范式和技术轨道下,依靠根本性技术创新所提供的技术机会和外部的需求压力所产生的技术创新。例如,手机从直板的键盘外露结构变化到翻盖式结构,或者推进一项新的服务计划使用户在校园内或夜间可以低价通话,这些都属于渐进性创新。渐进性技术创新在其所依据的根本性技术原理上并没有质的变化和发展。

其次,根本性创新对原有技术表现出一种替代性、破坏性,而渐进性创新对原有技术表现出一种继承性、提高性。如掌上电脑的出现代替了几百年来工程上常用的计算尺,对于计算尺的厂商来讲,掌上电脑的出现就具有破坏性;英特尔的每一代微处理器(如286、386、486、奔腾、奔腾Ⅱ、奔腾Ⅲ、奔腾Ⅳ)都是建立在前一代技术基础上的,每一代产品创新所推出的新微处理器都继承并补充了英特尔的现有技术,使之更有价值。

最后,根本性创新与渐进性创新是相互联系的。根本性技术创新为渐进性技术创新提供技术机会,而大量渐进性技术创新的出现则是最有效地实现根本性技术创新的社会经济变革力量。根本性创新与渐进性创新有时又是相对的。同样一项技术变革引起的创新,对于有的企业而言是根本性创新,而对于另一些企业而言则是渐进性创新。例如,柯达公司与索尼公司几乎同时推出数码相机(柯达于1995年推出DC40数码相机;索尼的Cyber-shot数码相机于1996年面世),但它们的创新路径不同。柯达的历史和声誉是建立在其化学感光的专门技术上的,因此转变到数字摄影和录像就要求企业做出重大的方向转变;而索尼从一开始就是一家电子企业,在生产数码相机之前在数字录音和图形技术方面就已经有了坚实基础,因此推出数码相机只是现有技术能力的简单拓展。

---

① 斋滕优. 技术经济与世界经济[J]. 世界经济评论(日),1989 第 9 期.
② Freeman, C., Soete, L. 1997. *The Economics of Industrial Innovation*, 3rd ed. London: Routledge.

2. 突破性创新与颠覆性创新

突破性创新(breakthrough innovation)是与渐进性创新相对应的一种非连续性的创新类型,需要重大的突破和全新的商业理念,常常能开启新的市场和潜在的应用领域,孕育出一个新的行业。突破性创新主要有以下五方面的基本特征:一是突破性创新一般是基于科学原理或重大发明而产生的创新,这是基本的前提条件。比如,晶体管的发明带动了电子计算机领域的新技术革命;新的信息数据传递方式催生了数字电视的快速发展,等等。二是突破性创新能够大大提高新产品的技术性能,降低生产成本使其具有广阔的市场前景和利润空间。Leifer 等认为,突破性一般具有三个标准:①具有一套全新的性能;②已知性能指标至少有 5 倍或以上的改进;③产品成本大幅度下降(30%或 30%以上)。[①] 三是突破性创新改变了现有技术框架和技术路径,是基于新的技术发展轨迹的创新过程。这与渐进性创新在现有技术框架和技术路径基础上的技术改进不同,如果说渐进性创新是在现有基础上做得更好,突破性创新则是在做以前从未做过的创新。四是突破性创新需要建立新的管理系统,这需要企业在组织文化、领导与治理模式、决策机制、技能与产能开发、过程与工具以及组织结构等方面进行变革。五是突破性创新需要开发协作的创新网络,现代科学技术的发展越来越呈现出高度分化和高度集成并存的特点,任何一项突破性的新技术,都是多项不同类型技术交叉集成的产物。

颠覆性创新(disruptive innovation)是相对于渐进性创新的一种创新类型,颠覆性创新主要是开辟新市场或在低端市场对在位企业进行颠覆,其与传统的维持性创新有着明显不同的特征,具体表现在四个方面:一是实施颠覆性创新的前提是主流市场存在性能过剩。现有价值网络下,为了应对激烈的市场竞争,在位企业通过不断开发出新技术来改进产品性能,但是技术进步的速度往往超过消费者实际需求或能吸收的性能改进速度,从而产生了性能过剩。一方面,消费者被过度服务,无法利用产品的更多功能,消费者的边际效用降为零,因此他们就不愿为性能更好的产品支付更高的价格。另一方面,性能过剩带来的超额价格超出了一些消费者的需求能力,从而产生一批"非消费者"。在这种情况下,颠覆性技术就具备了主流技术所缺乏的更便宜、更小巧、更易于使用等优势,获得了生存的空间和可能性。二是颠覆性创新发端于低端市场或非主流市场。颠覆性创新并不是与现有主流市场争夺消费者,而是通过满足低端市场或非主流市场的需求来求得生存和发展。正是因为其低端性或非主流性,才使得采用颠覆性创新的新进入者容易被现有主流市场的竞争者忽视,避开现有高端市场的激烈竞争,从而成长壮大。三是颠覆性创新技术具有简单化、便捷性等特点。颠覆性创新对于技术先进性和复杂性的要求不高,通常并不伴随着技术突破,而是通过一个具有颠覆性的商业模型把现有的技

---

① Leifer, R., O'Connor, G. C., Rice, M. "Implementing Radical Innovation in Mature Firms: The Role of Hubs." *Academy of Management Perspectives*, 2001, 15(3):102—113.

术重新打包组合。因此,其技术发展轨迹不同于高品质、高性能的主流技术,更倾向于低品质、简单便捷、易于扩散的新型技术。四是颠覆性创新的发起者一般为新兴的中小企业。研究表明,在位企业出于维护自身现有利益及相对固化的技术发展模式的目的,很少采用颠覆性技术,更倾向于采用市场推动的战略去完成技术的商业化过程;而新兴企业则首先会选择颠覆性技术,并采取市场推动和技术推动的商业化战略。

3. 资本节约型技术创新、劳动节约型技术创新与中性技术创新

根据微观经济学的解释,生产一定数量的产品,需要一定的生产要素的投入和组合;而一定数量的生产要素的投入与它们所能生产的最大可能产出量之间的关系,即是所谓的"生产函数"。一定的生产函数总是与一定的技术条件相适应的,如果技术条件变化,生产函数也将发生相应变化。在这个意义上,技术也就被有效地定义为生产要素的特定组合。生产要素能够反映出四种技术特性:①技术效率,它表示的是投入量通过一系列实际过程转换成产出量的纯粹规模转换比例,而不涉及要素间的比例和相互影响。②技术所决定的规模报酬程度,它反映的是投入量的增加与产出量的增加之间的关系,通常以资本边际产出弹性(α)与劳动边际产出弹性(β)之和($\alpha+\beta$)来表示。③技术所决定的资本密集度或劳动密集度,它反映投入要素间的比例关系。通常以资本(K)、劳动(L)的比率(K/L 或 L/K)来表示。④技术所决定的劳动与资本相互替代的难易程度,它所反映的是投入要素之间相互替代的比例变动关系,通常以资本-劳动替代弹性来表示。

其中,劳动(L)和资本(K)被看作最基本的生产要素,生产函数反映生产要素投入量的任何一种组合与其相应的产出量(Q)之间的关系:$Q=f(K,L)$。如果在单位产品中,劳动要素投入比资本要素投入的下降幅度大,也就是资本的边际生产能力得到相对提高,那么这种技术创新就是劳动节约型(或资本增用型)的技术创新。如果在单位产品中,资本要素投入比劳动要素投入的下降幅度大,也就是劳动的边际生产能力得到相对提高,那么这种技术创新就是资本节约型(或劳动增用型)技术创新。如果在单位产品中,资本要素投入与劳动要素投入的下降幅度相等,也就是资本与劳动的边际生产能力同比例提高,那么这种技术创新就是中性技术创新,或无偏向的技术创新。

4. 产品创新与工艺创新

根据创新对象和创新内容,可将创新分为产品创新和工艺创新。产品创新是指产品技术上所出现的具有新价值的发展和变化,包括新产品的开发和现有产品的改进。例如,玻璃厂首次推出彩色玻璃、超薄玻璃,就是产品创新。工艺创新是指工艺技术上所出现的具有新价值的发展和变化,包括生产工艺流程、加工技术、操作方法、生产技术装备等方面的改进。例如,玻璃生产从采用垂直引上法到平拉法,再到浮法,就是一种工艺创新。

产品创新与工艺创新经常是交替出现的。新产品的推出会使新工艺的开发得以实

现。如先进的计算机工作站的开发使得企业能够实现计算机辅助设计(CAD)和计算机辅助制造(CAM)工艺,从而提高了生产效率。同时,新工艺的开发又会使新产品的生产得以实现。如新的冶金技术的开发使得自行车链条的生产能够实现,这又紧接着推动了多齿轮传动的变速自行车的成功开发。产品创新和工艺创新统称为技术创新,与技术创新相关的还有市场创新、金融创新、组织创新和制度创新等。

5. 自主创新、模仿创新与合作创新

从创新战略和创新技术来源的角度可将创新分为自主创新、模仿创新和合作创新。自主创新是企业通过自身努力和探索产生技术突破,攻克技术难关,并完成技术的商品化,获取商业利润。自主创新所需的核心技术来源于内部的技术突破,摆脱了技术引进、技术模仿对外部技术的依赖,是依靠自身力量、通过独立的 R&D 活动而获得的,其本质就是牢牢把握创新核心环节的主动权,掌握核心技术的所有权。自主创新的成果,一般体现为新的科学发现以及拥有自主知识产权的技术、产品、品牌等。自主创新包括原始创新、集成创新和引进技术再创新。其中原始创新意味着在 R&D 方面,特别是在基础研究和高技术研究领域取得独有的发现或发明。原始创新是最根本的创新,是最能体现智慧的创新,是一个民族对人类文明进步做出贡献的重要体现。

模仿创新是企业通过学习模仿率先创新者的创新思路和创新行为,引进购买率先创新者的核心技术或破译其技术秘密,进而改进和完善并进一步开发产品的性能和质量,获取商业利润。模仿创新的优势在于可节约大量 R&D 及市场培育方面的费用,降低投资风险,也回避了市场成长初期的不稳定性,降低了市场开发的风险。但与此同时难免在技术上受制于人,而且新技术也并不总是能够轻易被模仿的。随着知识产权保护意识的不断增强和专利制度的不断完善,要获得效益显著的技术显然更不容易了。

合作创新是指企业间,或企业、大学、科研机构间的联合创新行为。合作创新一般集中在新兴技术和高新技术产业,以合作进行 R&D 为主要形式。合作创新通常以合作伙伴的共同利益为基础,以资源共享或优势互补为前提,有明确的合作目标、合作期限和合作规则。合作各方在技术创新的全过程或某些环节共同投入,共同参与,共享成果,共担风险。合作创新既包括具有战略意图的长期合作,如战略技术联盟、网络组织;也包括针对特定项目的短期合作,如 R&D 契约和许可证协议。近年来,合作创新已经成为国际上一种重要的技术创新方式,由于企业合作创新的动机不同,合作的组织模式也多种多样。狭义的合作创新是企业、大学、科研机构为了共同的 R&D 目标而投入各自的优势资源所形成的合作,一般特指以合作研究开发为主的基于创新的技术合作,即技术创新。广义的合作创新是指企业、科研机构、大学之间的联合创新行为,包括新构思形成、新产品开发以及商业化等在内的任何一个阶段的合作都可以视为企业合作创新。所以,企业合作创新概念是广义上的合作创新概念。

6. 创新价值链——知识创新、科研创新与产品创新

由于技术创新的复杂性和系统性，Freeman、Lundvall、Nelson 先后对系统性创新的方法做了很多开创性研究。[1] Rothwell 等和 Edquist 从创新过程的角度刻画了技术创新的复杂性[2]，Van de Ven 则相对完整地阐述了创新路径，采用纵向分析分别考察了创新过程的概念含义、新技术实施和新产品采用的具体流程[3]。近年来，诸多学者将创新过程进行了分解、细化。其中最具有借鉴意义的是 Hansen 和 Birkinshaw，他们将创新过程进行分解，并首次提出了创新价值链的概念，认为创新价值链分为创意的产生、创意的转换和创意的传播三个阶段，很好地解释了创新过程的内在关联。[4] 余泳泽和刘大勇在借鉴 Hansen 和 Birkinshaw 提出的创新价值链的基础上，结合我国技术创新的实践，提出了创新价值链理论[5]，其理论的逻辑如图 2-5 所示：

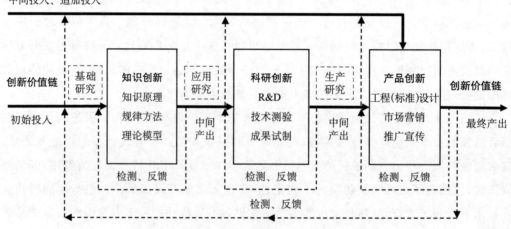

图 2-5 三阶段(知识、科研、产品)的创新价值链

从生产视角看，技术创新是从创新要素投入到创新产品产出的一个多阶段、多要素的价值链传递过程，包括从创新要素的投入到创新知识的凝结再到创新成果的实现三个

---

[1] Freeman, C., Soete, L. 1997. *The Economics of Industrial Innovation*, 3rd ed. London: Routledge. Lundvall, B. 1992. *National Systems of Innovation: Towards a Theory of Innovation and Interactive Learning*. London: Printer Publishers. Nelson, R. 1993. *National Innovation Systems: A Comparative Analysis*. Oxford: Oxford University Press.

[2] Rothwell, R., Zegveld, W. 1985. *Reindustrialization and Technology*. London: Longman. Edquist, C. 1997. *Systems of Innovation: Technologies, Institutions and Organizations*. London: Pinter Publishers/Cassell Academic.

[3] Van de Ven, A. H. "Suggestions for Studying Strategy Process: A Research Note." *Strategic Management Journal*, 1992, 13(S1): 169—188.

[4] Hansen, M. T., Birkinshaw, J. "The Innovation Value Chain." *Harvard Business Review*, 2007, 85(6): 121—130.

[5] 余泳泽, 刘大勇. 我国区域创新效率的空间外溢效应与价值链外溢效应——创新价值链视角下的多维空间面板模型研究[J]. 管理世界, 2013(7): 6—20.

阶段。遵循这一研究思路,余泳泽和刘大勇将创新过程按照创新价值链分为三个阶段,分别为知识创新阶段,与创意的产生和基础研究相对应;科研创新阶段,与创意的转换和应用研究相对应;产品创新阶段,与创意的传播和生产研究相对应。从创新价值链角度分析,创新过程是一个历经从知识创新、科研创新到产品创新三阶段,包含多重创新要素投入(也包括中间投入、追加投入)的价值链。多阶段的创新投入与反馈,使整个创新过程及最终的生产体系形成一种动态演进的竞争优势。从创新要素的投入到创新产品的产出,包含初始投入、中间投入、中间产出与最终产出多个价值形态。其中,知识创新包括在知识原理、规律方法上的演进和在理论模型上的推导;科研创新包括R&D、技术检测、成果试制等应用研究;产品创新则主要在工程(标准)设计、市场营销、推广宣传等方面进行有针对性的、有效的工作安排。

2.1.3 创新的基本特征

1. 创新收益的非独占性

所谓非独占性,是指创新者难以获取从创新活动中所产生的全部收益。技术创新活动主要产生一种无形知识,它通过产品实物而体现出来,如可给消费者带来效用的新牙膏的配方便是一种知识。技术创新活动是具有溢出效应和准公共物品属性的创造性活动。这种特殊的属性必然造成创新收益的非独占性。也就是说,某人或某企业产生了一个好的创意,将之变成新产品,之后推向市场,但他们很难阻止其他人或其他企业通过各种途径向他们"学习"且不付费,之后市场上同类产品层出不穷,导致该人或企业的收益大受影响。这种"学习"行为给创新者可能带来一定的伤害,却没有人向他补偿,这种负溢出效应的存在是很多企业不愿意从事创新活动的原因之一。知识产权法的出台正是社会对技术创新的一种激励措施,使技术创新者对其创造的知识拥有垄断性的产权,以保护创新者的权益。但知识产权法的实施要比有形产权法的实施困难得多,不过正是实施知识产权法的难易程度,决定了创新收益的独占程度。

2. 创新的不确定性

创新的不确定性是指当用于创新的资金、技术、人员投入创新过程之后,创新的结果是不确定的。这也是人们常说的创新的风险。创新的不确定性主要体现在两方面:技术不确定性和市场不确定性。

第一,技术不确定性。创新的技术不确定性主要是指能否用技术语言来表达市场需要的特征,能否设计并制造出可以满足市场需要或设计目标要求的产品与工艺,以及当完成原型测试后进行规模扩大时,常出现的大量工程、工具设计和产品制造等技术问题。从产品原型到工程化与规模生产,每一步都是相当大的跨越。新技术与现行技术系统之间的不一致性也是一个重要的不确定性来源。技术不确定性还包括设计是否优越、技术上能否超过已有产品或工艺、制造成本能否达到商业化的要求,以及进一步改进的潜力如何等。有不少产品构思,按其设计的产品无法制造或者制造成本太高,这种构思和产品就没有商业价值。技术的不确定性决定着技术创新的风险。爱迪生在寻找灯泡用材料时,共实验了 1 600 多种不同的材料,最后才找到合适的材料。屠呦呦经过 191 次实验的失败,才从青蒿中提取出抗疟新药青蒿素。①

第二,市场不确定性。创新的市场不确定性主要是指市场需求的基本特征不明显,而且将这些特征融入创新过程中不易实现。这可能导致当根本性创新出现时,却找不到明确的市场方向,如计算机刚出现时,有人估计全美国只有几十台的需求量。另外,市场不确定性也有可能是在确定了基本需求特征以后,不能肯定该需求将以何种方式变化。市场不确定性的来源还可能是不知道如何将潜在的需求融入创新产品的设计,或者不知道未来如何改进产品以适应用户需求的变化。市场不确定性还包括当一种创新产品推向市场时,能否最大限度地满足顾客需求,用户是否接受创新产品,用户如何才能更快地接受产品,以及创新如何才能向其他领域扩散等。当存在创新竞争者时,市场不确定性还指创新企业能否在市场竞争中战胜对手。以上讨论主要是针对那些重大创新。相对说来,源于市场需要或生产需要的小的创新,其市场不确定性要小得多。

3. 创新的市场性

技术创新与纯科学技术活动的区别在于技术创新对市场的强调。技术创新活动必须围绕着市场目标而进行,没有市场价值的纯技术突破并不属于创新。例如,美国的航天飞机迄今为止可能仍属于科学技术的范畴而不是技术创新。我们经常可以听到这样的例子,许多企业在引进技术或开发新产品时,并不关注市场而仅关注技术,从而造成创新失败。欧洲协和式飞机开发失败的主要原因在于市场而非技术。虽然我国的科技成果有很多,但其中具有产业化价值的较少,原因之一就是科研中不注重市场性。

美国经济学家 W. W. 罗斯托(W. W. Rostow)在比较英国和法国在某个工业时期的异同时指出:18 世纪法国的科学水平被认为至少和英国相当,甚至可能超过英国。在发明的质量(而非数量)方面,法国也相当于或超过英国。然而,英国在创新方面却超过法国,其优势在于将发明商业化。英国人在克服各种障碍时表现出了人们意想不到的勤奋和顽强毅力。虽然英国人没有太多自己的发明值得夸耀,但他们引以为傲的是完善了他人的发明。由此产生了这样的格言:要是有一件尽善尽美的东西,那定是法国人发明而在英国制造的。② 在 20 世纪七八十年代,这种历史似乎在美国与日本重演。由美国人发

---

① 屠呦呦发明的青蒿素在疟疾治疗中发挥了重要作用,挽救了世界上数百万人的生命,为此荣获 2015 年诺贝尔生理学或医学奖,这是中国本土科学家首次获得自然科学类诺贝尔奖项。
② W. W. 罗斯托. 这一切是怎么开始的:现代经济的起源[M]. 北京:商务印书馆,1997.

明的东西,被日本人产业化并赢得了市场优势。但是在20世纪90年代,美国人将发明与商业化统一起来,"雄风再起"。

4. 创新的系统性

创新的系统性有两层含义。一是指创新的主体构成一个系统,创新的成功要求主体内各个部门密切配合,如R&D部门与生产、销售部门的配合;二是指创新又是社会大系统的一个组成部分,创新的实现依赖外部环境的密切配合,这包括经济、政治、与创新相关的其他产业的技术水平等。以铁路为例,1804年,当理查德·特里维西克(Richard Trevithick)在威尔士的佩尼达伦矿车路轨上进行蒸汽机车的首次试验时,已证明蒸汽机车的可行性,但蒸汽机车的推广使用却受到铁轨技术的限制,当时生铁制的铁轨脆、易断裂。1821年,熟铁制铁轨的方法产生,这种新铁轨使蒸汽机车最高时速达29英里[①],证明了蒸汽机车的实用价值。

2.2 微观经济学理论中的创新

从微观层面上看,创新既是我们这个时代最重要的经济和商业现象之一,又是一个具有重要实践和经济利益的话题。谈及创新的微观基础时,我们更多关心的是由消费者效用最大化和生产者利润最大化驱动的技术创新的决定要素。接下来我们将从微观经济学理论中寻找与创新有关的一些基本概念和认识。[②]

2.2.1 创新活动与后瓦尔拉斯经济学

新古典微观经济学的标准版本即瓦尔拉斯理论体系,自20世纪70年代以来受到来自多个方向的挑战,这些挑战最终形成了相关理论文献所概括的"后瓦尔拉斯范式"。这个范式所包容的,既有各种批判性理论,例如马克思政治经济学传统的生产过程理论、专业分工理论等,也有本质上仍然属于新古典传统(即个人化理性选择及其均衡分析框架之内)的理论,例如信息经济学、交易成本经济学、实验经济学等。这些理论的共同特征是强调微观经济主体的行为往往具有长期性和关系导向的性质,而瓦尔拉斯理论却专注于一种"纯粹市场",即市场是建立在外部力量(例如供求关系、成本、政策等因素)影响价格的基础上的交换活动组合,它的目的是进行商品或服务的交换。在市场中,人们可以通过价格来确定他们想要交换的东西的价值,并进行交换。交换的方式可以是瞬间的,

---

① 1英里=1.609 31千米。
② 以下内容主要摘编自卢荻.国家创新体系的微观经济学研究[J].天津社会科学,2007(3):75—79.

也可以是保持一段时间的。总之,市场是一个通过价格和交换活动来实现交换的地方。

有关企业创新活动的理论,本来应该是后瓦尔拉斯范式的重要课题。创新经济学文献中有一个核心论题,即企业的技术和组织创新活动,往往涉及产品的专用性或产品生产环境的特质性,以及信息不完全或不对称问题,而这两者的存在往往导致市场失效或高昂的市场交易成本。因此,在供求主体双方之间建立长期导向关系就具有了理论合理性。然而创新理论始终没有处于后瓦尔拉斯范式对标准新古典经济学的挑战的核心位置,相关挑战者反而总是倾向于接受新古典经济学所划分的界线,专注于讨论资源配置效率问题,并以是否达到帕累托最优状态作为讨论的标准。欠缺了关于创新经济学方面的探讨,后瓦尔拉斯范式的挑战也就显得不尽完全;尤其是要评价不同的经济体制和制度的效率特性,首先就必须澄清创新活动和资源配置效率的各不相同的逻辑引申意义。这种欠缺在关于摆脱苏联模式经济制度变革(所谓"转轨经济学")的国际争论中尤其突出。在这场争论中,自诩为"演化经济学家"的一些论者,一方面严厉批评以资源配置效率为标准的瓦尔拉斯经济学,以此否定休克疗法或大爆炸式改革的合理性;另一方面却又无视创新经济学文献所阐明的复杂多样性,草率假定市场调节是创新活动的最有效率的推进器,由此,与主流新古典经济学的制度变革主张殊途同归。

与转轨经济学对创新经济学的漠视大不相同,在同一时期发展起来的后进工业化研究文献,其特性不仅是非瓦尔拉斯范式的,而且是非市场中心论的。创新活动是后进工业化理论和市场中心演化经济理论共同的核心课题。然而,前者是从生产视角出发探讨创新活动,后者则坚持新古典经济学的个人化理性选择及其均衡分析框架,透过交换视角探讨创新活动。具体而言,两者的根本分歧涉及的是交易成本理论的下列核心论题能否成立,即市场失效无可避免,但是竞争性市场总能创造出弥补失效的制度安排,形成市场和非市场安排的最优组合。后进工业化理论认为,问题不在于市场能否弥补自身的缺陷,而是对于很多创新活动而言,作为调节机制的市场根本就不存在,这些创新活动产生于不能化约为市场调节产物的生产系统。后进工业化研究文献强调,对创新活动的研究必须具有历史视野。事实上,这部分文献主要是基于对特定历史经验的概括和理论建构,包括美国企业史[以阿尔弗雷德·钱德勒(Alfred Chandler)的有关研究为先导]、欧洲工业体系的演化(围绕"灵活分工"和"福特主义"等概念展开的争论),以及东亚尤其是日本的后进发展经验。正是对历史的重视使得后进工业化研究文献的种种理论始终不离对现代世界经济中占主导地位的"技术—经济范式"及其演化和交替的分析。

2.2.2 市场选择中的创新活动

标准新古典经济学假定存在着明确界定的生产函数,其相应技术可以透过市场交易获得,是所有企业都可企及的。这样,在完全竞争的环境中,一个工业行业可以化约为一群技术上相同的企业的集合。在市场竞争的调节下,所有企业都必须也能够采用经济意义上最优的技术组合,而最优的意思是同时达到最高的技术效率和资源配置效率,两者分别由外生技术和市场竞争所决定。

创新经济学从三个方面对上述新古典理论设定提出疑问。第一,创新往往具有公共物品性质,从而市场调节往往会导致双重效率损失,即投资收益流失不可避免地使得每个单一企业投资不足,以及重复投资不可避免地使得整个行业投资过度。第二,创新投资往往是一种长期性活动,其中牵涉种种风险和不确定性,由此带来信息不完全问题,也就是市场调节往往无法为创新活动合理定价、配置资源。第三,创新活动往往带来静态和动态规模报酬递增的结果,其含义同样是使得市场调节无法合理配置资源。创新活动的这三种特性意味着市场调节导致供给不足或是市场本身必须改变,不完全竞争无可避免,这种结论是内生经济增长理论文献的共识。

被内生增长理论的代表罗默称为"新熊彼特学派"的产业组织研究者,尤其专注于分析创新活动与不完全竞争的关系,他们利用博弈论模型分析具有上述三种特性的创新活动所涉及的市场结构。例如,著名的"专利抢注"模型认为,创新投资势必涉及市场结构的内生决定,因而投资主体的行为必然是相互依赖即所谓策略性的,而创新本身的公共物品和沉没成本性质,意味着在抢注专利竞赛中的落后者势必无法获得投资回报。面对这种结构性环境,存在于市场的少数投资者一般会按照成本收益各自盘算是作为创新者还是作为模仿者更有利,对市场整体而言就是"竞赛或等待"的混合博弈状况,其结果有可能是多重均衡并存,也有可能是不存在均衡,总之就是无法得出福利意义上明确的结果,也就是对创新活动的市场调节很可能失效。

同样的结论也可以得自交易成本理论。从这种理论视角出发,很容易见到创新活动往往呈现出下列五种特征:①R&D成果的不确定性使得交易合约无法完备规定;②创新成果的使用不具备完全的排他性,也就是无法充分保护投资者的权益;③创新活动的"锁定"特性使得产品供应者有可能享有谈判优势,以此获得垄断租金;④信息不完全使得创新供应者未必具有最低成本生产的诱因;⑤信息不对称使得监督创新供应者的成本过高。这些特征其实都是交易成本理论的关键概念在创新问题上的体现,所谓有限理性、机会主义和信息不对称性,都是导致市场交易成本的重要因素。按照交易成本理论的内部化论题,如果相关经济主体的目标函数是成本最小化,它们就会有动力以各种制度安排形式将创新活动内部化,例如,在企业内部设立专业化的R&D部门。

从上文的讨论中可以看出,针对创新活动的调节机制,也即在创新过程中市场与企业的相互作用问题,内生增长理论和交易成本理论始终是在新古典经济学的分析框架内展开的,其论断还是强调了市场的重要性甚至中心位置。它们都将创新看作具有可交易性的产品,也就是从交换而非生产视角出发检视创新活动。因此,对于上述信息经济学的产业组织模型而言,关键问题是"交易或不交易",而对于专注于企业组织的交易成本理论而言,关键问题则是"交易或内部化"。这就使得上述两种理论必须将创新活动化约为"信息"生产,而信息的本质是先于生产过程的创造性存在的,是可以在生产过程之前就明确界定的,因而至少在潜在意义上是可以市场交易的。

2.2.3 "技术—经济范式"中的创新活动

对创新活动本质的另一种认识,是将之等同为"知识"生产,这是后进工业化文献的理论基石。按照 Best 的提法,知识本质上是默示的,其特性必须因特定的生产(或使用)环境才能界定,从而知识的经济意义有赖于生产系统的参与者的不断创造和再创造。[①]正是从这种认识出发形成了所谓的"学习范式",即后进工业化的关键,在于生产系统参与者的集体学习、不断改进。而这种对"企业特有学习效应"(firm-specific learning effect)的强调,意味着不仅创新活动的市场调节必然失效,而且企业和生产系统制度演化的市场调节同样必然失效。换言之,创新型企业并不是被动地遵循市场调节,反而往往力图增强自身对营运环境的影响力。这些企业通常被称为"战略导向型企业",就是指企业在市场竞争中,不断创新、改进工艺和产品从而增强自身的市场竞争力,充分体现了熊彼特所揭示的企业在后进工业化环境中以创新塑造调节机制。

必须指出,后进工业化文献并没有因为上述推论就否定了市场对创新活动的调节意义,而是认为市场调节必须与生产系统本身的主动性适当结合,两者存在着互补关系,而作为评价两者各自的标准即资源配置效率和生产性效率却势必存在着取舍关系。正是从这样的推论得出了文献中的"技术—经济范式"概念。一方面,科学探索的突破和局部的或企业内部的学习效应,不断地推进具有经济意义的技术进步,这对于企业等微观经济主体而言是所谓的"技术机会",是诱导它们开展创新活动的直接机制。另一方面,在实践中这些技术机会是否得以利用取决于经济主体本身的能力,即所谓积累起来的人力和组织资源。此外,技术机会也不是无限的,而是由特定时空环境中形成的技术范式所界定的,表现为具体产业行业、区域或经济体中的主导技术原则。正如 Coombs 等学者所言:"特定技术在演化起始可以存在着多种各不相同的原则,然而随着时间的推移总会向某一原则趋同。"[②]这种趋同类似于新古典经济学里生产函数中的"最优方法"概念,然而技术—经济范式概念的建构起点是生产系统的发展,同时结合了经济主体本身的主动性和行业或整体经济范围的共同知识的发展,因而,创新活动就不能像新古典经济学那样归结为市场竞争的产物。

上述评述揭示了技术—经济范式理论的双重意义。第一,范式概念的提出是为了在

---

① Best,M. 1990. *The New Competition: Institutions of Industrial Restructuring*. Cambridge, Mass: Harvard University Press.

② Coombs,R., Saviotti,P., Walsh,V. 1987. *Economics and Technological Change*. London: Macmillan.

市场调节与生产系统主动性之间取得平衡。Dosi指出,"在长期意义上,市场环境对于技术探寻活动具有巨大影响力,一旦新范式已经确立了,范式的基本技术要素、探寻规则、投入品组合等就会维持十分'稳定'的状态"。① 第二,范式概念还要在创新活动的下列两种特性之间取得平衡,一是创新的企业特有的学习效应,二是创新的市场或行业范围的普遍性。后者指的是创新可以被共同认识方式编码和传输的程度,这种特性构成对数量众多、境况各异的企业的技术行为的相同约束。范式概念的提出使得人们有可能在普遍意义上分析企业组织形式与创新能力的关系,尽管创新往往承载着复杂多样的企业特有学习效应。创新经济学文献将创新活动区分为急剧变动和渐进变动两类,大致上,前者对应于信息性质的技术,后者对应于企业特有学习效应性质的技术。前一种创新如果是来自企业利润导向的产物(而非公共机构的科学研究成果),则往往具有市场交易的可能性,后一种创新却因企业特有性而使得市场调节失效。这种区分既有理论意义也有历史意义。根据关于"福特主义"和"灵活分工"的研究文献,自20世纪70年代以来,在世界市场范围的企业竞争力,其最重要源泉正是持续不断的渐进性技术创新的能力。而这种能力对于后进工业化能否成功尤为关键,因为后进工业化意味着技术力量首先来自引进,或来自对发达国家经济的模仿,而引进或模仿的技术要具有国际竞争力就必须依赖吸收和改进,也就是持续不断的渐进性创新。

2.2.4 企业组织形式与创新能力

从企业组织角度看,两种创新活动的不同性质意味着对于企业内部专业分工形态的不同要求。突变式创新作为可编码和可传输信息的生产,往往需要设立专门的R&D部门。而渐进式创新往往来自边干边学或边用边学效应,这就意味着生产系统的组织形式必须具有强化系统各个环节的横向协调和合作的特性,这就是所谓的"网络组织"概念。对典型的日本式和美国式企业组织形式的比较分析,就是建立在这个二分法的基础上的。对比美国式企业,日本式企业的组织特征是较为强调横向协调,旨在使生产系统的各个环节(包括各个功能部门)能够紧密合作,分享和统合它们各自从实际运作过程中学习得来的知识,但这也意味着某些效率意义上的取舍。相对于美国式企业而言,日本式企业的纵向协调较弱,也就是一定程度上牺牲了壁垒分明的专业分工的效益。因此,两种组织形式的优劣就取决于特定环境,即哪一种技术—经济范式占据主导地位,是突变式创新还是渐进式创新构成了企业竞争力的主要源泉。这正是后进工业化文献强调历史视角的原因。

---

① Dosi, G. "Sources, Procedures, and Microeconomic Effects of Innovation." *Journal of Economic Literature*, 1988, 26(3): 1120—1171.

突变式/渐进式创新的理论框架可以用于检视 20 世纪资本主义企业史的一个重要发展,即大型企业内部的 R&D 专门机构的设置。根据企业史文献的考证,与这种设置相联系的,是企业体制从单一部门结构(U 型)向多个部门结构(M 型)的过渡。按照上文介绍的交易成本理论的解释,这种联系体现了最小化市场交易成本和企业内部调节成本的逻辑。所谓"M 型假说",意即策略性决策集中于企业本部、惯例运作决策分散于各个功能部门,这相对于纯粹市场调节而言节省了交易成本,相对于纯粹企业内部调节而言则节省了管理成本。而 R&D 机构之所以被设置于企业本部,一方面是因为上文分析的市场失效也即交易成本过高的特性;另一方面是因为功能部门的短期绩效导向和职责明确特性同样不能胜任 R&D 机构的功能。换言之,设置 R&D 机构是一种策略性决策,因而正如其他各种策略性决策那样,应该收归于企业本部,唯此才能体现 M 型企业结构的优势。

以 M 型假说解释企业内 R&D 专门机构的设置,这显然假定了 R&D 机构与功能部门运作之间的联系是一种弱联系,也就是技术进步基本上是来自专门化的 R&D,而且基本上独立于生产过程中的学习效应。然而,一旦这个假定不成立,则弱联系和强联系就被错误界定了,M 型企业结构也就不一定是最优形态。在技术进步至少是部分地取决于学习效应的情况下,M 型企业结构势必妨碍了专门化的 R&D 与生产过程的相互促进,同时又导致部门利益优先的倾向,从能力和诱因两方面妨碍了各个功能部门之间的共享和统合学习效应。可见,M 型企业结构的崛起固然是一种组织创新,然而这种创新只是在特定的技术—经济范式之下才有效率意义。

必须指出,虽然新古典传统中各种关于创新活动的理论都有缺陷,即由于欠缺历史视野而使得理论不具备普遍性,但是,后进工业化理论同样欠缺普遍性,不过这种理论传统根本就不以普遍性为追求目标。在 Best 的"创业型企业"概念中,学习效应就是指企业内部各层次的经济主体共同参与工作、分享经验和知识,从而共同提升整个企业的工作水平、创新能力和竞争力的过程。[①] 在灵活分工文献中,知识的分享和统合所涉及的范围更是广及同一生产系统中的各个独立企业。Aoki 的日本式企业模型具有"创业型企业"和灵活分工体制的特性[②],而 Amsden 的"创业型国家"理论更将集体学习的主体扩展至社会和政治领域[③]。上述这些理论,将生产系统尤其是企业的性质,规定为一个从事集体学习的实体,这种分析方法对于澄清渐进式创新的制度来源确实富有成效。

---

① Best,M. 1990. *The New Competition:Institutions of Industrial Restructuring*. Cambridge,Mass:Harvard University Press.

② Aoki,M. "Toward an Economic Model of the Japanese Firm." *Journal of Economic Literature*,1990,28(1):1—27.

③ Amsden,A. H. 1989. *Asia's Next Giant:South Korea and Late Industrialization*. New York:Oxford University Press.

有关学者认为,集体学习式创新活动的诱因并非纯粹的经济问题,更不能归结为个人化理性选择及其均衡问题,而是取决于特定历史条件中的经济、政治、社会、文化等多种因素的综合影响,表现为长期互信关系和社会规范。从新古典传统追求以个人化理性选择为基础的普遍理论的角度看,后进工业化文献的这种观点显然是不足为训的。然而,这种做法却是继承了古典政治经济学的传统,强调经济活动和体制必然是嵌入在整体社会之中,而后者不可能化约为个人化选择的产物。因此,这些文献在欠缺理论普遍性的同时,对于特定历史阶段的经济发展表现,包括20世纪资本主义创新活动及后进工业化的意义的解说,其洞察力至少也是不弱于新古典传统的各种理论的。具体而言,从20世纪资本主义的历史经验看,后进工业化国家所需要的创新导向的微观经济体制,不能归结为新古典经济学所强调的市场选择的产物,而是有赖于长期互信关系和社会规范支撑的、有利于实现集体学习效应的组织形式。

2.3 宏观经济学理论中的创新

从宏观层面上看,创新是一个民族文化和社会发展的核心驱动力,也是一个国家(或地区)兴旺发达的不竭动力。将创新置于经济增长和技术进步的宏观环境下,我们侧重于关注最优创新投入的动态演进以及区域创新政策的实施。宏观经济学理论中的创新研究主要体现在经济增长理论之中,为此,我们将从经济增长理论脉络中寻找其中有关创新的阐述。[①]

2.3.1 古典经济增长理论中的创新

将创新经济学纳入主流经济学分析框架,要从在经济增长函数中纳入技术进步的变量开始。古典经济学家在研究一国如何积累财富时注重要素积累对经济增长作用的刻画,认为要素存量对经济增长有决定性的作用,这其中包括了亚当·斯密(Adam Smith)、托马斯·R. 马尔萨斯(Thomas R. Malthus)以及大卫·李嘉图(David Ricardo)的论点。斯密认为一国的国民财富增长(即经济增长)的主要动力在于劳动分工、资本积累和技术进步;而马尔萨斯提出的"陷阱理论"认为由于长时期内人口的不断攀升,经济增长会处于停滞;无独有偶,李嘉图也得出增长不能持久的结论,他认为原因是生产要素边际产出的递减。

---

① 张亚斌,曾铮. 有关经济增长理论中技术进步及研发投资理论的述评[J]. 经济评论,2005(6):64—67+96.

斯密在《国富论》中强调了专业知识和技术对经济发展的贡献，他把工人技能视为经济进步和福利增长的基本源泉，并论证了人力资本投资和劳动技能对个人收入和工资结构的影响。斯密把技术进步视为劳动分工加强和劳动熟练程度提高的结果。他认为劳动生产力最大的增长以及运用劳动实践所表现出的更高的熟练度、技巧水平和判断力似乎都是分工的结果。分工使工人专注于某一项简单的操作，时间长了，随着劳动熟练程度的提高，他们对工作原理就会产生深刻的认识，从而更容易进行技术创新和发明，促进技术进步。所以他又进一步指出：用在今日分工最细密的各种制造业上的机械有很大部分是普通工人的发明。他们从事最单纯的操作，当然会想发明比较简单的操作方法。由此看来，斯密是从劳动分工引出两种技术进步的形式：一种是劳动者本身技术水平的提高，即人力资本水平的增进；另一种是物质资本技术水平的进步。斯密所阐述的技术进步都是内生的，是从劳动分工的演化过程中产生的内生技术进步。通过对劳动分工的分析，斯密得出了后来所谓的"斯密定理"（Smith Theorem）：劳动分工受市场范围的限制。斯密定理暗示了市场规模的扩大和分工的深化将会促进经济的持续发展。

1928年，阿林·杨格（Allyn Young）发展了斯密定理的内容，他认为劳动分工促进了市场规模的扩大，市场规模的扩大又强化了劳动分工，从而得出结论：劳动分工水平决定劳动分工，这就是所谓的"杨格定理"（Young Theorem）[1]。杨格从生产方法的迂回过程（round about methods of production）的角度考察了劳动分工在经济发展和技术进步中的作用。不同于斯密的是，他认为劳动分工中横向的学习效应在促进经济增长方面的作用是次要的，更重要的是分工使一个复杂的生产过程以一种资本主义经济或迂回生产的方式实现。在迂回生产方式中，生产规模扩大了，标准化的生产方式得以实现，新的生产组织方式得以产生，新技术得以产生和运用。虽然杨格没有直接阐述技术进步的方式，但仍然可以看出，他的技术进步是内生于生产过程之中的。正是由于这种内生的技术进步，杨格定理才暗示规模报酬递增现象的存在。

虽然古典经济学认识到了分工对经济增长的影响和技术进步的可能性，但他们对于技术的描述不够详尽，而且缺乏对技术进步因素在经济增长中具体作用机理的研究。

2.3.2 新古典经济增长理论中的创新

到了新古典经济学时期，经济学家们已经开始注意对技术在经济增长中的作用进行研究。熊彼特提出了"创造性破坏"的理论。他认为，"经济的增长是不确定的，同时技术的突破对整个经济增长起着至关重要的作用。经济增长的不确定性是内生于经济系统之中的，因为突破的可能性取决于研发的水平，而研发的水平又取决于对研发者的社会

---

[1] Young, A. "Increasing Returns and Economic Progress." *The Economic Journal*, 1928, 38(152): 527—542.

回报"。这种思想直接导致之后新增长理论对技术外溢的许多研究。虽然熊彼特的研究初步给出了技术创新影响经济增长的理论基础,但他的理论缺乏数理的支持。其后,罗伊·哈罗德(Roy Harrod)和埃弗塞·多马(Evsey Domar)的经济增长模型开创了数理经济方法在经济学中运用的先河,遗憾的是这个模型将经济增长推向了一个"唯资本积累"的论调,忽视了技术进步的增长作用,被喻为"刃锋上的均衡增长"。接着,索洛和特雷弗·斯旺(Trevor Swan)提出了一个新古典增长模型(索洛—斯旺模型),这是一个外生技术增长模型,因为模型中的产出增长率仅等于外生参数劳动增长率和技术进步率之和($n+g$),但由于资本收益递减规律仍然存在,这就出现了所谓的索洛剩余。经济学界对该模型的评价是"它解释了一切,却独不能解释长期增长"。

针对索洛剩余,很多新增长理论的经济学家做了大量的研究工作,主要手段和目的就是将技术内生化。阿罗和伊坦·谢辛斯基(Eytan Sheshinski)的经济增长模型率先将技术内生引进经济增长模型,其科学手段是将技术进步作为资本积累的副产品,即干中学效应,同时揭示出知识的外溢(或投资的外部性)导致整个经济生产率的提高。但是在阿罗的模型中,经济增长仍然取决于外生的人口增长率。提出类似经济增长模型的还有宇泽弘文(Hirofumi Uzawa),他认为人力资本生产部门不递减的要素边际收益可以抵消物质生产部门递减的要素边际收益,从而保障经济的持续发展;但是,如果人口或劳动力的自然增长率不大于零,技术进步对经济增长的作用就很难发挥。卡尔·谢尔(Karl Shell)在阿罗模型的基础上重新内生化知识,他认为知识是由知识创造者有意识地创造出来的,而不像阿罗所描述的那样是在生产过程中自然积累形成的。但是,谢尔仍然认为创新者投资创造知识的动力不是源于对利润的追逐,而是源于好奇心理。

而后,新增长理论在20世纪80年代开始了新一轮研究上的突破。罗默继承了阿罗的干中学的概念,提出了一个以知识生产和知识溢出为基础的知识溢出模型,用技术外部性或知识的溢出来解释经济增长。此后,罗伯特·卢卡斯(Robert Lucas)也沿用了宇泽弘文用人力资本解释经济增长的方法,建立了Lucas-Uzawa模型。对宇泽弘文模型进行发展的还有塞尔吉奥·雷贝洛(Sergio Rebelo),他认为核心资本的存在是经济增长的源泉,只要保护核心资本的收益,促进核心资本的成长,就会有经济的长期增长。但是罗默、卢卡斯和雷贝洛的工作仍然建立在阿罗、谢辛斯基和宇泽弘文的研究基础上,没有引进自发性技术变迁的理论,其结论表明技术的进步仍然不是技术创新者为了追求自身利益最大化而进行技术投资的结果,所提出的解释模型均属于凸性增长模型或外部性增长模型。

2.3.3 新经济增长理论中的创新

1. 新经济增长理论中的R&D内生增长模型

新经济增长理论中的R&D模型可以按照其导致技术创新的不同方式分为两类:一

类是水平创新模型,即增加产品种类的 R&D 模型;另一类是垂直创新模型,即改进产品质量的 R&D 模型。

第一类模型的开拓者是肯尼思·L.贾德(Kenneth L. Judd),这类模型主要分析产品种类的增加对经济增长的影响。[①] 罗默的模型将整个社会生产部门分为研究部门、中间产品部门以及最终产品部门,并认为通过 R&D 活动增加中间产品的数量从而增加最终产品的数量是促进经济增长的有效途径。在此基础上,经济学家将罗默的知识溢出模型改造为单个部门模型,使其更具合理性。同时,在此类模型的研究中具有代表性的还有格罗斯曼与赫尔普曼(Grossman & Helpman)[②]、巴罗与萨拉伊马丁(Barro & Sala-i-Martin)[③]。

第二类模型遵循了熊彼特的"创造性破坏"的思路,认为产品的质量升级是经济增长的源泉,同时提出技术进步引起的产品质量升级可能会引起社会福利的恶化,因为新的更高质量的产品的出现同时伴随着旧产品的淘汰。阿吉翁和豪伊特(Aghion & Howitt)的模型假定在整个经济体系的范围内开展 R&D 竞赛,成功的创新将使得全行业的产品质量提高,他们认为技术进步会对整个经济产生影响。[④] 此外,该模型还发现了技术创新的"非增长陷阱",即创新不一定能提高经济增长率。此外,西格斯托姆(Segerstrom)等认为创新者在行业内展开争取专利权的竞赛,但他们的研究活动是跳跃的,即当某一行业内爆发了一次创新高潮之后,该行业内的研究活动将在很长时间内销声匿迹。[⑤] 格罗斯曼和赫尔普曼的质量阶梯模型(quality ladder model)是基于上述两个质量升级模型建立起来的。质量阶梯模型假定技术进步在某一行业内发生,这与西格斯托姆的观点相近,但不同的是格罗斯曼和赫尔普曼认为研究活动是连续的,每一种产品的质量都可以被无限次提高,每次质量提高都会是一次离散型跳跃。但是,对于这个模型中每一次技术进步只提高单一部门的生产率的假定,许多学者认为这不如阿吉翁和豪伊特的模型更能说明熊彼特所提出来的"创造性破坏"。然而总体而言,质量阶梯模型是一个比较完善的产品质量升级模型。

2. 新经济增长理论关于 R&D 投资有效性的研究

新经济增长模型中的 R&D 模型将 R&D 活动看作企业为追求利润最大化而主动进行的经济活动,同时,此类模型对于 R&D 投资的有效性也进行了一些分析,这比起之前

[①] Judd, K. L. "On the Performance of Patents." *Econometrica*, 1985, 53(3): 567—586.

[②] Grossman, G. M., Helpman, E. 1991. *Innovation and Growth in the Global Economy*. Cambridge, Mass: MIT Press.

[③] Barro, R., Sala-i-Martin, X. 1995. *Economic Growth*. New York: McGraw-Hill Inc.

[④] Aghion, P., Howitt, P. "A Model of Growth Through Creative Destruction." *Econometrica*, 1992, 60(2): 323—351.

[⑤] Segerstrom, S., Anant, T. C., Dinopoulos, E. "A Schumpeterian Model of the Product Life Cycle." *The American Economic Review*, 1990, 80(5): 1077—1091.

的增长理论只将技术进步视为"黑箱"(即只要有技术进步,就能有效拉动经济增长)来说,要现实得多。

首先,一些模型从熊彼特的"创造性破坏"思想出发,认为技术创新必然导致旧技术的过时,所以创新是一种"痛苦兼甜蜜的事业"。在这个方面的研究中,阿吉翁和豪伊特最具代表性。他们认为自己的研究与前人至少在两方面有所不同,其中之一就是"由于放弃了旧的技术、产品、市场和生产工艺,技术进步不仅带来收益,还伴随着损失"。其实在此之前,有研究认为,如果考虑到"过时"的因素,在模型中允许新的产品取代旧的产品,我们将会得到的结论是,技术创新有可能降低经济增长的速度。

其次,熊彼特提出,企业在技术竞争中可能生产出新的产品。沿用这一理论基础,在产业组织研究领域,一些学者提出创新是有风险的,只有赢取了R&D竞赛的单个企业的R&D投资才是有效的。西格斯托姆基于以上研究,批判了继承产品生命周期论的一些国际贸易理论家从单个企业角度分析所得到的结论。这些经济学家认为,成功的产品创新十分容易,或者说只是由大量的R&D投入决定的。可以看出,西格斯托姆研究的出发点是在单个行业中进行的R&D竞赛,是一个中观的研究体系。

此外,一些内生经济增长模型充分考虑到了创新的外部性对R&D投资有效性的影响。早在1962年,阿罗就提出了知识的溢出效应,之后罗默又给出了知识的非竞争性和部分排他性,由此导致知识很容易被模仿、抄袭等。延续这条思路,经济学家认为模仿也可以作为技术进步的一种手段而成为经济增长模型的内生因素。之后,很多研究经济增长的经济学家利用以上研究提出了技术外溢的思想,他们的研究主要放在了国家间的技术外溢之上,其中的主要代表有克尔(Coe)和赫尔普曼[1]、赫尔普曼[2]等。还有些经济学家围绕这些研究提出滞后国家可以通过模仿赶超发达国家。其中最为著名的是布里希斯、克鲁格曼和琴登(Brezis,Krugman & Tsinddon)提出来的"蛙跳"模型。[3]

最后,一些经济学家围绕R&D投资回报率的问题做了很多的经验研究。经济学家根据数学模型得出,R&D投资对生产率增长有决定性作用,有学者研究得到R&D投资平均回报率是生产资料投资回报率的两倍多。在此基础上,研究者发现发达国家R&D投资平均回报率为123%,发展中国家为85%,而且都呈现上升趋势。但是,对第二次世界大战以后OECD国家的R&D投入产出的分析表明,虽然OECD国家的R&D投入逐年增加,但是经济增长的速度却没有明显的改变。此研究告诉我们,技术进步不是万能的,不能盲目空谈增加对R&D的投资。

---

[1] Coe,D.T.,Helpman,E."International R&D Spillovers." *European Economic Review*,1995,39(5):859—887.

[2] Helpman,E."R&D and Productivity:The International Connection." *NBER Working Paper*,1997,No. 6101.

[3] Brezis,E.,Krugman,P.,Tsiddon,D."Leapfrogging in International Competition:A Theory of Cycles in National Technological Leadership." *The American Economic Review*,1993,83(5):1211—1219.

思考题

1. 从广化和深化的角度介绍创新的概念。
2. 作图论证创新的简单化和复杂化模型。
3. 创新的类型具体有哪些?
4. 创新的基本特征是什么?
5. 简要梳理微观经济学中有关创新的基本概念和认识。
6. 简要梳理经济增长理论脉络中有关创新的阐述。

第 3 章
创新经济学的理论演进

本章将对创新经济学涉及的理论进行整理,梳理出创新经济学理论的基本脉络,为本书后面的分析奠定理论基础。

3.1 马克思的创新理论

作为马克思主义理论的开创者,马克思、恩格斯最早谈及人类创新问题,他们对创新问题的基本理解构成了马克思主义创新思想的早期内容。

3.1.1 马克思对创新问题的基本理解

通过研究马克思主义相关文献,我们发现马克思、恩格斯对创新问题的基本理解主要反映在三种创新形式上:科学创新、技术创新、制度创新。三者在本质上都只能是以现实的人为主体的,有目的、有创造性的人类实践活动。

1. 对创新本质的理解

马克思认为,创新是一种以人类为主体的,以认识新问题、解决新问题为目标的,在实践中创造具有新价值、新效用的事物的实践活动。人类社会"通过实践创造对象世界,改造无机界,人证明自己是有意识的类存在物"[①]。人类以外部客观物质世界为基础,以满足实践活动新需要为目标,不断更新旧有的观念、思想、理论、方法,创造出符合实践需要的新技术、新发明、新产品,以及新的精神产品和社会关系产品。同时,马克思最早阐述了人类创新活动与一般人类实践活动的区别。他认为,创新活动是"比社会平均劳动较高级较复杂的劳动,是这样一种劳动力的表现,这种劳动力比普通劳动力需要较高的教育费用,它的生产需要花费较多的劳动时间,因此,它具有较高的价值"。通过分析马克思对创新问题的理解,我们发现他对创新本质的理解有以下几个特点:

---

① 马克思,恩格斯. 马克思恩格斯全集(第三卷)[M]. 北京:人民出版社,2002:273.

第一,创新的主体是现实的人。马克思认为,创新的主体是生活在一定社会历史条件和社会群体中的人,而不是抽象的、生物意义上的人;人是最名副其实的社会动物,不仅是一种合群的动物,而且是只有在社会中才能独立的动物;创造这一切、拥有这一切并为这一切斗争的,不是历史,而正是人,现实的、活生生的人。只有现实的人根据自身的特定需要,在劳动生产实践过程中不断创新,才能创造出机器、机床、铁路、电报等不是天然存在的物质财富要素。自然界没有创造出任何机器,没有制造出机床、铁路、电报、走锭精纺机等。它们是人类劳动的产物,是变成了人类意志驾驭自然的器官或人类在自然界活动的器官的自然物质。它们是人类的手创造出来的人类头脑的器官,是物化的知识力量。

第二,创新是现实的人有目的、有计划的能动的实践活动。马克思指出,任何一种不是天然存在的物质财富要素,总是必须通过某种专门的、使特殊的自然物质适合于特殊的人类需要的、有目的的生产活动创造出来;人却懂得按照任何一种尺度来进行生产,并且懂得怎样处处把内在的尺度运用到对象上去;因此,人也按美的规律来建造。这就是说,人们总是按照外部事物的客观尺度和人们自身的内在尺度的统一,围绕一定目的有计划地、自由自觉地进行创新活动。

马克思强调创新主体的目的和目标的重要性,他认为创新的方式、方法和意志总是受目的决定,"他不仅使自然物发生形式变化,同时他还在自然物中实现自己的目的,这个目的是他所知道的,是作为规律决定他的活动的方式和方法的,他必须使他的意志服从这个目的"①。而这个目的是由特殊的人类需要引起的,包括生存的需要、享受的需要、发展的需要,"一有了生产,所谓生存斗争便不再围绕单纯的生存资料进行,而要围绕着享受资料和发展资料进行"。因此,一切创新活动都必须以满足人的生存、享受、发展需要,促进人的全面发展、造福人类为目的。

第三,创新是一种具有创造性的高级实践活动。马克思指出,创新是一种创造性实践活动,是人的创造天赋的绝对发挥,是人的自觉能动性的重要体现,是人的生命表现和本质特性。它不能脱离现实,必须依赖一定的物质条件和手段在一定的历史基础上进行。作为人类有目的的创造性实践活动,创新是主体面对新的状况从事一种前人未曾从事过的创造性活动。它比一般实践活动需要更多的知识和智慧,耗费的脑力劳动和时间也不一样,因而比一般实践活动要复杂高级得多。

第四,创新活动所生产的产品具有确证创新者、生产者本质力量的价值。在马克思眼里,创新成果的价值不是单纯的经济价值,而是创新成果要能满足主体需要的属性并被主体消费,可以体现和确证主体的本质力量,促进主体的社会关系以及素质、潜能的充

---

① 马克思,恩格斯. 马克思恩格斯全集(第二十三卷)[M]. 北京:人民出版社,1972:202.

分与全面发展。"正是消费替产品创造了主体,产品对这个主体才是产品。产品在消费中才得到最后完成"。① 马克思认为,假定我们作为人进行生产,在这种情况下,我们每个人在自己的生产过程中就双重地肯定了自己和另一个人。

2. 对创新形式的分类

人类实践活动是形式多样、丰富多彩的,按照马克思的理解,人类实践活动可以划分为物质生产实践、社会关系生产实践和精神生产实践。而作为人类实践活动的重要方式,创新实践的方式也会有多种。马克思从自己对人类实践活动的基本划分出发,依据当时的资本主义社会的社会历史发展特征,把人类社会常见的创新活动类型分为三种:科学创新、技术创新、制度创新。

首先,在马克思看来,物质生产实践是人类社会最为根本的实践方式。物质生产实践的面貌是人类与自然关系的客观反映。人类通过劳动实践从物质世界获取天然状态的物质资源,并通过不同的加工技艺,将这些初始状态的物质资源转化为更为满足人类需要的物质能量,以满足人类社会存续所需的基本物质需要。"人们为了能够'创造历史',必须能够生活。但是为了生活,首先就需要吃喝住穿以及其他一些东西。因此第一个历史活动就是生产满足这些需要的资料,即生产物质生活本身。"②

其次,马克思认为,作为实践活动的主体,人的本质属性是人的社会性。人类物质生产实践活动必须以社会化、组织化的方式才能进行,这也是人类群体实践和动物群体活动的主要不同。因此,社会关系生产实践就构成了人类协调各种错综复杂的社会关系、化解各种矛盾冲突、配置自然资源和社会资源、维护社会有序运行的实践活动,是人与人之间关系和人与自然关系的真实反映。马克思认为,人们在生产中不仅仅影响自然界,而且也相互影响,他们只有以一定的方式共同生活和互相交换其活动才能进行生产。这就是要说明人类社会物质生产实践与社会关系生产实践之间密不可分的关系。

最后,精神生产实践。自我意识是人类与动物在精神领域最大的区别。人作为能够以自身为认识对象,自觉反思自身行为的高级物种,必然要求自身生存和发展的意义化,即为自身的存在和活动找寻精神意义。同时,精神生产也为人类智力成果的积累和继承创造了条件。人类科学文明、精神文明的代际传递,都需要经过精神生产过程才得以保存,并不断获得发展。因而,在根本意义上,精神生产也是物质生产实践的一种方式,它和物质生产实践、社会关系生产实践之间就是一种共生关系。"思想、观念、意识的生产最初是直接与人们的物质活动,与人们的物质交往,与现实生活的语言交织在一起的。人们的想象、思维、精神交往在这里还是人们物质行动的直接产物。"③

与马克思对于人类实践活动方式的划分相对应,马克思把人类创新也划分为三种

---

① 马克思,恩格斯. 马克思恩格斯全集(第三十卷)[M]. 北京:人民出版社,1995:32.
② 马克思,恩格斯. 马克思恩格斯选集(第一卷)[M]. 北京:人民出版社,1995:79.
③ 马克思,恩格斯. 马克思恩格斯选集(第一卷)[M]. 北京:人民出版社,1995:72.

类型:科技创新、技术创新、制度创新。马克思所处的历史时期是欧洲资本主义发展的早期阶段,自然科学飞速发展、商品经营日益兴盛、资本主义社会运行模式基本形成,马克思亲身感受到资本主义生产方式对提升人类社会生产力水平的巨大推动力,同时也对资本主义社会的生产力发展流程有了清楚的认知。首先,社会生产效率提升的迫切需要催生了大范围的科技创新。自然科学在资本主义体制下得到了长足的发展,而且,在资本主义生产方式的作用下,科技创新成果迅速向工厂生产流程过渡,在工艺学等技术应用科学的帮助下,科技创新直接应用于实际生产过程,迅速提高了社会劳动生产效率。其次,技术创新推动了由理论科学研究向实际技术应用的转换。随着资本主义生产方式的日益完善,资本家和企业在工厂生产过程中越来越注意运用科学的力量、社会的力量以及从直接劳动转移到机器上的生产力方面的技巧,以此提高劳动生产率。最后,科学创新、技术创新在生产领域的广泛应用,在提高社会劳动生产率的同时,也推动了社会管理在制度层面的创新。作为社会关系生产实践的重要形式,制度创新是在资本主义制度下进行分工、协作,实行新的生产组织形式和管理方式,进行生产关系变革等活动。"一旦生产力发生了革命——这一革命表现在工艺技术方面——,生产关系也就会发生革命。"①这种制度创新顺应了资本主义生产力发展的需求,协调不同群体之间的利益冲突,寻求最具效率的生产组织方式,是维持社会生产力持续增长和社会稳定的重要因素。

在马克思看来,科学创新、技术创新、制度创新都是人类实践活动的重要方式,三者共存于物质生产实践、精神生产实践、社会生产关系实践全过程,是人类创新实践过程的三个基本方面。

3. 对创新主体的理解

在马克思看来,创新主体是所有参加生产活动的劳动者。创新主体的身份不受特定条件的限制,以任何形式参与到生产中的劳动者都会被马克思视为创新主体。马克思对创新主体这种泛化的理解明显区别于熊彼特对创新主体的狭隘界定。熊彼特认为,创新是资本家和企业家所独有的。而马克思则认为,创新主体应该包含企业家、资本家、雇佣工人、技术人员、国家等各种类型的创新主体。虽然不同创新主体参与创新生产的目的和方式不同,但他们作为标准的创新主体,推动人类创新活动的开展。在资本主义生产方式条件下,资本家、企业家进行创新活动的目标只有一个,就是无偿占有工人创造的剩余劳动。为此,那些"采用改良的生产方式的资本家比同行业的其余资本家,可以在一个工作日中占有更大的部分作为剩余劳动。"②为了尽可能多地获取剩余价值,资本家极为关注新机器、新技术、新方法在生产过程中的运用,想方设法降低生产成本,减少生产过程中的人力资源投入,进而从总体上控制投入的活劳动和可变资本,尽最大可能攫取生产过程中的超额剩余价值。从根本上看,只有雇佣劳动者的劳动才是剩余价值得以产生

---

① 马克思,恩格斯. 马克思恩格斯文集(第八卷)[M].北京:人民出版社,2009:341.
② 马克思,恩格斯. 马克思恩格斯选集(第二卷)[M].北京:人民出版社,1995:205.

的真正源泉。作为劳动过程参与者的雇佣工人，是资本主义生产活动必不可少的组成部分。为了生产商品，雇佣工人需要在工厂主的统一指挥下进行劳动。工人作为劳动者被工厂主分派到生产过程的各个环节，从事生产、管理、协同等职能，并被打造成不同层次的管理者。这些管理者以提升劳动生产率为目的，以资本的名义进行生产指挥和生产监督。通过这种方式，工厂主、雇佣工人、管理者共同进行资本主义生产，共同发挥生产创新作用。具体来说，资本主义生产方式以效率和创新为手段，把雇佣工人固定在特定的工作岗位上，这极大提升了工人的工作效率，扩大了工厂生产创新能力的发挥空间。尤其是以分工、协作为特征的资本主义工厂生产方式，要求工人在生产过程中反复进行同样的生产操作，这有效提升了工人工作技能的专业化程度。在反复操作机器的过程中，基于节省体力、提高效率的需要，工人把注意力集中在提高工作熟练程度上，不断积累经验，提升工作技巧。同时，这种对于特定工作流程的专注，也带来了生产技术学习交流的必要性。同样的技术在不同工人之间传播学习，一方面促进了行业整体技术水平的提高，另一方面也为技术创新提供了更加广阔的平台。

此外，机器的使用是近代资本主义工厂生产的重要特征。资本主义工厂主积极采用新的机器，以提高工厂生产效率，获取更多剩余价值。可以说，工厂生产效率的提高与机器大工业的兴起有必然的关系，机器的采用在近代资本主义生产力发展中具有决定性的意义。而机器的出现，却是多个创新主体共同开展创新活动的结果。一台新机器的发明，需要科学家、技术工人、企业主等多个主体共同协作才能实现。也就是说，创新活动对资本主义生产活动的推动作用，是通过多个主体的协同合作共同发挥的。单个主体不可能实现机器的发明，也没有能力实现机器在整个资本主义生产过程中的应用。

3.1.2 马克思主义创新思想的基本观点

1. 劳动与创新的本质关联

马克思在《资本论》中如此定义劳动概念："劳动首先是人和自然之间的过程，是人以自身的活动为中介，调整和控制人和自然之间的物质变换的过程。"为了准确界定人类劳动的基本特性，马克思对人类劳动和动物活动之间的区别做了细致比较。马克思认为，人类劳动是人类通过自身劳动，对外部物质世界的改造过程。在这一过程中，人类始终保持一种有目的、有计划、有创造的劳动状态。人类劳动的自为性、自觉性、创造性是依据自然本性的动物活动所不具备的。马克思曾举例说"最蹩脚的建筑师从一开始就比最灵巧的蜜蜂高明的地方，是他在用蜂蜡建筑蜂房以前，已经在自己的头脑当中把它建成了。"这个例子所要说明的就是劳动的创造性特质。即在劳动过程中，人类除了需要用到劳动对象和劳动资料，有目的的人类劳动才是最具创造力的劳动要素。专属于人类劳动的创造性和能动性，是使劳动具备创新性本质的根本原因。在《1844年经济学哲学手稿》中，马克思更为详细地阐明了自己对劳动创新型本质的理解。"劳动这种生命活动、这种生产活动本身对人来说不过是满足一种需要即维持肉体生存的需要的一种手段。而生产活动就是类生活。这是产生生命的生活。一个种的整体特性、种的类特性就在于生命活动的性质,而自由的有意识的活动恰恰就是人的类特性。"通过这段话,马克思表达了对人类劳动创新本质的基本观点。首先,人类劳动是一种生命活动,也是一种生产活动,它以"自由、有意识"为主要特征。其次,人类劳动所具有的这种超越性和创造性,构成了人类劳动和动物活动最大的区别。最后,人类劳动是要通过改造自然界、创造对象世界,即按照人的尺度,构建人类世界。因此,在马克思看来,整个人类社会的基础就是人类实践活动。而人类实践活动不是一般的实践活动,这种实践活动始终带有革命性特征。即通过连续不断的创造性实践,改变事物原本的存在状态,完成新事物对旧事物的超越,实现人类社会的发展延续。也就是从这个角度上,马克思肯定了人类劳动的创新本质,认为实践与创新有本质关联。

2. 创新推动社会发展

通过比较资本主义社会与传统社会在发展速度上的差异,马克思发现了创新活动对于社会发展的重大推动作用。在马克思看来,一个社会中是否存在创新,以及创新的强弱,直接影响到此种社会形态的发展速度。马克思这样解释资本主义社会在生产力发展上取得高速发展的原因:"资产阶级除非对生产工具,从而对生产关系,从而对全部社会关系不断地进行革命,否则就不能生存下去。""一切固定的僵化的关系以及与之相适应的素来被尊崇的观念和见解都被消除了,一切新形式的关系等不到固定下来就陈旧了。"马克思认为,正是资本主义社会对创新活动的关注,使现代资本主义社会有了更高的发展速度。在传统社会里,经济社会发展长期停滞不前,主要原因就是缺乏创新动力。在封建社会里,社会结构非常稳定,社会发展长期停滞,在较长的历史时期里,国家社会发展基本没有变化。马克思在肯定资本主义社会对人类社会生产力发展水平提升的贡献时,曾经以印度为例解释封建社会发展停滞不前的原因。在马克思看来,印度社会是一个"根本没有历史"的社会。在漫长的封建社会历史时期里,印度社会基本没有发生太大变化,社会发展长期处在同一发展水平。尤其是在国家政治状况不断变化的时候,印度的整体社会状况却没有发生任何改变。人们在规则和宗教的制约下,没有表现出丝毫的历史创新精神,消极苟安和落后野蛮由此成为一种历史循环。马克思指出,这种封建社会和资本主义社会在发展状况上的巨大差异,就是源于两者在对待创新问题上的差异。以此为依据,马克思得出结论,对创新问题的关注和创新能力的提升是资本主义社会能够高速发展的重要原因。人类社会的前进从根本上说就是先进生产力不断取代落后生产力的过程。只有尽可能地增加生产力总量才能推动社会主义发展,更好地巩固无产阶级专政。离开了生产力的发展,人的自由和全面发展就没有实现的可能。"生产力的这种发展之所以是绝对必需的实际前提,还因为如果没有这种发展,那就只会有贫穷、极端贫困的普遍化；而在极端贫困的情况下，必须重新开始争取必需品的斗争，全部陈腐污浊的东西又要死灰复燃。"所以，在马克思看来，无论在什么时候，创新始终都是提高生产力水平和推动社会发展的重要力量。

3. 资本主义社会的创新方式

在剖析资本主义社会制度的过程中，马克思详细表述了资本主义生产过程中的创新方式问题。在《资本论》及其手稿中，马克思系统考察了资本主义社会从简单协作到工场手工业，再到机器大工业发展的全过程。尤其是在研究科技创新对近代资本主义兴起的推动作用时，马克思着重分析了蒸汽机技术对资本主义生产过程发展演进的作用方式，对资本主义社会的创新做了比较具体深入的分析。马克思指出，随着机器大工业的发展，劳动资料从一般的手工生产工具转换为机器，认为机器是"人类的手创造出来的人类头脑的器官，是物化的知识力量"。他认为，机器作为人类劳动资料的重要变化，大大提高了生产过程的劳动生产率。生产过程不再像过去一样仅仅依赖于工人的直接技巧，而是更多地表现为科学在工艺上的应用。以此为依据，马克思解释了工业革命发生在英国，而没有出现在科学水平和发明成果都与英国相当的法国、瑞典、德国等其他欧洲国家的原因。即当时的英国已经具备了较为成熟的生产关系，工厂主可以通过不断改进技术，把新的科学成果应用于生产领域，获取到更多的经济利益，并使自己在竞争中立于不败之地。此外，马克思也注意到分工组织创新在实际生产中的作用。从简单协作到机器大工业生产，工人之间的协作劳动都在提高着社会劳动效率。马克思指出，这种协作"是一种社会劳动的自然力"，能够发挥出"孤立的工人根本不可能发挥出来的那种生产力"。他认为，在资本主义生产发展过程中，工人劳动从简单协作逐步发展到分工。而分工具有两种基本形式：一种是一般的社会分工，另一种是工厂内分工。一般的社会分工与一般商品关系相一致，工厂内分工则是资本主义生产特有的形式。工厂内分工以提高生产效率为唯一目标，分工简化了劳动，使劳动技能更便于学习掌握，一方面节约了生产劳动能力的费用，另一方面也提升了劳动生产效率，发展了新的社会劳动力。

4. 对资本主义创新的价值批判

创新是人类有意识、有目的的实践活动，它以满足人们的某种需要为目标。任何一种创新活动都需要包含实践主体的价值目标、价值取向、价值选择。不同的社会形态产生不同的实践主体，不同的实践主体具有不同的实践价值诉求。在资本主义社会，人们按照资本主义生产关系进行生产实践，所有的创新活动都围绕着一个基本目标进行，即获取剩余价值。剩余价值的获取是评价资本主义创新活动的唯一标准，人们对创新活动的价值追求变得单一、具体，原本自由而全面发展的人性价值内涵变得机械和异化。

马克思认为，资本主义生产方式对剩余价值的追求使得工厂主在经营企业的过程中不断推进技术创新，从而提升自己的生产经营效率，以便尽可能多地获取剩余价值。在资本主义生产过程中，资本家和工厂主会主动寻找一切可以实现生产活动创新发展的机会，大胆采用新技术，不断革新管理方式，扩大社会再生产，实现生产方式一次又一次的更新。但是，资本家、工厂主在关注企业生产效率提升的过程中，却有意回避了创新活动可能对人类社会产生的负面影响。物质资源的无意义损耗、自然生态的不断破坏、工人的身心健康威胁都没有影响资本家获取剩余价值的积极性。就像马克思指出的那样，工厂主真正关心的只是售出商品。只要制造的、购入的商品顺利卖出，获得了普通的剩余价值，工厂主们就已经非常满意了。商品购买者在购买了商品之后会怎么样，商品在之后的使用中会怎么样，都不再是工厂主们关心的问题。在马克思看来，资本主义生产方式淡化了人的自由而全面发展的价值诉求，把人的价值需要异化为资本增值需要。这不仅导致资本家、企业主对除获取剩余价值之外的其他价值诉求漠不关心，更导致了人类社会看待创新问题时的异化倾向。进入资本主义高速发展的历史后期，资本主义工厂为了获取剩余价值，无视实现人类价值的创新活动的底线。这种偏执无序的资本主义创新引发了诸如生态危机、文化危机、社会危机等重大人类生存威胁，这是资本主义生产方式对人类自由而全面发展价值追求的严重破坏。作为资本主义创新的另一重大成果，机器大工业的兴起在更大程度上提高了资本主义生产活动的实际效率，使人类社会的生产活动进入了机器时代。在工厂生产过程中，机器的应用提高了生产效率，创造了更多的物质产品。同时，这种比人工劳动更为高效的生产方式，也带来了工人的贫困和过度疲劳。在机器大生产的影响下，生产活动本身变得越来越乏味。高强度的机器流水线作业，让工人们的神经变得紧绷，身体也承受着巨大的负荷。这种情况引发了资本主义社会一种非常奇特的社会现象，即创新作为"新发现的财富的源泉，由于某种奇怪的、不可思议的魔力，而变成贫困的根源。技术的胜利似乎是以道德的败坏为代价换来的。"可以说，马克思对资本主义创新活动的价值批判，是从不断实现人的自由而全面发展的价值视角开始。马克思以对资本家、工厂主创新活动的价值批判为基础，指出资本主义创新活动不能满足人类自由而全面发展的需要，这种生产方式的发展事实上是在走向人类自由而全面发展价值目标的反面，使人类社会在片面发展的道路上越走越远。

5. 对人民群众创新主体地位的肯定

马克思认为创新是人类实践活动的重要属性，作为人类实践活动主体的人民群众同时也是创新活动的主体。马克思对人民群众创新主体地位的肯定，科学指出了人类创新活动的真正主体。同时，马克思也对创新活动的发展方向做了清晰的界定，即人类创新活动必须致力于满足人民群众这一创新主体的需要，这里作为创新主体的人民群众既包括农业劳动者、雇佣工人，也包括科学家、技术人员、职业经理人等其他一些物质生产活动的实际参与者。

在马克思看来,人类历史上一系列重要的发明成果,都是人民群众创新活动的结果。无论在文学领域、艺术领域、哲学领域还是在医学领域、科学领域,所有的创新成果都是由劳动人民在劳动实践中创造出来的。早在远古时期,人民群众就是创新活动的主体。早期人类通过发明劳动工具、使用火、掌握经验知识,不断满足自身生存需要,这些都是人民群众创新主体地位的表现。农业文明兴起之后,农业劳动者不仅开发出更多效率更高的劳动工具,还对农业劳动的组织方式和活动方式进行了创造性改变,形成了农业社会特有的劳动制度和劳动方式。人类进入工业社会之后,人民群众的创新主体地位进一步凸显。劳动社会化程度的加剧,使产业工人在使用工具的过程中,分工越来越细化,专业性越来越强。熟练技术工人成为工业社会创新活动的主体,很多生产技术发明都是在实际生产过程中完成的。随着人类科学技术能力的进一步提高,专业的科学家群体得以出现。他们以更为专业和高效的方式推动科学技术进步,成为当前时期人类开展创新活动的主要力量。除了技术创新领域,人民群众的创新主体地位也体现在制度创新领域中。马克思指出,在阶级社会中,社会制度的更迭都是依靠人民群众的推动才得以完成的。即便是在资产阶级刚刚走上历史前台的17、18世纪,在英国、法国完成的资产阶级革命,无一不是依靠人民群众的力量,推翻了旧的腐朽的封建体制,完成了从封建体制到资本体制的过渡。

人民群众是创新活动主体这一地位的确定,导致马克思开始思考另外一个问题,即人类社会创新活动的服务对象问题。按照马克思的解释,人民群众是历史的主体,是实现社会变革的决定力量。那么,人类创新活动就必须首先服务于人民群众的现实需求。从这一认识出发,马克思批判了资本主义生产方式的"非人化"特征,以及资本主义制度对人民群众享受创新成果机会的剥夺。首先,资本主义生产方式以获取剩余价值、实现资本增值为目标。所有的生产实践活动都以资本增值为目标,满足人的需要——无论是人类社会的整体需要,还是人类个体的个性化需求——从来不是这一生产方式考虑的首要问题。在资本主义社会,生产力进步带来了两种截然不同的发展结果。一方面,生产力发展带来了极为丰富的物质产品供给,一定程度上符合了人类生存发展需求。另一方面,资本增值为目标的生产发展定位,把生产放在比满足需求更重要的地位上,出现了以生产引导消费的现象。在资本主义社会,人民群众作为创新活动的主体,并没有获得与创新主体身份相当的资源分配地位。第一,在私有制的作用下,劳动者创造的物质财富主要分配给有产者。人民群众作为无产者,在财富分配上处于绝对劣势地位。第二,在资本增值导向下,人类社会生产活动从满足人类生产发展需要异化为满足资本增值需要。人民群众自由而全面发展的根本需要不仅不能得到满足,甚至到了愈发单向化发展愈发受到制约的地步。

因此,马克思认为,人民群众作为创新活动的真正主体,在社会中应当获得与其创新主体力量相当的地位认可,进而在分享人类创新发展成果的过程中获得同样的肯定。

3.2　熊彼特的创新理论

　　熊彼特是第一个明确提出创新经济学理论的经济学家。作为一位博学的大思想家,熊彼特提出并构建了创新理论,这是一个由创新的内在经济质变性、创新的社会历史性、创新的系统有机性多方阐释构成的巨大理论体系,它依次经历了三部巨著论述才得以最终成形:1921年,熊彼特在《经济发展理论》一书中提出了创新理论之后,又于20世纪30年代末40年代初,相继在《经济周期》和《资本主义、社会主义与民主》两部著作中进一步对"创新理论"加以阐述,形成了以创新理论为基础的独特的理论体系,总结了资本主义历史演进中的创新进程。实际上,这三部著作乃是熊彼特提出和阐述其创新理论学说的三部曲,最突出的共同特征就是它们均以创新为核心和立论基础。《经济发展理论》一书以"企业家"概念的建构为基础首次提出和阐述了创新理论,用以解释资本主义的产生、发展及特征,是对熊彼特理论体系第一次系统而重要的阐述。《经济周期》一书则充分运用创新理论解释了资本主义的运行,并根据工业革命以来资本主义国家的历史统计资料,以创新概念为基础,形成了熊彼特"多层次"的经济周期理论。《资本主义、社会主义与民主》是熊彼特运用创新理论提出制度创新理论、推断资本主义前途的伟大尝试,得出资本主义终将灭亡并会自动进入"社会主义"这一"必然趋向",形成了熊彼特式的"自动与和平过渡"的理论。

3.2.1　熊彼特创新的五种形式

　　在《经济发展理论》一书中,熊彼特提出,所谓创新,就是要"建立一种新的生产函数",即"生产要素的重新组合",就是要把一种从来没有的关于生产要素和生产条件的新组合引入生产体系,以实现对生产要素或生产条件的新组合;作为资本主义"灵魂"的"企业家"的职能就是实现"创新",引进"新组合";所谓"经济发展",就是指整个资本主义社会不断地实现这种"新组合",或者说资本主义的经济发展就是这种不断创新的结果;而这种"新组合"的目的是获得潜在的利润,即最大限度地获取超额利润。熊彼特明确指出创新有以下五种形式:

　　第一,引进一种新的产品,即消费者还不熟悉的产品,或一种产品的某种新特性。

　　第二,采用一种新的生产方法,即制造部门中尚未通过经验检验的方法,这种新的方法不需要以科学上新的发现为基础,但可以在商业上以一种新的产品的方式存在。

　　第三,开辟一个新的市场,即这个产品从来未曾进入的市场,不管这个市场以前是否存在。

第四,获取或控制原材料或半制成品的一种新的供应来源,不管这种供应来源是已经存在的还是首次创造出来的。

第五,实现某种工业的新的组织形式,比如形成一种垄断地位(如"托拉斯化"),或打破一种垄断地位。

熊彼特有关创新的五种形式被后人归纳为五种创新,依次为产品创新、技术创新、市场创新、资源配置创新和组织创新,这里的组织创新也可以看成是部分的制度创新,当然仅仅是初期的狭义的制度创新。

3.2.2 熊彼特创新理论的主要观点

熊彼特指出,周期性的经济波动正是起因于创新过程的非连续性和非均衡性,不同的创新对经济发展产生不同的影响,由此形成关于创新的时间经济周期。资本主义只是经济变动的一种形式或方法,它不可能是静止的,也不可能永远存在下去。当经济进步使得创新活动本身降为"例行事物"时,企业家将随着创新职能减弱和投资机会减少而消亡,资本主义不能再存在下去,社会将自动地、和平地进入社会主义。熊彼特以创新理论解释资本主义的本质特征,解释资本主义发生、发展和趋于灭亡的结局,从而闻名于资产阶级经济学界,影响颇大。创新理论的最大特色,就是强调生产技术的革新和生产方法的变革在资本主义经济发展过程中至高无上的作用。熊彼特创新理论的主要观点可以总结为以下几个方面:

1. 创新是在生产过程中内生的

创新是在生产过程中内生的,意味着新的创新并不是基于外力的作用,而是在生产过程中自然产生的。也就是说,无论是外部的正向冲击还是负向冲击,都难以让创新产生。重赏以及威逼都很难催生创新。但是,内部产生的创新,想要凭借个人或者集团的力量加以阻止也几乎不能实现。物理学家特斯拉的交流电与爱迪生的直流电的较量,就证明了没有人能够阻止真正有利于人类发展和进步的创新产品的迅速普及。

创新内生性的提出,对于经济学理论的贡献不容忽视。首先,自斯密开始到 20 世纪中期,经济学家长久以来都假设技术不变,因此,技术常常作为外生变量而被忽视。经典的微观经济学教材都以假定技术不变为前提,发现边际报酬递减规律。劳动、资本、土地等要素是人们公认的促进经济增长的决定因素,技术这个要素则被忽略。熊彼特的创新内生性给予内生增长理论足够的理论支持。

2. 创新是经济增长的动力和源泉

熊彼特认为,是创新,而不是资本和劳动力,才是资本主义经济增长的主要动力及产业演变、经济周期发生的根源。他指出,创新改变了世界的面貌,由于创新是自发的、间断的、革命性的、质的而非数量性的现象,所以,资本主义经济的发展是一个动态均衡过程。他用创新理论解释了经济周期现象。创新的出现造成了对生产资料和银行的扩大需求,引起经济高涨;当创新扩展到较多企业后,盈利的机会就会减少,对生产资料和银行的需求也会减少,导致经济的萎靡衰退;经济的萎缩又会促使企业家进行新的创新以寻找盈利的机会,从而导致下一轮经济的高涨……这就形成了经济周期的振兴期、繁荣期、衰退期和萧条期,周而复始。

3. 创新是创造性的"破坏"

"创造性破坏"是熊彼特理论中传播最广的观点之一,是其企业家理论和经济周期理论的基础。熊彼特认为,创新就是不断地从内部革新经济结构,即不断破坏旧的结构、创造新的结构。而且,一般说来,新组合并不一定要由创新所代替的行业的同一批从业者去执行,即并不是修建驿站或建造马车的人去修建铁路,而恰恰相反,铁路的建设意味着对驿站和马车的否定。所以,在竞争性的经济生活中,新组合意味着对旧组织通过竞争而加以破坏,尽管破坏的方式不同。如在完全竞争状态下的创新和破坏往往发生在两个不同的经济实体之间;而随着经济的发展和经济实体的扩大,创新更多地转化为一种经济实体内部的自我更新。

熊彼特指出,经济创新过程是改变经济结构的"创造性破坏过程"。经济创新不断地从内部使这个经济结构革命化,不断地破坏旧的结构、创造新的结构。这个创造性破坏过程就是资本主义的本质。价格竞争不是有价值的竞争,真正有价值的竞争是新商品、新技术、新供应来源、新组合形式的竞争,也就是具有成本上或质量上决定性优势的企业的竞争,这种竞争打击的不是现有企业的利润边际和产量,而是它们的基础和生命。

创造性破坏理论指出:当景气循环到谷底的时候,也是某些企业家不得不考虑退出市场或是另一些企业家必须"创新"以求生存的时候。只要将多余的竞争者筛除或是有一些成功的"创新"产生,便会使景气提升、生产效率提高,但是当某一产业重新有利可图时,它又会吸引新的竞争者进入,然后重新经历一个利润递减的过程,又回到之前的状态。所以每一次的经济萧条都潜藏着一次技术革新的可能,这句话也可以反过来陈述为:技术革新的结果便是可预期的下一次萧条。在熊彼特看来,资本主义的创造性与破坏性因此是同源的。但熊彼特并不认为资本主义的优越性是由于其自身产生的动力而不停地推动自身发展,他相信资本主义经济最终会因无法承受其快速膨胀带来的能量而崩溃于其自身的规模。

在熊彼特看来,创造性破坏是资本主义的本质性事实,重要的问题是研究资本主义如何创造进而破坏经济结构,而这种结构的创造和破坏主要不是通过价格竞争而是依靠创新的竞争实现的。每一次大规模的创新都会淘汰旧的技术和生产体系,并建立起新的生产体系。

4. 创新的主体是企业家

熊彼特在《经济发展理论》一书中强调了企业家的作用。他认为，"每一个人只有当他实际上实现新组合时才是一个企业家"，即企业家是指有效运用资本和技术等生产要素从事创新活动的人，而非泛指资本家。企业家在经济体系中引进新组合，其动机在于获得利润，追求成功，并表明自己出类拔萃的意志力。企业家的核心职能不是经营或管理，而是实现创新，执行新组合。创新者不是实验室的科学家，而是有胆识、敢于承担风险又有组织实干才能的企业家。因此，企业家必须具备三个条件：其一是战略眼光，能看到潜在利润的机遇；其二是胆识，敢于创新和冒险，抓住要素重组的机会；其三是组织能力，能动员社会资金来实现生产要素的重新组合。在经济学模型中，熊彼特只把技术看成是一个经济系统的外生变量，但他的企业家理论，对后继的企业创新系统、人力资本理论等方面的研究具有先导性。

5. 创新必须能够创造出新的价值

熊彼特认为，只有成功实现了商业化的发明才可以被称为创新。发明是新工具、新方法的发现，而创新是新工具、新方法的运用。"只要发明还没有得到实际上的应用，那么在经济上就是不起作用的"。可见，熊彼特的创新理论在本质上极为重视市场机制在创新要素配置中的决定性作用。

熊彼特认为先有发明，后有创新。因为新工具或新方法的使用在经济发展中起到作用，其最重要的含义就是能够创造出新的价值。一方面，把发明与创新割裂开来，有其理论自身的缺陷。另一方面，强调创新是新工具或新方法的应用，必须产生出新的价值，这对于创新理论的研究具有重要的意义。

6. 最早提出了市场结构与创新关系的理论

市场结构和创新的关系是产业组织理论研究领域的主要问题之一。市场竞争程度与创新存在什么关系？或者说市场竞争程度的高或低是会激发创新还是抑制创新？与当时大多数经济学家所持"完全竞争"的观点相左，熊彼特在《资本主义、社会主义与民主》一书中强调指出："完全竞争不仅是不可能的而且是低劣的，它没有权力被树立为理想效率的模范。"必须接受的是，大企业"已经成为经济进步的最有力的发动机，尤其已成为总产量长期扩张最有力的发动机"。

熊彼特认为垄断与创新有着密切的联系，高市场集中度有利于激励企业从事研究和开发，垄断是创新自然滋生的基础，这是因为创新是一项不确定性活动，除非有足够实力承担风险，否则创新没有吸引力。大企业恰好为企业家提供了这种风险担保。而且正是对垄断利润的期望给创新提供了刺激，从而使竞争最终走向垄断。也就是说，垄断厂商对创新兼具需求和供给优势。这一观点基本形成了熊彼特大企业创新模型，在该模型中熊彼特已经明确地把创新作为内生变量来解释资本主义的发展特征,这进一步阐述了创新对经济发展的巨大作用,也开拓了新经济增长理论研究的先河。

3.3 斯密的创新理论

斯密有关创新的思想主要体现在他的分工理论之中,即分工提升效率进而促进创新的产生。本部分将重点介绍斯密定理并在此基础上将斯密"分工促进创新"的思想加以总结。

3.3.1 斯密定理

斯密在《国富论》中以著名的手工针织厂例子说明了生产同一产品的不同工序之间的专业化分工如何提高了生产率,并分析了分工提高劳动生产率的原因。斯密认为分工是增进国民财富的主要原因,这主要通过发明机器、节约时间和提高劳动生产率来实现。虽然《国富论》洋洋洒洒数十万言,但斯密对增长之内在逻辑的解释与归纳却言简意赅,那就是经济增长源自劳动生产率的提高,劳动生产率的提高有赖于分工和专业化程度的加强,分工和专业化程度的加强源于市场规模的扩大。如果删繁就简,人们就得到了这样一个促成经济长期快速增长的模型:市场规模扩大—分工和专业化程度加强—劳动生产率提高—经济增长。再进一步简化后,人们便看到了被经济学家称为"斯密定理"的命题:经济增长取决于市场规模的扩大。

斯密定理的具体含义是,只有当对某一产品或服务的需求随着市场范围的扩大增长到一定程度时,专业化的生产者才能实际出现和存在。随着市场范围的扩大,分工和专业化程度不断加强。反过来说,如果市场范围没有扩大到一定程度,即需求没有多到使专业生产者的剩余产品能够全部卖掉时,专业生产者就不会实际存在。"通过分工促进经济增长"的论断即被称为"斯密定理"。概括来说,斯密定理就是市场规模限制劳动分工假说。随之而来的问题是:分工和专业化又是如何演化出来的呢? 按照斯密的逻辑,是市场规模扩大引发了分工和专业化程度的加强。而这其中的机理又何在呢? 假定有一个只有三户人家的村庄。由于人手少,为了生存他们必须个个都多才多艺,不仅要会种庄稼和蔬菜,亦必须会喂牲口、饲养家禽,也要会种棉花、纺纱织布、做衣服,还要会盖房子、烧饭、理发、制作农具,等等。即使这三户人家之间存在某种程度的分工和专业化生产,也只能是非常有限或粗糙的,因为人太少了。然而,当村民户数由三户增加到三百户时,情况就发生了巨大的变化。随着人口的增多,村子里就可能出现餐馆、理发店、铁匠铺和裁缝屋,还可能有其他形形色色的生产或服务的"专业户"。作为最重要的生产要素,人的数量的增加实际上就等同于市场规模的扩大。同时,在这一过程中,技术的进步其实就是分工和专业化的一个派生结果。在斯密定理的基础上,加里·贝克尔(Gary Becker)和凯文·墨菲(Kevin Murphy)在1992年发表的论文《劳动分工、协调成本与知识》中,不仅设计了分工可以提高生产率的生产函数,还以协调专业化工人的成本和可支配的一般知识,说明了不同生产工序之间的专业化分工的程度和结构是如何决定的。[①]

斯密定理也是对企业界限的最早描述:交换能力引起劳动分工,而分工的范围必然总是受到交换能力的限制,换言之,即受到市场规模的限制。但是,斯密定理却造成了一个两难悖论:如果确实是市场规模限制了劳动分工,那么典型的产业结构就必定是垄断;如果典型的产业结构是竞争,那么这一定理就是错误的,或无重要意义。实际上,在现实经济中,垄断和竞争的企业结构是同时存在的,即使是一个垄断企业,它与其他的垄断企业也存在激烈的竞争,不仅如此,在垄断企业内部,竞争同样激烈。依据斯密定理,如果市场发育足够成熟,则将由一个大的垄断组织来提供所有的产量。但可观察到的事实却是,许多大的公司或非常多的中小企业共同占领同一产品或服务的市场。由此可推断,斯密定理存在严重的缺陷,或者说,市场规模限制劳动分工不是导致企业规模或界限的必然或根本理由。斯密定理是西方经济学的理论基础,如果没有斯密定理,西方经济学的理论大厦就将崩塌。

斯密定理作为古典主流经济学的理论核心,并没有随着古典经济学理论体系的解体而消失,也并没有随着凯恩斯主义等形形色色新学派的出现而退出经济学舞台;相反,包括斯密定理在内的一些古典经济学理论仍然被现代经济学家广泛用来研究现代经济问题,得出了重要的理论成果,绽放出夺目的理论光彩。

3.3.2 分工与创新[②]

尽管自古典经济学以来,以斯密为代表的经济学家就将分工对经济增长的促进作用作为一个重要命题,但由于分工所引发的规模报酬递增与新古典经济学的边际分析理论的核心框架不相容,所以对分工的讨论有所停滞,直到杨小凯提出新的古典经济学理论之后,劳动分工被重新纳入了主流经济学理论。由分工带来的专业化、机器的发明与应用中,分工与创新的联系可谓是不争的事实,而且产业分工的深化也往往会导致产业的不断升级与发展。

从分工与创新行为的角度来看,如果以某种分工状态为起点,任何变化都是创新;以某种创新成果为起点,任何进一步的变化都会导致新的分工出现,或分工的深化。而且

[①] Becker, G. S., Murphy, K. M. "The Division of Labor, Coordination Costs, and Knowledge." *The Quarterly Journal of Economics*, 1992, 107(4):1137—1160.

[②] 以下内容主要摘编自于挺. 产业分工对产业创新的促进机制[D]. 上海社会科学院, 2010.

二者各自的理论领域又相互交错，分工理论里有创新的讨论，创新理论中也不乏分工的讨论。分工与创新的共同理论内涵可以通过对劳动生产效率的提高、经济的增长与社会的发展等方面的观察得到体现。

第一，分工和创新都可以提高劳动生产效率。斯密与马克思在阐述分工理论时都非常强调分工对于提高劳动生产效率的价值，而分工又是创新得以产生的重要来源。斯密在分析分工可以提高劳动生产效率的原因时，还特别将创新——机器的发明与使用——列为一个重要原因："许多简化劳动和缩减劳动的机械的发明，使一个人能做许多人的工作"，也就是说分工在实现专业化的过程中，使技术创新有了基础，而创新成果的应用——如大机器的使用又会影响生产的组织形式，使分工与创新在生产场所中交互作用以实现劳动生产效率的提高。从经济社会的发展历史来看，19世纪以前，劳动生产效率的提高被认为主要依赖分工的程度，创新对劳动生产效率的促进作用没有得到足够的重视。但随着人们对创新价值认识的提升，特别是在熊彼特对创新外延加以全方位扩展、索洛剩余被发现以来，创新越来越被企业看作是获得垄断地位或竞争优势的重要途径，各国政府和企业都积极地对创新加以投入，创新对于劳动生产效率的价值被赋予到前所未有的高度，相比之下，分工的价值相对弱化，但这并不代表分工本身对劳动生产效率的提高失去价值，而是作为一种理念和既定前提，已经根植于生产组织的各个环节中了。

第二，分工和创新都指向制度的创新。每一次创新所带来的生产工具的改进，都会带来生产组织方式——分工的变革，正如马克思所说："劳动的组织和划分视其所拥有的工具而各有不同，手推磨所决定的分工不同于蒸汽磨所决定的分工"①，这时的分工已经是作为一种制度——生产的组织协调形式——而存在了。而且，分工的程度也是由生产工具与技术进步所决定的，斯密认为"工具积聚发展了，分工也随之发展"，"机械方面的每一次重大发展都使分工加剧"。

第三，分工和创新都指向经济的增长与社会的发展。在古典经济学家的眼中，分工与经济增长、社会产出与社会发展有着必然联系，斯密在《国富论》中旗帜鲜明地表明其观点——分工是社会产出（国民财富）效率提高的主要来源，马克思则通过对分工的重要表征——生产工具的观察，得出分工的演进将决定社会的（五种）基本形态。新古典经济学家把分工作为既定前提，讨论如何通过优化配置生产要素以实现经济增长收益的最大化问题。新制度经济学派则更加明确了一个观点——制度是分工协调方式的体现，只有那些有利于经济增长与社会发展的制度才会是历史的必然选择。

第四，分工与创新为众多的具体经济命题奠定了基础。早在熊彼特提出创新理论之前，古典经济学家斯密就在其分工理论中强调了创新（机械发明）对生产效率提高、分工对社会财富增长的重要价值，马克思则讨论了手工业、工场手工业、工厂、大型联合企业以及虚拟经济与实体经济等六种产业分工的演进形式，即把分工作为一种生产制度对

---

① 马克思，恩格斯. 马克思恩格斯选集（第一卷）[M]北京：人民出版社，2012：241.

待,其实是把创新隐藏在制度的背后,从而观察到了不同的产业发展形态。熊彼特在讨论创新时,更是通过扩大创新的外延,把新的生产组织方式也视作其界定的五种创新范畴,其实是把分工纳入了他所讨论的创新体系中。

3.4 波特的创新理论

继马克思、熊彼特和斯密的创新理论之后,哈佛大学教授迈克尔·波特从竞争的角度丰富了创新的内涵。波特先后出版了三本最具代表性的著作,即《竞争战略》(1980)、《竞争优势》(1985)、《国家竞争优势》(1990),分别探讨了企业、产业、国家三个不同层面上的竞争问题。

3.4.1 竞争优势理论与创新

波特聚焦于研究竞争力,尤其关注国家竞争优势。他认为竞争力是以产业作为度量单位的,因此特别重视产业创新对国家竞争力的作用。"不同国家有不同的竞争力形态,没有哪个国家能在所有或大多数产业中独领风骚。因此,各国都能在特定的产业成功,因为本国环境对于这些产业最有前瞻性、活力与挑战性"。波特特别指出了政府在推动创新中的作用。

在企业层面上,波特认为:"创新一词应该做最广义的解释,它不仅是新技术,而且也是新方法或新态度。它可以只是一个新的产品设计、一个新的流程、一套新的营销战略、新的组织或教育训练。"[①]成功的企业所采用的战略虽然各有差异,但是归纳起来,这些企业能保持竞争优势都与其创新能力密不可分。波特给出了企业在面临国内乃至国际竞争时获得优势的如下原则:

1. 竞争优势来自最根本的创新

企业能够胜过它的竞争对手是因为该企业能察觉新的竞争状况,或在传统的竞争方式中添加更新且更好的材料。索尼首个采用晶体管生产收音机;波音开创了飞机系列的概念,也是美国第一家发展全球基地的公司;雅马哈将钢琴从传统的手工制造转变为自动化生产。这些公司都是在各自行业中的全球盟主,均具有这种创新的洞察力和执行力。波特指出企业创新时最先遇到的困难是如何选择正确的发展位置。为了创新,企业应首先考虑本国的优势,发掘机会,掌握国家环境中的最佳条件以了解创新的可能性并追求创新的实现。

创新不仅可以使企业挖掘国内市场优势,也可以满足国际市场需求。在国际竞争

---

① 迈克尔·波特. 国家竞争优势[M]. 北京:华夏出版社,2002.

中,企业能战胜其竞争对手,通常是因为它的外国竞争对手对新的需求反应太慢或无法有效回应。日本厂商能够在许多领域中获得竞争优势,是因为它们重视被外国竞争对手视为次级或低利润的小型、简单产品。当竞争对手的现有资产设备过时且因考虑到原先投资的损失而未及时更新导致失去先机时,这些经由创新产生的新技术或新方法就成为领先企业的优势。

2. 维持竞争优势需要不断创新[①]

企业一旦获得竞争优势,维持竞争优势的方法只能是不断创新。因为对企业而言,无法效仿的竞争优势并不多,获得竞争优势的企业一旦停止改善经营或采取防御型竞争战略时,更有活力的竞争对手早晚会找出破解这种竞争优势的方法并且以更好的方式替代。然而"持续创新的本质是与大多数企业的组织规范相冲突的"。已获得优势的企业通常不喜欢改变,传统做法成为作业流程和管理控制的机制之一。当一个组织趋于成熟时,它更偏好于获取稳定和安全感。要改变这种状态需要很大的力量推动,而这种力量往往从组织外部产生。因此,企业必须强迫自己暴露在外界的压力中,以刺激自身回应压力的能力。波特的国家竞争优势理论认为,创新通常是由企业、产业、社会结构等外部观察者担任媒介才随之而出现的。因为外部观察者往往能察觉到组织所忽略或不同于传统的智慧,既不执着于过去的经验也不担心改变会颠覆产业或社会规范。

3. 创造更持久的竞争优势

企业的竞争优势可以从价值链的任一环节中产生,然而每一种竞争优势的持久力各不相同。如果竞争优势是从最简单的生产成本因素中而来,因为生产流程中的专属技术有限也易被模仿,竞争优势的持久力必然比较弱。反之,如果竞争优势来自高级生产要素,如独特技术、品牌形象、日积月累的营销渠道等,这类竞争优势的持久力较强。波特指出,20世纪末期韩国的电子厂商尚未发展出竞争优势的持久力,是因为它们的竞争力是建立在低廉的人工成本、日本的技术以及来自日本和美国的零件组合上。相反,美国大型电脑公司的竞争优势来自大量投资研究开发、经验积累所形成的独特软件开发技术以及绝对忠诚的客户。针对企业获取持久的竞争优势,波特给出了以下建议:一是需要有高级人力资源和内化的技术能力;二是要比竞争对手抢先行动以扩大并提升在资源上的优势;三是要在初级条件仍有优势的情况下主动割舍;四是要敢于面对尖锐的组织变革;五是要求企业的领导人能创造一个利于竞争优势发展和扩大的环境并使员工自然而然地期待这种环境。

4. 科学技术的进步改变着企业的竞争模式

波特认为技术变革是竞争的主要驱动力之一,在产业结构变化以及新兴产业创造方

[①] 以下内容主要摘编自迈克尔·波特. 国家竞争优势[M]. 北京:华夏出版社,2002。

面发挥着重大作用。波特和维克托·米拉(Victor Millar)在1985年总结了信息技术革命是如何改变企业竞争模式的。① 首先,信息技术影响了企业价值链。最开始企业主要应用信息技术制作账表和储存记录,即运用于价值链中的采购活动。到后来已经扩张到整个价值链中的所有价值活动,如基本活动中的内部后勤采用自动化仓储,生产经营采用弹性制造,外部后勤采用自动订货流程;辅助活动中的采购采用网络采购零件,人力资源管理采用自动化人事日程。其次,信息技术可以改变决定产业结构的五种作用力,即同行业内现有竞争者的竞争能力、潜在竞争者进入的能力、替代品的替代能力、供应商的讨价还价能力、购买者的讨价还价能力,通过改变以上五种作用力而增强或减弱这个产业的吸引力。例如,在那些将所购零件予以组装的产业,自动化的物料报价单及行情资料可使采购者更容易评估物料来源与价值,从而增强采购者的力量;信息技术提高了那些需要在复杂软件上进行大量投资的产业的进入壁垒;弹性化的电脑辅助设计和制造系统能够以更快、更容易、更低廉的方式提高产品的功能,这给许多产业带来了被替代的威胁。最后,信息技术开拓了产品与业务范围。一方面,信息技术使现在的产品中含有越来越多的信息要素,通过新产品的衍生需求而孕育新的业务;另一方面,信息革命让新的业务在技术上变得可行,甚至可以在老行业中创造出新行业。

3.4.2 波特创新理论的主要观点

1. 驱动经济发展的四个阶段

波特将创新驱动经济发展视为一个发展阶段提出来,他把经济发展划分为四个阶段:第一阶段是要素驱动阶段,第二阶段是投资驱动阶段,第三阶段是创新驱动阶段,第四阶段是财富驱动阶段。其中企业具有消化吸收和创新改造外国先进技术的能力是一国产业达到创新驱动阶段的关键,也是创新驱动与投资驱动的根本区别。

按照波特"四个阶段"理论,我国正处于从要素驱动和投资驱动向创新驱动跨越的重要阶段,完成这个"跨越"对于实现"两个一百年"奋斗目标,实现中华民族伟大复兴至关重要。

2. 产业创新对国家竞争力的重要性

波特认为:"国家的影响力通常是针对特定产业或产业环节,而不是个别企业。"因此,他特别重视产业创新对国家竞争力的作用:"国家的竞争力在于其产业创新与升级的能力"。而产业创新与升级能力和产业集群密不可分。波特于1998年发表的《集群与新

---

① Porter, M. E., Millar, V. E. "How Information Gives You Competitive Advantage." *Harvard Business Review*, 1985, 63(4):149—160.

竞争经济学》一文系统地阐述了新竞争经济学中的产业集群理论,并指出产业集群能提高创新的速率与能力进而促进竞争优势的形成。

波特认为,产业集群是一群在地理上互相靠近的、在技术和人才上互相支持并具有国际竞争力的相关产业与支持产业所形成的群体。这种地理上的相对集中加剧了同业之间的竞争,缩短了相互之间沟通的渠道,有助于产业间快速地相互学习,不断地进行创新和观念交流,并不断扩大专业人才队伍和专业研究力量,从而形成产业集群内部的一种自加强机制。硅谷和好莱坞就是产业集群的典型例子。产业集群包括三个层次的企业或机构:一是垂直角度的零件、设备、服务等特殊原料品的供应商、分包商等;二是水平角度的拥有相似技术、劳动力市场或企业战略的竞争者或合作者;三是提供知识与技能、制度供给的准公共服务部门,如大学、国家实验室、制定标准的机构以及贸易组织等。

波特强调,一个有国际竞争优势的产业集群最好全部由国内企业组成,特别是由本地企业组成上下游配套齐全的产业发展链条,而不是某一环节从国外采购,这样所形成的国际竞争优势才是稳定和可靠的。产业集群能指明创新方向和增强创新能力,通过加快创新的步伐为未来生产力的增长奠定坚实的基础,并因此提升竞争力。产业集群能够提升集群内企业的持续创新能力,并使之成为创新中心。挑剔的客户往往是集群中的一部分,因此,相比于孤立的企业,在集群内的企业对于市场需求会有更好的洞察力。产业集群不仅使创新的机会更为可视化,同时近距离的观察模仿能使新知识、新技术、新产品和新的管理方式得到迅速扩散,从而增强企业快速反应的能力和灵活性。产业集群还有利于判定创新需求,降低参与者在获取信息上的花费,能更灵活地将创新机会转化为运营和战略优势,从而导致未来劳动生产率的提高。

3. 钻石模型与国家竞争优势

波特在《国家竞争优势》中首次提出"国家竞争优势"这一概念,将其视为一个国家使其公司或产业在一定的领域创新和保持竞争优势的能力。他认为,竞争力是以产业为度量单位,而竞争力的核心是创新能力:"国家的竞争力在于其产业创新与升级的能力"。不同的国家有不同的竞争力形态,没有哪个国家能在所有或大多数产业中独领风骚。因此,各国都能在特定的产业成功,因为本国环境对于这些产业最有前瞻性、活力与挑战性。为了有效地解析一国能获得竞争优势的原因,波特建立了一个简洁实用、高度概括的钻石模型,如图3-1所示。钻石模型有机地融合了"五力分析"和"价值链"框架中的重要思想,最主要的特点在于钻石模型是从国家层面上对竞争力进行的探讨。

钻石模型由四个相互关联的主要因素和两个辅助因素构成。四个主要因素分别是生产要素、需求条件、相关产业与支持性产业以及企业战略、企业结构和同业竞争;两个辅助因素是机会和政府。围绕这个框架,波特通过考察不同国家、不同产业的经验,得出

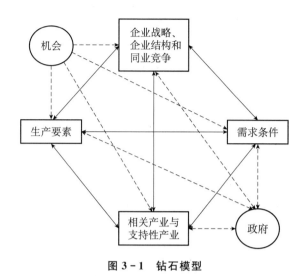

图 3-1 钻石模型

资料来源：根据《国家竞争优势》一书整理。

了非常独特的有启发性的结论和观点。

第一，生产要素。生产要素包括人力资源、物质资源、知识资源、资本资源和基础设施。这些生产要素可分成初级生产要素和高级生产要素。初级生产要素是被动继承的，它们的产生需要较少的或不那么复杂的私人投资和社会投资，如自然资源、气候、简单劳动力。高级生产要素是创造出来的生产要素，其创造的途径则是政府、企业和个人在创造高级生产要素方面进行持续的投资。而竞争优势更为强调的是高级生产要素，如高科技、高等人力资本。

第二，需求条件。国内需求对竞争优势最重要的影响是通过国内买主的结构和性质实现的。不同的国内需求使企业对买方需求产生不同的看法和理解，并做出不同的反应。国内需求能给当地企业及早提供需求信号或给当地企业施加压力，要求它们比国外竞争者更快创新，提供更先进的产品，这样本国的产业或产业部门才最可能获得竞争优势。国内需求的重要性是国外需求所取代不了的，因为产品的开发、试验和批准人员基本上都在国内，因此企业对国内需求的压力感知比对国外需求的压力感知更强烈。

第三，相关产业与支持性产业。一个国家的产业要想获得持久的竞争优势，就必须在国内拥有在国际上有竞争力的供应商和相关产业。支持性产业可以通过与下游产业合作、促进下游产业创新等途径创造竞争优势。世界第一流的供应商往往能帮助企业看到利用新技术的新方法、新机会，让企业最快地得到新信息、新见解以及供应商的新创产品。有竞争力的供应商还充当把信息和创新从一个企业传递到另一个企业的渠道，从而使整个行业的创新速度加快。相关产业是指因共用某些技术、共享同样的营销渠道或服务而联系在一起的产业或具有互补性的产业。一个国家如果有许多相互联系的有竞争力的产业，就很容易产生新的有竞争力的产业，因此有竞争力的几种相关产业往往同时在一国产生，比如美国的电子检测设备和病人监护仪，丹麦的奶制品、酿制品和工业酶，韩国的录像机和录像带等。

第四，企业战略、企业结构和同业竞争。企业战略、企业结构包含着企业建立、组织和管理的环境的性质。不同国家的企业在目标、战略和组织方式上都大不相同，国家竞争优势来自对它们的选择和搭配。由于所处环境不同，不同国家的企业需要采用的战略、结构也就不同。一种适合国家环境、产业环境的战略及管理方式能提高国家竞争优势。

激烈的同业竞争能够给企业提供足够的压力来增加对高级生产要素和研发活动的投资，从而有利于推进企业的创新活动，获得竞争优势。激烈的同业竞争可以促进竞争升级。国内竞争是在各企业都处于同等条件下进行的，比如相同的要素成本、消费者的偏好、当地供应商的条件、进口成本等。因此，同在一国的企业的竞争就不能只靠大家都能得到的优势，而必须寻找更高级、更持久的竞争优势源泉，如专有技术、规模经济、国际销售网络等，这使产业的竞争优势向高层次发展。同业竞争还迫使企业走向海外。在存在规模经济的情况下，激烈的国内竞争往往迫使国内企业向海外发展来获取更高的效率和更高的利润。

钻石模型的两个辅助因素是机会和政府。机会包括重要的新发明、重大技术变化、投入成本的剧变、外汇汇率的重要变化、突然出现的世界或地区需求、战争等。机会的重要性在于它可能打断事物的发展进程，使原来处于领先地位的企业的竞争优势无效，落后国家的企业如果能顺应局势的变化、利用新机会，便可获得竞争优势。在国际上成功的产业大多从机会中得到过好处，如微电子时代的到来使美国和德国企业失去了在众多的以机电为基础的产业中的支配地位，为日本企业的崛起提供了机会；西方国家对来自日本的服装进口施加限制，使新加坡的服装业发展起来。政府对竞争优势的作用主要在于对四个决定因素的影响。波特特别指出了政府在推动创新中的作用："当竞争的基础转为创造和知识积累时，国家的作用就变得日益重要，创造与保持竞争优势也变成本土化的过程"。

钻石模型的四个主要因素是国家竞争优势的决定因素，它们的变化直接导致国家竞争地位的改变；两个辅助因素作用于前四个主要因素从而对国家的竞争优势产生重要影响。波特的竞争优势理论是这几种因素相互影响、自我强化的有机整体，最后共同影响了一国的竞争实力、结构与优势持久性。

3.5 创新经济学理论的现代发展

对于创新领域的研究至少有大半个世纪了。在一百多年前，熊彼特就宣扬创新是经济增长的最终来源，但是在当时甚至之后几十年都鲜有追随者。直到第二次世界大战之后，关于创新这一领域的相关研究才出现，如今创新理论受到了世界各国的广泛重视。

西方学者的创新研究可以分为三个阶段:第一阶段(20世纪50年代初到60年代末)强调创新起源、效应以及创新组织等内容,技术推动假说与需求拉动假说在这一阶段影响较大;第二阶段(20世纪70年代初至80年代初)开始扩展技术创新的研究范围,综合运用各种研究理论与方法,"演化理论"开始出现;第三阶段(20世纪80年代至今)的重要特点是研究的综合化趋势,标志为创新系统方法的出现。这种起源于20世纪80年代的创新系统方法将创新看作一个复杂的系统,从"系统"的角度来解释影响创新的各种因素,以及不同国家或地区、部门或产业的创新差异。近些年西方创新经济学迅猛发展,在融合演化经济学、复杂经济学及新制度经济学等新方法与新思路的基础上,不断主流化,并试图以创新为主变量弥补现有西方微观经济学的重大理论缺陷。事实上,创新经济学已重构了西方传统经济学的增长模式。自20世纪80年代以来,中国学者以西方创新经济学的合理成分为科学养分,积极探索创新发展与创新经济学的建构①。创新经济学理论的现代化发展呈现出以下几个典型特征:

第一,在研究对象上,越来越强调微观主体的创新。熊彼特的创新理论认为,创新是企业家(创新者)的一种英雄行为,是一种富有冒险性的活动,整个创新过程都存在于企业家头脑这个"黑箱"之中。在熊彼特看来,创新是随机产生的,是创新者的灵光乍现。创新的机会存在于环境之中,对于任何人来说都是一样的,等待着人们去发现。在这种早期的创新理论指导下,理论界普遍认为企业的创新活动或者是受技术发展推动的,或者是受市场需求拉动的。英国萨塞克斯大学的罗伊·罗思韦尔(Roy Rothwell)将前者称为第一代创新模式,将后者称为第二代创新模式,并将它们统称为企业创新的"线性模式"。②该观点强调,企业的创新活动具有显著的不确定性,并隐含地认为,企业创新是随机和独立的,影响和促进企业创新活动的因素往往是有限的。基于熊彼特创新理论的干预政策导向往往是放任。尽管这种观点距离当今企业创新实践已比较遥远,但是,熊彼特的开创性创新理论依然是我们从事创新研究的逻辑起点。

20世纪80年代以后出现了技术创新的分工化倾向,各行为主体之间的联系和相互依赖性增强,企业创新行为模式发生了相应的变化。创新理论的发展越来越强调微观企业的创新。罗思韦尔在全面考察这一变化趋势的基础上提出了第五代创新模式,即系统集成网络模式③。与此同时,弗里曼提出了创新网络(networks of innovation)的概念,认为创新网络是应对系统性创新的一种基本制度安排,网络架构的主要连结机制是企业间的创新合作关系,网络的形成是为了满足相应组织对知识创新的需求。④ 罗思韦尔和弗

---

① 安同良,姜妍. 中国特色创新经济学的基本理论问题研究[J]. 经济学动态,2021(4):15—26.
② Rothwell, R. "Successful Industrial Innovation:Critical Factors for the 1990s." *R&D Management*, 1992, 22(3):221—240.
③ 第一代为技术推动模式,第二代为需求拉动模式,第三代为交互式模式,第四代为一体化连续模式。
④ Freeman, C. "Networks of Innovators:A Synthesis of Research Issues." *Research Policy*, 1991, 20(5):499—514.

里曼的观点都强调影响创新的因素具有复杂性和系统性,已经暗含了创新生态的思想。从研究文献上看,直接提出创新生态(innovation ecosystem)概念的是罗恩·阿德纳(Ron Adner),他将生态学的观点引入企业创新领域的研究,认为有效的创新是一个生态系统,创新生态系统就是一种协同整合,即各创新主体把各自的创新活动整合起来形成一套协调一致的、面向客户的解决方案。[①] 个体企业的创新行为不能脱离创新生态系统而孤立地存在,如果孤立地进行创新活动,那么企业将会面临项目风险(initiative risks)、依赖风险(interdependence risks)和整合风险(integration risks)三类创新生态系统风险,创新成功的概率将是多个创新参与者同步成功的联合概率(joint probability)。事实上,从生态学的角度来研究企业管理问题(如企业的竞争与合作、基于商业生态制定战略等)由来已久,最早起源于20世纪70年代,并在90年代成为研究热点。[②]

第二,在研究方法上,越来越重视规范方法的应用。在西方经济学理论的发展过程中,新古典经济学的理论在相当长的一段时间里居主流地位。新古典经济学理论对经济学发展所做出的理论贡献主要体现在以下几方面:一是它建立了一套完整的价格理论,即微观经济理论,这对于分析分散化市场条件下的资源优化配置提供了许多有价值的见解;二是它建立了一套关于经济运行如何达到均衡的理论,这对于分析单个决策者如何实现均衡的结果和最大化的目标提供了基本的方法。运用价格理论和均衡理论来分析经济活动,侧重采用的是市场机制的研究方法。到了19世纪末20世纪初,当经济学建立了边际分析方法后,微分概念和数学分析被广泛地运用于解决经济问题。这可以被认为是经济学分析方法上的一场革命。由于经济学可以用数学语言、图表和曲线来说明问题,经济学所要分析的各种变量关系变得十分清晰、可靠,经济学越来越精确了。尤其是数学在微观经济学中的成功运用,大大提高了数学在经济分析中的地位,人们将更多的精力投注于经济学中的数学运用。这时,数量分析作为一种新的研究方法出现在经济学的理论研究之中,并逐渐占据重要地位,与机制研究方法并驾齐驱,成为经济学研究的一个基本方法。

创新理论的一个重要发展方向就是采用数学的方法来计算创新的回报率,如索洛在20世纪50年代提出了技术进步理论,他所运用的生产函数包含了更多的生产要素,特别是突出了投入要素效率的提高对经济增长所做出的贡献。他发现,进入现代以来实际经济增长远大于资本和劳动投入所带来的增长,即经济增长中扣除劳动力、资本投入数量的增长因素之后,所产生的余值是由"技术进步"带来的,即索洛剩余价值。索洛研究发现:美国1990—1949年每小时劳动的产出增加中有80%归因于技术进步。半个世纪以来,经济学家都在研究不同模型以估计研发支出的回报率。这些理论运用了较为成熟的

---

① Adner,R. "Match Your Innovation Strategy to Your Innovation Ecosystem." *Harvard Business Review*,2006,84(4):98—107.
② 余光胜. 企业创新理论演进及进一步研究取向[J]. 中国管理科学,2013,21(s2):798—803.

增长核算框架,其中增添了研发投资或者研发资本存量,计算了研发中的全要素生产率。

第三,在研究主体上,越来越重视国家创新体系建设。国家创新体系理论是在创新系统论的基础上演化发展而来的,旨在理解和推动国家创新发展。创新经济学理论发展的另一个重要方向就是研究国家创新体系。英国经济学家弗里曼在1987年首先提出国家创新系统的概念。[①] 他在研究日本经济时发现了国家在推动技术创新中的重要作用。一个国家要实现经济的追赶和跨越,必须将技术创新与政府职能结合起来,形成国家创新系统;从长远的、动态的规划出发,充分发挥政府提供公共产品的职能,以推动产业和企业的技术不断创新。弗里曼在《工业创新经济学》(第3版)中用一章的篇幅(第12章)进一步系统论述了国家创新系统的特点和功能,他特别强调体制在国家创新体系中的重要作用。1993年,理查德·R.纳尔逊(Richard R. Nelson)出版《国家(地区)创新体系:比较分析》(*National Innovation Systems: A Comparative Analysis*)一书,将国家创新体系定义为"其相互作用决定着一国企业的新实绩的一整套制度"。他强调技术变革的必要性和制度结构的适应性,认为科学和技术的发展过程充满不确定性,因此国家创新系统中的制度安排应当具有弹性。在他看来,资本主义创新体系远比人们普遍认识到的更为复杂,也远比现有经济模型所描述的更为复杂。以本特-奥克·伦德瓦尔(Bengt-Åke Lundvall)为代表的一些经济学家从研究国家创新的微观组成出发,探讨用户和生产厂商之间的相互关系。他认为,所谓国家创新体系就是由在新且经济有用的知识的生产、扩散和应用过程中相互作用的各种构成要素及其相互关系组成的创新系统,而且这种创新体系包括了位于或者根植于一国边界之内的各种构成要素及其相互关系。一方面,国家创新体系是一个社会系统,其中心活动就是学习,而学习又是一种社会活动(即干中学和用中学),包括了参与技术创新过程的人们之间的相互作用。另一方面,国家创新体系又是一种动态工程,以正反馈和再生产为特征。国家创新系统包含的要素,从狭义来看包括大学、R&D部门等与研究、开发密切相关的机构设置和制度安排;从广义来看包括所有能影响学习、研究、创新的经济结构和经济制度。

第四,在研究范畴上,开始从技术创新向知识创新、制度创新研究转变。20世纪80年代末90年代初,学者们开始从知识经济时代的特征切入,赋予了创新概念新的内涵,进而发展成新增长理论。新增长理论从内生性技术进步出发解释了技术进步的源泉以及由此产生的经济增长效应。罗默提出的"知识外溢长期增长模式"突出知识资本的作用;卢卡斯提出的"人力资本完整性增长模式"突出人力资本的作用,强调人力资本是经济增长的发动机。这两个模式,一个注重知识的创造和积累,另一个注重知识的传播,这样就将创新的关注点转到了知识创新和传播的领域。在制度创新方面,美国经济学家诺

---

① Freeman, C. 1987. *Technology, Policy, and Economic Performance: Lessons from Japan*. London: Pinter Publishers.

斯于1961年出版了《1790—1860年的美国经济增长》,此后陆续出版了《制度变迁与美国经济增长》(1971)、《制度、制度变迁与经济绩效》(1990)等著作,创立了新制度经济学。诺斯重点分析了经济发展中的制度创新和制度安排。他认为,制度创新是使创新者获得追加利益的现存制度安排的一种变革。制度之所以会被创新,是因为创新的预期净收益大于预期的成本,而这些收益在现存的制度安排下是无法实现的,只有通过人为地、主动地变革现存制度中的阻碍因素,才有可能获得预期的收益。Ruttan在综合诺斯等所提出理论的基础上,提出了一个关于制度变迁的诱致性创新理论模型。[①] 在他看来,"导致技术变迁的新知识的产生是制度发展过程的结果,技术变迁反过来又代表了一个对制度变迁需求的有力来源",由此前提出发,他把技术创新和制度创新整合在一个相互作用的逻辑框架中,应用其对技术变迁的研究方法来考察制度变迁。知识创新和制度创新的理论已经成为创新经济学理论发展的一个重要方向。

思考题

1. 马克思将创新形式分为几类,具体是什么?
2. 马克思主义创新思想的基本观点有哪些?
3. 熊彼特提出的创新的五种形式与马克思创新理论有什么联系与区别?
4. 如何理解熊彼特提出的"创造性破坏"这一观点?
5. 斯密定理的具体含义是什么?
6. 波特创新理论的主要观点是什么?
7. 波特的钻石模型包含哪些要素?

---

① Ruttan, V. W. "Induced Innovation, Evolutionary Theory and Path Dependence: Sources of Technical Change." *The Economic Journal*, 1997,107(444):1520—1529.

第二篇

创新主体与要素

第4章
市场、市场结构与创新

本章将重点介绍市场供给、需求与创新的产生以及不同市场结构下的创新活动和创新市场的建立。

4.1 供给、需求与创新

4.1.1 创新的动力模式

关于创新的动力来源,学术界存在"技术推动说"和"需求拉动说"。在很长一段时间内,人们认为创新是由经济体系之外的科学知识进步和技术发明引起的,这种观点被称为"技术推动说"。但是自20世纪60年代起,"需求拉动说"开始兴起,企业的盈利动机被认为是创新的主要动力来源。随着第三次工业革命的到来,各类技术的变革则体现出更多的需求端的指向性,Acemoglu 称之为"指向性的技术创新"。① 为此,本书将根据技术创新动力机制,将技术创新动力模式划分为供给推动、需求拉动以及供给推动和需求拉动综合作用三种模式。

1. 供给推动模式

供给推动创新是指因技术研发作用而产生的创新活动。这一模式是由熊彼特等提出的,它强调创新来源于新的科学技术成果,是随着技术进步而自发产生的。技术进步整体遵循特定的轨迹,朝着某些相对恒定的方向发展,随着时间的推移以及知识的积累而产生创新。这种创新并不掺杂人的主观需求或明确的市场目标,也不以市场需求或其他经济利益为导向。总的来说,在这种模式下,创新起源于技术研发,经过实用性研究后才被转化为社会可以利用的成果,从而投入生产销售。市场是创新成果的被动接受者。图4-1描述了这一创新过程。

---

① Acemoglu, D. "Why Do New Technologies Complement Skills? Directed Technical Change and Wage Inequality". *The Quarterly Journal of Economics*, 1998, 113(4):1055—1089.

图 4-1 供给推动模式

可以这样说,直到 20 世纪 60 年代,大多数人都相信技术创新的技术推动说,这可以从各国普遍重视科学和大学教育中看出,并且确实有很多根本性的创新来源于供给的推动,如尼龙、无线电、半导体、激光等重大创新突破都是由技术推动的。这类创新往往起源于根本性的技术推动,并催生出新的产业。例如,在蒸汽机技术出现之前,市场并不存在对蒸汽机车的需求,而随着这一技术的发明普及,才开始出现用于交通运输的蒸汽机车,并由此推动机械工业乃至社会的发展。

技术供给推动说的代表是熊彼特,在其思想的基础上,之后的新熊彼特主义者总结出了"企业家创新模式"(熊彼特创新模式Ⅰ,见图 4-2)和"大企业创新模式"(熊彼特创新模式Ⅱ,见图 4-3),并将此称为技术创新模式和技术推动模式。但是,企业家创新模式把技术看作一个经济系统的外生变量,企业家的活动主要是对新技术进行创新投资。而在大企业创新模式中,大企业取代了企业家的位置,R&D 活动主要由企业内部的 R&D 机构承担。同时,外生的科学和技术一直与内生的科学和技术相伴而生。

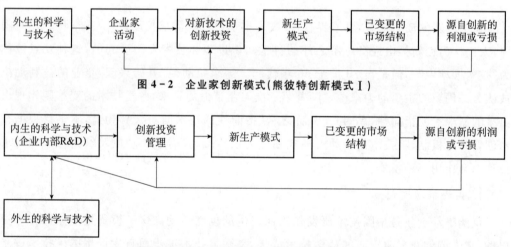

图 4-2 企业家创新模式(熊彼特创新模式Ⅰ)

图 4-3 大企业创新模式(熊彼特创新模式Ⅱ)

纯供给推动创新的观点认为,在创新活动中需求是不重要的,因为主动权掌握在生产者手中,消费者只是被动接受。供给推动模式有两层含义:一是具有大规模研究群体的企业在创新能力上优于科研人员少的小企业;二是创新活动的开展依赖于科学进展。这显然是片面的。创新的动力不仅存在于科学研究中,还与其所处的经济环境密切相关,市场需求等经济因素指引着技术创新的发展。

专栏 4-1 供给推动创新案例

信通公司就是因技术供给推动而走上创新之路的。这家公司成立于 1984 年,是开发经营电脑技术的高新技术企业。其前身中国科学院微机应用协作组到1984年底已积累技术成果500余项,这些曾被束之高阁的技术积累推动协作组创办了信通公司,将既有技术成果商品化,并不断从中国科学院系统引入应用性科研成果,经批量生产推向市场。

2. 需求拉动模式

需求拉动创新是指由社会需求、市场需求以及政府需求引起的创新活动。需求拉动模式是由美国经济学家雅各布·施莫克勒(Jacob Schmookler)提出的。他在《发明与经济增长》(*Invention and Economic Growth*,1966)一书中得出的结论之一是:专利活动,也就是发明活动,与其他经济活动一样,基本上是追求利润的经济活动,它受市场需求的引导、制约。从本质上讲,需求拉动就是企业或者研究机构充分识别消费者新的需求,以及将消费者的潜在需求转化为明显的需求,并通过对市场的开拓,逐步延伸市场的边界,以此来满足更多人的消费需求。它致力于为顾客解决尽可能多的问题,围绕产品的定位,提升整体的性能。市场是新成果的接受者,同时也是创新构思的创造者。图4-4描述了这一创新过程。

图4-4 需求拉动模式

施莫克勒通过对19世纪上半叶到20世纪50年代美国四个具体产业的R&D投资、产量、就业、发明活动(以专利衡量)的时间序列分析发现,R&D投资与专利的时间序列表现出高度同步性,并且专利的时间序列滞后于R&D投资的时间序列。施莫克勒引入需求因素对此加以解释,认为追求利润最大化的经济主体响应市场需求进行的R&D投资活动引起发明活动同步响应,并进一步建立了以市场需求为核心的创新动力模型(见图4-5)。

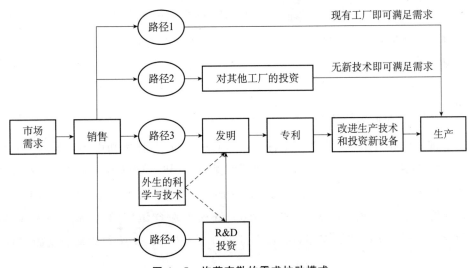

图4-5 施莫克勒的需求拉动模式

事实上,市场需求是激发创意的主要源泉。20世纪60年代中期,人们通过对大量技术创新的实际考察发现,大多数技术创新不是由供给推动的,而是更多地来自需求拉动。针对需求拉动创新这种模式的实例调研和统计分析发现,因需求拉动而产生的创新成果约占总成果的70%,而由纯技术发明和科学发现所导致的技术创新只占20%。需求拉动创新模式主要适用于产业发展的成熟阶段,企业技术发展到一定水平后,往往会出现边际效用递减,在这种情况下,由市场需求引发的创新就更普遍。例如,居民对加快出行速度的需求导致高铁、飞机等交通工具的不断创新发展,居民对更加便捷的通信方式的需求促进移动电话的改革创新。

根据杨格和斯密的观点,一个社会创造、吸收新知识和发明新技术的能力由市场规模决定,而市场规模反过来又受到分工水平的制约。杨格定理意味着,如果缺乏足够高水平的分工和足够大的市场,不仅不能发明新技术,即使发明了,在商业上也不能被大范围推广。今天的企业大多通过市场分析熟悉市场需求,然后制定战略,R&D人员在这些战略的指导下从事R&D活动,从而产生了技术变革。

由于需求变化的有限性和需求变化测度的困难性,尽管市场需求可能会引发大量的技术创新,但这种创新多数为渐进性创新。渐进性创新的风险较小,成本较低,通常在短时期内能创造出更大的商业价值,因此成为许多企业创新的主要渠道。然而,只考虑市场需求这一单一因素,企业将所有创新活动都单纯依靠需求来开展,而不关注潜在的技术变化,也是不明智的。市场需求不能像技术供给那样引发根本性的创新。

专栏4-2 需求拉动创新案例

广州万宝集团有限公司(以下称"万宝")是生产家电产品的企业,其技术创新起源于需求拉动。万宝的前身是一家机械修配厂,在1979年因预测到市场潜在的家电消费机会而转产冰箱,由此拉动了企业的第一轮创新活动;而扭亏为盈的企业需求,又拉动了以技术引进为特征的第二轮创新;追逐更大利益的发展需求,则拉动了以消化吸收引进技术为特征的第三轮创新。

3. 供给推动和需求拉动综合作用模式

随着理论研究与创新实践的不断深入,人们发现,科学、技术和市场需求的关联是复杂的、互动的、多方向的。一项创新的产生通常是科学、技术与市场需求多方面作用的结果。主要的创新驱动力因时间差异、主体差异而有很大不同,无论是供给推动型还是需求拉动型都过于简单化。Mowery和Rosenberg提出综合作用模式,强调了在创新上技术供给和市场需求的共同作用,认为"科学技术是根本的、发展着的知识基础,与市场需求的结构,在创新中以一种互动的方式起着重要的作用"。① 因此在 20 世纪 80 年代,推拉综合作用模式被提出。它在综合前两种模式的基础上,认为创新是由技术供给和市场需求共同作用引发的。

在这一模式中,技术创新是在科学技术研究可能得到的成果与市场对其需求相一致的基础上产生的,即技术供给与市场需求交汇的结果。一般来讲,在某类技术发展的早期阶段,供给推动会对创新产生更大的影响;而在这类技术的成熟阶段,需求拉动会对创新产生更大的影响。这一综合作用模式可由图 4-6 来描述。

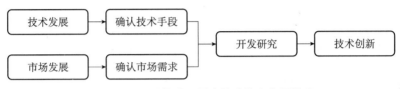

图 4-6 供给推动和需求拉动综合作用模式

专栏 4-3 三种创新动力模式的比例

从技术创新动力因素间的关联和互动的严格意义上来看,信通公司是以技术推动而启动创新,靠市场需求拉动而持续发展;万宝公司是由市场拉动而启动创新,靠技术推动和需求拉动的双重动力而持续创新。

一般而言,上述三种模式能用来解释所有的技术创新。加拿大学者摩罗和诺雷对加拿大 900 多个企业 20 世纪 80 年代后期的调查发现,三种模式被采用的比例分别为:供给推动模式占 18%;需求拉动模式占 26%;综合作用模式占 56%。②

4. 技术创新动力机制研究的新进展

创新"纯收益"最大化模式。这种模式认为,企业作为理性的"经济人",其追求的目标就在于创新"纯收益"的最大化。因此,企业是否进行技术创新以及创新动力的大小,直接取决于企业对技术创新"纯收益"的预期。具体来讲,是取决于企业对创新收益、创新风险、创新成本的预期或估算。

E-E 模式。该模式认为技术创新活动不但受创新的外界环境(environment)影响,还与企业家(entrepreneur)密切相关。在该模式中,科学技术研究、试制生产、市场销售和满足市场需求四个环节构成了技术创新链,而各种环境因素和企业家因素与这四个环节相互作用,使得技术创新得以实现。这一作用过程中产生的新观念、新技术、新需求又构成新一轮创新被引发的基础。

---

① 陈晶莹. 企业技术创新动力的研究综述[J]. 现代管理科学,2010(3):85—86.
② Mowery, D., Rosenberg, N. "The Influence of Market Demand upon Innovation: A Crucial Review of Some Recent Empirical Studies." *Research Policy*,1979,8(2):102—153.

EPNR 模型。这是一种综合动力机制,它吸取了各种动力模式的合理化方面,并在此基础上有了新的改进和综合。EPNR 综合模型中的要素包括企业(enterprise)、政策(policy)、需求(need)、资源(resource)。该模型所描述的动力机制是:在外部环境的压力和追求最大效益的内在驱动力的双重作用下,企业在对环境的辨识和评估中如果意识到资源和需求之间的矛盾或不适,就会产生技术创新要求。因此,该模式实际上包含了技术推动、需求拉动和行政推力这三种动力模式。

期望理论模型。期望理论模型是借鉴心理学家维克托·H. 弗鲁姆(Victor H. Vroom)的期望理论所构建的技术创新动力模型。该理论认为,企业技术创新具有高投入、高风险及收益滞后等特征;企业在面对滞后且不确定的市场收益时,不得不对与创新决策有关的经济、科技等变量的未来趋势进行分析预测并做出理性选择。只有当创新成功概率较大、预期收益较高时,企业才会进行技术创新。

国家创新系统理论。随着对创新源泉和推动机制的深入研究,1987 年,弗里曼在对日本技术政策和经济绩效的研究中,提出了"国家创新系统"的概念。其后,国家创新系统理论在纳尔逊和伦德瓦尔等的努力下得到进一步的发展和完善。该理论认为:第一,创新是一个系统化的行为。戴维·J. 蒂斯(David J. Teece)的研究表明,大量的创新是多个行动者协作行动的结果。因此,从系统的角度来探讨创新生成是对现实创新活动更为精确的反映。第二,制度因素在创新发展中起到了重要的作用。创新不是在真空中进行的,创新所处的环境和制度既可能会约束创新行为,也可能会激励创新行为。不难看出,国家创新系统理论从系统和制度的层面给出了创新的形成和作用机制。

4.1.2 双驱动力:科技推动与需求拉动的关系[①]

目前,很多学者把来自市场需求的"拉力"和来自科技供给的"推力"这两种作用力作为独立因素,考察何者在技术创新中更具有"决定性",不同学者得出了完全相反的结论。这项研究包括对创新事项的统计分析,例如美国国家科学基金会(National Science Foundation,NSF)的"追溯"(TRACES)项目与美国国防部的"后见之明"(Hindsight)项目,就基础科学是否为技术创新的原动力问题,得出两种完全不同的结论;还包括科技史方面的考察,例如,乔治·巴萨拉(George Basalla)的《技术发展简史》和特伦斯·基莱(Terence Kealey)的《科学研究的经济定律》。恩格斯的名言"社会一旦有技术上的需要,则这种需要比十所大学更能把科学推向前进",往往被一些研究者阐释为"需求拉力决定论"。然而,第二次世界大战期间,基础科学为技术发展做出巨大贡献,又显示出科技推力的重大作用,范内瓦·布什(Vannevar Bush)在《科学:无尽的前沿》一书中明显倾向于

---

① 以下内容主要摘编自赵玉林. 创新经济学[M]. 北京:中国经济出版社,2006。

"科技推力决定论"。第二次世界大战以后,各国经济发展的不同轨迹,特别是20世纪70年代美国爆发的经济衰退,又使人们对布什的观点产生了怀疑,例如 D. E. 司托克斯(D. E. Stokes)就在《基础科学与技术创新:巴斯德象限》一书中对此进行了批评。

在中国,这一问题关联着宏观政策取向。例如,很多研究者认为科技发展要以市场需求为导向,而相反的意见则认为:科学越来越起先导作用,科技有自身发展的规律,市场需求并不能够整合科学中复杂的社会功能和社会规范,市场存在失效等。而且,这一问题还与我国科技发展的现状相关。一些研究者认为我国当前科技发展的主要障碍是经济界对科技的有效需求不足,另一些研究者则从上游即"推力"方面来研究。总之,科技推力和需求拉力的作用,仍是技术创新理论研究必须关注的一个问题。那么,到底应如何理解科技推力和需求拉力才能使它们真正发挥作用呢?

1. 只有与科技发展的逻辑相结合才会有新的需求

需求刺激科技进步的信念不断地被用来说明大部分科技活动。人类为了生存和发展而凿井开山、拦河筑坝、兴修水利,还发明了车船、飞机、电话、电脑等。如果泛泛地把需求作为引起科技进步最基本的因素,就会遇到困难:需求自身从何而来呢?从某种意义上说,需求本身也与科技进步相关。例如,电磁学的发现使人们产生了无线通信的需求,在此之前,人们并不能现实地提出这种需求。这意味着,在很多时候,现实需求的产生实际上是由科技成果引发的,也就是说,某些需求正是科技推力的结果。

技术史学家巴萨拉也从这种意义上对"需求拉力决定论"进行了评述:对以汽油为动力的汽车的创造追根溯源表明,需求并非激励发明者去完成他的创造性工作的动力。汽车的发明并不是由于全球范围内严重的马荒或马匹短缺……运输卡车比汽车的接受速度就更慢了……卡车制造商们在进行大量的院外游说活动后才使卡车终于代替了马拉货车……同汽车一样,对卡车的需求并不是它被发明之前,而是在此之后。换句话说,以内燃机为动力的车辆的发明创造了对汽车运输的需求。这些发明创造者预想到了人类会有这种社会需要。

问题在于,"预想的需求"与经济学中已经表达为"现实的需求"的市场需求毕竟是两个不同的概念。"需求拉动说"与"科技推动说"的争议一度难以裁决,部分原因就在于此。正是对需求的不严格限定并且把它作为一个独立变量来运用,才使得需求拉力决定论"像么回事"。可以说,"需求"是一个被诱导也是"学习"的结果。因此,"需求"既是一个经济学范畴(与供给相对应),也是一个认识论范畴,它是主客体之间的一种关系。需求不是预先存在的一种先天的东西,而是在实践中不断形成和丰富起来的。在很大程度上,"需求的实现是一个信息传播过程"。

如果"需求"是一个学习、认识过程的结果,那么这一点在经济学中应有所反映。在马克思看来,即便是在普通商品的生产中,"需求"也是被引起的,"是由于生产通过它起初当作对象生产出来的产品在消费者身上引起需要"。熊彼特在其创新理论中提出了"生产者主权说",认为需求并不是预先存在于市场之中的,而是被生产者引发的:"经济体系中的创新一般并不是按下面的方式发生的,那就是,首先新的需要在消费者方面自发地产生,然后生产工具通过它们的压力转动起来。我们并不否认这种联系的方式。可是,一般是生产者发动经济的变化,而消费者只是在必要时受到生产者的启发。消费者好像被教导需要新的东西。"熊彼特的这种观点明确地把需求的实现看成一个学习的过程,一个信息传播的过程。

2. 科技与社会经济需求结合才会对创新产生推力

既然"需求"的形成在很多情况下不能与科技推力的作用分开,那么,人们为什么要提出与"科技推力"并行的"需求拉力"这一概念,并且在技术创新理论或科技政策研究中,用它取代"科技推力",作为技术创新的源泉或更具决定性的力量呢?第二次世界大战以来,科学为技术发展做出了巨大贡献,如"曼哈顿计划"极大地推动了原子能的应用,量子力学、固体物理学促进了电子技术的发展。于是人们产生了只有纯科学才能产生一个自立的经济增长的信念。但是,这一信念在 20 世纪 60 年代末和 70 年代初遭遇了挑战。事实上,美国这样一个科技大国的经济增长速度放缓,导致人们对只有纯科学才能促进技术进步和经济发展的"单向线性模式"产生了怀疑。

"单向线性模式"意味着,科技(特别是科学)进步自然而然地会引起技术创新,而且技术进步对企业"天然地"具有吸引力,只要有技术上的可能,任何企业都会去创新。从某种意义上说,这种模式把(市场)需求对技术进步的选择、促进作用摆到了一个可有可无的位置。作为对这一片面观点的"纠正",一些研究者要求重视需求特别是市场需求的作用,甚至把需求拉力置于更具决定性的、优先于科技推力的地位。例如,施莫克勒根据其选择的统计样本分析得出结论:在某一领域的 R&D 投资活动的高涨领先于发明专利产出的高涨,因而需求的变化先于技术的变化。有的学者对美国一定时期内"成功的创新"进行统计分析,得出结论:由科技推动引起的创新占 22%,由需求拉动引起的创新占 78%。

如何看待这种对"单向线性模式"的纠正?无疑,一旦社会有技术上的需要,则这种需要将推动科学前进。正是因为市场经济发展到一定程度,企业越来越成为技术创新的主体,创新与需求关系日渐紧密,因而科技成果的产生及向生产力转化的速度加快。经验也证明,单纯地改善供方(即科技界),而没有来自(或缺乏)经济系统的需求的刺激,科技转化为生产力的速度是迟缓的。正因为如此,营造良好的市场环境、刺激市场对科技的需求,是政府制定创新政策必须考虑的一个重要方面。

但是,承认需求拉力的重要作用与"需求拉力决定论"是两回事。认为需求拉力的作用不仅在程度上大于而且在时间序列上先于科技推力,实际上是用一种线性模式取代另一种线性模式。我们必须追问,两种并非分立的作用力何以区分程度的大小和时间上的先后?以施莫克勒的研究为例,即便其选择的样本是全面的,R&D 投资的涨落(R&D 投资的方向意味着需求的方向)的确领先于专利产出的涨落,但焉知 R&D 投资的方向(需求的方向)与科学发展没有关联?前面已述,人们的需求很可能受到科学发展(这种科学发展尚未全面成为技术进步)的启示。例如,"曼哈顿计划"无疑是一项巨大的 R&D 投资,这一投资使得原子科学带动了原子技术的发展,而各国之后在此领域的(军事和民用)投资又使原子技术不断成熟和发展。如果对这一过程进行统计分析,肯定会得出 R&D 投资变化先于技术变化的结论,但是并不能由此认为需求拉力的作用先于科技推力的作用,因为在投资"曼哈顿计划"之前,原子科学已有相当程度的发展。

需求的形成受到科技推力的刺激,这并不是说,有了科技推力,需求随之而来并且发挥作用,一切问题便可迎刃而解。我国技术发展之所以动力不足,是因为存在体制性障碍,这些障碍包括产权不明晰和不合理,科技资源的安排脱离市场调节和竞争,企业没有成为技术创新主体等,而这些障碍实际上意味着科技没有成为经济系统的"内生"力量,科技与需求(市场需求)脱节。如果单纯地促动科技推力,而不能充分发挥需求的作用,技术进步和创新的实现仍然会是迟缓的。

3. 科技推力和需求拉力都受制度影响

如何发挥需求拉力的作用?直观地看,是要促动科技界"面向经济建设"。在计划经济条件下,"面向经济建设"的政策措施主要在于考虑优先发展什么领域、资助什么类型的 R&D 活动方面,而在操作层面上容易被理解为加强应用或开发研究以形成"面向经济建设"的局面,或者在基础研究中更侧重应用性基础研究。

"面向经济建设"并不是改革开放以后才有的政策主张,而是我国历来的政策主张。《1963—1972 年科学技术发展规划纲要》中就已经提出"必须防止理论脱离实际的倾向……不把与国家经济建设和国防建设迫切需要解决的科学技术问题放在应有的位置,是决不允许的。"而且,那一时期在政策上还倾向于通过"以任务带学科"的形式发展科技事业。改革开放初期"科学技术面向经济建设"的主张不过是这种政策主张的继续。但时至今日,人们还在讨论科技与经济的脱节。

问题的症结在于,单纯地促动供方,即科技界(也包括教育领域中的科技人员)面向需求,并不是真正发挥需求拉力的作用的有效途径。社会的需求是一个长链,用户的消费需求可以说是终端需求,但这种需求对技术进步和创新的作用是间接的,因为消费需求通常对企业的生产提出要求,而企业的生产才对技术进步提出直接要求。用户的消费需求并没有与企业对科技进步的需求紧密相连,这说明未能充分发挥需求拉力的作用,其障碍在于经济系统,即前面所述的"体制性障碍"。

邓小平指出:"经济体制,科技体制,这两方面的改革都是为了解放生产力。新的经济体制,应该是有利于技术进步的体制。新的科技体制,应该是有利于经济发展的体制。双管齐下,长期存在的科技与经济脱节的问题,有可能得到比较好的解决。"①但是,前一时期由于经济系统内部的体制性障碍依然存在,经济体制还没有很充分地成为有利于技术进步的体制,事实上没有达到"双管齐下"的要求。这样,就使得在科学技术面向经济建设过程中,一方面,转制难以推进;另一方面,在研究方向上,人们又对科技界苛求不断。例如,人们往往把科技成果转化率太低归结为科研人员选题脱离实际,或科技中介、服务机构太少,或缺乏科技管理人才,等等。然而,科技界内部无论怎样改革,也不能改变经济系统对科技需求不足的局面。

发挥需求拉力的作用,就是要发挥市场配置科技资源的作用,相应地,我们需要的还有很多——适当的产业规模、产权明晰、破除各种行政垄断以及建立良好的竞争规则。这些都意味着只有经济体制改革取得良好进展,科技体制改革才能有效进行。在经济体制中存在的问题依然悬而未决的情况下,单纯地推动科技体制改革,或者只是单纯地在科技选题、科技投入方向上强调"面向经济建设"的需求,只能是"事倍功半",甚至违背科技自身的发展规律。

4. 科技推力和需求拉力都只有与社会经济支持相结合才能变成现实

想要需求拉力变为现实,就需要促进经济系统对科技的有效需求水平,进一步改善社会经济的运行机制,这是问题的一个方面。另一方面,既然有效需求受到科技发展的刺激,就意味着需求的水平受到科技发展水平(当然也包括相应的科技人才状况)的影响。这似乎是一个循环关系。但是,科技投入的主体主要有政府和企业,而且政府科技投入的主要方向在 R&D 活动的前端,因此,可以认为,即使是在较好的市场经济条件下,政府的科技投入也是形成和维持对科技有效需求水平的重要因素。例如,如果没有政府投资巨额资金于早期较少有经济收益的空间科技的研究,就很难较快地形成人们对民用空间技术的需求(如卫星通信)。这意味着,在市场经济条件下,政府科技投入起到了促进市场对科技的需求的作用:政府科技投入的变化引起企业科技投入的变化;只有当政府科技投入达到并维持一定水平时,企业科技投入才能达到并维持一定的规模。以下从两方面进一步说明。

第一,R&D 投入实现规模化是一个突变的过程,而突变过程意味着它不是市场需求自然增加的结果。正是政府投入的突变引起企业投入的增加,并维持在较高水平。

专栏 4-4　美国政府 R&D 活动变化

在第二次世界大战以前,美国政府奉行类似于英国的自由放任主义,政府对科技投入(R&D 投入)较少,仅为全国 R&D 经费的 20%~30%,而整个国家的 R&D 经费占

---

① 邓小平. 改革科技体制是为了解放生产力——邓小平在全国科技工作会议上的讲话[J]. 安徽体育科技,1985(2):61.

GDP比例一直在0.2%左右。这大致处于当时发达国家的中等投入水平。1941年,美国R&D经费开始激增,占GDP的比例从1940年的0.07%增加到1945年的0.75%,短短5年间增加到原来的10倍以上,这种增加可以说是突然的、爆发式的。在这5年间,来自政府的R&D投入占总R&D投入的83%左右。其间,军事研究项目对R&D经费的激增起着重要作用。

政府R&D活动的这种爆发式的规模化,对企业R&D活动的规模产生影响,并在第二次世界大战后逐步显现出来。1945年全世界企业的R&D经费开始大幅度增加,到1950年增加到原来的近3倍,到1960年达10倍以上。可以看出,企业R&D经费的增加也是剧烈的。这种超规模的增加是在"经济规律"或某种"科技发展规律"支配下的经济系统对技术需求的自然增长,还是一种"突变"的政策结果?答案只能是后者。工业界(企业)R&D投入的增加如果是一种"经济规律"的自然表现,就不应是一种"突变",而且"突变"不应该这么快完成;而"小科学"向"大科学"的转变也不是在几年或十几年间完成的。所以,这种"突变"更应是由政府引发、企业跟进的。

第二,要促进企业成为技术创新主体,但同时政府科技投入要达到相当水平,只有如此,企业科技投入才会相应提高。在大部分发达的市场经济国家,企业是技术创新的主体,这是因为企业具有对科技的"有效需求"。这种有效需求的形成并不一定就是市场经济制度自然而然的结果,还需要政府的科技投入引发或维持这种有效需求。在R&D投入水平较高的国家,政府R&D投入占财政收入的比例高达4.5%~6%。目前,发达国家政府、企业对科技的投入形成了较为稳定的比例关系,因此,对于政府投入的作用,难以从其大幅度的变化(以及这种变化对企业投入的影响)中进行考察。但我们可以考察在R&D投入规模扩张的过程中政府所起的作用。或许,美国R&D投入规模扩张过程只代表了发达国家情况,而韩国作为追赶型国家的情况也显示出类似的特征。

专栏4-5 韩国科技推力和需求拉力结合的经验

韩国的R&D活动扩张最初也是缘于政府的举措。1970年,韩国政府的R&D投入为92.11亿韩元,1974年增至177.77亿韩元,1975年增至284.59亿韩元,1976年猛增至391.82亿韩元,1981年达到1973.77亿韩元,年均增幅达32%。在"突增"初期,政府R&D投入一直超过总R&D投入的2/3。正是政府供应的突增,为20世纪80年代R&D活动的更大规模化打下了基础。到1985年,韩国的R&D经费占国民生产总值的比例为1.69%。韩国学者认为,在韩国,"对技术的需求是通过供应的累积来实现的",而政府是先行的"供应者"。在此之前,经济对技术的需求尚处在"潜在的状态",因为"对技术的需求是一个国家的技术能力的函数",一个国家的技术能力越高,对技术的需求就越大,反之亦然。政府的先行投入起着提高技术能力和形成R&D资源的作用。

因此，企业的 R&D 规模化是由政府 R&D 活动规模化引发和诱导的，是对政府投入的"响应"。政府的科技投入提高了国家整体科技水平，培养和吸收了大量科技人才，形成了刺激需求的"供给"。因为需求作为一个认识论范畴，是一个国家整体科学水平的反映——企业之所以愿意进行科技投入，并不只是因为企业具有对技术进步的"潜在需求"，而是因为企业已经具有对技术前景的一定程度的觉察，拥有创新人才，从而形成了对科技的真正"有效的需求"。潜在的需求即使非常迫切，但在没有转化为现实的市场需求情况下，也很难有一定规模的 R&D 投入。例如，许多小型制造企业对自动化生产线的需求非常迫切，但由于缺乏资金购买自动化设备或对自动化技术的了解不够深入，导致这类潜在需求并不能转化为现实的市场需求，也就很难有企业愿意进行大规模的 R&D 投入来开发适合小型制造企业的自动化解决方案。有效需求是一定认识水平上的需求，而且这种认识水平不是一般的科学知识水平，而是站在科学前沿或接近前沿的水平。政府科技投入的主要作用不在于直接导致技术创新，而在于起到提高一个国家整体科学水平（甚至包括教育水平）的作用。政府科技投入主要侧重于基础研究、部分应用研究和其他公益性研究。基础科学即使并不直接导致技术创新（或拥有某项基础科学成果的国家并不一定就是由首先应用一项研究成果成功进行技术创新的国家），但增加了人们对技术的敏感性。这是需求作为"认识论范畴"的一个表现。在这个意义上，对于发展中国家或追赶型国家而言，基础研究并非可有可无，这些国家必须克服狭隘的功利主义，既要注重应用和开发研究，又要加强基础研究。所以，政府的科技投入并不仅仅是为了应对市场失灵，补充企业在某些领域（如基础研究）的不足，只有当政府科技投入达到一定的水平时，企业科技投入才能大量增加。政府应采取切实有效措施，增加 R&D 投入。要引导全社会多渠道、多层次地增加科技投入，形成以财政投入为引导、企业投入为主体、银行贷款为支撑、社会集资和引进外资为补充、优惠政策作扶持的全社会科技投入体系。政府在保证增加财政经费对科技投入的同时，可以通过经济杠杆、政策措施和导向、约束机制等引导和鼓励企业主动增加科技投入。

4.2 市场结构与创新

市场结构与创新之间是一种什么样的联系？究竟是竞争还是垄断力量有利于技术进步？这些都是西方经济学长期争论的问题。熊彼特批评那种把现代资本主义的发展归功于完全竞争的教科书观点，认为在现代资本主义条件下，与企业家、发明家个人相比，大企业的 R&D 部门正成为技术革新的主体，大型厂商和垄断势力有利于推动技术进步。他主张，就产生技术革新的环境而言，原有企业间激烈的竞争并非有利的，新产品、新技术等潜在的动态竞争才是重要的，让技术创新的企业拥有寡头市场竞争的支配力量才能保证研究开发的动力。

由熊彼特的这种观点引出后来激烈争论的两个假说，即"熊彼特假说"：第一，是否企业规模越大,技术革新就越有效率?第二,在保证技术创新的动力方面,市场势力或市场支配力是不是必需的?这两个问题也是创新领域实证研究的主要课题。

在技术进步的进程中,进行研究的激励、创新的时机选择均由产品和研究产业的市场结构决定。竞争市场与垄断市场相比较,究竟谁更能促进发明和创新活动?在这个问题上不同学者有截然不同的回答。

4.2.1 垄断、竞争与技术创新

在现代西方产业组织理论中,根据市场结构的构成要素将市场结构从总体上划分为四种类型:完全竞争、完全垄断、垄断竞争和寡头垄断。不同的市场结构在市场集中度、企业规模、产品差异化和进入壁垒上均存在着明显差异。企业技术创新是一项与市场结构密切相关的活动,企业总是在一定的市场结构中从事创新,但总体来看,学者们主要是讨论垄断因素和竞争因素对于新工艺的产生、新产品开发直至生产、投放市场等一系列活动的影响程度。因此,对完全垄断和完全竞争这两种极端市场结构下企业技术创新活动的讨论将有助于我们理解市场结构与创新之间的联系。①

1. 完全垄断与技术创新

完全垄断的市场结构对企业技术创新具有有利和不利两方面的作用。从有利的方面看,完全垄断的市场结构具有刺激技术创新的作用。专利是形成垄断的一种原因,企业只要创造了一种新产品、新服务或新的加工技术并获得了专利,就会形成对这种产品、服务或加工技术的垄断;同时,只有对创新进行专利保护,授予创新者以垄断权力,才能促进创新。这是因为完全垄断的市场结构通过专利形式给予创新者以垄断排他性权利,使创新者在一定时期内享有创新所带来的经济利益,因而,就会刺激更多的企业进行创新活动,同时,也刺激垄断者继续大量投资于科研开发工作,这样就能促进更大范围和更高层次创新活动的开展,从而推动社会的发展。

但是,完全垄断的市场结构也存在着对企业技术创新不利的一面。由于完全垄断的市场结构排除了市场竞争,垄断企业便失去了市场竞争的压力,它不用改进生产技术也同样可获得高额垄断利润。因为垄断企业的目标是利润最大化,如果改进生产技术能促进利润最大化目标的实现,它就改进生产技术;而如果不用改进生产技术也可实现利润最大化目标,它就不会改进生产技术,这样就造成了社会竞争的减少,使社会在一定程度上失去了技术创新的推动力。

在完全垄断的市场结构对企业技术创新的两方面作用中,不利的一面是主要的,有利的一面是次要的。当然,作为一种极端的市场结构类型,完全垄断的市场结构只是一种理论的抽象,在现实的经济生活中几乎是不可能存在的。因为在现实经济实践中政府

---

① 符礼建,曹玉华. 论市场结构与企业技术创新[J]. 软科学,2000(3):29—32.

或政府代理机构总会对大多数垄断企业施加各个方面的干预和调节,而不可能任意由垄断企业去完全垄断市场。即使如此,研究完全垄断市场对企业技术创新的作用,可以使我们明确政府对垄断行为进行干预、调整企业技术创新的必要性和可行性。

2. 完全竞争与技术创新

与完全垄断的市场结构一样,完全竞争的市场结构对企业技术创新也有有利和不利两方面的作用。从有利的方面看,市场竞争是市场运行发展和技术进步的外部动力。竞争作为市场上的一股外在强制力量,促使企业进行技术创新。率先进行技术创新的企业,可以获得生产要素组合变化和投入节约,提高产出效率,从而降低了产品的生产成本。低成本的产品如果按市场平均价格水平出售,会给企业带来超额利润,有利于企业加速资本积累,扩大技术创新基金投入以获得更多的创新成果,在更低的成本条件下从事再生产;如果以低于市场平均价格水平的价格出售,会提升该企业产品的市场份额和竞争能力。因此,率先采用新的生产技术所导致的成本下降,使产业内其他企业直接承受着价格下降或市场份额减少的压力,摆脱被动状态的有效手段就是模仿和学习新的生产技术,或者开发效率更高的生产工具,实现更低成本的生产。这样,相继采用新技术的企业所具有的效率,将降低产品的平均成本水平,把仍沿用低效率生产技术的企业淘汰出市场,从而使整个产业的技术水平上升到一个新的层次。到此,技术创新并没有停止,生存下来的企业在竞争的压力下又会开始新一轮的技术创新活动。连续性的企业技术创新和赶超,推动着产业生产技术朝更高效率的方向发展。可见,市场竞争关系到企业的生存命运和发展前途,它迫使企业不断进行技术创新,以提高企业劳动生产率,降低个别劳动消耗,从而推动整个社会的技术迅速发展。

但是,完全竞争的市场结构对企业技术创新也有不利的一面。这种不利面就是竞争的无序性。无序竞争主要表现为:无偿模仿受到专利制度保护的技术,侵害发明者或所有者的利益;利用虚假标识,损害其他竞争者的商业信誉;窃取技术秘密和商业秘密;以低于成本水平的价格销售商品等。无序竞争会使技术创新者的利益被其他企业侵占,降低创新活动的期望价值,导致创新者减少R&D投入,有损于企业的技术创新。我国部分市场上曾出现过企业间竞相压价、恶性竞争的现象。一些企业为了吸引消费者、扩大自己的市场占有量或周转资金,不惜一切手段在市场上与其他企业展开"你死我活"的争夺战,其结果就是在许多商品市场中引发了诸如价格战这种残酷无情的恶性竞争。如此一来,一些企业获取的利润急剧减少,甚至连发放工资或简单再生产都难以维持,就更谈不上技术进步了。企业技术创新投入的减少或短缺,无疑等于"自断生路",在不进则退的市场竞争中,会进一步导致企业竞争力的削弱与技术开发、产品创新能力的降低,迫使企业不得不转向低水平或低附加值的技术,陷入"创新投入减少—竞争力下降—利润再度下滑"的恶性循环。这种方式只会加剧企业状况的恶化。同时,企业创新投入的减少,还将引致行业的落后、老化,造成行业结构与资产质量调整的困难,种下亏损、破产、倒闭的祸根。

在完全竞争的市场结构对企业技术创新的两方面作用中,有利的一面是主要的,不利的一面是次要的。当然,作为一种极端的市场结构类型,完全竞争的市场结构只是微观经济学中理想化的市场模型,它在现实经济生活中几乎是不存在的。因为,即使人为地设定了一个平等的完全自由竞争的市场状态,要不了多久,优胜劣汰规律就将起作用而消灭这种完全自由竞争,逐渐形成垄断竞争、寡头垄断甚至完全垄断。即使如此,通过分析完全竞争的市场结构对企业技术创新的作用,我们明确了"竞争需要控制"的道理。

4.2.2 市场结构要素与技术创新[①]

1. 市场结构要素概述

自熊彼特以来,学者们一直将市场结构作为技术创新最核心、最重要的影响因素。随着产业组织理论的演进,对市场结构的测量也在不断深入。在研究市场结构对技术创新的影响机制前,必须明晰市场结构的要素。

市场集中度。哈佛学派认为,影响市场结构的因素主要有三种形式:一是市场集中度,二是新企业进入壁垒,三是产品差异化,其中市场集中度是最核心的衡量指标。通过市场集中度能够判断出市场的垄断程度,两者通常呈现出正相关:市场集中度越高,垄断程度越高,企业越能够承担高投资和高风险,同时也能获得高收益。如果市场集中度比较低,资源分散在若干小规模的企业中,市场的竞争会更加激烈。

企业规模。在对市场结构进行研究的早期,熊彼特学派将企业规模作为影响市场结构的唯一要素,大型企业可能是垄断型企业,小型企业可能是竞争型企业。结构主义认为,企业规模与市场结构(垄断或竞争)有密切关系,早期反垄断执法也是通过观察企业的规模及市场占有率来判定一家企业是否违法。企业规模是衡量市场结构最直观、最易得的指标。

产品差异化。哈佛学派也将产品差异化作为影响市场结构的主要因素。产品差异化是相对于产品同质化而言的,企业通过技术创新,突出产品的特征,改变产品同质化的现状。产品差异化能够让企业拥有核心竞争力,形成绝对的垄断权,能够让企业凭借产品优势开拓更广阔的市场,提高市场占有率,实现利润的最大化。企业可以将从产品差异化获得的巨额创新利润再用于创新活动,推动企业的进一步发展壮大。

新企业的进入壁垒。企业的进入壁垒通常是由政府对市场强制性干预形成的,企业无法自由进入和退出,从而形成进出障碍。这种状态会造成市场不同程度的集中,通过

---

① 以下内容主要摘编自张家琛. 市场结构对技术创新的影响研究[D]. 天津财经大学,2017。

影响市场结构,进而影响到市场绩效。

2. 市场结构各要素对技术创新的影响

市场集中度对技术创新的影响。市场集中度是对行业里企业多少和规模大小的衡量。关于市场集中度与技术创新的讨论存在不同观点:一方面,市场集中度高,说明行业垄断程度高。垄断性的大企业占据了市场的大量份额,获得了高昂的利润,具有雄厚的实力,能够有效地开展技术创新活动,并且能够承担技术创新的高风险。垄断性的大企业具备一定实力维持创新收益,通过创新产品实现价格垄断,从而获得高昂的利润并持续推进创新。另一方面,市场集中度过高极易导致垄断。各国的反垄断法对于判断经营者集中、滥用市场支配地位、垄断协议等行为是否违法的主要依据就是市场集中度。市场集中度越高,垄断的概率就越大。垄断性市场结构会通过抬高价格、限制数量、垄断技术等手段限制小企业的竞争。在这种情况下,小企业本身盈利能力有限,发展举步维艰,资源和集中度制约了小企业本该"百花齐放"的创新行为。

企业规模对技术创新的影响。关于企业规模对技术创新的影响,理论界形成了两种观点。一种是赞同熊彼特的假说,认为企业规模和创新动力呈正相关,即企业的规模越大,创新动力越强。理由有以下四点:

第一,技术创新需要投入大量成本,只有实力雄厚的大企业才能承担。企业的资金主要来自外部资金和内部资金,如果技术创新经费依赖于外部资金,或者说依靠资本市场融资来解决,是不现实的,因为外部资金市场具有不充分性。内部资金能够有效弥补外部资金的不足,企业的规模越大,内部资金越充盈,越能够有效支持技术创新活动。

第二,技术创新实际上是一种风险投资,技术创新过程中存在高风险。实力雄厚的大企业能够通过各种经营或投资分散风险,降低风险带来的损失。技术创新作为一种非线性经济活动,其面临的不确定性和风险比较高,投入和产出并不一定会成正比。技术创新的风险主要体现在市场、技术、竞争对手策略具有不确定性,任何一个因素都有可能使技术创新风险无限放大,导致技术创新失败。实力雄厚的大企业拥有雄厚的财力和大量的人才,能够同时开发若干个项目,技术创新属于其中的一个,即使失败,只要其他项目盈利,仍然能够降低技术创新带来的风险,不会给企业带来灭顶之灾。由此可见,规模越大的企业,其抵抗技术创新风险的能力越强。

第三,和中小企业相比,规模大的企业能够通过技术创新降低成本,获得更多的收益。规模大的企业用于技术创新的投资能够实现有效分摊,单位成本上升并不明显,能够确保研发工作的正常进行。技术创新的过程,实际上就是一个自我学习功能的积累和形成过程,当学习功能积累到一定程度,就会产生质变,获得创新的成功。如果日常研发工作不到位,学习功能得不到有效的积累和完善,技术创新只会流于形式,很难获得成功。技术研发还存在着范围经济特征,规模大的企业能够通过技术研发向其他行业渗透,不同行业知识相互交叉、融合,从而推动技术创新的成功。

第四,获取技术创新成果的垄断利润。规模大的企业拥有较高的市场份额和广阔的营销网络覆盖面,一旦实现了技术创新成功,新产品就会迅速投产,并借助于已有的销售网络,迅速覆盖市场,同时进一步拓宽市场;企业凭借其较强的价格控制能力,能够在短时间内获得超额利润,因此技术创新成果能够迅速转化成企业的经济效益。所以,企业规模越大,获得超额利润的时间越长,对知识产权的保护力度越高,越有利于加快技术创新。

另一种是反对熊彼特理论的观点。此类观点认为,中小企业在创新动力方面更具优势,具体原因有以下四点:

第一,中小企业灵活性比较大,能够迅速进行调整,适应市场变化,具有强劲的创新动力。而大企业中普遍存在着官僚现象,部门之间缺乏有效的沟通、交流和合作,适应市场能力差。

第二,大企业研发项目比较多,精力和资金容易分散,不利于技术创新。中小企业研发项目比较少,能够集中人力、物力、财力于特定项目,获取创新成功的可能性高。

第三,在中小企业中,科研人员和企业经营绩效具有高度的一致性,科研人员一般情况下是企业的股东,通过技术或者股票期权入股,参与到企业的直接管理中。企业繁荣,科研人员就能获得更高的收益,这激发了他们创新的热情。

第四,中小企业面临着激烈的竞争,要想获得生存和发展,必须有强烈的进取和创新精神。在强劲的需求驱动下,中小企业会克服一切困难,打破一切阻碍,奋力拼搏创新,为自己赢得生存和发展的机会和空间,而技术则是中小企业的生命线,为此中小企业更热衷于技术创新。而因为大企业已具备一定规模,在市场上有一定的话语权和垄断能力,面临的竞争和生存压力比较小,所以创新动力不足,创新力度有限。

上述两种观点基本相反,但是从企业创新模式上,能够对其进行统一的解释。根据创新的力度和影响,技术创新可以分为两种:一是技术改进性创新,它属于渐进性创新;二是技术根本性创新,它属于突破性创新。对于中小企业来说,由于它们往往受到资金、人才和技术等因素的制约,因而大多数采用第一种方式实现技术创新,这种创新模式风险小、创新周期短。由于大企业具有雄厚的经济实力和人才实力,因而大多数采用第二种方式实现技术创新,这种创新模式需要不断的资金投入,创新周期比较长。

产品差异化对技术创新的影响。产品差异化是指企业通过技术创新,生产出不同于其他产品类型的产品。产品差异化主要是相对于同类产品而言,企业生产的差异化产品在物理性能、售后服务等方面,能够展示特别的产品功能或者为消费者提供特别的服务,不同于竞争企业的同类产品,差异化产品具有不完全替代性。

产品差异化主要可以分为硬差异化与软差异化两种。硬差异化指可相互替代的产品间存在的物理性差异，包括横向差异化和纵向差异化。横向差异化，又称水平差异化，通常指的是等价但具有不同特征的产品，消费者会根据自己的消费偏好，选择不同的产品。横向差异化的产品在质量上不分上下。纵向差异化指消费者的偏好次序普遍一致的那些产品特性之间的差异。产品本身并不存在多大的差异，比如用途基本相当，品质不相上下，但是产品的性能或者外观具有细微的差异，而正是这细微的差异影响到消费者偏好，特别是在广告和宣传的影响之下，消费者会产生独特的消费倾向。软差异化也称信息差异化，是指人们通过无形的信息，意识到产品间的差异，比如商品的品牌、卖方的信誉、广告宣传等。一些无形的内容也会造成产品的差异，影响到产品的销售。

产品差异化对技术创新的影响主要通过市场结构实现。对于企业来说，产品差异化是一种非价格的竞争策略。产品差异化程度越高，企业在市场上的话语权、定价能力就越强，这会进一步增强企业的垄断力量。消费者对于差异化产品具有强烈的消费偏好，即使企业的差异化产品价格较高，也不会影响到产品的需求，即需求价格弹性小。差异化程度高的产品能够增强产品竞争优势，涨价诱因强、降价诱因弱。而差异化程度低的产品通常状况下降价诱因强、涨价诱因弱。消费者对产品差异化非常敏感，差异化产品能够锁定消费者的需求，满足消费者的偏好，或者能够改变消费者的偏好，从而让消费者乐于消费，做出过度的支付。企业为了吸引消费者，让消费者对产品产生特殊偏好，会千方百计地制造差异化产品，提升自身的竞争优势。产品差异化减少了产品替代性的可能，有利于企业的垄断。企业通过对差异化产品的绝对控制，能够形成竞争优势，迅速占领市场，获得高额的垄断利润，扩大企业在市场上的影响力，因此企业更加热衷于进行持续性的创新活动。

进入壁垒对技术创新的影响。乔·贝恩（Joe Bain）是最早提出技术壁垒概念的学者，随后有很多学者从不同的角度对技术壁垒进行了研究，并对其进行了概念界定。贝恩认为，相对于潜在进入企业，行业中原有的企业具有先天优势，这些优势就被称为进入壁垒。进入壁垒可以分为资本进入壁垒、规模经济壁垒、产品差异化壁垒、政策制度壁垒。资本进入壁垒是指行业内现有的大企业或垄断企业凭借自身的实力，在行业中占据重要的稀缺资源，比如掌握核心技术、占有大部分原料。规模经济壁垒是指新企业初入某一行业，因为自身实力有限，通常规模不大，很难实现规模效应。原有企业成本上具有优势，对新企业来说是一种严重的威胁，从而造成规模经济壁垒，阻碍了新企业的进入。产品差异化壁垒是指在消费习惯和产品偏好方面，消费者从不同的渠道获取信息，会形成思维定式，因此新企业推出的新产品一时间很难吸引消费者的关注，进入市场的难度进一步增大。原有企业通过一系列的手段获取了消费者的关注，消费者对其产生了认同和兴趣,对原有企业的产品建立了熟悉感,在头脑中已经形成固定的市场形象,并且进行了准确定位。政策制度壁垒是指进入任何一个行业都必须经过一系列的审批程序,企业不仅要付出成本,还要花费大量的精力,这些限制了新企业的进入。此外,政府对有些产业采取限制竞争的政策,一些重要的法律限制包括专利、进入限制、外贸关税和进出口配额,这些进入壁垒使得企业很难用降低成本或增加广告费用等手段加以克服。

进入壁垒对技术创新的影响也是以市场结构为中介。从进入壁垒角度分析,企业从完全竞争市场结构进入竞争市场结构并不存在进入壁垒,但是进入寡头垄断市场结构、完全垄断市场结构时所面临的进入壁垒却非常明显。根据策略性阻止理论,只要存在长期利润,在位企业将面临潜在进入者的竞争,在位企业必然通过各种策略性手段(如创新和广告等)阻止其进入。[1] 根据进入壁垒理论,在位企业享有的各种有利条件形成了进入壁垒,使潜在进入者欲进入市场就必须额外支付进入成本,即进入壁垒可以给在位企业提供竞争保护并影响其策略性行为。综合上述两个方面,在存在潜在竞争的情况下,进入壁垒可能影响在位企业用于阻止进入的策略性创新行为。

20世纪90年代以后,很多学者研究进入壁垒与技术创新的关系。综合各种因素和指标后会发现,当产业面临巨大的技术革命时,新的技术会形成巨大的垄断力量,抬高市场壁垒,进而提供更多的社会福利,推动市场结构的进一步完善,该结论符合熊彼特的假设。但通过实证研究全面分析技术创新与进入壁垒之间的关系之后发现,产业进入壁垒增大会阻碍技术创新,这个结论实际上否定了熊彼特的假设。

4.3 交易市场与创新

发明家或科学家通过交易将手里的"新思想""新技术"等转移给企业家进而应用到生产过程中,企业家通过出售凝聚了"新思想""新技术"的产品和服务,获取创新的回报。"新思想""新技术"从发明家或科学家到企业家的转移需要一个交易市场,这种特殊的交易市场被称为"创新市场"。

4.3.1 创新市场理论

1. 创新市场的内涵

像任何其他市场均有供需双方一样,作为新技术、新构思等原创性信息交易场所的

---

[1] Bagwell, K., Ramey, G. "Capacity, Entry, and Forward Induction". *The Rand Journal of Economics*, 1996, 27 (4): 660—680.

创新市场也涉及两类主体。一类是创新成果的需求方,一类是创新成果的供给方。需求方往往是企业家或企业;供给方是设计新技术的发明家、发现新自然规律的科学家和新资源配置方式的发现者等各类创新个体或将这些创新个体组织起来提供新技术、新构思的组织或机构。企业或企业家从创新供给者那里获得并采用新技术或新构思从事生产,将产品出售给其他企业、政府或大众。因此,从本质上讲,创新市场是新知识、新技术的供给者与企业家们进行交易的场所。[①]

创新从根本上说是一个稀缺资源的配置问题,如果没有市场机制和价格机制,创新既不可能实现对稀缺资源的最优配置,也不可能实现其自身价值。创新市场是配置科技创新资源要素交易的场域或空间。实际上,创新市场是科技创新资源供求双方相互作用并得以决定其交易价格和数量的资源配置方式或制度安排,是由政府和经济、社会力量尤其是经济力量所推动和建构的结果。市场机制在创新市场的资源配置中发挥着决定性作用,但有别于其他市场。这是因为创新具有公共物品属性、不可预知性、动态性和激励复杂性等诸多特征,创新市场更强调政府的作用,一方面政府需要通过产权、契约、税收、分配和信息等一系列的制度建设来完善市场秩序、规范市场行为,另一方面政府作为市场主体通过拨款、采购、合作研究等方式直接参与市场,使得市场配置资源达到帕累托最优。

创新市场是一个多层次的市场体系,按创新活动属性可分为基础研究创新市场、应用研究创新市场和试验发展创新市场。创新市场与商品市场、劳动力市场、资本市场一样,也是我国市场体系的一个组成部分。在创新市场上交易的产品因其无形性而有别于商品市场,因其原创性而有别于一般的服务。现实中,创新市场的运行受到多个相关市场如人才市场、资本市场以及其他不同类型市场等的影响。

专栏 4-6　中国技术交易市场的规模及结构

随着国家相关政策的不断推出,技术交易(转移转化)体系得到了不断的完善,技术交易市场发展环境也得到了显著的优化。企业、高校和研究机构以及科研人员的活力获得了持续的释放,第三方技术中介也得到了快速发展。当前,我国技术交易市场整体呈现出高速增长的发展态势。我国技术交易年平均成交额持续增长,已经由2001年的782.75亿元增长到2020年的28 252.00亿元(见图4-7),年均增长速度达到20.6%,远远高于GDP的年均增长速度。中国技术市场年交易总额占GDP比重逐年提升,2020年达2.8%。企业已成为技术交易市场上最大的"卖家"和"买家",是该市场中的交易主体。按技术交易主体统计,2019年企业法人继续保持技术交易主体地位,共输出技术321 777项,成交额共计20 494.0亿元,同比增长28.3%,占全国技术合同成交总额的91.5%。这也与技术创新必须突出企业的主体地位相对应。高等院校和各类科研机构以输出技

[①] 吴欣望,朱全涛.创新市场与国家兴衰[M].北京:社会科学文献出版社,2012.

术为主。2019 年,高等院校输出技术 102 352 项,成交额为 592.9 亿元,同比增长 30.8%;科研机构输出技术 45 140 项,成交额为 820.6 亿元,同比小幅下降 0.9%。政府及科技管理部门则起到了政策推动、市场引导、市场治理和完善的作用。为了推动新一轮开放创新、技术创新和企业创新,中国各级政府和科技管理部门推出了一系列的政策和办法,也成立了全国性和地区性的促进技术交易、技术成果转移转化的信息和服务平台,以推动技术交易市场的发展。

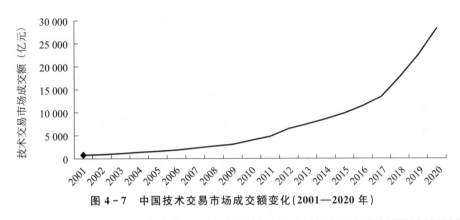

图 4-7 中国技术交易市场成交额变化(2001—2020 年)

2. 创新市场的分类

经济合作与发展组织(OECD)的《研究与开发调查手册》从研发性质维度,将科学研究与试验发展(R&D)创造性活动分为基础研究、应用研究和试验发展三类。

基础研究是指为了获得关于现象和可观察事实的基本原理的新知识而进行的实验性或理论性研究,旨在揭示客观事物的本质、运动规律,获得新发现、新学说。成果为论文和专著等。

应用研究是为了获得新知识而进行的创造性研究,旨在确定基础研究成果可能的用途,以及为了达到预定目标应采取的新方法(原理性)或新途径。成果主要是论文、专著、模型或发明专利。

试验发展是利用从基础研究、应用研究和实际经验中所获得的现有知识,产生新的产品、材料和装置,以及建立新的工艺、系统和服务。其成果主要是专利、专有技术、原始样机等。更多信息可见表 4-1。

表 4-1 创新市场分类及产品形式

类别	创新	产品形式
基础研究创新市场	新知识	论文、专著等
应用研究创新市场	新知识	论文、专著、模型或发明专利等
试验发展创新市场	新技术	专利、专有技术、原始样机等

基础研究创新市场的主体是高校、科研院所和企业,其产品可以与应用研究创新市场和试验发展创新市场的主体进行交易。应用研究创新市场的主体是科研院所和企业,交易的主要产品是发明专利等,需求者可以是试验发展创新市场的企业,也可以是具有应用研发供给能力的企业和科研院所。试验发展创新市场的主体是企业,其生产和交易的产品一般不提供给应用研究创新市场和基础研究创新市场的主体。政府作为创新市场的支持者,充分考量到创新市场的外部性、公共物品属性和不完全竞争特点,通过多种形式的科技财政支出(高校及科研院所研发经费拨付、企事业单位研发项目扶持、政府首购政策等),成为三类创新市场的重要需求参与方。图4-8总结了创新市场上的交易。

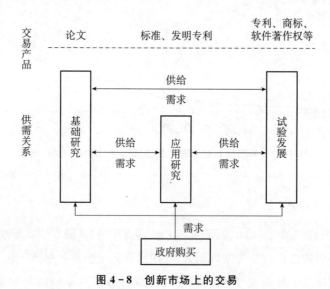

图4-8 创新市场上的交易

3. 创新市场的结构及其影响因素

创新市场受到多个相关市场的影响:发明型员工市场会对新技术的供给产生影响,支持技术转化的资本市场和产品市场会影响对新技术的需求,培养高等教育人才的高等教育机构和一国市场的对外开放程度会对创新市场的供求两方面都产生影响。

依据创新市场中的竞争程度,创新市场可分为买方垄断、买方寡占、卖方垄断、卖方寡占、双边垄断、双边寡占、卖方垄断—买方寡占、买方垄断—卖方寡占和充分竞争九种类型。由于创新市场是异质产品间的竞争,不符合完全竞争市场的同质产品假设,因而不能定义完全竞争的创新市场结构,而用"充分竞争"表示独立的供给主体和需求主体都足够多的创新市场。

美国、日本和英国的历史表明,当以新技术交易市场为代表的创新市场处于竞争相对充分状态时,专利法会朝着增强保护的方向调整。总结起来,就是当新技术交易市场或创新市场的竞争程度较高时,尽管整个社会的新技术供求会增加,但单个专利技术给专利权人带来的收益有限,此时,需要加强专利保护才能维持处于竞争环境中的企业投资研发的积极性。在有关专利制度促进创新的研究中,诺斯认为,发明者从发明的社会收益中能够获得的份额大小决定了他们愿意为发明付出的努力,而专利制度则提供了一套让私人收益率接近社会收益率的激励制度;专利制度之所以能够促进创新,是因为它使可以进入创新市场进行交易的供给者、需求者和可交易对象更多了,增强了创新市场的竞争性。

教育体制、科研体制、产业格局、对外经济政策、金融体制和专利制度都会对创新市场及其结构产生影响:一个富有效率的高等教育体系能够同时培养出大量的创新型人才和实践型人才以增加创新的供给和需求;科研机构的多元化能提高新技术的竞争性;充分竞争的产业格局有利于创新市场的繁荣;外来的商品、投资和新技术能为贸易和投资自由化的国家带来创新市场的繁荣和经济的迅速增长;有效的资金供给能为新技术的实施提供便利的资金来源;专利制度能使买方具有竞争性从而增进发明人的收益,同时在原有发明的基础上进行改进使技术之间的替代性增强了,卖方也具有竞争性。

对企业垄断行为的限制、专利保护的强化、大学之间竞争性的增强、国际贸易和投资的自由化等能提高创新市场竞争性的政策主张,均对创新繁荣有积极意义。这说明,政府可以通过主动调整创新市场的市场结构来提高创新效率。

我们认为,创新市场应具备充分竞争性。首先,这是国外创新市场的经验总结;其次,竞争性越强,可供交易的原创性信息的数量也就越多,创新市场就越有效率,结合我国改革开放实践,市场化程度越高的地区,资源配置就越有效率,经济发展就越好;最后,政府力量是培育创新市场的重要力量,政府可为企业的创新提供强大支持,为创新市场的发展完善提供制度和文化环境保障,从而降低交易成本,提升创新的制度绩效与社会价值认同。

4.3.2 中国创新市场的构建[①]

1. 基础研究创新市场的构建与实施

目前,我国基础研究创新市场的构建进入提质增效阶段,我们认为应着力从以下四个方面完善基础研究创新市场的构建:

第一,完善大学学科体系。试行教育和研究学科分类的公立与私立双轨制,鼓励企业联办研究型企业大学。

第二,打开人才自由流动的旋转门。鼓励企业建立基础研究中心,赋予民营基础研究机构合法地位。打破人才双向流动壁垒,设立企业—科研院所双向流动制度。

第三,推动基础研究投创分离。知识产权赋予发明人而非投资人。设立协同研发基

---

① 以下内容主要摘编自王京生.创新市场论[M].深圳:海天出版社,2020。

金,让基础研究更加独立,可以自由转移转让。第四,去除"唯论文、唯职称、唯学历、唯奖项"的人才评价导向思维,建立以科研能力和创新成果等为导向的科技人才评价标准,改变将论文数量、项目和经费数量、专利数量等与科研人员评价和晋升直接挂钩的片面做法。完善学术评价的回避制度和监督制度,发展公平公正的第三方评价机构。

专栏 4-7　美国的《拜杜法案》

《拜杜法案》由美国参议员 Birch Bayh 和 Robert Dole 提出,1980 年由美国国会通过,1984 年又进行了修改,后被纳入《美国法典》第 35 编(《专利法》)第 18 章,标题为"联邦资助所完成发明的专利权"。

在《拜杜法案》制定之前,由政府资助的科研项目产生的专利权一直由政府拥有。复杂的审批程序导致政府资助项目的专利技术很少向私人部门转移。截止到 1980 年,联邦政府持有近 2.8 万项专利,但只有不到 5% 的专利技术被转移到工业界进行商业化。很多人认为,政府资助产生的发明被"束之高阁"的原因在于该发明的权利没有被有效地配置:政府拥有权利,但没有动力和能力进行商业化;私人部门有动力和能力实施商业化,但没有权利。

《拜杜法案》使私人部门享有联邦资助科研成果的专利权成为可能,从而产生了促进科研成果转化的强大动力。该法案的成功之处在于:通过合理的制度安排,为政府、科研机构、产业界三方合作并共同致力于政府资助研发成果的商业运用提供了有效的制度激励,由此加快了技术创新成果产业化的步伐,使得美国在全球竞争中能够继续维持其技术优势,促进了经济繁荣。

《拜杜法案》被英国《经济学人》杂志评价为"美国国会在过去半个世纪中通过的最具鼓舞力的法案",开创了美国技术和风险基金产业进行合作的新境界。该法案旨在通过赋予大学和非营利研究机构对于联邦政府资助的发明创造享有专利申请权和专利权,鼓励大学展开学术研究并积极转移专利技术,促进小企业的发展,推动产业创新。《拜杜法案》是美国从"制造经济"转向"知识经济"时代的产物,美国大学凭借《拜杜法案》这一专利制度在科学研究方面取得了重大成就,美国大学的专利申请和授予的数量有了显著增长。

但与此同时,《拜杜法案》也将作为公共物品的大学进一步推向了商业化,大学学术呈现的专利异化现象成了美国社会各界关注的焦点。2009 年《专利法》修正案对《拜杜法案》在成熟的知识经济时代所存在的缺陷和"失灵"进行了回应,其变革之根本理念在于充分注重作为专利权人的大学和其他社会公众的利益平衡,实现激励创新、增进社会福祉的终极目标。

2. 应用研究创新市场的构建与实施

应用研究创新市场是衔接基础研究创新市场与试验发展创新市场的中间市场,对于从知识到产业的转化起着关键决定作用。随着"放开一片"①的实行和现代科研院所制度建设,我国的应用研究创新市场已经具备了一批市场主体,然而,与国际发达地区具有高转化效率和高质量的应用研究创新市场的主体相比,还有一定差距。因此,未来还需要在多层次应用研究创新市场主体、海外应用研究平台、与国际接轨的技术转移中心、新型创新基础设施建设等方面着力完善和推进。应用研究创新市场的构建框架如图4-9所示。

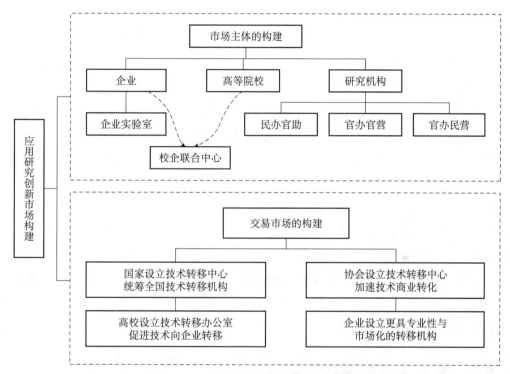

图4-9 应用研究创新市场的构建框架

第一,培育多层次应用研究创新市场主体。行业龙头企业与高校联建应用型大学,引导普通本科高校转型为应用技术大学。依托研究型大学设立概念验证中心,该中心通过提供种子资金、商业顾问、创业教育、孵化空间等对概念验证活动进行个性化支持。

第二,发展海外应用研究平台。海外研发中心定位于工业技术开发,尤其是辐射广、包容性强、产业带动能力强的新技术开发及关键技术的商业化开发,较少涉足纯基础研究领域,确保工业技术研究院的研究方向更加贴近产业发展需求。在沿海及经济发达地区,建立虚拟国际大学园。结合地方经济特色和科学领域特点,吸引国际知名

---

① 该提法来自1994年2月国家科委、国家体改委发布的《适应社会主义市场经济发展,深化科技体制改革实施要点》中的表述:"实行'稳住一头,放开一片'的方针"。

大学和科研机构建立独立或联合研究院,建立海外技术在中国应用研究的大型聚集平台,加快国际技术转移转化。

第三,发展与国际接轨的技术转移中心。引导规模较大的高校设立技术研究院。支持在特定领域具有发明专利优势的高校,与上市公司、校友企业、投资公司共同成立技术研究院,开展应用性基础研究,设计市场化分配机制,探索市场化方式解决应用性基础研究和高校专利市场化的难题。成立服务中小企业的技术集团,寻找、筛选和获得技术。建立成果转移信息公开制度。制定科技成果信息公开的法定标准,依据科技成果的技术领域、技术成熟度、应用前景、预期收益等区分不同类型的科技成果。

3. 试验发展创新市场的构建与实施

试验发展创新市场的构建应注重以下四点:

第一,培育具有国际竞争力的创新型企业,发展高新技术示范城市。鼓励企业开展 PCT(patent cooperation treaty,专利合作条约)专利申请,提升高新技术企业的国际竞争力。

第二,发展数据驱动的科技金融,实施数据驱动科技金融平台城市全覆盖,扩大流动资产科技金融示范试点。

第三,实施最严格的知识产权保护,制定高价值专利培育体系,建立知识产权发展和保护平台。构建政府强有力的保障体系,奖励高价值专利培育企业。

第四,建设数字化技术交易市场,构建全国性技术大数据系统,培育服务领域专业化的技术转移平台。运用"互联网+"构建技术交易网络平台,全面提升技术创新相关要素的流通速度和资源配置效率。

4.3.3 技术市场对创新的影响

技术市场一般通过规范技术市场机制与影响技术市场交易而对创新产生重要作用。本书将从技术市场对创新整体和各个阶段的影响两个维度阐述技术市场影响创新的内在机理。

1. 技术市场对创新的整体影响

技术市场对区域创新能力的影响,主要通过技术本身对创新能力的影响和市场对创新要素的整合这两种途径。如图4-10所示,技术市场可以通过三种方式影响区域创新能力:一是通过技术本身的内生增长机制改变地区知识创造能力、知识获取能力、企业创新能力、创新绩效能力,从而影响区域创新能力;二是通过技术市场主体和技术市场部分媒介的创造、传播、采纳技术等扩散传导机制,改变地区知识创造能力、知识获取能力、企业创新能力,进而改变区域创新能力;三是通过技术市场作为要素市场具备的资源配置能力,改变知识创造能力、知识获取能力、企业创新能力、创新绩效能力、创新环境,最终影响区域创新能力。

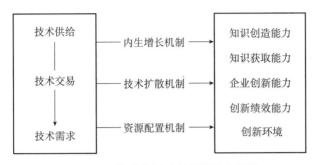

图 4-10 技术市场对创新的影响机制

资料来源:赵志娟. 技术市场对区域创新能力的影响研究[D]. 浙江大学,2014.

夏凡和冯华总结认为,在技术市场规模增大时,技术市场会对创新主体的创新投入产生两种正向影响:一是可选创新机会的广义增加,二是货币知识外部性的产生。[①] 具体分析如下。

首先,当技术市场规模增大时,参与技术交易的主体与知识标的不断增加,市场上交易行为频繁发生。创新主体可以从越来越多的其他主体中获得多元化、差异化的新知识,增加了创新主体在进行自身创新生产时可以选择的方向,提高了预期能够实现的技术改进水平。一方面使得更多的创新主体由于新机会的出现而进行创新生产,另一方面使得创新主体在进行创新生产时由于选择范围的增大而实现了预期收益的提升,增强了创新投入的动力,最终实现了区域创新投入的增加。

其次,当区域技术市场由于供给量增加,知识产品(或投入)的价格(或成本)低于普遍均衡水平时,创新主体会在购买或获得外部知识时获得一个真实的收益,货币知识外部性产生。某类型或方向的知识产品频繁交易,会显著降低技术交易过程中因识别技术而带来的交易成本,形成了更有效率的技术交易模式,从而引发了更低的知识价格。同时,一个地区的技术交易频繁,意味着大量创新主体使用了市场上可以购买到的知识作为投入进行创新活动,而由于投入知识的相似性,产出的创新会更容易被其他主体通过显性或隐性方式来使用,进一步降低了该领域或类型的知识价格。因为这种价格的降低受到市场边界的限制,所以只能影响到区域内部的创新主体,形成了本地创新主体在技术市场上购买知识时的价格低于普遍均衡水平的情况。而这一情况会促使创新主体进

---

① 夏凡,冯华. 技术市场规模与区域技术进步——基于创新投入的多重中介效应分析[J]. 宏观经济研究,2020(1):95—111+140. Feser, E. J. "Tracing the Sources of Local External Economies." *Urban Studies*, 2002,39(13):2485—2506. Antonelli, C., Patrucco, P. P., Quatraro, F. "Productivity Growth and Pecuniary Knowledge Externalities: An Empirical Analysis of Agglomeration Economies in European Regions." *Economic Geography*, 2011,87(1):23—50.

行更多的创新投入,进而促进了区域技术水平的提升。

俞立平等分别从技术市场厚度和技术市场流畅度这两个方面阐述了技术市场对技术创新的正负向效应,如图4-11所示。① 研究认为,技术市场的市场厚度对技术市场创新产出有正向和负向两种效应。正向效应主要表现在技术聚焦效应和知识溢出效应。一方面,技术市场厚度的增加意味着技术在市场上聚集,使得技术市场上技术的供给量增加,进而扩大了技术需求型企业的技术选择范围,这些企业可以选择更加合适的技术来辅助产品创新,增加创新产出。另一方面,技术市场厚度的增加必然带来技术知识的聚集,进而产生技术知识溢出效应,这有利于提升产业创新效率和增加创新产出。负向效应则为技术拥挤效应:技术市场上技术供给量的增加容易导致同类产业采用相似的知识和技术,形成思维锁定,导致创新质量不高,从而负向影响创新产出。技术拥挤效应的另外一个负面作用是使得企业形成技术购买依赖,削弱了创新动力。

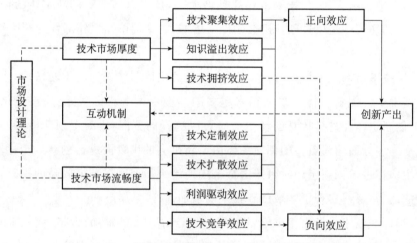

图4-11 技术市场厚度和流畅度对创新的影响机理

技术市场流畅度对创新产出也同时具有正向效应和负向效应。正向效应主要表现在技术定制效应、技术扩散效应、利润驱动效应。首先,企业需要的技术是多样化的,并非所有技术都需要自己研发。在技术市场流畅度较高的情况下,当技术需求方无法在技术市场上购买到适合自己的技术时,该企业可以发布相应的需求信息,选择技术供给方为其定制合适的技术,而无须由企业自己研发这些技术,从而使得企业可以更加专注于自身核心技术研发,促进企业创新产出。其次,随着技术市场流畅度提高,市场上新技术的扩散速度也会相应加快,这些新技术有时不但可以弥补一些技术需求型企业自身的发展短板,还可以与企业自身发展相结合形成新的核心技术,提高企业的创新层次与创新

---

① 俞立平,万晓云,钟昌标等. 技术市场厚度、市场流畅度与高技术产业创新[J]. 中国软科学,2021(1):21—31.

水平,从而优化企业创新,促进企业创新产出增加。最后,由于市场上技术交易的便利性,技术供给方能更加快速地将技术与产品交易出去并转化为收益,从而增加了技术供给方的创新积极性。负向效应则为技术竞争效应。技术市场流畅度提高也意味着市场上的交易信息更加透明,因此部分竞争实力较强的企业更容易获得相关技术,获益也更加容易,而其他竞争力较弱的企业获得新技术较为困难,使得其产品创新水平不足。

2. 技术市场对创新各个阶段的影响

技术创新活动是一个动态、连续的过程,包含若干阶段,创新活动在每个阶段呈现不同特点,因此,在技术创新实践中,创新阶段的划分和安排十分重要。技术市场在创新的整个过程中都发挥着重要的作用,魏世红和谭开明从技术市场在创新各阶段中所发挥作用的角度对技术市场促进技术创新的机理展开分析。[①]

第一,发现、决策阶段的导向功能。首先,市场导向创新的最终目的是被市场接受进而顺利实现产业化,这也是创新应坚持的方向,因为技术上的领先不等于市场上的领先,坚持以市场为导向才可能最大限度地把握创新的正确方向。技术市场的存在有利于创新相关信息的汇集和沟通,为创新在经济系统中的顺利实现提供了信息基础。正是这种高效的信息交流平台使创新主体在感知市场动向方面更为敏锐,能够迅速抓住市场需求,把握市场机会进行创新,以填补市场需求空白。其次,以技术可行性为导向的传统"创新链理论"认为创新是一种线性模型,即创新是一种基础研究—应用研究—新技术、新产品开发—生产—销售(市场化)的链式过程,也是从知识创新到技术进步的链式过程。在创新实践中,新技术、新产品的开发除了与知识创新有关,还与新技术实现所依赖的一些基础的、共性的技术(或称为原料技术、半成品技术)能否顺利获得有关,否则,构思很好的新技术就成了"空中楼阁",或者要花费大量的资源从零开始自行研发。技术市场上有关技术供给的信息将有助于创新主体对自己设想的新技术、新产品的技术基础状况做出科学的判断,增加了创新成功的概率。

第二,研发阶段的技术支持与全面服务功能。研发阶段是实现技术创新的关键一环,技术市场在此阶段为研发工作提供全方位的服务。一方面,技术市场为创新主体提供丰富的技术资源,使创新主体的知识库得以扩展,进而提高了创新主体在研发阶段学习外部知识的速度和识别外部知识效用的能力,也就是增强了创新主体的技术吸收能力,从而有助于其更快地将外部知识用于自身技术研发,最终提升创新能力。另一方面,技术市场对研发阶段技术发明进一步的验证提供了完善的工程化、中试和设计等方面的服务,通过为创新主体提供市场信息、经营策划、管理咨询、融资渠道、人员培训、形象设计等服务,可以降低创新企业的经营风险及运营成本,提升竞争能力。

---

① 魏世红,谭开明. 技术效率促进高技术产业循环发展的机理分析——基于产业生命周期的视角[J]. 科技与经济,2009,22(2):45—47.

第三,实现阶段的价值转化功能。在此阶段,技术市场通过信息传递或直接提供专业化服务,促进创新成果价值的实现。一方面,技术市场相关机构利用掌握的技术、市场、经济、政策、资源等信息,以知识和业务技能为基础,通过可行性分析及适用性调研,及时将市场评估结果反馈给创新主体,为创新成果价值的市场化、产业化提供支持性服务,从而有效地规避创新风险,加速科技成果转化,提升技术创新能力;另一方面,技术市场各职能机构相互融合渗透,通过建立工程技术研究中心、生产力促进中心、创业服务中心、企业孵化器,以及为促进科技转化提供专业服务的机构,如科技咨询机构、工程咨询机构、项目可行性论证评估机构等,为创新企业技术创新成果的应用推广提供场所和软硬件服务等,从而加快技术创新成果向产业的转移。

第四,创新实现后的"自我增强效应"功能。通过技术市场提供的各种专业化服务,不断地对技术创新产生导向效应、成长效应和增值效应,促进技术创新的发展。而技术创新的发展既表现为有形产出的增加即直接的商业利润或市场份额的扩大,又包括无形产出的增加即获得和拥有更多的新知识与专利。有形产出的增加将使下一阶段的创新活动获得充分的财力物力保障;而无形产出的增加为创新主体下一阶段的创新活动提供更有效的智力与技术支持,如产生的专利技术可以有偿转让给其他创新主体,它们可能把该项专利技术作为"中间技术",为自己最终的创新成果服务,从而推动了创新主体和全社会技术创新能力的提升。技术市场的存在不仅推动了技术创新,还为创新成果如专利等无形产出的交易提供了便利条件,这是一种正向激励循环,是技术市场对技术创新发挥的自我增强效应。

综上所述,技术市场与技术创新密切相关,是技术创新顺利完成的重要保障。技术市场发展促进技术创新的功能体现在技术创新的各个阶段,有助于协助各个阶段创新工作的顺利进行,为创新的全过程提供全面的、专业化的服务,对技术创新的最终实现发挥着不可替代的作用。技术市场与技术创新之间的关系框架是相对复杂的,更多信息可见图4-12。

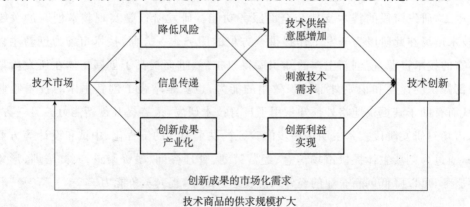

图4-12 技术市场与技术创新的互动发展

资料来源:谭开明,魏世红. 技术市场与技术创新互动发展的机理分析[J]. 科技与管理,2009,11(3):37—40.

3. 技术市场与技术创新的相互作用

技术市场对技术创新有显著的促进作用,同时技术创新对技术市场的发展也存在明显的促进作用。这种促进作用主要从创新成果市场化需求和推动技术市场量的扩张、质的提升两方面体现。技术创新发展的直接后果就是大量创新成果的产生。一方面,创新成果的增加会使技术市场上技术商品的供给量大大增加,从而带来技术市场的繁荣。另一方面,以技术形式存在的创新成果面临的最大风险就是技术成果的时效性,技术商品的价值随着时间的推移而贬值的速度很快,技术商品的商业价值在动态和竞争的环境下不断变化,搁置不用就会因过时或同类技术的出现而被淘汰。因此,创新成果急需寻找到能尽快实现其价值的途径,大量技术成果的交易需求势必催生以技术商品交易为主的专业市场的出现,并且随着创新活动的进一步增加,又促进技术市场向更高层次发展。技术创新活动的频繁会使创新主体热衷于有目的地在技术市场上寻找能满足自己创新需要的一些"原料技术",并通过技术市场上的信息发布系统发布自己的技术需求,从而也会进一步刺激技术市场的繁荣。

通过上述分析可以发现,技术市场在解决技术创新障碍、协助技术创新各阶段顺利完成、增强创新动力等方面具有重要功能,从而促进了技术创新能力的提升,而技术创新的发展又直接或间接地促进技术市场的发展,二者形成一种良性的互动。

思考题

1. 当前关于创新动力模式的讨论大致分为哪几种?
2. 如何理解科技推力和需求拉力?
3. 完全垄断市场下的技术创新有何特点?
4. 是否企业规模越大,其创新动力越强?
5. 创新市场大致可以分为几类,分别具有什么特点?
6. 当前中国应用研究创新市场的构建有哪些重点?
7. 技术市场如何影响区域创新能力?

第 5 章
政府、产业政策与创新

创新作为准公共物品具有一定的特殊性,因此不仅需要市场的调节,也需要政府的推动。本章将重点介绍政府及其制定的产业政策在创新中的作用。

5.1 政府与创新

5.1.1 政府与市场失灵

"市场失灵"最初是由美国经济学家弗朗西斯·巴托尔(Francis Bator)在 1956 年首先使用。市场失灵是指市场在发挥资源配置作用时出现低效率或无效率的情况。市场对于资源的有效配置存在着严格意义的假定条件,即在经济资源的配置过程中,生产者能够以最低的成本生产社会最需要的产品,同时能够达到最优产量;与此同时,消费者能够以等于生产成本的价格购买到商品,即商品价格等于边际成本。经济学家将有效率的市场情况称为市场均衡,并认为市场均衡是市场自由运行的结果。斯密认为,市场是由"看不见的手"所指挥,是不以人的意志为转移的。斯密以后,自由放任的市场观念成为绝大多数经济学家的共识和理论依据,并被作为分析资本主义经济的大前提。以威廉·杰文斯(William Jevons)、卡尔·门格尔(Carl Menger)、里昂·瓦尔拉斯(Léon Walras)为代表的边际主义经济学家,结合边际效用价值论和一般均衡理论,重点解释了在资源稀缺和技术约束条件下,市场向均衡的协调和趋同。爱德华·张伯伦(Edward Chamberlin)和琼·罗宾逊(Joan Robinson)等结合前人的观点,考察了垄断和垄断竞争条件下的生产者行为,将垄断现象置于市场内生的地位来考虑,从而将垄断看作研究市场失灵问题的切入点。此后,阿瑟·庇古(Arthur Pigou)和维弗雷多·帕累托(Vilfredo Pareto)等福利经济学家,为社会福利、市场缺陷确立了明确的标准,完善了市场失灵的内涵;市场失灵作为资本主义经济发展过程中的机制,受到此后各个学派经济学家们的重视。

保罗·萨缪尔森(Paul Samuelson)进一步分析了市场失灵的内涵,即在完全竞争的条件下,市场的参与者——不论是买方还是卖方——都无法影响商品价格,而当买方和卖方中出现了能够控制商品价格的势力的时候,便出现了不完全竞争或垄断,其标志有以下几点:①过高的价格和过低的产出,即价格高于效率水平,消费者购买量低于效率水平;②市场的外溢效果或外部性,即市场中经济参与者的活动可能会对市场外的社会其他成员产生利益上有损或有益的影响,对于这种影响,市场中的参与者是不必进行经济支付的,比如,可能造成环境污染的化工厂不需要对附近居民支付环境恶化带来的损失费用,或者某企业研发的新技术迅速被其他企业无偿地吸收利用;③收入分配不公平,即资源配置不能达到尽可能公平,因为物品追随的是货币而不是需求最大满足,而且社会成员的阶级、出身、民族、性别等诸多个人因素也影响了分配公平。

一般认为,导致市场失灵的原因包括垄断、外部性、公共物品和不完全信息等因素。市场失灵针对市场万能的观念,指出市场机制具有内在的缺陷,集中表现在以下几个方面:①市场机制本身无法消除垄断,从而无法保证竞争的完全性和彻底性;②无法实现经济稳定、均衡的增长,尽管市场机制最终能够使经济趋于均衡,但时滞较长,代价很大(如周期性的经济危机),无法满足社会对公共物品的需求;③无法解决收入分配差距过大的矛盾,完全按照市场机制的原则(财产的所有权与收益权一致)进行分配,就会导致社会成员之间的收入差距过大,从而引起社会的不稳定。

"看不见的手"失灵需要由"看得见的手"来矫正,即由政府来干预市场机制,弥补市场缺陷,纠正市场失灵。市场失灵和市场失败是政府介入社会经济活动的基本理由和原动力。应对市场失灵的最常见举措是由政府部门产出部分产品及服务。20世纪30年代大萧条之后,美国政府实施的"新政"计划成为挽救经济危机和弥补市场缺陷的一个生动案例。在现代市场经济中,政府干预已经成为市场经济运行的有机组成部分,是克服市场失灵的基本力量。萨缪尔森在论述政府的经济职能时指出:"在包罗万象的政府职能中,政府对于市场经济主要行使三项职能:提高效率、增进公平以及促进宏观经济的稳定与增长。"所以,在市场失灵条件下,政府有责任干预经济以解决市场失灵出现的一系列问题。

根据对市场失灵原因的分析,为了调节市场失灵,弥补市场缺陷,政府在经济生活中应担当以下角色:第一,担当维护公共利益的角色。政府需要在公共物品提供、收入分配调节以及负外部性治理等方面发挥重要作用。第二,担当管制的角色。政府需要对市场中某些有损社会整体福利提升的经济活动进行管制。第三,担当合法权益保护者的角色。政府需要不断健全法律法规制度,维护公平公正的市场制度。

从西方经济学关于政府和市场关系的理论演进史来看,对资源配置问题的研究主要有两种观点:第一种观点主张市场调节是核心,认为市场机制是能够完善地、合理地在"资源有限"条件下配置资源的唯一有效的机制;第二种观点主张国家或政府干预经济,认为政府调节在资源配置中具有重要作用,要求国家对经济进行干预。然而,从几百年资本主义发展的历程来看,强调市场自由放任和强调国家干预经济的观点呈现出一种交替上升的态势。当单纯强调市场自由放任政策时,经济出现周期性危机或萧条,国家干预经济便居主导地位;当单纯强调国家干预经济政策时,经济出现"滞胀"或停滞,市场自由放任政策则占主导地位。

5.1.2 技术创新中的市场失灵

由于市场失灵,技术创新的资源就得不到最优的配置,市场的激励作用得不到充分发挥,这导致参与主体不能积极参与技术创新活动,最终影响到国民经济的健康持续发展。从技术创新的角度来看,要对市场在技术创新过程中起到的作用进行更为全面的认识,市场失灵对技术创新的影响主要表现在以下三方面[①]:

1. 技术生命周期与创新市场失灵

当我们对市场失灵有了一定的了解后就会发现,技术创新的市场失灵,是指在技术创新的过程中,市场无法起到优化配置创新资源的作用。除传统经济学意义上的市场失灵以外,技术自身的发展规律也是导致市场失灵的原因之一,即技术生命周期的存在。技术生命周期的观点最早可以追溯至俄国经济学家尼古拉·康德拉季耶夫(Nikolai Kondratieff)的长波理论,经过熊彼特的进一步发展,成为一种将技术进步和经济发展纳入同一框架下来理解的理论。根据熊彼特的观点,创新是推动经济发展的决定性动力,而技术创新则是众多创新形式中的重中之重,这种技术创新具有两个特征:一是具有影响力的创新集中在少数产业部门;二是创新以一种间歇式的集群方式发生。这种创新会伴随着强大的破坏性,对原有产业部门和整个经济结构产生毁灭性的影响,最终导致整个经济结构调整转型,例如数字技术对传统电子产品的冲击、互联网技术对传统零售业的冲击等。技术生命周期将时间性引入了技术发展的框架,技术的进步被看作知识按照一定的步骤逐渐具备有用性的过程。在这一过程中,技术逐步与知识相脱离,根据市场需要不断重新组合其内部要素,逐步商业化。但这个过程并不是永无止境的,技术的寿命是有限的,其要素间的相互组合也是有限的,当达到极限后,其功能不再满足市场需要,就会被新技术淘汰。

技术生命周期的存在让我们看到,技术创新实际上是一个动态过程,即具有共性的基础知识逐渐物化为具有经济价值的商品的过程,并且从发明创新到商业化再到最终凸显其经济价值,需要一段较长的时间。这一过程一开始并不是显性的,往往在大多数企业还在采用旧技术的时候,技术变革就已经在市场的边缘或占据小份额的产业部门中出现了。对于那些采用旧技术的企业来说,技术生命周期的转型是非常困难的,主要原因在于与新技术相配套的熟练劳动力、资本以及基础设施等互补性经济资源不能和新技术

---

① 韩寅. 技术创新的市场失灵机制以及政府作用[J]. 技术经济与管理研究,2015(4):48—51.

并行开发。同时值得注意的是,某种新技术在其生命周期内的发展不仅仅是一个线性过程,还是一个扩散过程,即被更多的经济参与者采用,并可能孕育出新的产品和工艺的新周期。随着市场竞争的加剧,这种周期可能越来越短,导致新产品、新技术的更新换代愈加频繁。技术生命周期转型愈加频繁以及转型过程中互补性经济资源不能及时跟进,可能会使大多数企业只注重研发周期较短、收效较快的技术和产品——例如引进、模仿成熟技术——而未将足够的人力、财力和物力投入具有突破性创新的领域。虽然企业可以从中获得短期利益,但是对于整个国家的技术水平和创新能力来说却是负面作用更大,因为真正具有突破性的创新还是来自研发周期长、收效缓慢的基础研究,引进和模仿只能实现跟进和同步,而无法做到引领和超越。

2. 创新外溢与创新市场失灵

创新的溢出效应,即技术创新所获得的经济利益并没有被创造技术知识的企业获得,而是溢出到别的企业,出现"搭便车"现象。经济学家将创新投入的溢出划分为"价格溢出"和"知识溢出"两种效果。当新的或改进的产品和服务所增长的价值没有完全体现在新旧版本之间价格的差异上时,价格溢出就会出现。在这种情况下,对创新者的回报被由顾客获得但没有支付的利益予以削弱,创新者的"可量度"的回报就会减少,如果非常明显,就会影响到对于创新的进一步投入。

当技术知识本身从创新者溢出到其他经济参与者或竞争者一方的时候,知识溢出就会发生。技术创新的成果首先体现为某种知识,而这种知识具有公共物品的属性,即在使用上是非竞争性的,而在占有上是非排他性的。一种技术知识被某个消费者使用的时候,并不妨碍其他消费者同时使用,同样,科学知识的可复制性和可模仿性也使许多人可占有知识而不用付出相应的代价,专利制度的产生正是为了防止这种对于知识品的"搭便车"行为,保护创新者的权益,激励创新的积极性。

正是由于技术知识公共物品的属性,导致技术知识具有很强的外溢性。这种效应的产生受多方面因素的影响。首先,在诸多产业领域尤其是大规模产业中,碎片化的研发体制是主要方式,即一项研发任务被拆分成数量不等的分任务,通过串联分任务而完成整体研发。这种碎片化无疑使研发活动具有复杂性和高成本,每一步骤和环节都要依靠相应的投入,一旦某一环节出现问题,整个研发过程便陷入困境甚至失败。其次,不同企业之间的合作,例如供应商和客户之间的合作,使高技术水平企业的知识流向低技术水平企业,后者能够以较低的代价获得高新技术,这种技术扩散不仅存在于企业之间,也存在于国家之间。再次,企业员工尤其是高新技术研究人员的流动也会形成技术扩散。最后,专利保护期限届满,这些专利技术就会成为公共物品,其信息被公之于众,成为无偿或以很小代价就能够被获得的技术。

3. 创新风险与创新市场失灵

技术创新市场失灵的第三个方面在于不确定性,不确定性通常和风险联系在一起。

这种不确定性有两层含义,一是技术研发的不确定性,二是市场的不确定性。

研发的不确定性和科学研究本身的不确定密切相关。首先是信息因素,这包括信息的不足和信息的过载:在科学研究的过程中,必然会面临未知的领域,其研究方法和理论依据都要受到来自未知领域的考验,一切研究的结果也是未知的;同样,在技术研发过程中,也无法提前知晓研发过程和结果所面临的各种状况,信息的匮乏以及对技术前景做出过于乐观的预测而造成过量投资也是市场失灵的原因。其次是复杂性因素:一项创新成果成为产品投入市场,往往是由多种技术共同结合、由多个来自不同学科研发团队共同合作的结果,例如,iPhone 手机作为近年来最为成功的手机产品,其核心技术便包括了智能芯片、AppStore 封闭界面等。一般而言,由于财力有限,很多企业没有能力组织庞大的研发团队并投入大量资金进行如此大规模的研发活动。最后是时间因素,由于技术生命周期的存在,技术研发由知识到产品再到收益期间存在着滞后,同时从事创新研发的企业对投资项目往往采取较高的贴现率,这就意味着这些项目必须要在短时间内完成,否则无法收到预期回报。

市场的不确定性包括产品和技术能否进入市场、能否满足市场需求等方面。当创新企业发现其投入市场的新产品和技术与市场中的其他产品不适应或无法衔接时,为弥补这种系统中的"不适应",就有必要在研发经费中投入额外的附加费用以解决这种状况,这样就会造成额外的开支;当企业发现这种投入过大以至于不能弥补创新带来的收益,这项研发活动就会被迫终止。值得注意的是,能否进入市场与技术本身的成熟度没有直接关系,即便是一项成熟技术也可能面临着无法进入市场的状况。

5.1.3 政府支持与创新

市场失灵对于技术创新的影响,根本上在于创新资源的优化配置不能完全依赖市场机制,必须依靠市场以外的力量进行协调规范,这项工作便有赖政府完成。

1. 在创新市场失灵领域发挥政府主导作用

市场失灵既然是由于市场本身的作用失效,也就意味着在市场发挥不了作用的领域,必须由政府填补。根据市场与政府在资源配置中发挥的不同作用,可以将创新系统划分为"政府主导型"和"市场主导型",这两种类型又可以分别划分为强形式和弱形式。政府主导型的强形式是政府指令型,即创新资源严格按照计划来配置;政府主导型的弱形式是指政府发挥引导作用,对创新资源进行大力度整合,市场作用并不完善;在市场主导型的强形式中,市场在创新资源配置中发挥基础性作用,政府的作用主要体现在提供公共物品和发挥对创新主体的协调作用。

当代的国家创新系统理论对于政府在创新资源配置中的作用进行了多方面的研究。

弗里曼在其代表作《技术政策与经济绩效：日本国家创新系统的经验》中，通过对第二次世界大战前后日本的经济政策、经济发展和技术发明等多方面考察后认为，战后日本实现大跨度的经济增长，与政府的积极行动不无关系，具体来说体现在以下几个方面：首先，中央政府是促进经济现代化的强大推动力；其次，现代化过程中政府对教育和培训高度重视；再次，政府引进并改良最先进技术；最后，政府与国内大型企业密切合作。弗里曼指出，在面对"公共品"、工业污染和资源优化配置的"市场失灵"问题上，日本通产省的"引导之手"发挥了重要的作用。其一，通产省将技术服务纳入其工作职能，注重新技术的创新和潜在的世界市场的发掘；其二，新兴技术的引进和新产业的投资也是其职能的一方面，这体现在根据《企业合理化促进法》规定，政府对实验设备、新机械的购置和折旧提供财政补贴，动用财政资金支持工业园区等基础设施的建设，参与产业部门和企业的交流，及时了解衰落企业和新兴产业的发展状况，提供相应的金融和其他资源的支持。

2. 创新的内在规律与政府支持

创新是一个由不成熟到成熟、不确定到确定的过程，这就意味着，在创新的不同阶段，政府对于创新的支持应该是有所不同的。在某种技术或产业的初创阶段，由于技术本身的不成熟以及技术用途、客户需求和市场定位的诸多不确定因素，社会资本很难投入支持。虽然自斯密以来，大部分经济学家强调经济体的正常运行主要依靠的是市场这只"看不见的手"，政府的干预只能适得其反，但还是有相当一部分学者对于经济发展中的政府作用进行了研究，尤其是以亚历山大·汉密尔顿（Alexander Hamilton）、马修·凯里（Mathew Carey）、亨利·克莱（Henry Clay）、亨利·凯里（Henry Carey）、E. 帕申·史密斯（E. Peshine Smith）、约翰·雷（John Rae）等为代表的19世纪的美国学派。其中作为熊彼特思想来源之一的雷就对技术发明和经济发展的关系进行了较有启发性的阐述。雷首先从批判斯密出发，认为斯密混淆了个人财富和国家财富两种财富增长的本质，前者可以通过掠夺和劫掠获得，而后者只能通过新技术的发明推动生产力发展而得以增长。同时，雷强调，在新技术传播过程中，由于不同地方的自然、社会环境有所不同，对于新技术的模仿学习也存在着不确定性，尤其是对于中小企业，新技术的学习和应用会带来风险，这种风险甚至超过了中小企业的承受能力，因此，政府的作用就显得尤为重要。一般而言，政府援助可以通过提供创新资金、引导投资方向、制定保护性政策法律等手段扶持创新企业的成长。雷的观点对于国家在技术创新资源的配置方面具有重要的启发价值，他看到了不仅仅在发明阶段，即便在对于技术的模仿学习过程中，创新活动仍然受到市场失灵的影响，国家的投入和引导至关重要。

3. 创新基础设施建设与政府支持

随着高新技术对于研发投入的要求不断增加，创新资源的合理配置越来越成为亟待解决的问题。改革开放后的三十年，我国一直实行的是以引进模仿为主的技术策略，但是随着我国综合国力的提升,在经济、科技等领域面临的竞争压力越来越大,单纯依靠引进模仿已经不能适应新的发展趋势,自主创新必将成为我国以后的发展方向。中小企业作为高技术型创新主体的代表,它们的创新能力必定影响着我们国家整体的创新,但是由于中小企业的先天不足,如何获得创新资源成为它们初创阶段的首要问题,其中大型仪器设备作为科研的基础,其利用状况很大程度上影响着创新的进程。很多国家尤其注重大型科研仪器设备的共享:在美国,享受联邦政府经费购置仪器设备的项目承担方在不妨碍本项目实施的情况下,有义务向联邦政府其他部门开放设备供其使用;在英国,不论是本国科研人员,还是欧盟成员国、非欧盟成员国,甚至是尚未签订使用合同协议的海外科研机构和商业合同制用户,都可以申请使用重大科研仪器设备,其开放范围十分广泛;在印度,由政府部门和高校管理体系分别主导的科研仪器设备共享机制同时存在,其中主管印度科研活动的部门科学与工业研究理事会,通过其下属的中央科学仪器组织,直接主导印度全国的科研仪器设备共享,其开放对象面向科研院所、高校以及企业,并提供科研仪器设备的维护维修、指导使用、教育培训等诸多服务。科研仪器设备共享机制的完善不仅减少了创新企业的研发投入成本,也使国家投入的科研基础设施得到有效利用,拓宽了国家支持技术创新的路径。

5.2 政府与产业政策

政府在市场失灵中发挥作用的重要方式和手段就是制定各种类型的产业政策。作为"有形之手"的重要工具,产业政策得到了经济学家们的广泛关注。接下来我们将重点对产业政策进行阐述和分析,并重点介绍产业政策中有关创新政策的基本内容。

5.2.1 产业政策的概念及分类

1. 产业政策的概念

关于产业政策的概念,学者们从多种观点出发予以定义。第一种观点认为,产业政策包括涉及产业的各个方面的政策文件以及相关的法规。这种定义较为粗糙,其观点认为产业政策的作用对象包含了社会中的全部产业,政府利用产业政策对所有产业给予保护、扶持和完善,通过直接或间接干预的方式对产业中企业的商品生产、经营服务以及经济交易等产生积极或者消极的影响,并通过影响市场或市场机制来实现某一时期的特定的社会与经济目的。第二种观点认为,产业政策是一种部门政策,是政府为某些产业或者产业中企业的发展而制定的规划。产业政策对产业并非全部进行鼓励,而是以一些行业或部门的资源和资本等为代价,来鼓励另一些产业或部门的发展,主要是通过干预产业结构的变动和优化产业结构来更加高效地利用现有资源,促进经济更有效率的增长。第三种观点是大多数学者所接受的观点,即产业政策是一国为了弥补市场机制缺陷而采取的政策。[①] 产业政策的核心作用是解决社会在进行资源分配时出现的市场失灵问题,通过运用财政税收等政策手段干预产业中企业之间的资源分配,从而弥补市场失灵,实现企业和产业甚至经济的更好发展。第四种观点认为,产业政策是政府参与和干预市场经济的升级形式,国家出台的产业政策是一个较为完善的政策体系,而非局部政策,是从全社会的发展着手对产业的发展、结构演变进行系统性设计。《现代经济辞典》中对产业政策的定义为:一国政府为达到理想的产业结构所采取的投资政策、技术政策、货币政策、劳动政策、外贸政策和其他有关政策的总和。

《中华金融辞库》对产业政策的定义为:一国为实现产业结构合理化和优化升级以促进经济发展所采取的宏观管理的一整套政策。其主要内容有产业结构政策和产业组织政策,前者提出优化产业结构的方向、格局、规划目标和分阶段发展重点。后者主要包括:①促进产业联合和建立企业集团的政策,以使产业组织合理化,实现规模经济,促使经济增长方式由粗放型向集约型转变。②建立促进产业竞争和防止垄断的产业保护政策,用竞争的压力提高企业素质,加速技术进步,实现规模经济和竞争原则。③地区产业结构政策,旨在规划和合理安排各地区间及其内部的产业分布。④产业技术政策,即按产业结构优化升级的要求而制定的技术发展政策。⑤产业保障政策,包括采用财税、金融倾斜政策等经济措施、相应的法律措施和必要的行政措施。

从上述观点和定义能够看出,产业政策的概念包括以下主要含义:①产业政策制定的主体是国家,是一种高层次的经济政策,产业政策代表的是中央政府对促进市场机制发育和引导产业发展的干预意图。②对特定产业的干预应以市场机制为资源配置的基础,有效弥补市场缺陷绝不是排斥市场机制,而是发挥市场机制最佳的功能。③产业政策主要是通过对某些特定产业的资源配置而不是对全部产业的资源配置施加影响来促进经济的增长和发展。④产业政策是一种中长期的经济政策,它属于中长期资源配置政策的范畴,产业政策的作用一般具有较长的时效性。

尽管对产业政策的定义从多种角度出发,但可以确定产业政策主要是政府参与经济的重要手段,其目的就是弥补市场缺陷,实现资源的帕累托最优,促进经济的发展。[②] 产业政策实施的效果体现在产业结构和产业组织形式的调整以及供给总量的增长两个方

---

① Komiya,R. ,Yasui,K. "Japan's Macroeconomic Performance since the First Oil Crisis: Review and Appraisal". *Carnegie-Rochester Conference on Public Policy*,1984(20):69—114.

② Rodrik,D. "Trade and Industrial Policy Reform in Developing Countries: A Review of Recent Theory and Evidence." *NBER Working Paper*,NO. 4417,1993.

面。① 产业政策的定义可以是广义的也可以是狭义的。广义的产业政策包括一切和产业相关的法令和政策,狭义的产业政策定义为产业部门政策。产业政策强调提高资源在产业及企业间配置的效率,不仅具有必要性和可行性,还对推进后起国家经济增长、实现民族经济振兴具有重要意义。

2. 产业政策的分类

从市场和政府的关系看,产业政策可以分为功能性产业政策和选择性产业政策。在功能性产业政策中,市场占据主导地位,产业政策主要以完善市场机制、补充市场不足为特点,重视各种基础设施建设,以前期支持为主,推动技术创新和人力资本投资,从而增进市场机能、扩展市场作用范围并在公共领域弥补市场的不足。选择性产业政策是"政府对微观经济运行的广泛干预,主动推进产业结构的调整和升级,侧重于'后期保护',由政府选择主要扶持的重点产业和重点项目、战略产业和新兴产业等来实现政府的既定目标,政府居于主导地位,'干预'和'替代'市场"。②

从实施手段看,产业政策可以分为直接干预、间接引导、信息指导和法律法规四种,其中前两种手段的运用最为广泛。直接干预主要表现为行政权力的运营,包括行政管理和行政协同两种,行政管理如市场准入、技术管制、环境保护、生产安全保护等举措;行政协同主要是对于企业生产和经营的协同。间接引导指政府采用经济杠杆进行管理,主要采取财税政策和金融措施等对企业进行鼓励、限制和淘汰。

从经济增长的视角看,产业政策可以分为四类:产业结构政策、产业组织政策、产业技术政策和产业布局政策。产业结构政策是政府依据产业结构演变的规律来制定适合本国发展的战略,选择主导产业和支柱产业,从而推进产业结构的合理演进和高级化,促进经济增长和资源合理配置,进而实现国民经济的发展。

产业组织政策是指政府为了市场绩效而制定和实施干预从而调整产业的市场行为,以此调节企业间关系的政策总和。其实质是通过政府协调竞争与规模经济的关系来建立正常的市场秩序,促进产业组织的合理化和实现最优规模经济。从政策导向看,产业组织政策又分为竞争促进整合和产业合理化政策。从政策对象看,产业组织政策可分为市场结构控制政策和市场行为控制政策,前者是从市场结构方面禁止或限制垄断,后者是从市场行为角度防范或者限制竞争和不公平交易行为。

产业技术政策着重于引导或影响产业技术进步,包括研究和开发援助计划、高新技术鼓励政策、技术引进政策。研究和开发援助计划指政府为了扶持本国产业科技,对技术产品和工业所采取的一系列援助性政策措施。高新技术鼓励政策是在研究和

---

① 黎文靖,李耀淘. 产业政策激励了公司投资吗[J]. 中国工业经济,2014,314(5):122—134.
② 江飞涛,李晓萍. 当前中国产业政策转型的基本逻辑[J]. 南京大学学报(哲学·人文科学·社会科学),2015,52(3):17—24+157. 黎文靖,郑曼妮. 实质性创新还是策略性创新?——宏观产业政策对微观企业创新的影响[J]. 经济研究,2016,51(4):60—73.

开发援助计划基础上为实现技术研究和成果的转化而采取的措施。技术引进政策是为了缩小本国技术和国际先进技术的差距，优化产业结构，最终实现自主开发目标的政策。

产业布局政策是通过干预区域内和区域间的经济活动，促进生产要素区域分配的合理化、高级化，提高国民经济总体效率的政策，是政府根据区域经济发展的要求，调节或控制区域产业结构和区域产业组织，提高国民经济总体效率，实现经济、社会、生态协调发展的一系列政策总和，可以分为区域产业结构政策和区域产业组织政策。

5.2.2 产业政策演化历程

2008年国际金融危机之后，自由主义经济政策逐渐式微，各国纷纷制定产业政策来促进国内相关产业复苏，产业政策颇有复兴之势。属于新古典阵营的发展经济学家丹尼·罗德里克（Dani Rodrik）认为，适当的产业政策可以促进经济发展。此外，一直对产业政策持保留甚至反对态度的世界银行，也在逐渐改变其看法。近年来，世界银行以如何促进发展中经济体和转型经济体的经济结构调整和技术活力为目标而提出的"新产业政策"，实际上也可归为基于资源创造的产业政策。这种产业政策范式与创新政策联系紧密，都是一套关于创新的干预措施。在世界银行"新产业政策"的基础上，参考相关文献，本节通过整合后古典主义与新古典主义的产业政策观，对产业政策进行了分类和总结（见表5-1）。

从表5-1的总结来看，产业政策范式演化出现了从产业政策向创新政策演化的趋势。目前中国严重缺失关键零配件、核心零部件的产业生产能力，产业发展缺乏自主创新能力，尤其是面向产业共性技术的基础研究与应用研究的整体协同度不足，产业链、供应链、创新链以及价值链尚未形成协同与融合效应，关键产业和产业链中大型龙头企业的关键核心技术创新能力亟待进一步提升，整体上存在大而不强的"虚胖"问题。在此现实背景下，推动产业政策向创新政策转型是现实选择。

然而，经过多年的讨论和研究，产业政策的争论是经济学中尚无定论的公案，但有一点谁都无法否认，世界上几乎没有哪个国家是不使用产业政策的。否定产业政策的经济学家基本都是持静态的资源配置观点，但经济系统是动态演化的，因此要结合政策实践的具体情境来评价产业政策的适用性和政策绩效。在过去的几十年中，不同的产业政策思潮在学术界发生剧烈的碰撞。一方面，一些出身新古典阵营的经济学家开始强调产业政策的作用，认为产业政策可以通过提升要素禀赋结构来带动经济增长；另一方面，演化经济学阵营的经济学家们则一直致力于技术能力积累、市场创造、技术赶超以及国家（部门）创新体系等有关创新驱动经济增长的机制研究，他们更加关心经济系统中技术创新的作用，强调技术创新是推动经济发展的根本动力。当今的中国恰逢百年未有之大变局,如何发展好、协调好、实现好中国的发展成为当前我们面临的重要问题,尤其在买不来核心技术的现实背景下,如何使用好、协调好、发展好产业政策,实现关键核心技术的突破,解决卡脖子的难题成为当前的一个重要现实问题。

表 5-1 产业政策范式演化与分类

	纵向产业政策：后向关联	水平产业政策：市场失灵	新产业政策：缺失关联	新古典产业政策：水平分配	后古典产业政策垂直发展
政府对私人部门的激励	租金(以幼稚产业保护或其他价格扭曲的形式)	补贴(当私人回报低于社会回报时)	准租金—租金机会取决于自己的努力和表现	对环境的补贴(解决外部性和协调性问题)	补贴、政府购买和租金
私人部门增强能力的途径	租金投资于企业层面的学习	环境条件改善：投资环境得到改善	为了获取租金机会,企业和政府进行根本原因分析,识别瓶颈以逐步放宽约束	软、硬基础设施的改善：产业环境得到改善	规模经济、协同效应、产业集群、技术学习
关注点	微观层面和部门(挑选赢家)	国家层面：制度基础设施——金融市场和管理环境(支持赢家)	中观层面：代理之间的联系(匹配赢家)	国家基础设施建设与微观产业(挑选赢家+支持赢家)	高技术微观产业与各个代理之间的网络(挑选赢家+匹配赢家)
主要概念的串联	政府能够促进和监督企业层面的学习	环境条件减少市场失灵和扭曲;确保宏观总量的平衡,并总体上消除增长的许多微观障碍	搜索网络——确定连续的约束,然后帮助减轻(部分)与这些约束相关的人员或机构的困难	政府根据资源禀赋优先发展本国具有比较优势的产业,同时优化企业发展环境	以生产和知识为核心,反对比较优势,强调技术创新在经济发展中的作用
主要问题	能力的发展被固有利益阻碍;宏观与微观之间的联系	不同意义的宏观变化与微观潜力的提升之间没有任何联系	微观创新与宏观条件改善之间的差距;深层约束仍具约束力;微观变化不一定达到临界质量	长期依赖禀赋结构发展经济容易锁定产业链低端,从而使后发优势变为后发劣势	创新过程中出现的不确定性与强风险性;创新所需要的大量资本投入,在国家发展的初期很难实现
案例	幼稚产业保护	减轻监管负担,开发风险投资基金	供应商开发计划;风险资本网络的发展	《吉林报告》	国家创新体系及创新政策

资料来源:https://www.worldbank.org/. 张海丰,王琳. 第四次工业革命与政策范式转型:从产业政策到创新政策[J]. 经济体制改革,2020(3):109—115.

专栏 5-1 中国产业政策之争

2016年中国正处在经济体制改革的重要关口,对于未来经济体制改革中具体如何厘清市场与政府作用的边界,如何处理市场与政府的关系,无论是学术界还是政策部门仍存在不小的争论。对于如何理解十八届三中全会提出的"使市场在资源配置中起决定性作用和更好发挥政府作用",各界在具体认识上也存在分歧。在这样的背景下,林毅夫和张维迎两位教授对政府是否应该制定产业政策这一命题展开了争论。

(一)林毅夫:新结构经济学中的有效市场与有为政府

林毅夫系统地阐述了他关于产业政策及产业政策中市场与政府关系的看法。在他看来,国民经济发展的实质是人均收入的提高和生活水平的提高,实现国民经济的发展需要有效市场和有为政府的共同作用。有效市场的重要性在于它能够通过价格体系很好地反映各种要素的相对稀缺性,以引导企业按照要素禀赋的比较优势来选择技术和产业,只有如此,生产出来的产品在国内国际市场的同类产品中,要素生产成本才会最低,企业才可能获得最大的利润,整个经济才有机会创造最大的剩余和资本积累,使得比较优势从劳动力或自然资源密集逐渐向资本密集提升,为现有产业、技术升级到资本更为密集、附加价值更高的新产业、新技术提供物质基础。林毅夫认为"成功的产业政策必须是针对有潜在比较优势的产业",而识别这种潜在比较优势也需要以有效市场反映各生产要素的相对稀缺性为前提。对于什么是有效市场,林毅夫并未给出明确的定义。而王勇给出了有效市场的定义:"如果一个市场是有效的,那就意味着通过价格信号和价格体系就能使得资源配置达到帕累托有效"。

在林毅夫看来,由于公共物品、信息外溢、协调失灵等市场失灵的存在,要实现产业升级、国民经济持续发展,仅仅依靠有效市场是不够的,还需要有为政府。对于什么是有为政府,林毅夫也没有给出明确的定义,只是说有为政府必须为技术创新与产业升级过程中"第一个吃螃蟹的企业家"提供必要的激励(例如,税收优惠、资本管制国家提供进口设备的外汇额度、金融抑制国家提供优先贷款),要为新兴产业的发展提供"交通、电力、港口等硬的基础设施和法律、法规等软的制度环境",要为接近前沿的新技术创新和产业升级提供基础科学研究上的支持。

林毅夫指出有为政府"以'产业政策'集中有限资源,协助企业家从事那些回报最高的技术创新和产业升级",协助手段就包括以上提到的基础设施建设、制度建设、基础科学研究等。林毅夫又将有为政府称为因势利导的政府。对于有为政府如何因势利导,林毅夫提出了"增长甄别和因势利导"的两轨六步法,其中的"两轨"是指:第一轨,甄别什么是具有潜在比较优势的产业;第二轨,根据这个产业中企业降低交易费用的需要,因势利导,改善软硬基础设施,使其成为具有竞争优势的产业。林毅夫还介绍了如何通过六步法来甄别产业进行扶持。

(二)张维迎:从奥地利学派的视角看市场机制、企业家精神与产业政策

张维迎也阐述了他对于产业政策和市场机制的基本看法。张维迎首先界定了他所理解的产业政策,即"政府出于经济发展或其他目的,对私人物品生产领域进行的选择性和歧视性对待,其手段包括市场准入、投资规模控制、信贷资金配给、税收优惠、财政补贴、进口关税和非关税壁垒、土地价格优惠等"。张维迎从米塞斯—哈耶克范式(奥地利学派)的视角来理解市场机制与市场失灵。在奥地利经济学派看来,市场是人类自愿合作的制度,是一个认知工具;市场竞争是人们发现和创造新的交易机会、新的合作机会的过程;市场最重要的特征是变化,而不是均衡。对于新古典经济学意义上的市场失灵,张维迎则认为是"市场理论的失灵",而不是"市场本身的失灵"。张维迎进一步指出,信息的外部性并不会阻碍企业家的创新,至于协调失灵,市场中的企业家总是会在利润的诱导下,寻求到解决协调失灵的方法。

张维迎尤为强调企业家在市场中的重要作用,他认为"企业家是市场的主角,发现和创造交易机会是企业家的基本功能;正是通过企业家发现不均衡和套利,市场才趋向均衡;正是企业家的创新,使得市场不断创造出新的产品、新的技术,并由此推动消费结构与产业结构的不断升级"。张维迎认为产业政策注定会失败,其原因是:一方面,产业政策作为一种集中化的决策模式,需要决策者对未来主导技术、主导产业及发展路径有准确的预测,但由于人类的认知能力限制,创新与新产业是不可预见的。实现创新、发现新产业的唯一途径是分散化的经济实验,"每个企业家按照自己的警觉性、想象力和判断力来决定做什么、不做什么",然后由市场竞争来决定谁是最后的成功者(例如,市场的主导技术、新的产业、主导企业)。另一方面,政府官员既不具有企业家的警觉性和判断力,也没有企业家那样的激励,政府官员很难像企业家一样行动。产业政策还会导致企业家和政府官员的寻租和设租行为,扭曲激励机制。因而,张维迎反对任何形式的产业政策。

(三)林毅夫和张维迎观点的核心差异

第一,二者理论体系构建的基础和经济分析的切入点不同。林毅夫用来指导和分析产业政策制定的理论基础是其团队发展的"新结构经济学"。虽然建立在对旧结构主义经济学批评的基础上,但新结构经济学承袭了结构主义从产业视角观察发展中国家与发达国家结构性差异的传统,因而资本密集型产业、技术密集型产业以及产业升级等方面是其关注的重点。受到凯恩斯革命后兴起的市场失灵和政府干预理论的影响,新结构经济学与旧结构主义经济学一样,认同政府在协助经济从较低级发展水平向高级水平提升中所扮演的角色。在林毅夫看来,既然存在信息不对称等引起的市场失灵,就应该借助政府这只"看得见的手",通过产业政策的制定和引导,减少信息不对称,以弥补市场"看不见的手"对经济的调节失灵。因而,新结构经济学的政府主导经济发展理论一部分源于承认市场对于资源配置发挥中心作用的新古典主义经济学,另一部分则来源于凯恩斯革命后兴起的政府干预理论和结构主义经济学强调政府干预经济的学术传统。

张维迎所发展的企业家主导经济发展理论的理论渊源则来自以下两个方面。其一是米塞斯和哈耶克等创建的奥地利学派。在奥地利学派和张维迎看来,一方面,市场的存在以信息不对称为前提,分工的优势来自知识和生产的专业化。正是由于信息不对称,以专业化分工和交换为基本特征的市场才有了存在的价值;另一方面,由于市场所具有的价格和信息发现功能,市场的存在反过来降低了信息不对称程度,市场由此成为解决信息不对称的重要实现机制。因而,信息不对称本身并不能成为政府干预经济的理由。政府在经济中扮演角色的更充分理由来自公共基础设施等公共物品的提供和产权保护等。其二,在奥地利学派的基础上,张维迎进一步引入了熊彼特的经济增长理论。该理论认为,市场的价格发现和"看不见的手"的引导功能恰恰来自盈利动机明确和具有风险识别能力的企业家创新,市场和产业是由企业家创造出来的,企业家是"经济增长的国王"。因而,在张维迎的理论体系中,经济分析的切入点是企业家和企业家所在的企业的行为。

第二,对于比较优势究竟来自自然资源禀赋还是来自企业家精神的不同认知。从结构主义关注产业分析的研究传统出发,林毅夫强调政府在制定产业政策时需要依据产业发展的比较优势,而这一优势在其看来取决于当地的自然资源禀赋状况。张维迎则认为,产业发展的比较优势并不取决于自然资源禀赋状况,比较优势和新的产业出现很大程度是由追求盈利目标的企业家在创新和套利(贸易)过程中自发推动和创造的。张维迎给出的一个典型例子是英国钢铁行业的发展。在第一次工业革命之前,无论是原料棉花还是纺织技术,英国完全依赖进口,并不具有所谓的自然资源禀赋决定的比较优势。但随着飞梭的发明和之后的一系列技术进步,英国逐步成为全球纺织业的中心,并成为第一次工业革命的发源地。因而,在张维迎看来,钢铁业和纺织业在英国的兴起并非来自英国原有自然资源禀赋状况决定的比较优势,而是来自企业家精神。在企业家精神的推动下,大量新产品、新产业和新市场不断涌现,经济从不均衡走向新的不均衡。

第三,对于政府在经济生活中扮演角色的不同理解。这事实上是林毅夫与张维迎围绕产业政策争论最大的分歧所在。从公共物品提供过程中存在免费搭车问题、政府需要通过作为"公共物品价格"的税收来统一提供公共物品的新古典认识出发,张维迎把政府作用的合理边界限定在国防、教育、公用基础设施和产权保护等在内的公共物品提供范围内。而林毅夫则继承了旧结构主义所持的政府在协助经济从较低级发展水平向高级水平提升中所扮演的角色的观点,强调有为政府通过基于自然资源禀赋状况形成的比较优势,制定产业政策,引导产业快速发展,实现落后地区弯道超车,以赶超先进地区。

林毅夫与张维迎上述的认知分歧事实上反映的是新古典主义经济学与奥地利学派对市场功能的不同认识。在新古典主义经济学看来,由于信息不对称、外部性的存在和公共物品提供的免费搭车问题,会出现协调失败的"市场失灵",因此需要政府这只"有形之手"来代替市场这只"看不见的手"对经济进行干预。然而,在反思2008年国际金融危机的思潮中,奥地利学派由于对市场内在机制的深刻认识而重新获得学术界的认同和重视。在奥地利学派看来,市场并非引起信息不对称进而为政府干预带来口实的"市场失灵"的原因。由于市场的存在,不同个体和组织之间的信息不对称程度反而降低了,因而市场不仅不是引起信息不对称的原因,反而成为解决信息不对称的重要机制。例如,需要外部融资的企业和进行储蓄的储户之间的信息不对称催生了金融中介服务的市场需求,而金融中介组织的存在反过来降低了资金供需双方的信息不对称程度;而当金融中介组织的运行效率不能有效满足金融市场对金融中介服务的质量要求时,包括支付宝、微信支付等在内的各种新的促使交易成本降低的支付手段应运而生,成为金融中介服务的新生力量。正是在这一意义上,张维迎认为"不是市场(在解决信息不对称问题上)失灵,而是新古典市场经济理论(无法解释上述现象)'失灵'"。

第四,对经济增长奇迹和中国模式探索的不同理解。与产业政策争论相关的是林毅夫与张维迎对经济增长奇迹背后的原因和中国模式探索,乃至作为工业革命的追随者究竟是后发优势还是后发劣势的不同看法。林毅夫从中国改革开放四十年经济建设取得巨大成就的事实出发,把中国所创造的 GDP 以近 10% 增长速度的持续稳定增长概括为"中国经济增长的奇迹"。中国经济学界对于中国经济增长奇迹背后原因的总结,不仅具有重要的现实意义,而且具有重要的理论意义。从现实意义看,它有助于中国理论界和实务界积极探索中国经济发展的独特道路,甚至提出所谓的中国经济发展模式,为其他发展中国家经济发展带来值得借鉴的经验。从理论意义讲,它将构成发展经济学重要的贡献,相关理论发展者将成为未来诺贝尔经济学奖得主强有力的竞争者。

第五,对作为工业革命的追随者究竟是后发优势还是后发劣势的不同观点。在《我所经历的三次工业革命》这篇文章中,张维迎再次呼应了当年杨小凯和林毅夫关于后发优势和后发劣势的争论。在林毅夫看来,兴起于西方的工业革命使中国成为追随者,但后发的中国可以通过模仿西方经过长期探索的先进技术,在较短时间内实现快速发展,甚至弯道超车,这就是所谓的发展中国家的后发优势。但杨小凯观察到,在第一次工业革命时还是追随者的美国通过保护产权鼓励创新的体制创新,很快成长为第二次和第三次工业革命的领导者;而从第二次工业革命开始成为追随者的英国从全球经济中心的"日不落"帝国开始走向衰落。基于上述事实,杨小凯指出,如果没有体制创新,即使通过追随参与全球工业革命的进程,后发者也只能成为技术的模仿者,无法在新的产业形成和国际化分工中发挥影响力和主导作用,实现经济持续稳定的发展,从而形成所谓的"后发劣势"。只有通过保护产权和鼓励创新的体制创新,成为工业革命的领导者,后发劣势才能最终转为后发优势。张维迎则以自身经历的三次工业革命为例指出,即使在一些正在开展第四次工业革命且中国深度参与的领域中,如果中国对私人产权不能予以保护,不鼓励民企与国企的公平竞争,不能保护企业家自主创新精神,则中国依然无法成为第四次工业革命的领导者,无法从后发劣势转为后发优势。

(四)林毅夫与张维迎关于产业政策和创新的争论

在鼓励创新的问题上,与张维迎主张企业家自主创新不同,林毅夫同样突出政府主导的解决思路。林毅夫主张,有为政府应该补贴"第一个吃螃蟹的人",以鼓励创新。然而,林毅夫在其新结构经济学分析框架中没有对政府为什么会必然成为"有为政府"给予太多的讨论和解释。这也成为包括张维迎在内的很多学者对林毅夫相关观点展开批评的地方。例如,田国强认为,只有政府成功地应用现代激励机制设计思想制定产业政策,才有可能使产业政策富有生命力。

张维迎对林毅夫的批评则直接承袭了哈耶克等奥利地学派对计划经济的批评。受到认知的局限,政府的计算能力和判断能力是十分有限的。而具有明确盈利动机和责任承担能力的企业家与政府相比则更加警觉,更具想象力和判断力,因而在获取当地信息上更有优势。由于信息不对称问题,在张维迎看来,政府不会必然比企业家更知道螃蟹是否真的可以吃,政府也无从知道申请补贴的企业是真的希望吃到"第一只螃蟹",还是希望骗取政府的补贴。相反,创造一个新的产业的内在动机和未来希望会使一些具有风险识别能力和冒险精神的企业家自动站出来,成为"第一个吃螃蟹的人"。历史上开凿英国第一条运河的布里奇·沃特公爵,办世界上第一个现代工厂的理查德·阿克莱特等,都没有得到政府的任何资助。因此,相信政府能够制定出科学合理的产业政策,如同哈耶克批评建立在计算技术发展基础上的计划经济能够成功一样,是"致命的自负"。事实就像诺贝尔经济学奖得主加里·贝克尔所认识的那样,"最好的产业政策就是没有产业政策"。正是在上述意义上,张维迎把产业政策比喻为"穿着马甲的计划经济"。

5.3 产业政策与创新

5.3.1 产业政策影响技术创新的理论基础

产业政策作为政府干预微观经济活动的重要方式,一向得到产业经济学和发展经济学的重点关注,学者们从凯恩斯经济学、技术创新理论、代理理论、信息不对称理论和挤出效应理论等多个角度来探讨产业政策对技术创新的影响机制。一般而言,有关政府支持与企业创新之间关系的理论基础可以划分为两大流派:一是"促进论",包括凯恩斯经济学理论和技术创新理论,这些理论均认为政府产业政策对技术创新具有正向促进作用;二是"抑制论",包含信息不对称理论、代理理论、挤出效应理论,这些理论均认为产业政策会抑制企业技术创新。

1. 产业政策对技术创新的正向促进作用

第一,纠正技术创新的"市场失灵"。阿罗等提出,技术创新具有公共物品的属性,会产生溢出效应,如价格溢出和知识溢出。价格溢出指价格差异不能完全体现在创新产品或服务带来的价格增加。知识溢出指专利和交叉许可协议、研发人员的流动和投入品购买等的存在,使得技术创新知识溢出到竞争企业,导致原创主体的技术创新收益减少,不足以弥补原创主体的创新投入。溢出效应减少了企业技术创新回报,使得创新的社会收益率大于创新主体的私人收益率,而没有进行创新的企业能够通过技术模仿行为来"搭便车",进而获取利益,然而,研发和创新活动在一个自由竞争的市场无法获得对其溢出效应的补偿,因此出现了市场失灵现象。

技术创新的产出主要是改进商品和服务、产生非竞争性的知识,技术创新的"市场失灵"会限制企业创新活动的融资能力,导致经济中研发投资不足,因此必须依靠政府政策来修正市场机制对研发活动的市场失灵。1936 年,凯恩斯在《就业、利息和货币通论》中鼓励国家干预经济,反对放任经济的发展,也就是说,为了促进资源的有效配置和弥补市场失灵,政府应当适当干预市场,充分发挥政府主体作用对企业创新具有促进作用。熊彼特作为技术创新理论的奠基者,认为技术创新存在高投入高风险等问题,大型企业可以承担技术创新的投入与风险,但是中小企业因为实力薄弱、资金和资源不足等问题而较难实现技术创新的目标。政府可以通过适当参与技术创新活动,实现大型企业和中小企业利益的平衡,以实现社会经济的持续增长。

产业政策的根本价值是通过弥补企业研发融资的不足、技术创新存在的部分(或全部)公共物品属性所造成的利益激励不足,来降低企业认为无法控制的技术创新风险,对私人部门进行正向激励,促进其承担风险以及不确定性,解决技术创新的市场失灵。

激励技术创新经常使用到的产业政策包括财政、税收、金融政策等。财政政策具体包含事前措施和事后措施,其中事前措施一般包括政府补贴,事后措施有税收优惠、政府采购等。产业政策对企业技术创新的作用机制如下:作为财政转移性支出,政府补贴能够增加企业的边际收益,进而增加技术创新投入,基于乘数效应,技术创新产出增加必然大于投入增加;税收优惠降低了企业的创新成本,降低了投资失败的部分风险,缓解了融资约束,增加了税后利润,提高了企业的利润水平,有利于促进产品供给,拉动创新投入,同时还能带来更多的创新产出[1];政府采购对企业产品的市场需求具有拉动作用,基于乘数效应,财政支出能够增加企业产出以及企业技术创新的投入。

在我国,金融政策影响微观主体主要通过货币和信贷两种渠道,一般信贷渠道具居于主导地位。利率是资金的价格,金融政策中调整产业结构的主要力量为信贷政策,优

---

[1] Ernst,C.,Spengel,C. "Taxation,R&D Tax Incentives and Patent Application in Europe." ZEW Discussion Papers No. 11—024,2011.

化产业结构的主要因素为信贷资源供给的规模和流向。①

第二,传递信号。信号传递理论是指不完全市场中的信息不对称使得社会经济资源无法进行有效的配置,因而市场参与者需要耗费精力和物力去搜集决策所需要的信息。搜集信息耗费的成本高低会导致信息质量的差异,进一步加剧交易信息的不对称。信号传递的直观作用是指各类经济信号的出现能够弥补交易双方的信息缺失,减少交易过程的信息不对称。

市场上积极的信号会对企业产生正面的影响,相反,消极的信号会带来负面影响。信息不对称使得外部投资者并不了解企业的真实资质,从而带来企业的融资约束。对于研发活动而言,信息披露一般会比一般的投资活动更少和更模糊,外部投资者往往不具备专业的知识来对研发项目成功与否进行预判。特别是对长期投资的项目来说,投资者更加难以甄别。作为一种政策手段,产业政策通过限制或者鼓励企业在某一行业的进入和退出,向市场发出一种具有一定倾向性的经济信号;而产业政策利益刺激(如税收和财政手段)是否实行和给予,也会造成市场中不同企业资源配置的实际信号,这在一定程度上降低了微观市场主体对政策不确定性的担忧,并且引导行业内和行业外人力资本与研发资金等资源的重新配置。

首先,产业政策通过信号引导手段,向市场传递了产业发展战略信息,揭示了不同产业的发展前景,改善了市场主体的信息不对称问题,影响了企业的发展前景和投资行为。其次,为了达到按照需求和能力进行分配以及抑制逆向选择的目的,政府进行产业政策倾斜之前,往往需要借助科学严谨的方法和程序来对相关项目进行筛选,包括对企业技术创新能力水平的各个方面的因素进行考察和验证,如技术要素、发展前景、经济贡献等,其中包含了许多有用信息。② 对于企业本身而言,在产业政策方面得到政策倾斜后,相当于其发展前景以及自身的技术创新水平和研发能力得到一种官方的认证和肯定,这就向外部市场传递了一种具有优势的积极信号。这一信号可以作为企业行业前景和真实质量的信号,使企业有效规避可能面临的逆向选择问题,不仅能让外部投资者相信其有能力履行债务合约,从而获得更多的外部资金③,也能够吸引创新人力资本选择被产业政策鼓励的行业和企业,从资金和人力两个方面对技术创新提供保障。

同时,政府对获得了产业政策扶持的企业会进行监控与管理,规范和引导企业开展相关创新研发活动,在一定程度上抑制一些外部投资者存在的道德风险问题。因此,产业政策可以起到降低信息成本、减少市场信息不对称、降低交易成本、减少不确定性的作

---

① Bérubé, C., Mohnen, P. "Are Firms that Receive R&D Subsidies More Innovative?" *The Canadian Journal of Economics*, 2009, 42(1): 206—225.

② Takalo, T., Tanayama, T. "Adverse Selection and Financing of Innovation: Is There a Need for R&D Subsidies?" *Journal of Technology Transfer*, 2010, 35(1): 16—41.

③ Hall, B. H., Rosenberg, N. 2010. *Handbook of The Economics of Innovation*. Amsterdam: North—Holland.

用,对企业创新技术和研发活动带来正面效应。① 相对于国外较发达的资本市场,我国资本市场中的信息不对称程度较为严重,信号传递作用效应更高。建立在政府对企业技术认证和监管方面的双重信号,有力推动了市场中相关企业、资金和金融机构以及人力资本的投入,最终形成多元稳定的创新型资金投入支持链条。

2. 产业政策对技术创新的负向抑制作用

产业政策"抑制论"认为政府支持抑制了技术创新活动,包括信息不对称理论和代理理论、挤出效应理论以及潮涌现象等。

第一,信息不对称和代理问题。资本市场是一个典型的柠檬市场,在极端的柠檬市场中,用信息披露来解决信息不对称问题是不可行的,为避免向竞争者泄露信息带来的持续代价,企业通常不愿意透露自己的创新想法。外部的投资者需要投入大量的时间、金钱、人力等资源来对市场中需要进行创新投入和项目研发的企业进行鉴别,并监督企业的创新活动过程,因此,外部投资者作为信息收集和掌控的弱势方,不可避免地会出现"逆向选择"和"道德风险"问题。

产业政策要对技术创新起到积极的作用,有一个前提就是政府"愿意"且"能够"准确地把握产业的前景和技术演进路径,并且按照产业的需求,公正合理地安排资源。② 然而,政府和企业之间存在信息不对称和委托代理问题,政府在政策制定过程中不一定能够对企业的创新情况进行全面了解,政策倾向于"一刀切"。产业政策导向型的政府补贴和优惠贷款可能会向市场中的企业发出错误信号,导致行业资金过度集中、企业投资过度、拉大收入差距等,降低了企业的生产和投资效率。③ 同时,企业可能通过释放虚假创新信号欺骗政府,而政府缺乏有效的办法对企业创新活动进行监控,会导致创新资金被利用在其他方面,即政府支持抑制了企业创新活动的进行,扭曲了政策实施的效果。产业政策为企业提供的信贷、税收等优惠政策,也为技术创新能力较低的企业提供了维持生存的能力。政府对企业的保护和扶持使得企业更趋于选择短期化的竞争战略,降低了技术创新的热情,对技术创新效率的提高也缺乏动力。这一产业政策导向错误的可能后果是留下了一些需要被调整和淘汰的产能过剩企业,在执行中会产生复杂的政商关系,容易带来腐败现象,不利于企业和行业的技术创新及生存发展。

第二,挤出效应。挤出效应是指政府投资的增加降低了私人研发支出,从而构成对企业创新的抑制。政府的政策支持往往会针对一些特定的行业、研发技术和项目,符合条件的企业才有可能获得政府政策的支持,因此具有一定的导向性和偏向性。一些企业

---

① 李善民,黄灿,史欣向. 信息优势对企业并购的影响——基于社会网络的视角[J]. 中国工业经济,2015(11):141—155.
② 江小涓. 中国推行产业政策中的公共选择问题[J]. 经济研究,1993(6):3—18.
③ 王克敏,刘静,李晓溪. 产业政策、政府支持与公司投资效率研究[J]. 管理世界,2017(3):113—124+145+188.

为了符合产业政策的支持标准,往往会选择政策规范范围内的项目进行研发创新,而对于那些没有政策导向的技术方面的投入往往忽略或较少。已有的研究也发现,如果政府政策的支持范围更多地集中于基础产业、共性技术或低端的技术产品,则容易将高技术产业和具有高技术产品优势的企业排除在产业政策支持范围之外,政府会在一定程度上挤出企业相应的研发支出和投入,不利于高新技术产业的创新行为激励,反而会抑制它们的创新行为,不利于高新技术企业的健康发展。公共研发政策应当增加私人研发活动的利益,刺激私人从事更多的研发活动,而不是简单地通过增加研发支出以弥补研发投入的不足,否则会降低私人研发的积极性。

第三,潮涌现象。林毅夫认为发展中国家偏向于投资的企业往往在技术方面已经成熟,具有一定的产品市场,处于世界产业链的内部,这会使得全社会对具有前景的企业产生正确的共识,在投资上集中聚集,产生潮涌现象进而导致产能过剩。具体来说,当经济发展到一定程度和阶段时,政府为了实现一些既定的目标(如利用创新驱动因素来推动产业经济提质增效进而推动经济转型升级),会对一些特定的产业和企业进行扶持和管制,帮助企业开展技术创新以较快地产生创新产品和研发成果。全社会对行业的外部环境和行业前景可以正确地预见并产生共识。这些产业往往集中在特定的产业、技术路线、企业、产品和投资领域,包括一些新兴产业。这会使得大量的企业投资和建立工厂,可能会导致后期出现产能过剩的现象,进而导致产品价格下跌,大量的企业经营动力不足;也因此容易导致低水平重复建设、政策套利和寻租行为等,企业亏损不断增加,资源浪费持续加剧,产业组织进一步恶化,甚至引发经济的大幅波动,从而不利于企业进行技术创新。

5.3.2 不同类型的产业政策与技术创新

20 世纪中期,产业政策诞生于日本,并且在日本的经济政策体系中居于主导地位,对日本经济的高速增长和现代化发展起到了重要作用。20 世纪 80 年代,产业政策被引入中国,并在快速推进中国工业化进程中起到了重要作用。[①] 利用产业政策对创新进行激励是各国政府,特别是新兴经济体的政府用来提升国际竞争力和竞争优势的重要手段。根据政府的介入程度,产业政策分为政府直接干预、经济手段、立法措施、政府指引和协调四个方面。作为一种外部机制,产业政策影响了企业面临的政策环境和行业竞争环境,从而影响了企业的内部决策。产业政策的根本价值在于降低不确定性,是一个公共部门与私人部门共同应对不确定性的互动过程。产业政策通过向私人部门提供正向激励促进企业承担风险、降低试错成本、减少不确定性、促进知识传播和积累、弥补市场缺

---

① 黄群慧,黄阳华,贺俊等. 面向中上等收入阶段的中国工业化战略研究[J]. 中国社会科学,2017(12):94—116+207.

陷、实现资源的帕累托最优,促进经济发展。技术创新是经济发展长期的驱动力,鼓励和提升技术创新的产业政策发挥了重要的作用。

关于产业政策与技术创新的研究,国外的学者从不同的角度对产业政策进行分类并展开研究。Rahmandad 和 Sterman 从政策演化的视角将产业政策分为短期政策、中期政策和长期政策。① 在对我国产业政策的研究中,学者们大致搭建了由"供给面—环境面—需求面"三个政策工具构成的框架,以此来衡量产业政策对技术创新的作用。②

1. 供给侧的产业政策与技术创新

供给侧的政策是指政府为了提升企业的科研能力,从科研投入、人才培养、信息服务等方面为企业的研发提供支撑。一般包括三个方面:第一,基础技术研发支持政策。政府通过强化基础技术研发的推动政策,促进建立官产学研联盟,推动技术联盟实施协调攻关,以技术的率先突破来降低企业的研发成本与风险。第二,技术引进政策。政府通过引导企业重视技术消化、吸收与二次创新的能力,鼓励企业实行开发互补创新,降低企业技术的赶超成本和风险。第三,研发资金扶持政策。政府通过公共研发投入对技术赶超的先行企业实施资金资助,补偿先行企业的正外部性,激发企业创新动力。

部分学者对供给推动政策的效果持肯定态度。例如,有学者研究了日本政府资助的研究协会对企业创新的影响,其结果表明政府的资助与研发溢出水平正相关。邹海峰考察了政府研发补贴的政策效应和企业研发投入强度的异质性。结论表明:政府在实施研发补贴政策时具有选择性。研发补贴促进了企业研发投入,在获得补贴企业样本中,假设其未获得补贴,则研发投入强度大幅度下降;假设其获得补贴,则研发投入强度明显提高,结果表明中国研发补贴政策起到了激励效果。③

但是也有部分学者认为供给型产业政策会影响到企业创新能力的提升。江飞涛和李晓萍认为选择性产业政策过强地干预市场虽然在一定程度上能够帮助国内企业在新兴产业中低端快速形成生产能力,但是同时会带来政策套利和寻租行为,导致严重的产能过剩状况,严重不利于新兴产业技术能力和创新能力的进一步提升。④ 刘向强等对"五年规划"指导下产生的产业政策进行研究,结果表明产业政策扶持可以帮助企业获得更多的投资机会,但在一定程度上对企业自主创新行为产生了"挤出效应"。⑤ Blanes 和 Busom 认为,来自政府的补贴在一定程度上会对创新要素的价格产生扭曲的作用,甚至市场上有些企业会为了获得政府的补贴而产生寻租行为。与此同时,政府补贴可能会对

---

① Rahmandad,H.,Sterman,J. "Heterogeneity and Network Structure in the Dynamics of Diffusion:Comparing Agent-Based and Differential Equation Models." *Management Science*,2008,54(5):998—1014.
② 白旭云,王砚羽,苏欣. 研发补贴还是税收激励——政府干预对企业创新绩效和创新质量的影响[J]. 科研管理,2019,40(6):9—18.
③ 邹海峰."七要素论"视角下的统计信息化发展前瞻[J]. 中国统计,2019(9):15—17.
④ 江飞涛,李晓萍. 应加快选择性产业政策向功能性产业政策转型[J]. 中国经济报告,2016(12):75—77.
⑤ 刘向强,李沁洋,胡珺. 通货膨胀、产业政策与企业自主创新[J]. 财经论丛,2018,239(11):51—63.

企业正常的创新研发项目支出产生挤出效应,实行策略性研发。① 姚洋和章奇认为公共研究机构的 R&D 支出对企业的技术效率有负影响,政府对公共研究机构的倾向性支持会造成公共研究机构 R&D 支出所占比例过大,从而给企业技术创新带来了不利影响。②

2. 环境支撑政策与技术创新

环境支撑政策是指政府通过法规管制、金融支持、税收优惠等制度的改善为企业培育技术竞争优势提供良好的制度环境,以及完善产业的引导和退出机制从而构建良好的产业发展软环境,促使企业技术创新的提升。其中,税收优惠和融资扶持等政策可以调动市场资源流向,加快创新的突破和在商业文化领域的应用;准入制度和行业管理引导企业选择有利时机有序地进入;强化基础设施建设和商业配套,加快技术的商业化,以帮助企业开发潜在市场。关于环境支撑产业政策,学者们也持有"促进"和"反对"两种态度。促进论的学者对环境支撑政策持肯定的态度。Mahmood 和 Rufin 认为,政府支持能够推动企业创新,尤其是在那些创新能力较为薄弱的发展中国家,政府通过对经济和政治方面的集中控制来推动创新活动的开展,从而推动提升国家创新水平。③

政府通过制定系列政策,如投资建设创新产业集群、知识共享平台等,为企业营造了良好的创新环境,有效地推动了企业创新活动的进行和国家创新体系的发展。税收优惠政策和财政补贴措施等有利于推动企业创新投入水平的提升,但是激励效果会因不同的行业和不同的产权性质而在企业中存在很大的差异。税收优惠政策和财政补贴措施对于民营企业创新效果较为明显,尤其是对于一些税收敏感行业,税收激励政策对企业创新产出存在正向激励作用。刘耀辉等使用博弈的方法,从技术创新的溢出效应出发,对相关利益主体的行为决策问题进行研究,发现政府制定的支持政策在弥补溢出效应的发挥方面较为有效,即企业可以通过政府支持技术创新行为来获得可观的经济效益,也可以从根本上解决技术创新供给不足的问题。④ 余明桂等利用中央"五年规划"对一般鼓励和重点鼓励产业规划的信息,根据 2001—2011 年上市公司及其子公司的专利数据,检验了中国产业政策对企业技术创新的影响。研究发现,产业政策对于被鼓励行业中的企业专利发明的数量具有显著的提升作用,且这种作用在民营企业中更加突出,对重点鼓励行业中的企业技术创新影响作用更明显。⑤

---

① Blanes, J., Busom, I. "Who Participates in R&D Subsidy Programs?: The Case of Spanish Manufacturing Firms."*Research Policy*,2004,33(10):1459—1476.
② 姚洋,章奇. 中国工业企业技术效率分析[J]. 经济研究,2001(10):13—19+28+95.
③ Mahmood, I. P., Rufin, C. "Government's Dilemma: The Role of Government in Imitation and Innovation." *The Academy of Management Review*,2005,30(2):338—360.
④ 刘耀辉,白晓斌,蔡忠林等. 基于溢出效应的技术创新利益主体行为的博弈分析[J]. 工业技术经济,2018,37(10):129—136.
⑤ 余明桂,范蕊,钟慧洁. 中国产业政策与企业技术创新[J]. 中国工业经济,2016(12):5—22.

也有部分学者认为,环境支撑产业政策对企业创新并没有激励作用,或者与创新效果呈非线性的关系。多位学者利用加利福尼亚州与马萨诸塞州的生物制药和软件行业进行研究,结果显示税收减免反而减少了内部研发投入,降低了小公司未来从研发投资中获益的能力。[1] 孟庆玺等通过对2007—2014年中国上市公司进行实证分析,发现产业政策能够增加企业的创新投入,但是由于没有良好的外部环境,产业政策的扶持反而降低了企业的创新效率。[2] 企业减税能够刺激企业的资源投入,为技术创新活动提供助力,又能够减轻企业"脱实向虚"的金融化偏向,从而达到去杠杆与创新驱动的双重效果。特别是明显创新驱动导向的政府晋升激励制度,能够合理引导企业减税政策与技术创新活动相匹配。而那种"为增长而竞争"的晋升考核制度,无助于企业减税政策效力的释放以及产业政策对企业创新产出的影响。于树江和赵丽娇通过构建面板数据模型,以装备制造业为研究对象,研究了产业政策和产业技术创新之间的关系,研究表明税收优惠、创新补贴对装备制造业技术创新具有负向影响,产业政策对创新产出的激励作用有限。[3] 王晓珍和邹鸿辉以风电企业为研究案例,将产业政策对企业技术创新的影响进行检验发现,在产业政策实施的前期,产业政策对企业技术创新更多地表现为促进效应,在后期则更多地表现为挤出效应。[4] 黎文靖和郑曼妮对2010—2016年沪深A股上市公司的专利数据进行分析发现,选择性产业政策能够激励企业策略性创新,但增加的是创新数量而非创新质量。[5]

3. 需求侧政策与技术创新

市场需求决定了创新活动的速率和方向,市场需求的差异影响着创新活动的激励强度。需求拉动型政策是指通过强化政策需求,引导企业借助商业模式创新或产业组织创新来推动技术发展的这样一类市场政策。[6] 一般而言,有两个方面的需求政策,一是国内需求培育政策,即通过政府采购、消费者补贴和示范推广等政策,来增强消费者购买的信心,通过市场的推广应用进而不断完善,最终实现技术升级和技术市场开拓;二是国外市场开拓政策,即通过出口退税和外销渠道扶持等政策来支持企业强力突破发达国家的市场封锁,帮助企业攀升至全球价值链的高端。在中国产业技术政策的实践中,以直接研

---

[1] Thomas, L. H., French, B., Coupe, J., et al. "Repetitive Task Training for Improving Functional Ability After Stroke: A Major Update of a Cochrane Review." *Stroke*, 2017, 48(4): e102—e103.

[2] 孟庆玺,尹兴强,白俊. 产业政策扶持激励了企业创新吗?——基于"五年规划"变更的自然实验[J]. 南方经济, 2016(12): 1—25.

[3] 于树江,赵丽娇. 京津冀装备制造业产业政策对技术创新绩效的影响研究——产业集聚的调节作用[J]. 工业技术经济, 2019, 38(2): 36—43.

[4] 王晓珍,邹鸿辉. 产业政策对风电企业创新绩效的作用机制分析——基于时滞和区域创新环境的考量[J]. 研究与发展管理, 2018, 30(2): 33—45.

[5] 黎文靖,郑曼妮. 实质性创新还是策略性创新?——宏观产业政策对微观企业创新的影响[J]. 经济研究, 2016, 51(4): 60—73.

[6] 黄永春,郑江淮,贾琳等. 长三角从承接制造业向新兴产业转型的变迁动力、机会与路径研究——以昆山市为例[J]. 科技管理研究, 2014, 34(21): 76—80+86.

发补贴、银行贷款优惠和技术设备加速折旧为主的供给导向型政策居多。近些年来，也有部分学者对鼓励优先采购国产设备和技术设备出口补贴等形式的需求导向型政策进行了研究。

Mitchell 认为 Schmookler 提出了"需求驱动假说"，即技术创新本质上是一种追求利润的行为，需求导向、需求规模与盈利能力的变化能够促进微观企业进行研发投入和创新活动。[1] Becker 和 Egger 基于倍差法验证了出口会增加企业进行新产品与工艺研发创新的倾向。[2] Goldberg 等以印度的贸易数据为样本，对贸易成本、中间品进口与国内企业产品种类等进行研究，结果表明进口投入品关税的降低会导致国内企业新产品产出概率的提高。[3] Damijan 和 Kostevc 通过研究西班牙的创新和贸易数据，发现了进出口与创新存在稳健性关系。结果表明，企业会从进口环节进行学习，这使得企业得以实现创新，这样的学习和创新也有利于出口。[4] 刘政和王乐基于世界银行中国企业调查数据，实证检验了政府采购对于中小企业研发创新的影响。研究表明，政府采购主要是通过提升中小企业的销售收入以及缓解融资约束的金融渠道来促进研发创新影响。[5] 艾冰和陈晓红分析了政府采购在影响自主创新水平诸因素中的相对位置，揭示了政府采购在 2001—2005 年对自主创新水平具有较强的促进作用。[6] 杜威剑和李梦洁认为进口会提高企业出口与研发创新的概率，并且对高技术行业企业促进作用更强；出口对非研发企业的创新行为促进并不显著，却能够提高研发企业创新深化的概率，并且在中低技术行业企业中更为明显。[7] 郭旭等以 2005—2014 年 28 个省份的面板数据为实证样本，对需求型和供给型产业政策进行了对比，结果表明总体上单一导向型政策仅对一种创新产出带来促进作用，需求导向型政策有利于工艺创新，供给导向型政策有利于产品创新。高强度政策下，两类导向型政策均能有效地促进产品创新，需求导向型产业政策的作用发挥较快，而供给型产业政策作用的发挥需要时间。[8]

---

[1] Mitchell, B. R. "Review: Schmookler (J.). Invention and Economic Growth." *Economic Journal*, 1968, 78 (309): 135—136.

[2] Becker, S. O., Egger, P. H. "Endogenous Product versus Process Innovation and a Firm's Propensity to Export." *Empirical Economics*, 2013, 44(1): 329—354.

[3] Goldberg, P. K., Khandelwal, A. K., Pavcnik, N. "Variety In, Variety Out: Imported Input and Product Scope Expansion in India" [C]// School of International and Public Affairs & School of International and Public Affairs, Columbia University, 2010.

[4] Damijan, J. P., Kostevc, Č. "Learning from Trade through Innovation." *Oxford Bulletin of Economics & Statistics*, 2015, 77(3): 408—436.

[5] 刘政, 王乐. 政府采购如何影响中小企业的研发创新？——基于世界银行企业调查的经验分析[J]. 金融与经济, 2019(7): 56—61.

[6] 艾冰, 陈晓红. 政府采购与自主创新的关系[J]. 管理世界, 2008(3): 169—170.

[7] 杜威剑, 李梦洁. 反倾销对多产品企业出口绩效的影响[J]. 世界经济研究, 2018(9): 55—67+136.

[8] 郭旭, 孙晓华, 徐冉. 论产业技术政策的创新效应——需求拉动, 还是供给推动？[J]. 科学学研究, 2017, 35 (10): 1469—1482.

4. 研究评述

从现有的大量研究不难看出，对于产业政策对技术创新的作用效果和作用机制，学者们并没有得出统一的结论。可能的原因在于：

第一，从宏观产业政策到微观创新主体（企业）可能并不是一个简单的直线过程，其中还存在着其他影响因素，例如产品、市场、技术结构与复杂度、公司治理水平差异等，它们使得相同类型的政策向微观主体的传导过程中产生差异，从而影响政策效果。在利用政策工具促进技术创新时，不能只注重宏观政策的规划和引导，而忽视了微观创新主体的差异性。接下来需要深入探索政府支持作用于企业创新的传导机制与内部过程，逐步打开政府支持政策作用于企业创新的内部"黑盒"，充分挖掘和验证可能的影响因素。

第二，在实践中，政府无法对公共决策和市场决策的边界进行准确的划分，加上政府工作的低效率影响了政策的有效性，因而从实证结果看不出应有的结果，创新的主角应当是企业而不是政府，政府过多的干预可能会出现和产业政策相反的作用。[①]

第三，不同类型的产业政策对技术创新的影响存在路径和效果上的差异，而且许多其他因素都可能影响最终技术创新的效果，例如微观主体往往会受到多种产业政策的共同影响、不同的产业政策组合方式对企业技术创新的影响不同等。

5.4 创新政策

5.4.1 创新政策的内涵、分类与实施

1. 创新政策的定义

随着创新驱动理论、创新系统理论、公共物品理论等经典理论逐步为学术界所认同和接受，各国政府也开始基于上述理论对各自国家的创新战略进行规划和实施，并在政府管理实践中推出了一系列创新政策。但迄今为止，关于创新政策的内涵和外延依然尚未形成一个权威统一的界定。

OECD是国际上最早对创新政策进行定义的组织，该组织认为，创新政策既要与本国政府的宏观经济政策保持一致和协同，也要为科技研发活动提供制度保障，后者就是创新政策的宗旨所在。1990年，OECD在其报告中进一步指出，创新政策的根本目的在于将科技政策与本国的经济政策、社会政策融为一体，最终形成一个政策体系。因此，只要是可以用于科技发展的政策，包括能源、人力、物力、财力方面的政策都是创新政策涵

---

① 彭宜新.公共政策对国家创新系统影响研究[J].科技进步与对策,2009,26(7):94—97.

盖的范畴。可见,OECD对创新政策的界定较为宽泛,也体现了创新政策的包容性特征。

在学术界,大多数学者通常都会将创新政策与技术政策、科学政策这三者混为一谈,三者被统称为科技创新政策,这也导致了创新政策的概念长期模糊不清。[1] 也有少数学者对创新政策、技术政策和科学政策做了一定的区分,认为"创新政策并不等同于技术政策或科学政策"。[2] 显然,尽管创新通常与科学、技术紧密联系,但也存在非常明显的差异:首先,科学通常是指发现新知识或发明新技术,属于基础科学的范畴,强调知识的产生和技术的创造,因此科学政策一般聚焦于如何激励发明创造、如何激发原创思想;其次,技术通常是指将科学知识通过技术手段转化为生产力,属于应用科学的范畴,强调知识和技术应用,即所谓的产业化和商业化,因此科学政策一般聚焦于提高技术产业化后的应用水平,促进生产力的提高;最后,创新政策则是一项系统工程,几乎包括了技术创新活动的全周期过程,聚焦的是经济主体的整体创新效果,相比技术政策和科学政策有着更为广泛的外延,因此创新政策与技术政策、科学政策之间既有一定程度的交叉重叠,又有明显不同的侧重点。因此,可以将科学政策与技术政策视为创新政策的前两个阶段。[3]

基于上述关系,有学者认为,学术界对创新政策的界定可细分为三个阶段:第一,在早期,政府通常只认识到了对基础科学资助的重要性,此时的政策工具较为单一,目标也较为明确,因此创新政策几乎等同于科学政策;第二,第二次世界大战结束后,随着社会的稳定和经济的复苏,学界开始认识到科学与技术并不完全相同,技术的应用对于恢复经济效果更为明显,因此将支持的重点从科学研究转向技术应用,技术政策的概念开始普及;第三,进入21世纪,随着知识经济时代的到来,全球化不断深入,技术溢出成为常态,协同创新成为主流,创新政策这一系统性的概念应运而生,成为科学政策和技术政策的补充和衍生,也更加强调政府政策的协调性、系统性和整体性。因此,创新政策是一个综合性的概念,表5-2归纳了现有文献中国内外学者对创新政策的不同定义。根据以上学者对创新政策的不同定义,本章认为创新政策含义的共性特征主要体现在三个方面:其一,创新政策与既有的相关政策会存在一定的交叉重叠,如宏观经济政策、产业政策、科学政策、技术政策等,但与上述政策并不等同,也并不从属于某项特定政策,反而比某一单项政策的含义更广;其二,创新政策是一个系统概念,重点是各类政策之间的协同、配合,进而形成一个有机的整体,而非各项政策的累加;其三,创新政策的主要应用对象依然是技术创新活动,其核心目标也是技术水平的提高,凡是以技术创新活动为对象的

---

[1] 祁湘涵. 欧盟创新政策体系的发展及其对我国的启示[J]. 科技管理研究,2008(10):35—37.
[2] 邓寿鹏,鲍克. 我国产业发展中的技术政策评析[J]. 管理世界,1990(6):40—49+224—225.
[3] Miles, I., Glynn, S. M., Butler, J., et al. 2003. *Innovation Tomorrow*. [LLA/PREST/ANRT Report]. European Commission, Directorate-General for Enterprise and Industry.

所有政策都可以视为广义上的创新政策。①

表 5-2 创新政策的代表性定义

来源	定义
OECD(1982)	创新政策的目的是要将科技政策与政府其他政策,特别是经济、社会和产业政策,包括能源、教育和人力资源政策形成一个整体
Gaudin(1985)	技术创新政策主要包括以下三个框架:对创新者的支持、技术文化培养和消除对创新的阻碍,由此提出了技术创新政策的"三级模式":结构级、操作级和关系级
Rothwell(1986)	创新政策是一个整合概念,是指科技政策与产业政策的融合。其中,科技政策包括知识产权保护、职业教育、基础理论研究和应用研究等,而产业政策包括税收优惠、投资激励、产业改组和应用研究
鲍克(1994)	创新政策是政府为了鼓励技术发展及商业化以提高竞争力的各种社会经济政策的总和,处于经济政策的中心位置,直接鼓励创造与变化。技术政策是创新政策的重要组成部分,创新政策则是产业政策的重要组成部分
罗伟等(1996)	创新政策是科技政策的重要组成部分,与科技政策和产业政策紧密相关,包括能源、教育和人力资源政策整合,将科技政策与工业政策中有关推动创新的部分作为创新政策的核心
Dodgson 和 Bessant(1996)	创新政策是一个综合的概念,与解决当今世界重大经济问题密切相关。创新政策的目标包括改进企业、网络、产业和整个经济体创新能力,是个多目标体
Lundvall 和 Borras(2005)	科学政策、技术政策、创新政策是不同的,但存在交叉和重叠。科学政策聚焦于产品和科学知识,技术政策聚焦于部门技术知识的推进和商品化,而创新政策关注的是经济的整体创新政策
陈劲和王飞绒(2005)	创新政策是指一国政府为促进技术创新活动的产生和发展,规范创新主体行为而制定并运用各种直接或间接的政策和措施的总和

资料来源:吴祺. 中国创新政策演进、机理及绩效评价[D]. 中南财经政法大学,2020.

因此,在理解创新政策时,需要注意以下三点:其一,创新政策不是科学政策、技术政策与产业政策的简单结合。从政策作用对象来看,创新政策的作用对象不是特定的研发机构或产业部门,而是特定的过程,即科技成果由科学技术的生产部门向产业部门转移的过程,也是一种通过科学技术成果的流动而形成的科技部门与产业部门之间的关系。显然,作用对象的不同决定了不同层次政策所采用的政策工具存在差异。其二,创新政策不同于广义的经济政策。技术创新涉及市场上的多方行为主体,在这个意义上,可以适度地将技术创新政策从科技发展或产业结构的层面提高至社会经济层面进行考察。但如果将技术创新政策拔高到等同于经济政策或者贸易政策的程度,就会导致创新政

---

① Solomon, G. T., Bryant, A., May, K., et al. "Survival of the Fittest: Technical Assistance, Survival and Growth of Small Businesses and Implications for Public Policy." *Technovation*, 2013, 33(8—9): 292—301.

策的过度泛化,从而将一切经济政策都视为技术创新政策,因此不能将两者混淆。其三,创新政策的本质是政府激励,即国家应该采取哪些措施去促进创新活动,其具体目标可以进一步分解为缩短技术创新周期、激发市场主体的创新动力、降低技术创新成本、提高技术创新的经济收益等。因此,我们认为,创新政策即是政府为了促进创新活动、提高国家整体技术创新水平,并帮助创新主体实现经济效益而采取的公共政策措施的总称。

2. 创新政策的分类

对创新政策进行合理分类是创新政策研究的基础性工作,但目前学术界对创新政策分类的研究仍然不多见[1],其原因主要在于创新政策包含的内容较广,且分类的标准也多种多样。

首先将创新政策进行具体分类的是国外学者 Rothwell 和 Zegveld,他们将创新政策细分为供给型政策、环境型政策和需求型政策三种类型,这一分类也是目前主流的创新政策分类,如表 5-3 所示。其中,供给型政策主要由政府直接给予补助,以直接支持研发机构参与研发活动,属于"行政给付"的范畴,这是一种依照有关法律法规,赋予研发机构一定的物质权益或与物质有关的权益的具体行政行为,是政府提供必需的创新条件、防范创新风险的行政义务。环境型政策则是由政府提供环境与制度诱因,间接诱导研发机构参与研发,以试图引导产业结构的变化,此模式符合"行政诱导"。需求型政策是由政府参与或主导技术标准的拟定,其具有强制力,当然也可能增加产业负担,其内容可纳入"行政干预"范畴。此后,创新政策的"三级模式"被提出,即结构级(重大项目)、操作级(智力投资)和关系级(竞争与协调),并将创新政策细分为对技术文化的培养(智力投资)、对创新者的支持(重大项目)和消除创新的阻碍(竞争与协调)三个维度。Ergas 则基于政策制定、执行和评估的集中或扩散特征,将创新政策二分为使命导向型和扩散导向型,其中使命导向型政策的特征是"集中",代表国家是法国、英国和美国;扩散导向型政策的特征是"分散",代表国家是瑞典、瑞士和德国。[2] 进一步地,Cantner 和 Pyka 构建了包括市场紧密程度和政策措施指向性两个维度的政策分类框架,将创新政策分为扩散型、使命型、基础研究 1 型和基础研究 2 型。[3] 从政策工具的角度可以将创新政策细分为一般性工具(制度建设、基础设施建设、教育培训、国际贸易、市场主体、金融市场等)和特定工具(研发投入、创新系统、政府采购、技术成果转化等)。此外,Freitas 和 von Tunzel-

---

[1] Freitas, I. M. B., von Tunzelmann, N. "Mapping Public Support for Innovation: A Comparison of Policy Alignment in the UK and France." *Research Policy*, 2008, 37(9): 1446—1464.

[2] Ergas, H. "Does Technology Policy Matter?." in Guile, B. R., Brooks, H. eds., *Technololgy and Global Industry: Companies and Nations in the World Economy*, Washington, D. C.: National Academy Press, 1987, 191—245.

[3] Cantner, U., Pyka, A. "Classifying Technology Policy from an Evolutionary Perspective." *Research Policy*, 2001, 30(5): 759—775.

mann 基于政策目标、政策工具、政策执行三个维度,将创新政策分为了中央主导与地方主导、扩散型与使命型、一般型与特定型这六类,并率先设计了创新政策编码的框架,进而运用主成分分析法对英法两国某一特定时期内的百余项创新政策进行了编码分析,检验了这个三维政策分类框架的有效性,这项对创新政策分类的研究几乎代表了国外创新政策分类和比较研究的最新进展。①

表 5-3 Rothwell 和 Zegveld 对创新政策的分类

政策类型	供给型政策 (行政给付)	环境型政策 (行政诱导)	需求型政策 (行政干预)
主要政策工具	1. 国有企业及公共事业 2. 科研机构及技术开发 3. 教育及培训 4. 信息基础设施及服务	1. 贷款担保补贴等金融支持 2. 税收优惠 3. 技术标准及产权保护 4. 产业规则	1. 政府采购 2. 贸易管制 3. 海外技术营销 4. 公共服务

资料来源:吴祺. 中国创新政策演进、机理及绩效评价[D]. 中南财经政法大学,2020.

国内学者对创新政策的分类则较为简单,较少构建专门的维度或框架,通常以政策工具的差异进行分类,例如黄悦胜和韩小念将创新政策视为包括社会政策、外交政策、金融财税政策、环境保护政策、教育政策等在内的各项政策工具的组合。② 蒋栋等则将创新政策分为政府采购政策、金融政策、税收政策和其他政策等四类。③ 葛丹明则将创新政策分为专利保护、政府补贴、政府采购和税收政策这四类。④ 喻金田和吴倩将创新政策分为服务创新政策、创新环境政策和技术创新政策三类。⑤ 范柏乃等将创新政策分为基础政策、需求政策、供给政策和环境政策四类,这也是目前国内学术界最为常见的分类方式。⑥

3. 创新政策与产业政策比较

产业政策是基于市场失灵理论提出的,可以理解为政府对市场失灵的一种管制反应,而创新政策更多是应对系统失灵问题。传统产业政策工具大多以行政手段为主。例如,德国早期的关税保护、英国颁布的《谷物法》等都是欧洲国家在发展早期利用行政手段干预产业发展的例子,这些措施保护了当时处于幼稚期的产业,这些产业的健康发展使这些国家迅速完成早期的资本积累,并顺利推进工业化。中国也曾运用行政手段对产业结构进行调整,20 世纪六七十年代采取的"剪刀差"策略便是一种典型的行政调节产业

---

① Freitas, I. M. B., von Tunzelmann, N. "Mapping Public Support for Innovation: A Comparison of Policy Alignment in the UK and France." *Research Policy*, 2008, 37(9): 1446—1464.
② 黄悦胜,韩小念. 基于产业生命周期的技术创新研究[J]. 改革与战略,2002(Z3):75—78.
③ 蒋栋,李婷,李志祥. 自主创新科技政策在河北省的实施效果评价[J]. 中国软科学,2009(S1):88—92+111.
④ 葛丹明. 农业龙头企业对技术创新政策满意度模糊综合评价[J]. 科技广场,2013(1):164—168.
⑤ 喻金田,吴倩. 武汉市自主创新政策实施效果评价[J]. 科技创业月刊,2010,23(12):122—124.
⑥ 范柏乃,段忠贤,江蕾. 中国自主创新政策:演进、效应与优化[J]. 中国科技论坛,2013(9):5—12.

结构的案例。"剪刀差"价格实施的目的是让农业支持工业的发展,使中国迅速完成内源性的工业资本累积。

此外,政府还可以通过不同的税收政策与产业补贴调整产业结构。在某些具有明显规模经济的产业或者社会收益远大于私人收益的产业,政府可以通过启用政府投资计划促进该产业的快速发展。总之,传统产业政策的特征是,政府下达指令,企业接受指令,最终完成产业结构调整,整个政策过程表现为典型的自上而下的单向信息传导路径。

产业政策的演化是一个政策工具箱不断丰富的过程,现代产业政策除了传统的行政手段,还包括金融工具、贸易等手段。此外,政府也更加注重对基础设施的投资。例如,2009—2010年,巴西出现私人信用危机,巴西开发银行(BNDES)采取支持投资项目和反周期干预结合的措施,便是金融工具干预产业发展的典型案例。金融干预比行政手段干预造成的市场扭曲要小得多,因此既能够保证政策效果,也保证了市场在资源配置中的主导地位。尽管各国所施行的产业政策工具有所不同,但政策意图基本相同,大多旨在确定产业发展方向、领域选择、空间地理布局、结构转型与组织优化等。

除了政策目标与工具,一项政策的实施还需要不同的主体参与。因为好的产业政策实际上就是政府干预与产业发展之间的动态协调,所以产业政策的效果很大程度上取决于政治精英和企业家之间的充分互动。政治精英要尽可能地获取各种市场信息,评估当前的经济形势,以便选择更好的政策工具来调整产业结构。而政策信息必须通过企业家来完成相应的行为转换,从政府到企业家再到政府这样一个完整的信息反馈回路的形成是产业政策发挥积极作用的前提条件。

与传统产业政策的"机械思维"不同,创新政策是基于"系统思维"的,因此更加注重组织和制度在协调各主体互动中的重要作用。致力于创新政策研究的演化经济学家大都将创新理解为多主体互动的结果,这种互动广泛存在于以知识创造为中心的科学研究阶段,也涉及知识转化和生产过程中的产品创新和工艺创新阶段,更包括技术的商业化应用与推广的创新扩散阶段。因此,创新政策的制定和实施不仅会涉及不同层级的多个政策部门以及大量非政府组织(行业协会、产业联盟),也包括科研人员、政治家、企业家、工程师和消费者等大量的异质性行为主体。其中,作为新知识的主要生产者,公共研究机构和大学的研究人员是基础研究的主要力量,构成创新生态系统的底层架构。基础研究具有投入大、外部性和回报不确定性等特点,单纯依靠私人部门会导致短期行为和基础研究投入不足问题,创新的底层架构需要依靠政治家的战略定力和政府的长期投入才能夯实。企业家负责识别那些具有商业化潜质的新知识,工程师是将企业家发现的新知识转化成新产品的主体,消费者的使用和反馈则使得产品不断更新迭代。无论是"创新拼图"的不完整,还是创新主体间的互动受阻,都会影响创新绩效。

创新政策的实施需要从两个方面入手:第一,通过组织化的手段建立健全各类创新机构,增强创新政策部门与企业间的互动和政策学习。各类创新政策部门除了支持企业创新,一个很重要的职能是与行业协会通过协同治理的模式,促进产业联盟的形成,然后通过产业联盟构建安全的产业供应链和创新链,从而形成完整的部门创新系统,避免出现系统失灵。第二,通过制度性手段促进各类创新主体的良性互动,制定和完善科研人员创新创业的相关制度,营造有利于企业家精神竞相迸发的制度环境,从而架起从基础研究到商业化应用之间的制度之桥。研究人员、政治精英、企业家、工程师以及消费者都是广义上的创新主体,这些异质性主体之间的良性互动是形成复杂创新网络的基础前提,只有通过制度性手段才能促进这些主体之间的高强度互动学习,从而形成创新的正反馈。特别需要强调的是,在新旧技术革命交替的技术—经济范式转型时期,组织之间的脱钩以及各类创新主体的知识截断效应,往往会导致互动和学习的中断,这一时期政策范式的转变以及创新政策的干预就变得尤为重要。

综上,产业政策和创新政策的差异主要体现在以下几个方面:第一,两者对驱动经济发展的引擎认知不同。创新政策强调技术创新是经济竞争力的核心所在,而产业政策强调通过政策资源的分配,扶持特定的产业和企业,助推产业结构调整和生产规模扩张。第二,两者对经济系统复杂性的认识不同。产业政策依据市场失灵理论,认为政府通过干预可以在一定程度上解决信息失灵和协调失灵等问题,从而解决产业发展问题;而创新政策将经济看成是一个复杂系统,创新存在很大的不确定性,依赖于"创新系统"内部各主体的互动和协作。第三,两者的政策环节与执行过程不同。创新政策的实施会在不同的部门以多种形式呈现,政策过程呈现复杂化,政策效果依赖于多部门的协同效应。这种复杂的体系更容易造成信号扭曲与风险放大,因此在创新政策的制定和实施过程中,政府的风险分担与统筹作用就变得异常重要。而在产业政策的制定和实施过程中,政府主要关注重点产业和重点企业,政策所涉及的环节较少,政策过程相对简单。总体来说,两种政策范式的最终目的都是实现经济发展,但由于政策思维和介入经济的手段不同,还是存在一定的差异(见表5-4)。

表5-4 产业政策与创新政策比较

	产业政策	创新政策
政策导向	经济中产业的绩效和竞争优势	经济中创新的总体绩效
政策目标	产业发展方向、领域、布局、结构与组织	为创新活动提供有利的环境
政策工具	行政手段为主	金融工具、法律工具、商业手段等
政策过程	政府、企业	大学、中介机构、企业、政府部门
政策执行	政治精英、企业家	社会公众、政治精英、企业家

4. 创新政策制定和实施的原则

政策制定者自然会关心创新政策的具体实施效果,有些研究者也试图运用各种指标来量化评估创新政策干预的效果。虽然可以通过运用统计方法发现一些变量之间的关系,如研发支持是否会导致更多的研发活动等,但要评估更广泛的影响,如创新、生产率和就业方面的影响,难度就要大得多,而这些可能正是政策制定者感兴趣的。创新本身是极其复杂的,加之创新的社会和经济影响存在很长的滞后期,因此准确衡量创新政策的影响是非常困难的。此外,不同的政策工具可能存在相互作用,因此很难区分它们各自的影响。进一步地,创新政策一般都是以政策组合的形式嵌入在更广泛的创新体系之中,仅对个别政策工具的实施效果进行评价可能是不严谨的。在大多数情况下,创新政策的直接影响是可观察的,但存在很多不确定性且一些间接的影响可能是广泛而长期的。创新政策制定和实施中的制度和时空异质性是很重要的,也即相同的政策工具在不同的国家和同一国家不同的发展阶段的效果可能是迥异的。换言之,对创新政策影响的评估应该持一种整体和系统的观点,政策制定者需要充分了解政策对环境的敏感性。因此,将政策实践从一个国家机械地移植到另一个国家(不考虑情境因素),多数情况下会以失败告终。

传统上,创新政策的制定和实施涉及产业、教育和金融等部门。随着各国对创新和影响创新的政策的日益重视,许多国家组建了专门致力于支持创新的公共部门和组织。根据 Ezell 的一项研究,全球大约有 50 多个专门支持创新的组织。[①] 例如,瑞典成立的旨在构建国家创新体系的政府机构——瑞典国家创新局(VINNOVA)是由原来支持科学研究和产业技术创新的公共部门通过机构重组形成的;而"创新英国"(Innovate UK)是英国政府成立的一个旨在通过捐款和投资促进科技创新的政府机构。总的来看,各国成立的这些支持创新的机构,无论在组织结构,还是在支持创新的方式方面都存在很大差异,这也在一定程度上反映了这些国家各自的制度特点。例如,美国国防部高级研究计划局(DARPA)主要支持对美国军方具有潜在意义的尖端、高风险的研究和创新项目;而欧洲的创新组织主要致力于支持小企业和企业家的能力建设以及构建各种形式的合作网络。虽然各国政府对创新政策的制定都非常积极,这对促进创新是有利的,但也可能出现支持创新的组织机构官僚化的风险,而官僚化的组织一般是厌恶风险的。创新本身存在不确定性和风险,官僚化的组织有可能出于规避风险考虑而选择支持那些不太具有创新性的项目,从而导致政策有效性降低,甚至破坏整个创新生态系统。

作为一个系统工程,创新政策的多部门协同治理是应有之义,其中包括不同层级的政府部门、行业协会以及公共和私人研发机构等,涉及的部门利益错综复杂。因此,在创新政策的形成过程中,不可避免地会涉及各方利益的协调问题。这种涉及多部门的政策治理的一个重要原则是:政策组合应该是相互补充的,而不是相互冲突的。但在现实中,由于部门之间的组织结构、治理实践和组织惯例的不同,实现协同治理是很大的挑战。一项可行的替代方案是由政府相关部门、公共研究机构、企业和行业协会的代表建立"创

---

① Ezell, S. 2015. "Strong TPP Intellectual Property Provisions Benefit Innovation, Consumers and Patients." https://itif.org/publications/2015/07/24/strong-tpp-intellectual-property-provisions-benefit-innovation-consumers-and/.

新委员会",这样更有可能实现创新政策的协同治理,实际上这种创新政策组合已经在一些国家付诸实践。

在 OECD 研究的基础上,Flanagan 等从政策空间、政府空间、地理空间和时间四个维度提出了"政策组合"的概念,认为多维度的政策组合可以更好地处理一个复杂的、多层级的和多主体参与的政策过程,这种政策组合的提出实际上是应对创新全球化的一种方式。重大创新及其影响往往都是跨越国界的,但创新政策的制定和实施在很大程度上仍然局限于主权国家内部。随着第四次工业革命的展开,开放式创新不断深化,基于民族国家的创新政策治理模式将日益受到挑战,创新政策如何更好地应对创新的全球化,仍然是一个需要深入研究的问题。①

5. 创新政策的优化策略

关于不同类别创新政策的协调,国外学者 Steil 等均有相应的研究,他们主要强调了创新政策工具协调对于提高创新政策绩效的影响效果。② 我国学者柳卸林在研究我国自主创新政策时,也强调金融政策和财政税收政策应协同一致,相互配合,共同起效。③ 孟鑫和司晓悦指出,创新政策系统的协同优化机制应包括社会开放机制、统筹协调机制和市场导向机制。④ 隋永强等则重点关注了区域创新政策与国家整体创新政策的协同,他们认为,在基本原则和政策导向上,区域创新政策应与国家整体创新政策保持高度一致,确保上下两级的创新政策能够相互协调、相互促进;此外,还需尽可能地发挥地方创新政策的针对性、可操作性和适用性,将区域创新政策看作国家创新政策在地方层面的有益补充。⑤ 关于不同区域创新政策的选择,赵林海认为,合适的创新政策应基于该区域既有的资源禀赋,并尽可能地进行本土化调整,从而提高政策的有效性。他进一步提出,创新政策的选择应该是差异化的,重点应考虑当地的经济发展历史、资源约束和制度瓶颈,既不存在普遍适用的所谓"最佳政策实践",也不应该人为地选择某一区域或某一产业作为特惠政策扶持的目标,打造出特定的赢家。⑥ 国外学者 Boschma 和 Frenken 的研究也表明,由于各区域的实际情况并不一致,参照基准也就发生了变化,所谓的最佳政策就难以在另一地区得到理解和执行,效果自然也会大打折扣,例如如果将美国硅谷的成功案例

---

① Flanagan,K., Uyarra,E. Laranja,M. "Reconceptualising the 'Policy Mix' for Innovation". *Research Policy*,2011,40(5):702—713.
② Steil,B., Victor,D. G., Nelson,R. R. 2002. *Technological Innovation & Economic Performance*. Princeton: Princeton University Press.
③ 柳卸林. 新时期我国促进自主创新的政策解读——以财政政策为例[J]. 山西大学学报(哲学社会科学版),2007(3):177—182+226.
④ 孟鑫,司晓悦. 区域科技创新配套政策系统优化整合路径探析[J]. 科技成果纵横,2007(4):16+18.
⑤ 隋永强,潘勇,娄成武. 关于我国区域科技政策制定的思考[J]. 东北大学学报(社会科学版),2003(6):432—434.
⑥ 赵林海. 基于创新系统理论的科技创新政策制定研究[J]. 科技进步与对策,2012,29(13):98—101.

直接移植到其他地区,则这种尝试注定会失败。[①]

关于政府各部门间的创新政策相互配合,我国的创新政策已经得到了多个政府部门的重视,这就导致创新政策的颁布和实施必然会涉及多个职能部门,因此也就更需要不同部门之间的相互合作和协调配合,从单一的创新个体激励转变为综合性的创新体制激励。彭纪生等的研究也表明,创新政策在技术与经济层面的绩效重点就取决于不同政府部门在目标导向上是否能达成一致。[②]

5.4.2 创新政策绩效及其评估

1. 创新政策绩效的内涵

对创新政策实施效果的评价即是创新政策的绩效评估。其中,"绩效"一词通常也可被替换为"效益""效果"或"效应",相互之间的差别并不明显,因此可作为同义替代。具体来看,学术界对创新政策绩效的界定主要集中在两个维度:一是基于创新政策作用机制和作用效果的维度,角度集中于微观层面,如 Hultink 等认为,创新政策绩效应体现在财务状况、企业现金流、顾客满意度、产品层次、公司战略实现等方面[③];郭兵等认为,创新政策的绩效既体现在政策实施后的实际效果是否符合预期,也体现在政策实施能否有效降低创新成本[④]。二是基于区域经济发展和科技实力提升的维度,角度偏向于宏观和区域层面,如 Jones 和 Sakong 就认为创新政策的绩效最后应体现为国家或某一地区整体科学技术水平的进步和当地经济社会的发展[⑤],我国学者蒋华林和饶劲松也持有类似的观点[⑥]。Ratts 等重点研究了日本创新政策对国家整体经济发展的推动作用,进而评估该国创新政策的最终效果。[⑦] 我们认为,以上两个分析框架均是对创新政策绩效不同角度的解释,前者更为强调政策的作用机制和影响机理,而后者更为强调政策的最终效果和实际产出。

2. 创新政策绩效的评估方法

第一,强调创新产出的方法。Hultink 和 Robben 认为,创新产出的评估内容应包括

---

① Boschma, R. A., Frenken, K. "Why is Economic Geography not an Evolutionary Science? Towards an Evolutionary Economic Geography." *Journal of Economic Geography*, 2006, 6(3):273—302.

② 彭纪生,仲为国,孙文祥. 政策测量、政策协同演变与经济绩效:基于创新政策的实证研究[J]. 管理世界, 2008(9):25—36.

③ Hultink, E. J., Hart, S., Robben, H., et al. "Launch Decisions and New Product Success: An Empirical Comparison of Consumer and Industrial Products." *Journal of Product Innovation Management*, 2000, 17(1):5—23.

④ 郭兵,袁菲,谢智敏. 基于DEA方法的上海市财政科技投入绩效评价研究[J]. 中国管理科学, 2012, 20(S1): 32—35.

⑤ Jones, L. P., Sakong, I. 1980. *Government, Business, and Entrepreneurship in Economic Development: The Korean Case*. Cambridge, MA: Harvard University Press.

⑥ 蒋华林,饶劲松. 以大学联盟为平台推进协同创新的实践探索[J]. 现代教育管理, 2012(11):56—59.

⑦ Ratts, J., Stokke, H. E. "Trade Barriers to Growth in South Africa: Endogenous Investment—Productivity—Trade Interaction." DEGIT Conference Papers, 2009.

创新方案自身、新产品的推广程度、新产品创造的收益、社会公众满意度及创新主体利润等方面,并对荷兰的创新政策进行了案例研究。[1] Werner 和 Souder 对德国和美国学术界的创新政策绩效评估方法进行了比较,结果发现德国学界较为关注对创新投入的测度,相对而言,美国学界主要聚焦于测度创新政策的实际产出效果,并进行量化。[2] 国内学者刘海波则提出,为了提高政策绩效评估的民主性和独立性,协调和缓和利益相关方的矛盾和冲突,在社会转型期,应通过半官方性质的评审会议方式评估创新政策的效果。[3] Lemola 基于对芬兰创新政策绩效的实证研究,指出对于高技术产业政策的绩效评估,应更多关注企业等微观创新主体的具体创新实践,如技术创新、技术引进和消化吸收等。[4] Brook 等通过定性和定量两个维度构建了创新政策有效性评估的分析模型,产品设计、技术研发和技术转移等属于定性评估所需的信息,而定量评估所需的信息则主要来源于具体的产出效益和政策的实施效果等。[5] 匡跃辉认为,抽样分析、成本效益分析、对比分析、自我评定、同行评议等方法也可用于创新政策的评估,而在评价标准上则可采用效应、效率、效益等指标。[6]

第二,构建创新等级的方法。Brown 和 Gobeli 将创新政策的产出划分为三个层次,不同的层次对应着不同的评价指标,其标准则是研发的三个等级,包括研发部门的等级、研发项目的等级及研发过程的等级。[7] Drongelen 和 Bilderbeek 指出,创新成果才是创新政策绩效的最直接体现,应该重点关注对创新成果的评价,因此他们将创新成果分为公司层、部门层、项目层和团队层四个方面,并针对不同层面设计了差异化的创新成果评估方法。[8]

第三,区分政策类型的方法。不同的评估方法和工具应用于不同类型的创新政策绩效评估。Hauser 和 Zettelmeyer 将创新政策分为基础研究政策、技术创新能力提升政策和创新成果产业化政策三个层面,并针对三个不同层面的政策分别提出了相匹配的定性或定量评估方法。[9] Nauwelarers 和 Wintjes 提出,政策评估是政策优化的基础,评估结

---

[1] Hultink,E. J.,Robben,H. "Measuring New Product Success:The Difference that Time Perspective Makes." *Journal of Product Innovation Management*,1995,12(5):392—405.

[2] Werner,B. M.,Souder,W. E. "Measuring R&D Performance — State of the Art." *Research Technology Management*,1997,40(2):34—42.

[3] 刘海波. 论科技政策决策过程的专家参与[J].自然辩证法研究,1998(7):53—56+60.

[4] Lemola,T. "Convergence of National Science and Technology Policies:The Case of Finland." *Research Policy*,2002,31(8—9):1481—1490.

[5] Brook,B. W.,Akcakaya,H. R.,Keith,D. A.,et al. "Integrating Bioclimate with Population Models to Improve Forecasts of Species Extinctions under Climate Change." *Biology Letters*,2009(5):723—725.

[6] 匡跃辉. 科技政策评估:标准与方法[J].科学管理研究,2005(6):62—65+79.

[7] Brown,W. B.,Gobeli,D. "Observations on the Measurement of R&D Productivity:A Case Study." *IEEE Transactions on Engineering Management*,1992,39(4):325—331.

[8] Kerssens-van Drongelen,I. C.,Bilderbeek,J. "R&D Performance Measurement:More than Choosing a Set of Metrics." *R&D Management*,1999,29(1):35—46.

[9] Hauser,J. R.,Zettelmeyer,F. "Evaluating and Managing the Tiers of R&D." *MIT Working papers*,1996.

果对于政策的完善具有重要参考价值。他们基于创新政策的不同种类目标,构建了差异化的创新政策评估路径,同时论证了创新政策工具组合的作用效果。① 我国学者江永真则基于创新政策的类型划分,将政策绩效划分为环境政策绩效、需求政策绩效和供给政策绩效,并相应地设计了不同的评价指标体系。②

3. 创新政策绩效评估的内容

创新政策绩效评估的内容即是指创新政策绩效的具体表现形式,但由于政策绩效的表现形式极为多样,且很难直接进行整体的评价,因此往往会选取特定的指标进行间接的衡量。从对既有文献的观察和分析来看,R&D 回报率是最为常见的衡量创新政策产出的替代指标。学术界早期对该指标的使用通常是将 R&D 投入或者产出看作自变量去解释全要素生产率的变化,从而计算得出 R&D 回报率。除此之外,对创新活动溢出效应的评估也是学术界长期关注的焦点。理论上讲,创新活动的溢出效应不单是创新过程的必然结果,体现了创新活动的正外部性,也是政府创新政策的最终目标之一,因此,创新活动的溢出效应也应该被视为创新政策的直接产出。例如,曼斯菲尔德对一百余家美国高新技术企业的调查就表明,企业自主研发出来的新技术或新产品在一年内就会被泄露,且一半以上的被调查企业认为同业竞争者能在一年半的时间通过各种渠道了解到本企业未来的研发计划,这一研究无疑证明了高新技术企业之间的技术溢出效应非常明显。类似地,Fölster 的研究也表明,瑞典高新技术企业所拥有的专利技术极难得到有效保护,R&D 投入的溢出效应非常明显,作为创新主体的企业想要控制这种技术溢出相当困难。③

5.4.3 中国的创新政策

1. 中国创新政策的演进④

在创新政策演进阶段划分的研究方面,其基础即是需要对政策演进阶段的划分形成较为统一的标准,但在相关文献中,划分标准与方法并未达到统一,这就导致不同学者对同一国家和地区创新政策的演进有着不同的划分结果。例如吴建南和李怀祖就将我国改革开放以来的科技政策演进划分为三个阶段,分别为 20 世纪 80 年代、90 年代上半期

---

① Nauwelaers, C., Wintjes, R. "SME Policy and the Regional Dimension of Innovation: Towards a New Paradigm for Innovation Policy?" Research Memorandum from Maastricht University, 2000.

② 江永真. 区域自主创新政策绩效评估模型构建及实证分析[J]. 福州大学学报(哲学社会科学版), 2012, 26(2): 21—25+44.

③ Fölster, S. "Do Subsidies to Cooperative R&D Actually Stimulate R&D Investment and Cooperation?" *Research Policy*, 1995, 24(3): 403—417.

④ 吴祺. 中国创新政策演进、机理及绩效评价[D]. 中南财经政法大学, 2020.

和 1995 年以后。① 而 OECD 则以我国召开的四次全国科技大会时间(1978 年、1985 年、1995 年和 2006 年)为标志,将我国创新政策的历史沿革划分为四个阶段:1978—1985 年的起步试验阶段、1985—1995 年的科技体制改革阶段、1995—2005 年的改革深化阶段、2006 年后的国家创新体系建设阶段。

第一,起步试验阶段(1978—1985 年)。1978 年召开的全国科学大会标志着中国科技体系在改革开放后终于进入全面恢复阶段,邓小平在本次会议上首次提出了"科学技术是第一生产力"这一重要论断,象征着一个科技新时代的开始。本次大会还通过了《1978—1985 年全国科学技术发展规划纲要》(简称《八年科技规划》)。1982 年召开的全国科学技术奖励大会进一步明确了"面向、依靠"的指导方针,并发布了《"六五"科技攻关计划》,这也是 1949 年后第一个被纳入国民经济和社会发展规划的国家科技计划。同年,中国科学院开始设立自然科学基金,面向全国申请,这就是国家自然科学基金委员会的前身。此后,我国在这一时期又相继实施了以国家重点实验室建设计划(1984 年)为代表的多项国家计划,在一定程度上恢复了原有的科技体系和科学计划。与此同时,《中华人民共和国发明奖励条例》(1978 年)、《中华人民共和国自然科学奖励条例》(1979 年)、《合理化建议和技术改进奖励条例》(1982 年)、《中华人民共和国科学技术进步奖励条例》(1984 年)、《中华人民共和国专利法》(1984 年)等一批法律法规相继颁布实施,与科技创新相关的法律体系基本形成。在这一阶段,科研经费短缺并不是主要矛盾,当时的制度是中央财政拨款,研究机构的经费按照预算下拨,科研任务则是上级下达或自由选题。这一阶段的主要问题是计划经济体制下的结构性问题,比如各科研单位不成体系、各自为政,科研项目低水平重复上马;研究方向与社会生产需求脱节,科研成果难以落地和转化;科研团队人浮于事,缺乏积极性等。这时,出现了一个意想不到的制度创新——科技人员经商,即从公立研究机构中衍生出了以联想、四通和方正为代表的一批技术转移企业,以"不要编制、不要国资、自筹资金、自负盈亏、风险自担"的方式为社会提供有偿技术服务,推进技术扩散。与此同时,中国科学院、北京大学、清华大学等一批国家科研单位与高等院校也积极探索科技成果转化的有效途径,开始在中关村地区创办科技企业。截至 1987 年,仅"中关村电子一条街"就聚集了 148 家高科技企业,其中国有企业 33 家,中国科学院下属研究所办企业 50 家,形成了国内第一个高新技术产业集群。而众多知名科技型企业(联想、海尔、四通、科龙等)诞生的 1984 年,也被称为"中国现代企业元年"。

第二,科技体制改革阶段(1985—1995 年)。20 世纪 80 年代中期,为了激发科研机构和科研人员的动力和活力,我国开始实行第一次全面的科技体制改革,并从中央层面于 1985 年发布了《关于科学技术体制改革的决定》(以下称《决定》)。《决定》确立了中国

---

① 吴建南,李怀祖. 我国改革开放以来技术创新政策回顾及建议——纪念党的十一届三中全会召开 20 周年[J]. 科技进步与对策,1998(6):2—4.

科技创新政策的新范式,即从国防导向的科技政策转向经济导向的科技政策,中国科技体制随即进入了结构调整阶段。这一阶段的主要政策目标是解决我国科技与经济"两张皮"的问题。该阶段的改革措施主要集中于:①国家科研经费的分配机制;②将应用型科研机构转变为企业或技术服务机构;③建立技术市场;④国家科研机构的人员体制改革。这一阶段出台的科技创新政策主要包括:1985年,原国家科委、教育部、中国科学院试办博士后流动站,实施星火计划;1986年,实施"863"计划,实行首席科学家制,国家自然科学基金委员会成立;1987年,人大审议通过《中华人民共和国技术合同法》;1988年,北京市海淀区设立全国第一家新技术开发区,火炬计划诞生;1990年,人大颁布《中华人民共和国著作权法》;1991年,原国家科委颁布《国家高新技术产业开发区税收政策》和《国家高新技术产业开发区若干政策》;1992年,攀登计划开始实施。

总体而言,这一时期的科技体制改革重点在于通过完善财政分配制度,提高科研队伍的积极性,进而推动技术创新成果的转化和促进生产力的发展,但并未从根本上改变我国科技工作的固有体制,国有科研机构仍然是科技创新的主体。

第三,科技体制改革深化阶段(1995—2005年)。1992年,我国正式提出全面建设市场经济体制。在经济体制改革的大背景下,中共中央、国务院于同年颁布了《关于加速科学技术进步的决定》,在"面向、依靠"的基础上,提出了"攀高峰"的目标,进而在1995年将"科教兴国"战略正式作为国家战略,同年颁布的《"九五"全国技术创新纲要》更首次提出要以企业作为创新主体,这一重大方针政策的改变意味着计划经济体制下以科研机构作为创新主体的苏联科技模式被摒弃。为落实上述国家战略和方针政策,相关职能部门在1996年后的十年间陆续出台了"973计划"(国家重点基础研究发展计划)、"985计划"(世界一流大学计划)、国家大学科技园等十余项重大专项计划。与此同时,国家层面首次提出了促进民营科技企业发展的政策,大量促进民营企业技术创新的产业政策、财税政策和金融政策颁布实施。这十年间,我国科技政策主要围绕如何将以科研院所为中心的创新体系向以企业为中心的创新体系转变。经过本轮的科技体制深化改革,我国确立了企业的创新主体地位,企业创新意识显著增强,创新活力快速释放,乃至不少体制内的科研机构都纷纷寻求改制为企业,在一系列国家科技创新政策的大力扶持和引导下,全国科技创新氛围明显增强,一大批国有大中型企业的技术创新能力和市场竞争能力显著提升,一大批充满生机与活力的科技型中小企业以科技创新为依托迅速崛起。

第四,国家创新体系建设阶段(2006年至今)。经过近30年的改革开放,进入21世纪后,我国的科技实力和综合国力显著增强,但长期以来简单粗放的要素投入型经济发展方式已经难以为继,大国竞争也已演变为国家整体创新能力的竞争,在此背景下,创新驱动型发展就成为我国经济发展方式的必然选择,构建国家创新体系迫在眉睫。

2006年,中央再度召开全国科学技术大会,大会首次提出了"建设创新型国家"的宏伟目标,制定了全面实施自主创新的重大国家战略,并同时发布了《国家中长期科学和技术发展规划纲要(2006—2020年)》,明确了"自主创新,重点跨越,支撑发展,引领未来"的政策指导方针,这次大会的召开意味着中国的科技政策开始向系统化的创新政策转变。

随后,国务院迅速颁布了《实施〈国家中长期科学和技术发展规划纲要(2006—2020年)〉的若干配套政策》的通知,在科技投入、税收激励、金融支持、政府采购等10个方面提出了60条配套政策,相关职能部门又相互协作,共同研究制定了近百条配套细则,改变了过去创新政策不配套、不衔接的问题,形成了相对完整的政策体系。创新型国家建设目标提出后,2012年,党的十八大又强调要坚持走中国特色自主创新道路、实施创新驱动发展战略。2014年6月,习近平总书记在中国科学院和中国工程院院士大会上进一步指出,要走中国特色自主创新道路,坚持自主创新、重点跨越、支撑发展、引领未来的方针,从制度建设、人才培养和科技发展方向等方面为创新型国家建设指明了方向,并明确提出了加快创新型国家建设步伐的要求。经整理,党的十七大以来中国促进自主创新的主要政策及其目标如表5-5所示。

总体而言,自20世纪80年代起,我国的经济体制经历了从微观运行机制向宏观资源配置系统转变的改革,最终建立了社会主义市场经济体制。同时,中国也经历了从国有研究机构创新决策到R&D资助体系改革,逐渐到将市场机制引入创新体系的国家创新改革系统。

表5-5 十七大以来中国促进自主创新的相关政策目标

2008年《国家知识产权战略纲要》政策目标
到2020年,把我国建设成为知识产权创造、运用、保护和管理水平较高的国家。知识产权法治环境进一步完善,市场主体创造、运用、保护和管理知识产权的能力显著增强,知识产权意识深入人心,自主知识产权的水平和拥有量能够有效支撑创新型国家建设,知识产权制度对经济发展、文化繁荣和社会建设的促进作用充分显现
2012年《中国共产党第十八次全国代表大会工作报告》政策目标
实施创新驱动发展战略。坚持走中国特色自主创新道路,提高原始创新、集成创新和引进消化吸收再创新能力,更加注重协同创新。深化科技体制改革,加快建设国家创新体系,着力构建以企业为主体、市场为导向、产学研相结合的技术创新体系
2012年《关于深化科技体制改革加快国家创新体系建设的意见》政策目标
到2020年,基本建成适应社会主义市场经济体制、符合科技发展规律的中国特色国家创新体系;原始创新能力明显提高,集成创新、引进消化吸收再创新能力大幅增强,关键领域科学研究实现原创性重大突破,战略性高技术领域技术研发实现跨越式发展,若干领域创新成果进入世界前列;创新环境更加优化,创新效益大幅提高,创新人才竞相涌现,全民科学素质普遍提高,科技支撑引领经济社会发展的能力大幅提升,进入创新型国家行列

(续表)

2013 年《"十二五"国家自主创新能力建设规划》政策目标
创新基础条件建设布局更加合理;重点领域创新能力明显提升;创新主体实力明显增强;区域创新能力布局不断优化;创新环境更加完善。具体指标包括:大中型工业企业研发投入占主营业务收入比例达到 1.5%;每万名就业人员的研发人力投入达到 43 人/年;每万人发明专利拥有量提高到 3.3 件等
2014 年《深入实施国家知识产权战略行动计划(2014—2020 年)》政策目标
知识产权拥有量进一步提高,结构明显优化,核心专利、知名品牌、版权精品大幅增加。形成一批拥有国外专利布局和全球知名品牌的知识产权优势企业。具体指标包括:2020 年,每万人口发明专利拥有量达 14 件,国内发明专利平均维持年限达 9 年等
2015 年《关于深化体制机制改革加快实施创新驱动发展战略的若干意见》政策目标
到 2020 年,形成适应创新驱动发展要求的制度环境和政策法律体系,为进入创新型国家行列提供有力保障。实现创新活力竞相迸发,创新成果得到充分保护,创新价值得到更大体现,创新资源配置效率大幅提高,创新人才合理分享创新收益,使创新驱动发展战略落地
2016 年《国务院关于新形势下加快知识产权强国建设的若干意见》政策目标
到 2020 年,在知识产权重要领域和关键环节改革上取得决定性成果,知识产权授权确权和执法保护体系进一步完善,基本形成权界清晰、分工合理、责权一致、运转高效、法治保障的知识产权体制机制
2016 年《国家创新驱动发展战略纲要》政策目标
第一步:到 2020 年进入创新型国家行列,基本建成中国特色国家创新体系,科技进步贡献率提高到 60% 以上,R&D 经费支出占比达到 2.5%; 第二步:到 2030 年跻身创新型国家前列,发展驱动力实现根本转换,R&D 经费支出占比达到 2.8%; 第三步:到 2050 年建成世界科技创新强国,成为世界主要科学中心和创新高地
2017 年《"十三五"国家知识产权保护和运用规划》政策目标
到 2020 年,知识产权战略行动计划目标如期完成,知识产权重要领域和关键环节的改革取得决定性成果,保护和运用能力得到大幅提升,建成一批知识产权强省、强市,为促进大众创业、万众创新提供有力保障,为建设知识产权强国奠定坚实基础
2021 年《知识产权强国建设纲要(2021—2035 年)》政策目标
到 2035 年,我国知识产权综合竞争力跻身世界前列,知识产权制度系统完备,知识产权促进创新创业蓬勃发展,全社会知识产权文化自觉基本形成,全方位、多层次参与知识产权全球治理的国际合作格局基本形成,中国特色、世界水平的知识产权强国基本建成

数据来源:根据相关政策文本整理。

2. "双循环"新发展格局下我国创新政策的系统性转型[①]

第一,构建选择性与功能性结合的创新政策双元动态平衡体系。在"双循环"新发展格局下,基于强选择主导的产业技术政策日益难以适应以国内大循环为主体、国内国际

---

① 陈劲,阳镇. 新发展格局下的产业技术政策:理论逻辑、突出问题与优化[J]. 经济学家,2021(2):33—42.

双循环相互促进的新发展格局下的产业高质量发展要求。强选择性的产业技术政策在执行过程中呈现出产业发展的强选择性与创新主体的强选择性和强干预性。基于强选择性的产业技术政策的手段往往是行政手段主导，产业技术政策直接作用于微观市场企业而非产业创新环境，且带有较高的产权偏好属性与规模偏好属性。强选择性的产业政策往往导致大型企业、国有企业获益较大，而中小企业与民营企业则由于天然的弱政治关联性难以从中获益，造成产业发展过程中的创新资源错配与误配，甚至造成"政府不合理干预—创造和放大市场失灵领域—政府强化干预—创造和放大更多的市场失灵领域"的恶性循环。

同时，针对当前我国产业发展过程中的关键核心技术（非"卡脖子"技术）攻关的短板效应以及微观企业自主创新能力的薄弱环节，依然需要清晰界定政府与市场在面向高新技术产业与战略性新兴产业发展过程中的政策作用边界，政府需要清晰认识到市场在产业发展过程中起到资源配置的决定性作用，决定产业创新能力的本质因素依然是微观市场的自主创新能力，因此市场机制依然是产业技术政策实施过程中不可忽视的关键性因素。

基于此，需要弱化政府行政资源与公共财政资源主导的选择性产业科技政策的强选择性、强干预与强激励性功能，比如需要重点调整一些已经具备高度市场竞争力的高新技术开发区、科技园区内产业的各类创新补贴政策、高新技术企业认定等选择性产业政策，尤其是弱化政府直接基于财政补贴定向支持产业内某些企业的激励思路，强化产业发展过程中的知识产权保护制度、科技成果转化制度等创新制度环境建设、科技人才激励政策以及企业科技创新融资体系建设等功能性产业技术政策，强化支撑产业发展的基础创新能力建设工程支持力度，强化共享技术研发创新平台与新型研发机构为载体的创新平台建设，为产业创新生态系统内创新主体的创新活动降低创新风险与交易成本。

但是，弱化产业技术政策强选择性并不意味着彻底抛弃选择性产业政策，选择性产业政策的运用与实施需要结合产业成长的周期、产业技术预见的复杂程度以及产业内创新主体的创新能力等多重因素予以综合考量，并建立选择性产业技术政策的动态评估机制以及动态退出机制，对于某些具备国家间竞争的战略性产业、具有产业链安全性的产业共性技术以及市场配置创新资源无效的产业类型，依然需要政府通过强选择性产业技术政策推动产业内的创新主体孵化与培育、产业共性技术供给以及产业创新生态系统优化。尤其是当前我国部分产业仍然处于"赶超阶段"，部分未来产业和战略性新兴产业的培育依然需要政府实施选择性产业政策以弥补市场主体创新成本过高与市场风险过大的问题，弥补产业内创新主体创新意愿与创新动力薄弱的"市场失灵"，最终以构建选择性与功能性结合的产业技术创新政策双元平衡体系支撑"双循环"新发展格局下我国产业的高质量发展。

第二,建立健全面向"卡脖子"技术的产业共性技术创新支撑体系。在"双循环"的新发展格局下,基于传统产业链、价值链与创新链高度嵌入全球产业链、价值链与创新链的产业创新发展模式发生相应调整。改革开放以来,我国产业链的发展思路是以"外循环"为主导的,在这样的背景下,产业发展的关键技术高度依赖全球开放式创新模式下外部研发创新主体的技术供给,基于成本最小化的原则忽视了产业链发展过程中建设具备自主创新能力的产业生态系统。外循环主导的全球开放式创新范式下,产业发展过程中的技术创新模式依赖外向型开放式创新模式,使得产业内的龙头企业忽视自身的研发创新体系内生能力建设,在部分关键产业与关键核心技术领域缺乏积累能力,长此以往导致产业链在嵌入全球价值链的过程中陷入"低端锁定"的困境,且创新链建设迟缓,一旦产业链出现全球的"断链"风险,就会出现创新链对产业链的再造支持能力不足。产业发展过程中的部分关键核心技术对外依存度偏高,在近年来中美贸易摩擦加剧的背景下,一系列制约产业迈向全球价值链中高端的"卡脖子"问题凸显。

因此,在"双循环"新发展格局下,内循环主导的全新创新生态系统建设要求政府在设计产业技术政策的过程中改变以技术换市场、以补贴换技术投资等旧有模式,而是以产业基础设施工程建设与能力提升、产业共性技术供给等制度优化为目标开展产业技术政策设计。

基于此,我国的产业技术创新需要逐步摆脱开放式创新下对外部技术供给的过度依赖,转向基于产业共性技术创新能力提升与企业自主创新能力提升两大创新工程,推动我国产业链的科技安全与稳定性。在破解制约战略性新兴产业发展的"卡脖子"技术时,需要着重区分应用性的共性技术研究与基础性的共性技术研究两种类型下的不同产业技术政策供给思路。在面向应用性的产业共性技术的政策供给中,需要强化环境层面与供给层面的产业共性技术创新政策的组合运用,这类产业政策工具包括产业技术设施建设、产业公共服务平台以及系列法律法规与税收优惠等。在面向产业基础性共性技术的研究中,则需要着重强化需求层面的产业政策供给思路,使政府在产业共性技术的基础研究领域中发挥科技资源的主导配置权,强化政府财政资源对共性技术涉及的基础学科的支持力度,提高 R&D 经费在基础研究领域中的投入比例,支持面向产业共性基础性技术研究的新型研发机构的基础研究,并利用政府采购等需求层面的产业技术政策来为共性技术研发与公益性服务提供财政资源支持。

第三,以竞争中性为原则重塑公平竞争的产业技术创新政策体系。长期以来,以政府主导的产业技术政策具有强所有权偏好与强规模偏好,即国有企业与大企业优先造成了国内不同所有制企业与不同规模企业的竞争失序,导致大量企业改变了其创新路径追求政企关联与政企寻租,造成创新资源的配置扭曲,严重破坏了产业发展过程中的公平竞争秩序,导致产业内不同创新主体之间的创新竞争强度偏离市场化下的最优竞争状态,破坏了企业创新的可持续意愿与创新能力建设。长期的强选择性导致大量企业开展一系列并不能真正提升技术创新能力的活动去获得相应的财政补贴与税收优惠,拉大了潜在创新产出与实际创新产出的偏差,导致我国产业发展过程呈现出"大而不强",创新模式粗放成为制约我国产业链迈向中高端的巨大障碍。

在这个意义上,制定以公平竞争导向为主要目标的产业技术政策成为"双循环"新发展格局下提升我国产业整体创新能力并迈向产业高质量发展的必由之路,基于此,"竞争中性"成为未来推进我国产业高质量发展过程中产业技术政策设计的必然选择,需要将竞争政策放置在产业技术政策设计过程中的优先地位。实质上,"竞争中性"最早在1993年的澳大利亚《国家竞争政策审查》(National Competition Policy Review)中提出;在1996年的《联邦竞争中立政策声明》中,"竞争中性"被定义为政府(主要指政府具有所有权的企业)在参与重大商业活动中,不能凭借自身的身份,利用立法或者财政方面的权力,获得相对于私人企业竞争者的竞争优势,但是在非营利、非商业等公益性活动中并不适用此原则。OECD进一步阐释了竞争中性的主要内容与标准,竞争中性包括公共服务义务、税收中性、监管中性、债务和补贴中性、政府采购中性等多种类型。

构建以竞争中性为原则的产业技术政策需要着重从三大层面发力:第一,对当前既有的产业技术政策中违背竞争中性原则的系列选择性产业政策予以系统分类、评估与清理,对有损公平竞争(比如存在明显的国有企业优先、大企业优先)的倾斜式产业技术政策在合理的期限内予以清理退出,但是这一过程需要采取渐进式退出的思路,避免由于行政手段的一刀切对微观创新主体带来既有利益损害。第二,加快面向公平竞争导向的竞争性产业技术政策体系建设,积极借鉴欧美发达国家在市场化进程中构建公平竞争产业技术政策的先进经验,加快适应我国国情、产情、企情的公平竞争政策体系建设,强化《反垄断法》在微观主体市场竞争过程中的执法强度,保持反垄断机构审查的独立性与专业性,尤其是在数字化平台经济时代,面向新经济领域的产业竞争,更需要加快《反垄断法》的制度创新与范畴应用,统筹建设面向传统产业与新业态的公平竞争政策体系。第三,在微观层面以当前混合所有制改革为依托,强化各类国有企业在混改交叉持股中的竞争中性原则,探索面向国有资本投资与资本运营公司的新型国有资本管理体系,逐步解决国有企业与民营企业在参与市场竞争过程中的差别化待遇问题,以新一轮混合所有制改革推动国有企业与民营企业实现创新链、产业链之间的"国民共进"。

思考题

1. 市场失灵对技术创新的影响表现在哪些方面?
2. 政府是如何在创新市场失灵领域发挥作用的?
3. 产业政策对技术创新的影响机制是什么?
4. 产业政策和创新政策的差异体现在哪些方面?
5. 中国的创新政策演进划分为哪些阶段?

第 6 章
金融、资本市场与创新

本章将重点介绍金融机构和资本市场在创新实践中的运作机制和重要作用。

6.1 金融机构和资本市场

改革开放以来,中国金融机构和资本市场伴随着中国金融体制的改革获得了长足发展,成为国民经济的重要支柱和财政来源。对此本节将介绍金融机构和资本市场的不同类型、功能和特征。

6.1.1 金融机构的主要类型

1. 金融调控与监管机构

金融调控与监管机构是依照国家法律法规,对金融机构及其在金融市场上的活动进行监督、约束和管制的国家金融管理机构。其基本任务是根据法律法规的授权,按照分业监管的原则,制定和执行有关金融法律法规,完善金融活动运行规则和提供相关的金融服务,并对有关的金融违法违规行为依法进行调查和处罚,以维护金融业公平有效的竞争环境,防范和化解金融风险,保障国家金融体系的安全与稳健运行。中国金融调控和监管机构包括"一行一局一会",即中国人民银行、国家金融监督管理总局和中国证券监督管理委员会。

2. 政策性金融机构

政策性金融机构是指由政府创立,以贯彻政府的经济政策为目标,在特定领域开展金融业务并不以营利为目的的专业性金融机构。1994 年中国政府设立的国家开发银行、中国进出口银行、中国农业发展银行三大政策性银行,均直属国务院领导。

3. 商业性金融机构

商业性金融机构是指提供各种金融服务,参与市场竞争,以利润最大化为经营目标的金融企业,主要包括商业银行、证券业和保险业三大体系。

中国的商业银行大体上可以分为五类：第一，四大国有商业银行。居于中国金融机构体系主体地位的一直是四家国有商业银行：中国工商银行、中国农业银行、中国银行和中国建设银行。第二，全国性股份制商业银行。大多数全国性股份制商业银行由中央政府、地方政府、国有企业集团或公司、集团或合作组织等出资创建，后来先后实行股份制改造。目前，我国共有12家持全国经营牌照的股份制商业银行：招商银行、中信银行、华夏银行、中国光大银行、上海浦东发展银行、中国民生银行、兴业银行、广发银行、平安银行（原深圳发展银行）、浙商银行、渤海银行、恒丰银行（原烟台住房储蓄银行）。第三，城市商业银行。大多由此前的城市信用社、城市内农村信用社及金融服务社合并而来（前身叫"城市合作银行"），由城市企业、居民和地方财政投资入股组成。第四，农村商业银行。为进一步推进农村金融改革，部分地区的农村信用社改制成为农村商业银行。第五，村镇银行。它是指经国家金融监督管理总局依据有关法律、法规批准，由境内外金融机构、境内非金融机构企业法人、境内自然人出资，在农村地区设立的主要为当地农民、农业和农村经济发展提供金融服务的银行业金融机构。

证券业体系主要包括以下机构：①证券交易所。证券交易所是依据国家有关法律，经政府证券主管机关批准设立的集中进行证券交易的有形场所。内地目前有3家证券交易所：上海证券交易所、深圳证券交易所和北京证券交易所。②证券公司。在我国，证券公司是指依照《中华人民共和国公司法》和《中华人民共和国证券法》的规定设立并经国务院证券监督管理机构审查批准而成立的专门经营证券业务，具有独立法人地位的有限责任公司或者股份有限公司。③投资基金。投资基金是一种利益共享、风险共担的集合投资方式，即通过发行基金单位、集中投资者的资金，由基金托管人托管，基金管理人管理和运用资金，从事股票、债券、外汇、货币等金融工具投资，以获得投资收益和资本增值。④QFII与RQFII。QFII（Qualified Foreign Institutional Investors）是合格的境外机构投资者的英文简称，QFII机制是指外国专业投资机构到境内投资的资格认定制度。RQFII（RMB Qualified Foreign Institutional Investors）是指人民币合格境外投资者。⑤中介服务机构。中介服务机构有证券登记结算公司、证券评级机构、证券投资咨询机构、会计师事务所、律师事务所等。

保险公司是以经营保险业务为主的金融组织，它具有其他金融机构不可替代的重要作用。对于单位和个人，它具有分散风险、消减损失的功能。保险公司的经营原则是大数定律和概率论所确定的原则。保险公司的保户越多，承保范围越大，风险就越分散，也就能够在扩大保险保障范围、提高保险社会效益的同时，聚集更多的保险基金，为经济补偿建立雄厚的基础，保证保险公司自身经营的稳定。

其他商业金融机构还包括：①信托投资公司。信托投资公司是以资金及其他财产为信托标的，根据委托者的意愿，以受托人的身份管理及运用信托资产的金融机构。②财务公司。财务公司是金融业与工商企业相互结合的产物，是以经营消费信贷及工商企业信贷为主的非银行金融机构。③金融租赁公司。金融租赁公司亦称融资租赁公司,是指主要办理融资性租赁业务的专业金融机构。④典当行。典当行是专门发放质押贷款的非正规边缘性金融机构,是以货币借贷为主和商品销售为辅的市场中介组织。⑤信用服务机构。如征信公司、信用评估机构、信用担保机构、信用咨询机构等。

4. 合作性金融机构

合作性金融机构是人们在经济活动中,为获取低成本融资和其他便利服务,按照合作制原则,以自愿入股、个人财产联合为基础,以入股者为主要服务对象,以出资者民主管理、联合劳动为经营特色的一种信用组织形式。

6.1.2 金融机构的功能

1. 便利资金融通

一国金融机构最基本的经济职能就是充当专业的融通资金的媒介,使资金盈余者的资金迅速流向资金短缺者,使资金盈余者的闲置资金得以利用,帮助资金短缺者及时获得资金,使资金发挥最大的效益。金融机构对资金的融通有直接融资和间接融资两种。直接融资中的金融机构主要是证券公司,间接融资中的金融机构主要是商业银行。通过各自独特的融资方式,金融机构在全社会范围内实现了闲置货币和货币资本的集中,并把这些货币或货币资本转化为生产过程的职能资本,使资金得到充分的利用。

2. 降低融资及交易成本

在资金融通的过程中,资金短缺者的每笔借款都可能涉及谈判、签约、履约等交易费用,资金盈余者也得花费大量时间和金钱去获取向他借钱的每一个企业或个人的各种信息并实施监督,如果没有金融机构的参与,融资成本会相当高。金融机构能够通过规模化经营和专业化运作,合理地控制利率,在一定程度上降低融资交易中的融资成本,并可以节约融资交易中的各项费用支出,降低交易成本。

3. 改善信息不对称的状况

在融资活动中,资金需求方所拥有的市场信息会远远大于资金供给方所获得的信息。由于信息不对称,贷款者很难了解到借款者的信用状况,往往造成信用风险频发、不利于资金融通的局面。而银行等金融机构有比较完善的信用评级制度和管理体系,可以清楚地了解每个借款人的信用和财务状况,因此能够及时搜集获取关于借款人真实完整的信息,据此选择合适的借款人和投资项目,将客户提供的资金借贷给经营状况良好的公司,对所投资的项目进行专业化的监控,改善信息不对称的状况。

4. 转移和管理风险

借贷市场上众多债务人发行的债券按各自的性质和质量具有不同的风险。金融机构能够汇聚无数小额投资者的资金,成为规模庞大的机构投资者;金融机构可以将资金分散投资于各种不同性质甚至不同国家的项目和证券;还可以通过分散贷款将风险较高的资产转变为风险较低的资产。这样,就能够将风险降至最低水平。

5. 提供便利的支付方式和多种金融服务

随着经济的发展和全球化趋势不断增强,各种跨地域、跨国际的支付活动日益频繁,这给交易者带来了很多麻烦和风险。金融机构都广泛应用了先进的计算机技术和网络技术,现金交易日趋减少,它们为客户提供支票、信用卡、借记卡和资金电子划拨等支付方式。这些支付方式降低了交易费用,加快了资金周转,促进了社会经济的发展。在现代经济中,资金的需求者对金融服务的要求是多方面的,除融通资金、划拨资金外,还有债权债务的清算、信用担保、信托咨询等,金融机构一般都能提供这些业务。因此,资金需求者除了通过金融中介机构进行融资,还可以获得多种金融服务。

6.1.3 资本市场的主要类型

资本市场是指进行期限在1年以上的中长期金融工具的发行和交易的市场。相对于货币市场,资本市场的金融工具期限长、流动性低、风险高但收益大。参与资本市场的主体包括政府、企业、各种金融机构和个人投资者,数量较多。因为资本市场上发生的投融资期限较长,所以往往能够促进物质资本的形成,对国民经济的发展具有较为直接的作用。

资本市场可以分为以下六类:

第一,股票市场。股票是有价证券的一种主要形式,是指股份有限公司签发的用以证明投资者向公司提供资本的权益合同。股票市场根据股票状态可以分为股票发行市场和股票流通市场。股票发行市场又被称为股票"一级市场",是指公司直接或通过中介机构向投资者出售新发行的股票的市场。股票流通市场又被称为股票"二级市场",是投资者之间买卖已发行股票的场所。

第二,债券市场。债券是政府、公司或金融机构向投资者筹措资金时提供的债权债务凭证。它要求发行人按约定的时间和方式向投资者支付利息和偿还本金。债券发行者与投资者之间是一种债权债务关系,债券发行人即债务人,投资者(或债券持有人)即债权人,债券的本质是债的证明书,具有法律效力。

第三,证券投资基金市场。它是通过发行基金券(基金股份或收益凭证),将投资者分散的资金集中起来,由专业管理人员分散投资于股票、债券或其他金融资产,并将投资收益按出资比例分配给基金持有者的一种投资制度。

第四,二板市场。它是与主板市场相对应的概念,又称创业板市场(growth enterprises market),是在证券主板市场之外,为中小企业和新兴企业筹集长期资金而设立的证券交易市场。建立创业板市场旨在支持那些暂时不符合主板上市要求但成长性强的中小企业,特别是高科技企业的上市融资。因此,它的建立将大大促进那些具有发展潜力的中小型创业企业,特别是成长性强的新兴高科技公司的发展。

专栏 6-1　沪港通

沪港通是指上海证券交易所和香港联合交易所允许两地投资者通过当地证券公司(或经纪商)买卖规定范围内的对方交易所上市的股票,是沪港股票市场交易互联互通机制。

沪港通包括沪股通和港股通两部分。沪股通是指投资者委托香港经纪商,经由香港联合交易所设立的证券交易服务公司,向上海证券交易所进行申报(买卖盘传递),买卖规定范围内的上海证券交易所上市的股票。港股通是指投资者委托内地证券公司,经由上海证券交易所设立的证券交易服务公司,向香港联合交易所进行申报(买卖盘传递),买卖规定范围内的香港联合交易所上市的股票。

沪港通由中国证监会在 2014 年 4 月 10 日正式批复开展互联互通机制试点。证监会指出,沪港通总额度为 5 500 亿元,参与港股通个人投资者资金账户余额应不低于人民币 50 万元,港股通正式启动需 6 个月准备时间。2014 年 11 月 17 日,沪港通开通仪式在香港联合交易所举行,标志着沪港通正式开通。

思考:沪港通的开通对中国的股票市场产生了怎样的影响?

第五,期货市场(futures market)。它是买卖期货合约的市场。期货交易最早产生于美国,第一个近代期货交易所芝加哥期货交易所(Chicago Board of Trade,CBOT)的成立,标志着期货交易的开始。期货市场由期货交易所、期货结算所、期货经纪公司和期货交易者四部分构成。期货市场具有规避风险、发现价格和风险投资的功能。规避风险是指生产经营者通过在期货市场上进行套期保值业务,有效地回避、转移或分散现货市场上价格波动的风险。发现价格是指在期货市场通过公开、公正、高效、竞争的期货交易运行机制形成具有真实性、预期性、连续性和权威性价格的过程。期货交易所聚集了众多买方和卖方,把自己掌握的某种商品的供求关系及其变动趋势的信息集中到交易场,使期货市场成为一个公开的自由竞争市场,形成的期货价格能够比较准确地反映真实的供求状况及变动趋势。风险投资功能是指获取风险收益的功能。

专栏 6-2　股指期货

股指期货(share price index futures)全称是股票价格指数期货,也可称为股价指数期货、期指,是指以股价指数为标的物的标准化期货合约,双方约定在未来的某个特定日期,可以按照事先确定的股价指数的大小,进行标的指数的买卖,通过现金结算差价来进行交割。作为期货交易的一种类型,股指期货交易与普通商品期货交易具有基本相同的特征和流程。

股指期货的主要用途有三个:第一,对股票投资组合进行风险管理,即防范系统性风险(我们平常所说的大盘风险)。通常我们使用套期保值来管理股票投资风险。第二,利用股指期货进行套利。所谓套利,就是利用股指期货定价偏差,通过买入股指期货标的指数成分股并同时卖出股指期货,或者卖空股指期货标的指数成分股并同时买入股指期货,来获得无风险收益。第三,作为一个杠杆性的投资工具。由于股指期货保证金交易的机制,只要判断方向正确,就可能获得很高的收益。例如,如果保证金率为10%,买入1张标价为1000的沪深300指数期货,那么只要期货价格涨了5%,相对于100元保证金来说,就可获利50,即获利50%,当然如果判断方向失误,也会发生同样的亏损。

第六,期权市场及其他衍生品市场。期权(option)是一份具有选择权的合约,期权买方拥有在约定期限的时间内以约定价格买入或卖出标的资产的权利;而期权卖方则通过卖出这样一份权利获取权利金,但期权卖方也同时承担了兑付合约的义务。期权合约中注明的日期被称为到期日,注明的价格被称为执行价格。金融衍生品市场(financial derivatives market)是指由主体、客体、载体及监管者所构成的一个完整的交易体系。当前,国内衍生品市场主要有外汇掉期、互换和权证市场三类。

6.1.4 资本市场的功能

资本市场在功能定位上同时具有本质性和外延性,本质性体现在资本市场微观功能的发挥上,外延性则体现在资本市场宏观功能的发挥上。因此,对资本市场功能定位的研究往往涉及微观和宏观两个层面的分析。

资本市场的微观功能主要归纳为五个方面:

第一,投融资功能。资本市场的投融资功能主要包含两层意思:一是融资功能;二是投资功能。一方面,对于利用各种证券发行筹集资金的企业和政府来说,资本市场为证券发行者提供多方面的筹资便利,不但提高了融资效率,而且节约了筹资成本;另一方面,对于证券投资者来说,资本市场不仅为其提供投资选择的机会,而且强化投资者金融意识,是资本市场发育程度的重要标志。

第二,资源配置的功能。资本市场配置资本资源效率较高,其主要原因是:首先,资本市场是直接配置资本资源的一种方式;其次,它可以降低资本资源的交易成本。除此之外,由于资本市场流动性而带来的资本市场的兼并收购活动,是对资本在初次配置的基础上进行的再配置,使资本资源在初次分配中不合理的部分通过资本市场兼并收购机制变得合理。

第三，监管资本经营者功能。资本市场是公开、竞争的市场，成熟的资本市场上有一整套旨在保护投资者利益的市场监管法规，对市场准入及退出有着严格的规范，只有满足并按照这些市场规范运行的公司，才能获得和保持在资本市场上的融资权，对上市公司的经营起着监控的作用。

第四，定价资本风险功能。风险定价具体是指对风险资本的价格确定，反映的是资本未来收益与风险的一种函数关系，在资本资源的积累和配置过程中发挥重要作用。首先，它决定了风险资本的占有条件，只有支付起一定风险报酬的融资者才能获得资本资源的使用权，保障稀缺资本资源只流向使用效率最高的企业或部门。其次，企业收益的自留或分配部分地反映对预期收益和企业风险资本价格（股票价格）的考虑。

第五，提供资本流动性功能。发达资本市场具备存量资本所有权转移机制，使得投资者在资本市场购买金融工具后在一定条件下可以出售持有的金融工具。这种出售的可能性或便利性，被称为资本市场的流动性功能，它是前述各功能发挥的前提。

资本市场除了微观上筹集配置资金资源的功能，还要宏观上发挥社会资源的有效利用和优化配置的作用；既要在微观上为优质企业筹集到足够资金，又要在宏观上实现国民经济运行机制和资源利用的根本改善。资本市场的宏观功能体现在以下四方面：

第一，国民经济发展的"晴雨表"。资本市场素有"经济晴雨表"之称。经济状况不是静止不动的，而是经历着繁荣、衰退、萧条和复苏四个阶段的周期波动。资本市场上交易双方形成的价格机制，综合了人们对于经济形势的预期，能够较全面地反映经济发展过程中表现出的有关信息，特别是经济活动中人们的心理变化。这种心理预期必然反映到投资者的投资行为中，从而影响资本市场的价格。

第二，经济增长的"发动机"。资本市场通过提高投资效率和生产率，刺激消费增长。它主要通过储蓄转化为投资、投资带动生产增长和改变储蓄率这三个机制实现。

第三，产业结构升级的"助推器"。上市公司的结构反映着产业结构，并决定了产业结构的发展趋势。国有经济的战略性调整以国家的产业政策为导向，通过宏观调控手段和市场机制，依托上市公司在资本市场上的金融活动来实现，并以国有资产的优化重组带动产业结构的优化。

第四，新体制的"孵化器"。资本市场的发展为正在进行的所有制结构调整和产权制度改革提供了市场环境。发达的资本市场与发达的市场经济体制是相辅相成的。改革开放的实践已经证明，资本市场对企业改制、产业重组、体制转轨具有明显的推动作用。大批国有企业改制上市，不仅有助于推动国有资产的战略性调整与重组，而且能够大大促进产权制度改革，构建产权清晰的现代企业法人治理结构，培育富有竞争力的市场主体。

6.2 金融机构和资本市场的创新趋势

6.2.1 普惠金融

联合国将"普惠金融"定义为"为了满足社会各阶层的金融服务需求,给他们提供有效的金融服务"。与传统金融相比,普惠金融更多服务于中小企业和低收入人群,给他们提供更为多元、丰富的金融服务。2016 年,G20 峰会将"数字普惠金融"定义为"利用数字金融服务来促进普惠金融发展的行动",将普惠金融与"数字"相结合,为全球普惠金融的健康、有序发展提供了指导。新型数字金融模式已成为普惠金融的重要原动力和增长点。数字普惠金融是指以移动互联网、大数据、云计算、区块链等现代数字技术为实现条件,满足社会各阶层的金融服务需求,尤其是针对被传统金融体系排斥在外的中小企业等弱势群体,为其提供具有普遍性、多元化、个性化的金融服务,解决其融资难、融资贵等问题。

数字普惠金融是在传统金融体系上发展而来的,在初期阶段,传统金融业务开始向互联网化转型。在中国,2013 年京东、百度、阿里巴巴等公司相继进军互联网金融。基于互联网技术的发展和智能移动设备的普及,移动支付迅速发展,线上渠道增加了金融服务的供给力度。例如,有些农村商业银行推出了银联在线等业务,还设置便民金融站点提供信贷、小额支付等多项金融服务。

之后大数据、云计算及人工智能等数字技术与金融服务实现深度融合发展,技术驱动金融服务创新,逐渐形成的新业态降低了运营成本,扩充的业务办理渠道则增大了金融服务的覆盖面。现阶段,数字普惠金融吸引了更多的非银行金融机构参与金融产品创新设计,重塑了传统金融服务模式。

与传统金融相比,当前我国数字普惠金融呈现以下几个特点:第一,可获得性更强。数字普惠金融利用互联网、云计算等数字技术,不受时间和空间限制,可以使得需求对象更容易获得金融服务。第二,金融主体更加多元化。数字普惠金融的参与主体包括商业银行、金融科技企业、非银行金融机构等,覆盖面广。第三,服务成本更低。数字技术的运用让普惠金融不再依赖于物理网点,通过互联网、移动通信就可提供金融服务,成本极大降低。

鉴于我国当前金融创新的主要表现是数字普惠金融,且其突出的形式是互联网金融和基于区块链的数字货币,本节将对这一部分进行更为详细的介绍。

6.2.2 互联网金融

当前,业界和学术界对于互联网金融的概念尚无明确的、公认的定义,只是对互联网第三方支付、P2P 网贷及众筹融资等典型业态分类有比较统一的认知。按照《中国金融稳定报告(2014)》中的界定,互联网金融是互联网与金融的结合,是借助互联网和移动通信技术实现资金融通、支付和信息中介功能的新兴金融模式。广义的互联网金融既包括作为非金融机构的互联网企业从事的金融业务,也包括金融机构通过互联网开展的业务。狭义的互联网金融仅指互联网企业开展的基于互联网技术的金融业务。

我国当前的互联网金融发展格局同时包括传统金融机构和非金融机构基于互联网的创新,其中传统金融机构将其原有业务电商化和互联网化,非金融机构则利用互联网技术运作各种模式的投融资和支付平台。

具体来说,可将互联网金融在我国的发展模式分为如下六种:

1. 第三方支付

第三方支付是电子支付方式的一种,它通过一定的手段为交易双方提供信用担保,进而降低网购交易的风险,提高网购成功的可能性。广义上讲,第三方支付是指非金融机构作为收款人、付款人的支付中介所提供的网络支付、预付卡、银行卡收单以及中国人民银行确定的其他支付服务。如今的第三方支付服务已不仅仅局限于互联网平台,线上、线下相结合的综合支付模式使得第三方支付的应用范围更加广阔。

2. P2P 网络贷款平台

P2P 网络贷款平台是指不同的网络节点之间的小额借贷交易,需要借助电子商务专业网络平台帮助资金供求双方确立借贷关系并完成相关的交易手续。借款者可自行发布包括金额、利息、还款时间和还款方式等内容在内的借款信息,通过 P2P 平台搜寻到有出借意愿和出借能力的贷款人,完成自助式借贷。

3. 众筹融资

众筹融资是指融资者借助互联网上的众筹融资平台,为其项目向广泛的投资人融资;同时每位投资人通过少量的投资金额从融资者那里获得实物或者股权回报。目前的众筹融资通常是一些创业企业、艺术家或个人展示他们的创意及创新项目,吸引投资人的关注,进而获得资金的支持。

4. 大数据金融

大数据金融是指集合海量非结构化数据,并对其进行实时分析,从而为互联网金融机构提供客户的全方位信息。通过分析和挖掘客户的交易和消费信息掌握客户的消费习惯,并准确预测客户行为,金融机构和金融服务平台可以在营销和风控方面有的放矢。

5. 互联网金融门户

互联网金融门户是指利用互联网进行金融产品的销售以及为此提供金融服务的第三方平台,它的核心价值体现为渠道价值。在此种模式下,各家金融机构将金融产品放在互联网平台上,潜在客户通过垂直比价的方式,自主选择适合的金融产品。此平台不参与交易和资金融通,主要扮演着信息媒介的角色,其实质功能是"搜索＋比价",因此不存在太高政策风险。

6. 信息化金融机构

信息化金融机构是指银行、证券和保险等金融机构借助信息技术,对其传统运营流程进行改造或重构,实现全面电子化的经营管理模式。以银行为例,其传统的贷款业务呈现流程化和固定化的特征,银行出于成本节约和风险管控的需要,倾向于向大型企业和机构提供金融服务。通过信息技术的应用,银行可以有效缓解信息不对称的问题,为其与中小企业的合作创造了条件,深化了金融机构服务于实体经济的职能。

互联网金融在我国的发展历程大体可以被分成以下三个阶段:

第一个阶段是2005年以前。互联网与金融的结合主要表现为商业银行等金融机构借助互联网把业务从线下搬到网上,金融机构获得了技术上的支持,当时还没有出现真正意义上的狭义的互联网金融业态。

第二个阶段是2005—2011年。2005年我国互联网网民数量首次突破1亿大关,互联网使用群体的扩张催生了人们对金融服务的大量新需求。网络借贷模式开始在我国萌芽,第三方支付机构也逐渐成长起来,互联网与金融的结合开始从技术领域向金融业务领域渗透。这一阶段的标志性事件是2011年中国人民银行开始发放第三方支付牌照,可以称之为"第三方支付牌照年"。当年中国人民银行陆续发放了40张支付牌照,并出台了一系列法规进一步规范第三方支付市场,第三方支付机构进入了规范发展的轨道。

第三个阶段是2012年至今。2012年,中国平安在中期业绩发布会上证实,其正在与阿里巴巴、腾讯筹划设立互联网金融公司,自此正式掀开了互联网金融概念的狂潮。2013年被称为"互联网金融元年",中国人民银行发布的2013年第二季度《中国货币政策执行报告》中首次在官方文献中使用了"互联网金融"一词,随后该词出现在了2014年国务院《政府工作报告》中,互联网金融的概念正式得到官方认可,同时互联网金融在当年迅猛发展。从此,P2P网络借贷平台快速发展,众筹融资平台开始起步,第一家专业网络保险公司众安在线财产保险股份有限公司获批,一些银行、券商也以互联网为依托,对业务模式进行重组改造,加快建设线上创新型平台,互联网金融在我国的发展进入全新阶段。互联网金融发展十分迅猛,在势头最盛的时期延伸出多种发展模式(见图6-1)。

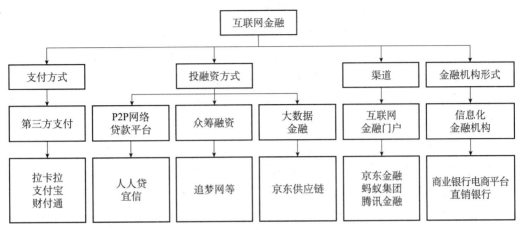

图 6-1　互联网金融发展模式

6.2.3　区块链技术下的数字货币

区块链技术的实质是建立在分布式基础上的一个去中心化的数字账本。它利用分布式的数据存储，将作为密码的数字签名以及必要的交易数据共同存储在一个区块上。在密码学代替信任机制的基础上，让区块之间进行点对点的信息传输，从而形成了一种几乎不可更改、容错量巨大的分布式数据库。区块链技术的主要部分是分布式，而它的分布式、去核心结构不代表没有核心，区块链只是将大核心进行分散、弱化。因此，区块链上的每个区块都可以看作独立运行的节点，它们都拥有完整的运行结构，进而每个区块都可以视为一个弱化后的核心。

区块链作为底层技术，为未来许多行业的变革构建了全新的框架。从2008年中本聪发表的第一篇神秘论文开始，到如今对区块链技术在未来世界的应用的展望，区块链的进化主要分为三个阶段：区块链1.0技术时代、区块链2.0技术时代以及区块链3.0技术时代。

从第一阶段区块链技术被局限于比特币以及与比特币类似的货币开始，到第三阶段对区块链技术的展望，区块链技术已经远远超出了"区块链之父"中本聪最初的设想。这种起源于"比特币"的底层技术，不仅颠覆了金融业，还给人类的社会活动带来了全新的机制——这种机制不依靠任何法律、口头约定、书面合约，而是依靠编辑好的程序来运行，即使是编写程序的人，也不能改变程序运行的过程以及结果。

第一阶段：区块链1.0技术时代——数字货币。最初甚至还没有"区块链"的概念的时候，区块链技术就已经被运用到比特币的研发中了。比特币作为"钱"的一种表现方式，可以用来支付、交易等，其运用的是计算机中的数据。全球每天都有许多比特币的支持者,即"矿工"在不断地"挖矿",直到比特币达到它的上限 2 100 万个为止。被挖掘出来的比特币可以在特定的交易系统中被当作金钱去使用。因此,货币可以用来支付、交易的特点,成为最初比特币的显著特性。所以区块链 1.0 时代,就是诞生于中本聪之手的最初的区块链技术应用方向——"无第三方信任机构"的数字货币时代。

第二阶段:区块链 2.0 技术时代——智能合约。区块链 1.0 技术时代是在金钱支付、交易上"除去第三方信任机构",2.0 技术时代则是实现行业中的"去中心化"。此时区块链技术不仅被用在类似比特币的数字货币中,还被运用在各种协议中,如众筹、基金、私募股权、养老金、贷款合同、公证等。区块链 2.0 技术时代最主要的部分就是区块链技术实现了智能合约。因为随着比特币等数字货币的流行,区块链技术被逐渐挖掘,人们发现区块链技术能够在计算机编程的基础上达到"信任"的目的,从而使智能合约实现了一次巨大的突破。

专栏 6-3　智能合约

梅兰妮·斯万(Melanie Swan)在她的著作《区块链:新经济蓝图及导读》(*Blockchain: Blueprint for a New Economy*)中提到过智能合约的三个要素——自治、自足和去中心化。首先,自治表示合约一旦启动就是自动运行,而不需要它的发起者进行任何的干预。其次,智能合约能够自足地获取资源,也就是说,通过提供服务或者发行资产来获取资金,需要的时候也可以使用这些资金。最后,智能合约是去中心化的,也就是说它们并不依赖单个中心化的服务器,它们是分布式的,主要通过网络节点来自动运行。

第三阶段:区块链 3.0 技术时代——社会活动的应用。在区块链 2.0 技术时代实现重大突破的智能合约简化了各个行业中复杂的合约手续,也让人们开始大胆尝试展望区块链 3.0 技术时代。该技术不仅仅局限于"行业"中,还能够同时在人类的社会活动中产生巨大的影响。区块链技术能够用编程完美地解决人类社会活动中产生的矛盾,从而使组织活动的效率得到提升。在斯万的《区块链:新经济蓝图及导读》中,对区块链 3.0 技术时代的描述是这样的:区块链技术能够极大地促进过去由人力来完成的各种协调和确认,促进了更高阶段的,甚至可以说是成就了全新的人机交互方式。从斯万对区块链 3.0 技术时代的描述中可以看出,区块链技术在未来社会活动中可以发挥重大作用,甚至可以改变人类活动的模式,让事先编辑好的程序来治理社会,在另外一种层面上达到"自治"的效果。区块链技术让人类社会活动在即使没有第三方机构的控制之下,也能够有序、公正地开展,进而简化了复杂的人类活动,避免了其他中心机制的参与。

6.3 金融资本市场与企业创新

6.3.1 银行信贷与企业创新

1. 银行信贷强度与企业前期创新水平

企业研发创新相比其他投资活动风险更高、周期更长,因此其收益的不确定性与信息不对称问题更突出。在创新活动过程中,由于决定研发创新成果的因素较多,其成功与否难以有效预见,偶然性的存在使得创新活动失败的概率较高,这就使得创新活动难以通过银行严格的信贷审批,因此银行信贷难以有效支持企业创新投入的资金需求。

创新活动收益的不确定性导致银行在信贷方面更倾向于选择低创新水平企业而排斥高创新水平企业。首先,企业研发创新是一项长期高风险的活动,在创新过程中难以形成稳定的现金流,而银行信贷需要定期进行偿付,创新企业现金流的约束使其偿债能力大大降低。其次,企业的研发创新需要长期稳定的研发人才,为避免研发人员的"跳槽"以及被其他企业"挖墙脚"的现象产生,企业需要支付高额的薪酬来保持研发团队的稳定,以促使研发活动正常进行。研究表明,企业研发支出中超过半数为研发人员的工资支出,这就决定了企业研发创新成果多是人力资本形成的知识产权等无形资产,而无形资产难以通过抵押获得银行信贷。最后,银行在授信时既要考虑收益也要考虑安全性,创新活动的不确定性使得资金安全难以保障,银行保守的风格显然与创新活动的高风险不匹配。

根据信息不对称理论,我们可以发现企业创新活动的信息不对称问题更显著。首先,创新企业对于创新项目的前景认识、风险水平以及成功概率有更详细的认识,而外部投资者(银行等)缺乏相应的认知。其次,创新活动具有明显的外部性,其创新成果若得不到有效保护就容易被其他企业"搭便车",导致企业研发创新收益受损,因此企业也倾向于不披露相关信息,进一步加剧了信息不对称问题。与普通投资相比,银行难以有效认识研发创新投资的风险与收益,因此银行会减少对于创新活动的信贷。

2. 银行信贷强度与企业后续创新水平

出于对资金安全的考虑,银行在授信之后会对资金用途做出相应限定与监督,导致创新企业对于资金的使用缺乏自主性,这会对企业后续的研发创新造成负面影响。这种监督主要是出于对委托代理问题的考虑。根据委托代理理论,我们知道由于企业所有权与经营权的分离,企业所有者与代理者的目标利益不一致,从而产生委托代理问题。银行在授信之后也会面临这种问题,因此会采取限定或监督来进行贷后相机治理。在获取银行信贷之后,经理人可能会过度投资创新项目,因为一旦这些项目成功,将给他们带来巨额收益;倘若失败也是由债权人来承担损失。同时企业所有者在雇用代理人管理公司时会提出相关的经营目标,代理人为了保护自身的职位安全,出于掩饰其决策失误的目的,可能会投资一些不必要的创新活动。考虑到上述问题,银行在授信之后会限制资金的支出动向,减少对高风险企业创新的投入。

企业在获得银行信贷之后会面临流动性约束问题,这是因为企业创新活动是一项高投入、长周期的活动,需要稳定的资金支持,但是其成功与否难以有效预估,无法产生稳定、持续的现金流入,因而收益存在不确定性。这与银行信贷需要定期还本付息的要求明显不匹配,企业需要考虑流动性成本与创新风险收益之间的平衡。因此企业在获得信贷资金后,为满足银行定期偿付的要求,会选择将资金投入低风险的项目,从而降低了企业后续的创新投入。

综上所述,由于存在委托代理问题与流动性约束,企业在获得银行信贷资金后,可能会选择低风险项目,从而降低企业后续创新投入。

6.3.2 资本市场与企业创新

金融市场的创新主要是为了企业发展而进行的金融工具创新。为了更好地实现利润最大化,企业在发展过程中不得不进行融资。为此,资本市场运用新的金融工具帮助企业实现融资需求。根据企业融资类型,我们主要介绍债券融资、股权融资、风险投资和产业投资基金这四类。

1. 债券融资与创新

债券融资的特征主要包括以下四方面:①偿还性。债券一般都规定了偿还期限,发行人必须按约定条件偿还本金并支付利息。债券的偿还性使得资金筹措者不能无限期地占用债券购买者的资金。②流动性。债券持有人可以按自己的需要和市场的实际状况以及市场对转让所提供的便利程度,提前收回本金和实现投资收益。③安全性。债券持有人的收益相对稳定,不随发行人经营收益的变动而变动,并且可以按期收回本金。在企业破产时,债券持有人享有优先于股票持有人对企业剩余财产的求偿权。④收益性。债券的收益性可以表现为两种形式:一是利息收入,投资债券可以给投资者定期或不定期地带来利息收入;二是买卖价差,投资者可以利用债券价格的变动买卖债券以赚取价差。

债券融资成本低和期限长的特征可以通过两个途径对企业创新产生积极影响。

第一,降低整体债务成本、减轻财务负担,促进企业创新。在内部资金有限的情况下,债务融资是中国企业进行外部融资的主要渠道,对支撑企业创新活动具有重要的作用。虽然债务融资按期还本付息的特征会增加企业财务负担,对企业创新活动产生不利影响,但与银行贷款相比,债券融资省去了金融中介为维持经营和正常盈利而附加在间接融资价格上的成本。且由于债券可以通过众多投资者分散投资风险,企业进行债券融资的规模较大,因此,企业利用债券融资,能够有效地降低整体债务成本。债务资本成本的降低,一方面将在项目评估阶段,增大创新项目的投资可行集;另一方面能通过利息支出的节约,增加企业可以利用的内源资金,保障创新活动的开展。因此,在企业整体负债水平不变的情况下,债券融资将从降低融资成本的维度优化债务结构,减轻企业的财务负担,使其拥有更多经济资源支持创新活动。

第二,延长整体债务期限、减少短贷长投的期限错配现象,促进企业创新。与一般性投资相比,创新投资具有投资周期长、调整成本高等特征。较长的投资期内,只要出现短暂的投资中断就可能导致创新项目的失败或者技术落后。这要求企业事前筹集稳定的长期资金对创新活动的开展提供充分支持,防止短贷长投下由于投资波动性造成的事后巨大损失。如果企业的债务资金主要依靠偿还期限较短的银行贷款支持,那么理性的经理人会预期到一旦贷款到期,银行不继续提供信贷支持,就会使其之前高水平的创新活动强度无法维系,出现创新项目的中断甚至终止。因而,较短的债务期限结构不利于保证企业创新投资行为的连续性和平滑性,容易使理性经理人在事前减少调整成本高昂的创新项目,以应对事后创新活动中断的风险。而债券融资偿还期限较长的特征能够显著增加企业可以利用的中长期资金,为创新活动连续、平稳地开展提供可靠保证。因此,在企业整体负债水平不变的情况下,债券融资将从延长债务期限的维度优化债务结构,进而增强企业创新投资周期与债务融资期限的匹配性,保障企业创新活动的顺利开展。

2. 股权融资与创新

股权融资是指企业现有股东为了吸收更多资金以满足企业业务发展的需要,将部分所有权转让给引进的新股东的融资方式,主要形式为吸收融资、发行股票和利用留存收益。股权融资主要有三个特点:①长期性。股权融资所募集的资金无须偿还本金,而且永久有效,使用资金没有时间限制,这对于企业的长期发展和高效运转有促进作用。②成本低。股权融资对派息没有固定要求,是否分红、分红多少,由企业结合当前经营情况决定。③不可逆性。股东投入的资金不存在还本一说,这在一定程度上减轻了企业的经营压力。

股权融资主要通过风险分散效应和监督效应促进企业创新。

第一,风险分散效应是股权融资通过改变企业融资结构,制造适合企业的最优资本结构,分散企业非市场风险,降低企业的经营风险。如果一个企业的正常经营在很大程度上需要依赖间接融资,在这种情形下,企业经营者没有投资者来分担经营风险,需要独自担负所有的经营风险。这使得企业在进行创新等具有一定风险的项目时,会更加犹豫不决,很可能错失发展的良机。考虑到股权融资的特点,公司可以通过股权融资,将其投资风险分散到一个更广泛的投资者群体,分散经营风险,进而刺激企业经营者积极主动、科学地组织企业投资。

第二,监督效应是通过企业内部监督和金融市场外部监督督促企业经营者,提升企业竞争力。内部监督体现为董事会选择企业经营者,而对企业进行股权投资的企业股东拥有董事会成员的选择权。当企业的经营者没有履行相应义务,或是在管理过程中存在侵害企业利益的行为时,股东可以行使他的权利,通过董事会更换企业经营者。然而,内部监督效应的作用程度往往取决于公司股权集中度、企业性质、股权性质等因素,其实际的效力可能较弱。外部监督效应是指当内部监督不起作用时,股东可以利用期权来替代资本市场上的控制,由此对经营者施加压力。但外部监督效应需要在高度发达的金融市场中才能发挥最佳效用。

3. 风险投资与创新

风险投资产生的原因主要有以下三方面。

第一,商业银行的功能定位于低风险的信贷业务,对过多介入高风险投资的创业企业只收取固定的利息,不符合风险—收益对等原则,因此其无法满足科技创新企业的融资需求。按照信贷配给理论,由于信贷市场存在信息不对称,一些风险较高的借款人即使支付再高的利率也无法获得银行贷款,商业银行总是把贷款利率设定在市场出清利率以下的水平,倾向于给处于成熟壮大期的抵押充足的企业提供融资,但对于处于起步阶段的初创型企业兴趣不大,致使该类企业很难获得信贷融资。理论界普遍认为,不同融资方式具有不同的相对优势,项目风险越高,多样化程度越高,对银行中介吸引力越小。

第二,创新活动资金需求大且投资回收周期长,商业银行资金来源的短期化决定了其很难将大量资金配置到创新领域。而风险投资追求中长期(通常在五年左右)投资回报,其较强的风险承受能力使其能够专注于科技创新活动的长期增长,尤其是可以为资金投入量较大的新技术孵化阶段提供资金支持。

第三,资本市场较高的上市门槛总体上有利于较成熟的大中型企业融资,导致稚嫩的创业型企业通过公开资本市场融资的难度较大。不仅如此,严格的信息披露具有一定的外部性,容易泄露创新活动的商业机密,引起竞争对手的模仿和赶超,导致创新企业风险—收益不对等。与传统的商业信贷和公开市场融资相比,风险投资者为创业活动提供资本支持以及相应的非金融服务,既专注于创新项目的市场,又专注于创新项目的科学价值,并着力于对创业型企业的辅导和帮助,促进高新技术成果转化,从而获得高资本收益。

风险投资通过缓解企业融资压力为企业创新提供资金支持,促进企业技术进步。企业进行技术创新需要大量的资金投入,但一些专注于技术创新的企业成立时间短、抵押资产少、风险水平高,这些特点决定了它们很难从传统金融机构那里获得大额贷款。因为传统金融机构普遍是风险规避型的,而贷款给创业型企业不但需要付出更多的监督成本,还要承担高风险,而且传统金融机构存在利率上限的管制,无法通过提高利率来充分抵消企业的高风险。然而,风险投资机构能通过参股、参与治理与分阶段投资等方式应对创业型企业的高风险。因此,风险投资成了想要进行技术创新但又受融资约束的企业较为理想的融资方式。风险投资者之所以愿意承担风险,原因是其投资的多个项目中只要有少数项目成功,就足够弥补失败成本。不同金融机构具有不同的风险承受能力,创新活动的高风险性使得传统的商业银行信贷和资本市场无法满足其融资需要,追逐高风险、高收益的风险投资成为科技创新活动的重要资金提供者。

风险投资还可以运用自身专业优势和资源整合能力,为创新活动提供业务支持,降低科技创新风险。某种程度上,风险企业家、企业经营者和风险资本家的行为目标具有契合性。风险资本家广泛参与企业战略制定、人事安排、融资规划,提供高水平的创业指导、业务引领、团队促成等,既能提高创业型企业的内部治理水平,也能降低风险投资与创业活动间的信息不对称程度,大大提高创业型企业的成活率,最大限度地发挥资源配置优势,从而获得最高回报。在科技创新的全过程中,风险投资发挥作用的环节主要体现在新技术孵化到产业化创新这一阶段。这是因为在上游知识创造环节主要依赖政府投资,风险投资没有介入意愿,而在下游产业化创新环节主要依靠市场性金融,风险投资通常会逐步退出。但是,风险投资却是科技创新发展的必要条件,在最需要创新投入的科技创新的中游环节,风险投资的作用几乎无法替代。纵观世界各国科技发展历史,风险投资发展得比较好的国家和地区,一般科技创新水平也处于较高水平。因此,一国政府能否实施有利于风险投资发展的政策,实际上直接关系到该国未来的科技创新。

4. 产业投资基金与创新

产业投资基金(简称"产业基金")被界定为一种对未上市的公司展开股权投资及提供经营管理服务的利益共享、风险共担的集合投资机制,它的运行机制如图6-2所示。首先上市公司通过向广大投资者发行基金份额成立基金公司,然后由基金公司担任基金管理人或者另外委托基金管理人负责管理基金资产,之后委托基金托管人托管基金资产,最后利用基金资产开展创业投资、企业重组投资等实业投资活动。简单来说,产业投资基金是指直接投资于产业,主要为未上市的公司提供资金支持,并对其资本进行集合投资的机制,包括创业投资基金、并购基金、风险投资基金等多种形式。

产业投资基金的组织形式通常有三种:有限责任公司制、有限合伙制和信托制。国内大多数产业投资基金选择有限合伙制,主要是因为有限合伙制能在很大程度上解决基

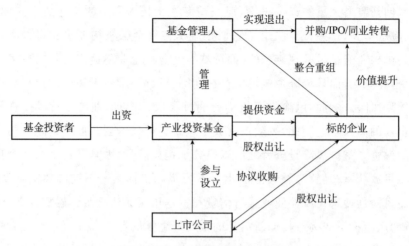

图 6-2 产业投资基金运行机制

金管理人和基金投资者之间因信息不对称而引发的利益矛盾,从而化解委托代理问题。根据《中华人民共和国合伙企业法》的相关规定,上市公司不得成为普通合伙人,因此,在设立产业投资基金的运行模式中,上市公司担任有限合伙人(limited partner,LP),而投资机构或新设的投资管理公司等通常担任普通合伙人(general partner,GP)。这两种合伙人都是基金的投资人,但在权利和义务上存在差异:通常普通合伙人又担任基金管理人,对产业投资基金的日常管理和运作负责;而有限合伙人不负责具体的经营管理事宜,但会借助合伙协议明确自身的权利。

产业投资基金的作用机制主要体现在以下三方面的引导效应:一是资本引导效应。创业投资活动具有高风险、投资回报不确定的特点,尤其是早期阶段的创新创业项目普遍存在种子资金匮乏、融资困难等市场失灵问题,这就为产业投资基金的介入提供了可能。二是创新创业引导效应。创新创业活动具有非常强的外部性,私人创业投资机构通过出资促进企业创新创业的同时,其成果极容易被其他投资机构和企业效仿,从而很有可能造成创新资本的供给不足。产业投资基金在制度安排上可通过适当的利益让渡方式吸引市场资本进入,解决早期投资由于风险过高、信息不对称而产生的逆向选择问题。三是产业引导效应。产业投资基金能够引导创业资本的行业配置,对培育地区高新技术产业发展起着关键性作用。一些新兴的前沿产业往往具有较高的风险,产业投资基金的介入有利于降低投资项目的风险。

6.3.3 新兴资本市场与企业创新

金融资本市场是现代经济配置资源的核心,一方面,其高效运转可以改善实体经济的投融资效率,促进经济更好地发展;另一方面,金融规模快速扩张、金融交易投机成分过多会加大市场波动,偏离金融体系服务实体经济的初衷,甚至带来泡沫或系统性风险。随着我国金融体制改革不断深化,科技水平不断提高,金融资本市场与大数据深度融合,新的发展模式不断涌现。本节主要介绍数字普惠金融、互联网金融和基于数字经济的区块链发展对企业创新的影响。

1. 数字普惠金融对企业创新的影响

数字普惠金融扩大了金融服务的覆盖群体,信用化、便利化和移动化的数字金融服务便捷了用户使用金融产品的途径,降低了金融市场的搜集成本和风险识别成本,提高了金融服务质量和效率,为中小企业创新提供了机遇。从数字普惠金融发展促进中小企业创新的机理来看,主要体现在"增量补充"和"存量优化"两个方面。

从"增量补充"来看,数字普惠金融增加了有效供给和融资渠道。一方面,具有普惠性质的数字金融增加了传统金融市场中"长尾群体"的有效供给。中小企业是最为活跃和最具潜力的创新群体,但却是传统金融市场中的"长尾群体"。中小企业由于成本、风险等诸多因素的限制难以从传统金融市场中获得足够的金融服务。而数字普惠金融旨在为中小企业等弱势群体提供金融服务,利用人工智能、大数据、区块链等技术显著提高服务效率,拓宽应用场景,降低金融交易中的信息搜集成本和处理成本,满足中小企业对金融产品个性化的需求。金融可获得性的增加激励了中小企业创新活动的发生。另一方面,数字普惠金融丰富了传统金融市场中企业的融资渠道,互联网技术的快速发展助推了智能投顾、供应链金融的快速发展,为企业创新提供了有利条件。

从"存量优化"来看,数字普惠金融优化了传统金融服务流程,提升了业务质效。一方面,信息化技术创新了传统信用定价方式,提升了风险管理能力,在一定程度上改善了中小企业面临的信贷错配局面,缓解了融资约束;另一方面,数字普惠金融与传统金融深度融合,催生新型金融业态,低成本挖掘海量数据,减少逆向选择和道德风险问题,使得投资资金更好地服务于企业创新项目,增强了中小企业的创新发展动力。

图6-3总结了数字普惠金融在增量补充和存量优化两方面的作用。此外,数字普惠金融在人工智能、大数据技术的支撑下,也可以提升中小企业的信息技术分析能力,帮助中小企业在创新活动中做出优质判断与决策,提升中小企业的创新发展潜力。

融资约束对企业创新活动存在抑制作用,目前我国中小企业创新面临内源融资不足、外部融资难的情况。中小企业一般会先利用自身现金流来支持研发创新活动,但这往往不能满足其发展需求,仍需要通过外部渠道获取资金。但由于企业创新具有高风险、周期长、成果不确定等特点,且项目信息具有排他性,这加剧了企业管理者和外部投资者的信息不对称,同时也降低了投资者的投资意愿,增加了融资困难。此外传统金融服务供给不足、担保市场不完善等问题都是中小企业面临融资约束的原因。融资约束会抑制中小企业创新,而数字普惠金融可以缓解中小企业的融资约束,从而促进企业创新发展。

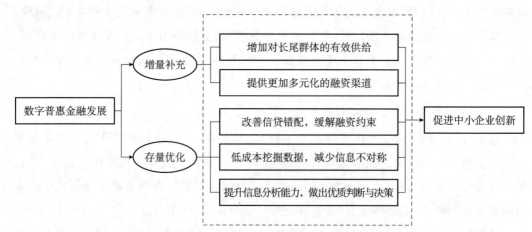

图 6-3 数字普惠金融对企业创新的直接影响机理

数字普惠金融降低了金融服务门槛,拓宽了中小企业的融资渠道。仅靠内源资金是无法满足中小企业创新活动需要的,而外部融资又因为信息不对称、内部治理不健全、抵押品不足等因素被排斥在传统金融服务门槛之外,为此中小企业面临比较严重的融资约束问题。如图 6-4 所示,数字普惠金融推出供应链金融、智能投顾等多种融资模式,拓展了金融服务的覆盖广度和使用深度;为中小企业提供低门槛、个性化的金融服务,促进金融资源合理配置,一定程度上减轻了中小企业的创新融资压力,为中小企业创新提供了充足的资金准备。

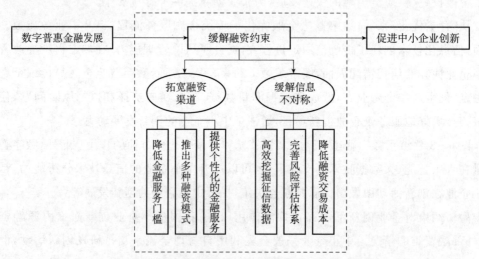

图 6-4 数字普惠金融影响企业创新的渠道机制

此外,数字普惠金融还能够缓解企业管理者与外部投资者之间的信息不对称问题,降低交易成本,提高融资效率,优化资源配置。数字普惠金融凭借云计算、大数据、人工智能等信息技术及时、高效地挖掘客户征信数据,全面了解中小企业的信用信息,建立比较完善的风险评估体系,简化信贷审批程序,减轻贷款对抵押品的依赖程度,提高信贷服务质量,降低了信息搜集成本、风险评估成本和交易成本,使中小企业高效、便捷地获得融资服务,降低融资成本,进而促进中小企业创新发展。

2. 互联网金融对企业创新的影响

由于中小企业自身的特点,以及传统银行类金融机构服务不足和资本市场不完善等一系列现实的障碍,企业创新在融资方面往往出现困难。互联网金融的服务模式和产品设计在很大程度上可以与企业的融资需求充分对接,在解决企业融资问题方面具有内在机理。

第一阶段,互联网金融与企业融资风险高问题的对接。中小企业融资风险高的根本原因是相较于大企业其融资过程中的信息不对称问题更显著。大企业经营规范,信息透明且可信度高,对其信息质量的审核相对简单,适用于传统的基于财务报表与抵押物质量的信贷审核方法。中小企业经营管理水平差异性较大,信息披露较少,单凭资产负债表等"硬信息"难以准确判断企业的真实经营状况,对中小企业信贷的审批需要更高的人力、物力成本。互联网金融依靠大数据和云计算技术,有效缓解了中小企业融资中的信息不对称问题。大数据与信贷业务结合的核心优势在于重塑信息结构,削减业务成本,具体流程如图6-5所示。互联网金融企业更加关注除财务报表、抵押担保品等"硬信息"之外的"软信息",包括交易数据、信用记录、客户评价、货运数据、认证信息、纳税记录、海关记录等,甚至囊括小微企业主日常生活中的所有交易数据和社交数据。大数据处理技术具有强大的数据收集和分析能力,经过云计算后得到的逻辑与规律信息,在贷前有助于对目标客户进行有效的筛选、甄别,对目标客户的还款意愿和还款能力进行信用评级。在贷后管理中,可以利用大数据处理技术的行为追踪能力对借款方进行实时监测,持续考核与监控小微企业贷款的去向、经营的稳健性以及现金创造能力,一旦发现异常情况即自动报警。信息结构的改善令金融机构可以清晰地甄别出企业的资质,大大减少了由信息不对称可能导致的逆向选择和道德风险问题,提升了信贷风险的控制能力。

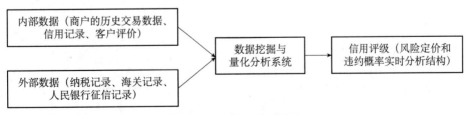

图6-5 大数据分析流程

第二阶段,互联网金融与小微企业融资成本高问题的对接。在互联网金融模式下,对目标客户信用等级的评价以及风险评估主要通过线上数据的挖掘及分析来完成,进而降低了借贷双方的信息搜集成本和信用评估成本。此外,互联网金融机构通过搭建、开放网络金融平台,可以使客户克服时间和空间的约束,实现在线自助式交易和多方对多方同时交易,交易的"可能性边界"得以拓展,信贷批量化处理的规模效应得以显现,从而小微企业的签约成本也大大降低。具体来说,互联网金融可以大幅度降低小微企业融资成本的原因主要表现在以下三个方面:第一,数据安全技术水平的提高使隐私保护和交易支付顺利进行,同时也带来了智能终端用户的爆发式增长,电子商务、第三方支付和搜索引擎等平台都积累了海量的数据。这些数据是原始的、零散的、半结构化的,但却构成小微企业信用评价中最为真实有效的"软信息"。因此,不再需要额外投入,信息的搜集成本几乎为零。第二,基于云计算和行为分析理论的大数据挖掘技术,用户行为分析的对象不再局限于人们的经济行为,而是逐步扩展到人们的信息行为、社交行为乃至情感行为。基于这些海量数据可以挖掘到最关键的能够预警欺诈风险和信用风险的信息,互联网金融能以极高的效率和极低的成本,动态地算出借贷的风险定价和违约概率,信息的处理成本很低。第三,互联网金融模式下,借贷双方通过互联网平台直接对接,不再需要传统的多层次营销网络,同时,基于大数据挖掘的系统处理与实时监控显著缩短了信贷业务流程,提高了信贷业务效率,信贷交易协商和签约成本也大大降低。

第三阶段,互联网金融与小微企业融资效率低问题的对接。大数据具有五个主要的技术特点,即大数据的 5V 特征,如图 6-6 所示。现实世界中的大数据具有各种不同的格式和形态,互联网金融企业拥有的先进技术使得这些数据信息和业务的处理方式更加先进,系统化和自动化水平提高,不仅可以跨时间、跨空间点对点地满足企业信贷的个性化需求,而且放款速度快,贷款审批流程也变得更为方便快捷和简单。此外,小微企业由于对资本市场缺乏全面了解,在申请贷款时往往处于信息劣势的地位,而在互联网金融模式下,数据信息处于全开放状态,小微企业可以通过网上查询等方式充分掌握和比对各种贷款产品,从中挑选出与自身需求最为匹配的金融产品,金融资源配置的效率大大提高。

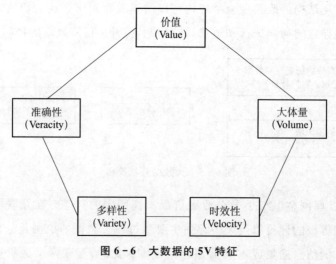

图 6-6 大数据的 5V 特征

3. 区块链对企业创新的影响

区块链有三种类型：公有链、私有链和联盟链。公有链，简称"公链"，顾名思义所有人都可随时加入、随时离开，只要计算机安装该区块链的软件即成为一个节点，甚至可以参与"挖矿"，没有准入门槛。公链通常以虚拟货币为主要业务，技术上通常会依靠互联网开源社区里的软件高手们来维护，但也有企业专业从事公链技术开发和运营。私有链，简称"私链"，是相对于公链而言的另一个极端，只有单位内部可以使用，外人免入。比如一个单位为自身业务的需要，独立建设和维护一条区块链，这往往需要较强的技术和经济实力作为后盾。联盟链的准入要求介于公链和私链之间，可以由多个单位（如协会成员）共同建设、拥有和维护。

区块链技术是一种新兴技术，是科技创新的一种颠覆方式，它有助于解决三大核心难题：信息不对称、交易成本高和信息透明度低，让原有业务可以更加便捷、高效地继续运行，是互联网时代互联互通的润滑剂。从当前来看，推动区块链技术发展已成为主要趋势，掌握区块链技术的核心，有助于占领高新技术制高点。区块链技术主要通过以下三项机制促进企业创新：

第一，基于区块链的底层技术平台，可以降低企业创新成本。腾讯、华为、迅雷、京东等企业都在积极布局区块链底层开放平台，其他企业可自主、快速地接入平台，获取区块链服务，这样既可以极大降低初始成本和运维成本，也可以依托主链优势，获取大企业的优势资源。在公有链的基础上，企业可以自由地共享其产品、服务，以及数据、信息和任何可以数字化上链的实体，这为企业开展创新活动，获取创新资源提供了极大的便利。

第二，区块链的开放性和联盟性，使得构建跨组织边界的多机构交互的应用系统有天生优势。区块链的底层架构是开放的体系，可以方便地增加新的节点，或使用跨链技术让区块链与其他区块链进行对接。采用联盟链技术，就能使与具体交易无关的其他节点未经认证便无法接入和读取数据。这项技术可以促使企业与其他机构加强合作，促进技术合作创新和技术协同创新。

第三，区块链是一种可靠的数据库技术，能在不可靠的网络环境下实现节点间数据的准确性、一致性和完整性。区块链技术具有去中心化、去信任和加密特点，数据不易被人为控制，也不会出现单点故障，解决了数据交换中的信任孤岛问题。区块链与大数据技术相结合，可极大提升区块链数据的价值和使用空间。对区块链技术的广泛应用和深度挖掘有助于解决行业间的信息共享难题，从而建立全新的企业创新生态系统。

思考题

1. 金融机构和资本市场在创新中的运作机制是怎样的？

2. 金融机构和资本市场的主要类型及功能是什么？
3. 金融机构和资本市场有着怎样的创新趋势？
4. 互联网金融在我国的发展历程大体上可以分为哪几个阶段？
5. 金融资本市场与企业创新之间有什么关系？

第 7 章
企业、企业家精神与创新

企业家的定义源于经济学家熊彼特的论述,即企业家最重要的职能不是在现有条件下按部就班地组织经营和生产,而是不断在经济结构内部进行"革命突变",对旧的生产方式进行"创造性破坏",以实现经济要素的新组合,因此,企业家精神的核心就是创新。本章将重点介绍企业及企业家精神对创新的重要影响。

7.1 企业家精神与创新

7.1.1 企业家与企业家精神的内涵

1. 企业家的内涵

学术著作中的"企业家"一词最早由 18 世纪 30 年代法国经济学家让·巴蒂斯特·萨伊(Jean-Baptiste Say)提出。他认为企业家的核心职能是配置资源,即把经济资源从生产率较低和产量较小的领域,转移到生产率较高和产量较大的领域。这一观点后来得到经济学家西奥多·舒尔茨(Theodore Schultz)的进一步丰富。他提出,企业家的核心职能是处理经济非均衡的能力。新古典主义经济学派创始人阿尔弗雷德·马歇尔(Alfred Marshall)则丰富了企业家的职能,提出企业家至少要完成好整合生产所需要的生产要素、承担生产中的各种风险以及领导其他劳动者等三项任务。在此基础上,马歇尔用了"活力"一词抽象地概括了企业家的特质,丰富了企业家的内涵。

对于新古典主义经济学家来说,企业是一种生产函数,而企业家理论从企业家与企业的关系的角度解释了企业家的定义。该理论将企业看作一种人格化的"装置",企业家理论偏重于企业的"供给"。企业家理论将企业家看作企业产生的必要前提,没有企业家,企业就不能存在。企业家理论的代表学者弗兰克·奈特(Frank Knight)根据不确定性和企业家对企业的存在进行讨论,他指出,在不确定性下,"实施某种具体的经济活动成为生活的次要部分,首要问题是决定干什么以及如何干"。这里的"首要问题"是指需要企业家来解决的问题。因为不确定性是无法预估的,企业家不得不承受不确定性。按照奈特的观点,企业不是别的东西,而仅仅是一种"装置",通过它,"自信或者勇于冒险者承担起风险,并保证犹豫不决者或怯懦者能得到一笔既定的收入"。奈特将企业内企业家对工人的权威视为前者对后者提供保障所获得的一种补偿,可以简单理解为企业家是一个雇佣者,拥有指挥工人的权力,而这种权力源于企业家必须承担不确定性。

需要指出的是,不应该将奈特的"承担不确定性"与所谓的"分担风险"混淆起来,虽然这两种现象之间有相似之处。后者的意思是,由于企业家与雇佣者对风险的态度存在不对称关系,这促使他们达成合约共同应对风险。而奈特的理论中并没有强调企业家是一名"风险中立者"或者是一名"风险偏好者",一个人之所以成为企业家更多是因为他更有自信心、判断力和掌握了更多的知识。当然,一个风险中立者相较于风险厌恶者更容易成为企业家,但这并不是判断是否能成为企业家的必要因素。

然而,奈特的企业家理论却因为两个概念上的含混问题而显得美中不足。首先,他没有把"首要问题"从对不可预估风险的承担中分离出来;其次,他未能将企业家和资本家明确区分开来。奈特认为,企业家的首要功能即是承担风险,因此自然而然也就是资本家。正是这两种概念上的含混使得奈特受到熊彼特等经济学家的批评。熊彼特认为,不确定性是由资本家而非企业家承担的,企业家也可以承担不确定性,但必须等到他也成为资本家以后。奈特的企业家理论的这一缺陷完全暴露于公司制企业中,在这类企业中,决策人不一定就是风险承担者。奈特为了修正这一缺陷,提出了以下观点:公司制企业最重要的决策即是选择能做出决策的人,而其他任何一种决策或意见的实施自然归结为日常功能。因此,在一个公司制企业中,至高无上的企业家理应是股东而非管理者,除非管理者也是股东。这一观点只能被学界部分接受。通过区分经营和风险承担之间、企业家和资本家之间的概念,它们之间的关系也得以明确认定。

其他对企业家理论做出主要贡献的还有伊斯雷尔·柯兹纳(Israel Kirzner)、熊彼特、乔治·沙克尔(George Shackle)及马克·卡森(Mark Casson)等。他们的主要思想包括以下两个方面:第一,什么是企业家的功能;第二,企业家与资本家之间是何种关系。首先,为了回答什么是企业家,柯兹纳视企业家为"经纪人"(middleman),他们不但能感觉到机会,还能捕捉到机会并创造利润。柯兹纳还强调,使企业家与旁人相区别的是他们的"悟性"和"特殊的知识"。熊彼特则视企业家为创新者,认为他们能够"改革和革新生产方式"。沙克尔则认为,只有那些在做出抉择时具有非凡的创造性想象力的人才能成为企业家。卡森则把这些企业家的概念进行了综合和扩展,他将企业家定义为"擅长对稀缺资源的协调利用做出明智决断的人",并强调企业家应该是一个"市场的制造者"。像奈特一样,他们都认为企业家的报酬是一种剩余权益而非合约收入。其次,就如何界定企业家和资本家之间关系的问题,柯兹纳否定了企业家必须是资本家这一观点,他认为企业家的天赋和才能使他能够找到获取资源控制权的方法,虽然个人资本的缺乏也许会带来一些交易困难,而资本家却不可避免地应该吸收企业家的品质。熊彼特也不看重资本对企业家的重要性,并且认为现代资本市场一般能够使一个企业家寻找到肯为他承担风险的资本家。但卡森持相反的观点,他强调一个企业家如果想使他的判断得到支持就必须能够调动资源,这意味着需要拥有个人财富。卡森把具有企业家才能却无法拥有资本的人称为"不合格"的企业家。①

2. 企业家精神的内涵

什么是企业家精神？从字面意义上看,企业家精神就是大部分企业家身上所具备的、区别于非企业家的特质的总和。具体来说,企业家精神(entrepreneurship)是指将必要的创新构思和实践与管理组织技巧结合起来,适当地将员工、资金和可控资源动员起来,以满足企业发展的需求并创造财富的过程。这一过程可以由个人或者团队集体实现。越来越多的迹象显示,有发展头脑的企业家不仅具备坚实的管理技巧和业务知识,而且拥有创新的眼光——或者在创业之初就兼具这些品质。

与企业家相区别,发明家的过人之处在于他们的技术天赋、洞察力和创造力,然而他们的创造和发明往往无法在业务或生产中成为现实。因为他们的兴趣和技术没有参考市场状况,不能把创新引入产品和服务,然后有效地占领市场并销售出去。创业者在某种程度上刚好相反,在设计方案或推销产品或服务上很明智,但是更多地注重及时回报,而不是长期可盈利的企业发展。优秀的管理者具备强有力的管理技术、具体的业务知识和组织能力。他们擅长于组织企业,使企业有效顺畅地运行。他们的管理才能主要着眼于创造和维持有效的惯例和组织,事实上,创新行为很可能在他们所管理的组织中起到相反的作用。

理想的企业家有罕见的才能组合:高度的创造性和管理能力。在一个新企业中,这些能力使企业家能够构思启动新业务,并使之发展,最终获得成功。在一个大的组织中,这些能力可以造就强大的竞争能力,使新的构思获得可观的收益,为组织获得更大的盈利。因为这些能力很少在一个人身上同时存在,所以越来越多的企业家精神出现于团队中,他们齐心协力去开拓理想中的事业。

企业家精神本身并无褒贬属性,也无明确定义,被誉为"现代管理学之父"的彼得·德鲁克曾提出创新、冒险、合作、敬业、学习、执着和诚信为企业家精神的七大要素。优秀的企业家不仅善于把握机会,而且能打破现有社会的不均衡,提供社会经济发展所需要的产品及服务,同时,还能创造出新的不均衡,制造出创业机会。初级企业家精神简单逐利,而后在好的制度与文化影响下,企业家会承担起社会责任,在逐利之外奉献社会,有些企业家则以创造财富、问鼎巅峰、发展壮大企业作为实现自身价值的途径。在实现自我价值之后,最杰出的企业家则会向更广阔的空间迈进,致力于解决整个社会的问题,比如重构社会信用体系、解决环境危机等。

---

① 张维迎.西方企业理论的演进与最新发展[J].经济研究,1994(11):70—81.

企业家精神和企业家正如一枚硬币的两面,企业家是企业家精神的载体,企业家精神是企业家的内核。企业家精神的特征主要表现为以下几点:

第一,创新性。创新是企业家精神的核心,是企业家区别于一般经营者的根本特征,是企业家精神的灵魂。企业作为一个相对独立的经济实体,首要目的仍是获得利润,而创新就是利润的源泉。为了获得利润,也为了在日益激烈的竞争中处于优势地位,保持长盛不衰,企业家不断进行技术创新、产品创新、组织创新等。创新是帮助企业在一次次竞争中获胜、不断成长的重要武器。一些企业家在创业初期具有开拓创新的精神,而在企业经营步入正轨后却故步自封,不愿创新,此时他就失去了作为企业家的资格;相反,那些成功的企业家往往将目光放长远,追求更高、更远的目标,不断提出新的要求,实施新的变革,开拓新的境界。

第二,冒险性。企业成功与否受到许多因素的影响,企业不仅受到自身创新能力、管理能力的制约,还需要良好的机遇。机遇的发现需要企业家对市场具有极强的敏感度,在竞争对手之前抓住机会。但是,纵使许多人发现机会最终仍遭遇失败,其原因在于机遇往往伴随着巨大的风险。企业家在牛津词典中的原意是"组织商业冒险并为此承担风险的人"。企业内外环境瞬息万变,作为风险的主要承担者,为了能够抓住机遇,企业家需要具有过人的胆识与冒险精神。

第三,敬业性。企业家精神中蕴含极强的职业观念。这种职业观念包括"天职观"和自我约束,即将这份工作视为自己的天职,具有敬业精神,并且严格约束自己,具有高度的责任心。企业家作为一个企业的引导者,需要具有敬业精神和负责的态度。敬业性表现在企业家将发展企业作为人生事业,将自己的智慧才能与热情全部投入自己的工作中,带领企业员工建设企业,将企业做大、做强。

第四,社会性。企业家是社会中的个体,既然处于社会当中,就自然具有社会性。企业家经营一个企业,不仅要反映自身利益的要求,还要承担社会责任,实现利益相关者良性互动。企业家要树立良好的社会形象,积极承担社会中的角色,与社会发展相适应,体现现代化发展的时代精神。在社会层面,企业家不仅要带领企业创新,还要发挥引导作用,激发整个社会的创新热情,让企业家精神推动社会经济的发展。

第五,共益性。在"创新、协调、绿色、开放、共享"五大发展理念的引领下,企业家精神中的共益性是解决社会与环境问题的一种更加新颖有效的特征。共益性的主要内涵是将传统创业企业家精神中的市场化理念、冒险精神与社会企业家精神的社会价值导向逐步寻求融合,即从创业企业家精神驱动下的风险-收益的单一考量转向对各种社会影响与风险的综合权衡决策,从而将市场体系的力量和效率导向在社会影响层面实现整合,进一步催生全新的组织形态,即共益企业。以共益企业为组织载体的"第四部门"组织尝试以"经济、社会与环境"三重底线践行可持续性商业模式,以弥合企业市场趋利的利己主义导向与社会价值创造之间的鸿沟。

共益性不再将商业企业家主导商业性元素作为其价值创造来源的核心元素甚至全部，而强调其在商业实践过程中的社会影响、社会声誉和社会能力。共益型企业家必须在整个商业和社会生态系统中，关注利益相关方之间的互惠共生关系，以创造最大的共享价值。为此，他们需要整合社会和商业元素，以实现经济、社会和环境的多元共享价值创造。

3. 中国的企业家精神

中国新发展阶段的核心特征是要加快形成以国内大循环为主体、国内国际双循环相互促进的新发展格局，这是基于我国发展阶段、内外部环境、主客观条件变化做出的战略布局。作为经济社会发展的核心推动力，新发展阶段的中国企业家精神不仅需要具备承担风险和不确定性进行创新的传统特点，还需要结合新的环境要求，实现学理内涵和环境内涵的统一，具体表现为五个方面。

一是爱国。正如威廉·鲍莫尔（William Baumol）等学者提出的，企业家精神作用的发挥需要依赖于一个稳定的、法治化的市场经济制度安排，而稳定制度的前提是国家职能的充分发挥。斯密提出了国家在市场经济制度中的三项重要职能：第一，保护本国社会安全，使之免受其他独立社会的暴行与侵略；第二，尽可能保护每个社会成员，使其不受其他社会成员的侵害或压迫，即设立完全公正的司法机关；第三，建设并维护某些公共事业或公共设施，因为公共事业、公共设施收益极小，私人机构对建设或维护这些事业、设施不感兴趣，只能由政府完成。因此，客观上看，只有国家强大、安全、稳定，企业才能不断发展，企业的发展与国家的繁荣、民族的兴盛不可分割。当然，爱国不仅是制度的客观需要，也是我国企业家的光荣传统和文化基因，张謇、卢作孚、陈嘉庚、荣毅仁、王光英等著名企业家都是爱国典范。企业家精神中的爱国具体表现在两个方面：一是企业的宗旨使命一定要以国家、民族、人民的福祉为重；二是企业在发展过程中绝不能损害国家和民族的利益。

二是创新。熊彼特等学者都认为创新是企业家精神的核心内涵。随着以国内大循环为主体、国内国际双循环相互促进的新发展格局的逐步形成，加强关键技术的自主创新、突破"卡脖子"的技术瓶颈，既是我国发展的战略需要，也是企业应对各种风险挑战、实现高质量发展的必由之路。因此，创新是当代中国企业家精神的核心内涵。企业家精神中的创新不仅包括技术的创新，还包括经营模式、发展理念等多个方面的持续创新。比如，新冠疫情期间，数字化成为大部分企业的必选项，有的企业主动把握机遇，升级经营和发展模式，化危为机，实现了逆势增长。

三是诚信。社会学的奠基人之一、法国社会学家埃米尔·涂尔干（Emile Durkheim）将社会的关系分为两种，一种是契约式关系，另一种是非契约式关系。涂尔干认为信任不仅是维护非契约式关系的重要手段，也是保障契约式关系有效运行的基础工具，因此信任本质上是一种社会资本。社会失信环境对于本地区民营企业成长具有显著的阻碍作用。建立市场中社会信任的关键因素便是企业家的诚信。在市场经济制度下，企业家的诚信不仅对他人有利，也对自己有利，因为诚信会形成一种社会对自己的预期，可以降低交易成本。企业家精神中的诚信包括强化法治意识、契约精神、守约观念，维护信用经济、法治经济等。此外，企业家还要做诚信的表率，带动全社会道德素质和文明程度的提升。

四是社会责任。何为企业的社会责任？以米尔顿·弗里德曼（Milton Friedman）为代表的自由主义经济学家认为企业的社会责任就是增加利润，最大限度地提升股东价值。这一观点受到学者阿奇·卡罗尔（Archie Carroll）的批评，他认为企业的社会责任不仅仅是一个理论问题，更是一个实践问题，现实中的企业如果只考虑利润，将会被视为没有社会责任。德鲁克进一步指出，"行善赚钱"是 21 世纪企业社会责任的新内涵，也就是通过创造对社会有益的商业活动实现商业价值和社会价值的统一。这一观点逐渐成为企业界的广泛共识。在社会主义的中国，只有真诚回报社会、切实履行社会责任的企业家，才能得到市场和社会的普遍认可。可以说，社会责任是当代中国企业家精神的标志性内涵。社会责任具体表现为对利益相关者权利的维护，包括客户权利、员工权利、股东权利、供应链权利、行业生态权利等。在经济萧条时期，一些企业继续为客户提供优质服务，并且主动承诺不裁员，努力维护供应链稳定、为行业生态赋能纾困。这不仅维护了利益相关者的权利，也提升了企业的信誉，同时实现了商业价值和社会价值。

五是国际视野。斯密最早提出自由贸易理论，指出自由贸易可以使参与贸易的双方都获得好处。李嘉图进一步提出了比较优势论，认为即使一国在两种商品生产上较之另一国均处于绝对劣势，但只要处于绝对劣势的国家在两种商品生产上的劣势程度不同，处于绝对优势的国家在两种商品生产上的优势程度不同，则处于绝对劣势的国家在劣势较小的商品生产方面仍具有比较优势，处于绝对优势的国家则在优势较大的商品生产方面更具有比较优势。改革开放以来，尤其是加入世界贸易组织以来，我国经济越来越深地融入世界经济体系，在推动世界发展的同时也实现了国际化。许多企业家勇做经济全球化的弄潮儿，在全球开展技术和贸易合作，利用国际国内两个市场、两种资源的能力不断提升。近年来，尽管经济全球化遭遇逆流，但全球化的大趋势不会改变也不可阻挡，因此，国际视野仍是当代中国企业家精神的必备内涵。企业家精神中的国际视野具体表现为：企业家要着眼和统筹国内国外两个大局，把握国际市场需求、研判国际市场动向、提升国际市场影响力、防范国际市场风险，在更高水平的对外开放中不断发展壮大企业。

7.1.2 企业家精神对创新的影响

1. 企业家精神的核心是创新

学术界普遍认同的企业家定义来源于经济学家熊彼特的论述,即企业家最重要的职能不是在现有条件下按部就班地组织经营和生产,而是不断在经济结构内部进行"革命突变",对旧的生产方式进行"创造性破坏",以实现经济要素的新组合。因此,企业家精神的核心就是创新。熊彼特认为,创新不仅包括纯粹的技术改进,还包括引进新的生产方式、开辟新的市场、实现新的产业组织形式等。奥地利学派经济学家柯兹纳认为,企业家能够善于发现被别人误判而埋没的机会,通过有效地配置资源来获取利润。管理学家德鲁克进一步综合了熊彼特和柯兹纳的观点,指出企业家是这样一种人:从来没有引起变化,但又总能创新地把变化变为机会。企业家本身最重要的一个特点,或者说企业家精神的核心,就是能够合理拥抱不确定性,在变化中找到创新的机会。

美国经济学家鲍莫尔将企业家精神分为两类,一类是促进经济增长的生产性企业家精神,另一类是利用各种机会去谋取私利、不推动甚至破坏经济增长的非生产性企业家精神;并在此基础上进一步把企业家分为复制型和创新型。复制型企业家从事与现有企业完全一致或者非常相似的商业活动,其本质是优化资源配置,发现和修补市场的不均衡。创新型企业家从事新的商业活动,比如引进一种新的产品、采用一些新的生产工艺,也就是打破原有的均衡、创造新的均衡。由此,就构成了一个 2×2 矩阵(见图 7-1)。当然,真正推动经济增长和社会进步的企业家精神是创新型的生产性企业家精神,这也是企业家区别于非企业家的核心优势,即在法律范围内打破旧均衡、创造新均衡,其最明显的特质就是通过承担风险和不确定性进行创新。因此,企业家精神是指企业家身上显露出的,通过承担风险和不确定性进行创新、追求利润的特质。所以,不是每个企业的所有者都是企业家,只有具备了企业家精神特质,才可以称之为企业家。

	创新型(新商业活动)	复制型(传统商业活动)
生产性(推动经济增长)	在法律范围内打破旧均衡、创造新均衡	在法律范围内发现和修补市场的不均衡
非生产性(不推动经济增长或破坏经济增长)	将新的商业活动用于垄断、暴力、寻租、犯罪等	进行违法倒买倒卖

图 7-1 企业家分类矩阵

从理论层面和历史规律来看,企业家精神是经济社会发展的核心推动力。《历史上的企业家精神:从古代美索不达米亚到现代》一书基于历史尤其是工业革命以来历史的分析,提出了有关企业家精神的三个重要假设:一是如果没有企业家的参与,发明的实际应用价值及其对经济增长的贡献将会大大降低;二是企业家的活动并不总是生产性的,也不总是增长促进性的;三是在任何特定时期的社会中,企业家精神的作用方向都依赖于现行的制度安排,以及这些制度安排为企业家活动所提供的相对报酬。换言之,企业家精神对经济社会发展具有重要的推动力,但这一作用的发挥依赖于现行的制度安排,具体而言就是需要一个法治化的市场经济制度环境。

在市场经济制度环境下,企业家精神是经济社会发展最重要的自变量,是资源优化配置、技术不断进步、资本逐渐积累、经济日益增长的根本原因。我们可以借助斯密的经济增长理论来理解企业家精神的作用。斯密的经济增长模式可以简化为四个环节,即"市场的扩大—分工的深化—技术的进步与创新—经济的增长"。从本质上看,企业家在这四个环节中发挥了"发动机"的作用,即市场的扩大是企业家们开拓的结果,分工的深化是企业家们引导的结果,技术的进步与创新是企业家推动的结果,经济的增长需要企业家们发现未来的投资机会并不断积累财富以投资于未来。换言之,在市场经济制度环境下,企业家精神不仅有助于发现和修补市场的不均衡,还有助于通过研发带动新产品、新技术、新产业的发展,不断提升人们的生产水平和消费水平。

2. 企业家精神是企业创新能力的生成基础

企业家精神的核心是创新精神,企业家可以采用一切新方式进行一系列创造性的破坏活动,打破原有平衡建立新平衡,创造新机会。企业家精神作为企业重要的稀缺无形资源,能丰富产品市场、带来产业集聚、驱动区域经济增长,更能内化于企业的创新实践,激发管理层、技术人员的主动性与创造性,营造良好的创新氛围。企业家精神对企业的影响有三种途径:一是通过企业家前瞻性研发精神促进企业创新能力的生成。创新能帮助企业开拓新的市场领域,在转变新发展模式中获得新发展机会,在产品技术开发中领先于其他竞争对手,进而产生创新绩效。具有企业家精神的企业更能对新思想、新策略与前瞻性研发产生兴趣,对企业创新能力生成产生了潜移默化的影响,前瞻性研发为企业创新能力提供了重要的动力源泉。二是企业家的冒险精神是企业创新能力生成的根本。创新的一个根本要求是企业家在未来未知收益与创新价值间进行冒险活动。这是因为企业新产品开发与新市场的拓展活动具有一定的不可预知的风险,然而风险蕴含着新机会和更高的报酬,敢于冒险的企业往往能获得超额利润。具有企业家精神的企业往往承担风险的能力较强,更具有冒险精神与探索精神,其获得实践的机会也较大,更加倾向于从事冒险的创新活动,企业从事具有不确定风险活动对企业创新能力的培养与企业创新绩效具有正向促进作用。三是企业家精神的动态调整能力是企业创新能力生成的重要因素。企业在新技术与新市场方面的开拓水平取决于技术动态能力和市场动态能力。企业在技术发展中会形成更新迭代的良性循环,但这种循环也会导致技术刚化,不利于技术可持续发展,而技术动态能力有利于实现技术突破;这种企业技术能力则需要前瞻性研发与冒险精神等企业家精神的再次发挥,具有此种企业家精神的企业会更加愿意在最终效益不确定的前提下为新技术投入更大的资本,以求打破原有技术局限,获得技术动态能力与市场动态能力。

7.2 跨国公司与创新

7.2.1 跨国公司的定义

跨国公司作为一种国际现象,并且成为国际经济联系的一种主要组织形式,虽然只是发端于第二次世界大战之后,但早期的跨国公司在 19 世纪六七十年代就已经出现,如 1867 年,美国胜家缝纫机公司在取得缝纫机发明专利权的 15 年后,率先在英国开设分支机构,其后又在欧洲其他国家建立了许多子公司,而它的母公司则一直设在纽约。跨国公司的前身最早可以追溯到 1602 年建立的英国东印度公司,它在长达两个世纪的时期内,垄断了英国对印度、中国、马来群岛以及远东地区的贸易特权。跨国公司的出现已经有几百年的历史,但对它的深入研究直到 20 世纪 60 年代以后才开始,其名称和定义也在不断探索中逐渐深化。除了"跨国公司"这一名称,类似的还有多国公司、跨国企业等名称,不同的组织或国家对其叫法不一,但内涵基本一致。

多国公司(multinational corporation,MNC)这一名称曾被许多重要的国际组织使用。1973 年,欧洲共同体委员会采用了"多国公司"一词,而且明确地指出,凡在两个或两个以上国家有生产或服务设施的企业即多国公司。同年,联合国经济及社会理事会的"知名人士咨询小组"(UN Group of Eminent Persons)在其报告《多国公司对发展和国际关系的影响》(The Impact of Multinational Corporations on Development and International Relations)中认为,多国公司应在母国以外至少两个国家中拥有生产或服务设施,至于公司法律组织形式并不重要。

跨国企业(multinational enterprise,MNE)这一名称在美国的使用比较广泛。尼尔·胡德(Neil Hood)和斯蒂芬·扬(Stephen Young)在其 1979 年出版的著作《跨国企业经济学》中,对跨国企业给出了明确的定义:在一个以上国家拥有(全部或部分)、控制和管理能产生收益资产的企业。跨国企业的特征是从事国际生产,即通过对外直接投资、筹资进行的跨国界生产。从根本上说,跨国企业是由许多相互有关系的经营企业组成的,他们一起制订计划、从事经营活动,以达到确定的目标。

在联合国机构的文件和出版物中,几乎都使用跨国公司(transnational corporation,TNC)这一名称。1983 年,联合国跨国公司中心对跨国公司进行明确的定义,认为一个企业作为跨国公司必须具备以下条件:第一,包括设在两个或两个以上国家的实体,不管这些实体的法律形式和领域如何;第二,在一个决策体系中经营,能通过一个或几个决策中心采取一致对策和共同战略;第三,每个实体通过股权或其他形式形成联系,使其中的一个或几个实体有可能对其他实体施加重大影响,特别是同其他实体分享知识资源和分担责任。这个定义强调了企业内部管理和战略实施的统一,也突出了与外部建立联系时的控制问题,是一个相对全面合理的定义,因此,这一定义目前得到了学者们的普遍接受。

对于这些不同的名称,大多数学者认为,虽然名称不同,但大同小异,没有本质的差别,可以互相通用。也有些学者认为这些名称之间彼此不可以互换。例如,国际企业管理学科中的先驱——美国麻省理工学院理查德·罗宾逊(Richard Robinson)教授认为:"国际公司、多国公司和跨国公司名称不能互换,只有在心态上和行为上超越国家民族的界限,才算真正的跨国经营。而国际公司实际上不过是公司的国际部或地区部。"

20 世纪 90 年代以后,随着世界经济一体化以及科技的飞速发展,尤其是全球信息网络的形成,出现了一种不同于以往跨国公司的新的公司形态——全球公司(global corporation,GC)。这是一种较跨国公司层次更高的,已经脱离了母国身份并超越了国与国界线,在全球范围实行资源的最优化配置的组织形态。衡量一家公司是不是全球公司的依据是看公司在经营和决策时的心态、思维方式和战略取向是否全球化,而不是依据其在全球拥有多少个子公司或拥有多大的营业额。

7.2.2 跨国公司的类型

跨国公司的组织形式根据隶属关系或具体功能的不同,可分为设在母国的母公司(parent company or corporation)、设在东道国的子公司(subsidiary or affiliate)、设在国外的分公司(branch)和设在国际避税地的财务中心(financial center)。

1. 三分法

根据跨国公司经营项目的重点不同,可将跨国公司分为以下三类:以开发自然资源为主的跨国公司、主要从事加工制造业的跨国公司以及跨国提供各类服务的公司。以开发自然资源为主的跨国公司也被称作初级产业跨国公司,其起源是殖民运动时期的特权殖民地贸易公司,被视为现代跨国公司的前身。这类跨国公司一般都从事种植业和采矿业。它们在巴拿马和马来西亚种植香蕉,在中东阿拉伯国家开采石油,在拉丁美洲开采矿产。随着热带农作物种植的比重缩小,以从事资源开发为主的跨国公司将投资重点集中在采矿业,特别是石油工业。第二次世界大战以后,跨国公司海外直接投资的结构发生了重大变化,即对采矿业和石油业的投资不断下降。尽管如此,现存的以开发石油等自然资源为主的跨国公司都是一些超大型垄断企业,像英国的英国石油(British Petroleum)、美国的埃克森美孚(Exxon Mobil)、雪佛龙(Chevron)、康菲(ConocoPhilips)、英荷两方合资组建的壳牌集团(Royal Dutch Shell),法国的道达尔(Total),意大利的埃尼(Eni),西班牙的莱普索尔(Repsol YPF)等,都是按资产规模计算的世界前100大跨国企业。其中美国的埃克森美孚公司拥有290多家子公司和分公司,分布在140多个国家和地区,垄断了大量的石油勘探、开发、提炼、运输和销售业务,每年销售大约2 800万吨石化产品,名列2020年《财富》世界500强排行榜第11位。

主要从事加工制造业的跨国公司的发展也有一个演变的过程。最初,它们往往以装配作业为主,或者从国外进口原料进行深加工后再出口,而且出口的制品主要是消费品。随着工业化程度的不断提高,跨国公司的资本开始大规模转向制造资本货物和中间产品部门,生产的产品主要有金属制品、钢材、机械、化肥、药品、汽车、计算机等。例如,英国和荷兰资本共同控制的联合利华(Unilever)的经营方向,已经由主要生产食品和洗涤用品转向多样化生产,全球拥有超过14.9万名员工,在190多个国家和地区销售400多个品牌的产品。

近几年,由于以提供第三产业服务为主的跨国公司纷纷兴起,制造业跨国公司的相对重要性有所下降。

跨国提供各类服务的公司的共同特点是,对外不直接输出产业资本,而是向外国客户提供金融、技术、管理、市场营销、娱乐、会计及法律事务等方面的服务,包括跨国银行、跨国租赁公司、跨国咨询公司、跨国会计师事务所、跨国零售企业等。如汤姆森公司(Thomson Corporation)是一家总部设在加拿大的全球性媒体巨头。汤姆森公司出版业务分四大块:汤姆森法律法规出版公司、汤姆森金融与专业出版公司、汤姆森科技教育出版公司和汤姆森学习公司,在全球有300多家附属公司,在美国、英国、加拿大拥有200多家报纸、电视、广播和旅游业务公司。

2. 两分法

根据企业销售额最大的业务所归入的产业分类,可以把跨国公司分为两大类:工业跨国公司和服务业跨国公司,前者主要包括采掘业、制造业、电力、煤气和水的生产及供应的跨国公司,后者指的是除工业跨国公司以外的所有跨国公司。

但是,公司的投资领域并不是固定不变的,不是所有的服务业对外直接投资都是由服务业公司进行的,有相当数目的工业跨国公司为了降低成本和实现市场导向垂直一体化而在国外投资建立服务性附属企业。例如,有些石油公司经营自己的油船队和加油站;在诸如电子电器、计算机制造等行业,企业把经营活动扩展到数据处理和软件服务领域;在汽车和某些耐用消费品行业,制造厂商设立金融附属企业,向客户提供信贷服务等。

企业多元化经营模式的实施,在很大程度上消除了一度有效的划分工业和服务业的界限。一些大公司既从事制造业又经营服务业,同时还经营比较复杂的金融服务业,而且这种现象正在变得越来越普遍,这使得最近几年横跨工业和服务业两大领域的多元化跨国公司的数目逐渐增多,如美国通用电气公司(GE)的收入中有一半以上来自服务性行业。尽管如此,工业跨国公司和服务业跨国公司仍是最常用的两大分类。①

7.2.3 跨国公司对创新的影响

1. 跨国公司是新产品、新技术的主要开发者

世界上工业研制的80%、生产技术的90%由跨国公司完成。世界上最大的700家工业企业(其中多数是跨国公司)的专利发明占世界商业专利发明的50%左右。跨国公司的生产技术代表着世界上最先进的水平,几乎每一个公司的历史上都有大量引以为豪的研究成果及拳头产品。

企业的市场份额和生产规模可以视为衡量一个企业或企业集团竞争能力和创造经济业绩的主要尺度。由于跨国公司是新工艺、新产品的主要开发者,研制出来的高新技术形成专利后,这种特有的技术战略措施使跨国公司能在国际工业产品市场保持长时间的竞争优势,成为该工业产品的主要生产者和垄断者,主导着产业发展方向和潮流。在技术含量大、附加值高的领域,跨国公司具有很强的垄断性。华经产业研究院数据显示,2020年在全球桌面操作系统领域,Windows系统占据了80.5%的市场份额。而根据Mercury Research发布的2023年第一季度全球CPU市场份额的统计结果,英特尔在三个主要类别(台式PC、移动和数据中心)的单位份额都保持在80%以上。跨国公司多数拥有几十年乃至上百年的历史,通过多次技术创新扩大了企业规模,建立了庞大的生产体系。

2. 跨国公司是世界技术创新的主体

跨国公司是伴随着各国工业化进程、世界市场的形成、基础理论研究的深入、技术进步而诞生和发展的。技术创新是企业赖以生存、竞争的基础,需耗费大量的人力、物力和财力,要有强大的经济实力作后盾。跨国公司较易获得金融资源,具有从全球市场猎获科学技术人才的能力,具有在世界范围内组织研究、开发和使用技术资产的能力。它们无一例外不断加大科研投入力度,相继建立了庞大的科研R&D体系,成为巨额科研费用的重要投入者及高新技术的主要开发者。近年来,跨国公司R&D方面的投入一般占全年销售额的5%左右,在电子、信息、材料、医药、农药等领域,该比例高达8%~12%。跨国公司投入的科研费用约占全球民用R&D费用的75%~80%。跨国公司早已成为很多国家科研经费的主要来源。

跨国公司体系是技术及相关技能传播的源泉,是世界民用技术的主要供应商,75%

---

① 杜德斌. 世界经济地理[M]. 北京:高等教育出版社,2009.

的技术转让由跨国公司控制。跨国公司体系是国际技术转移的有效通道,全球70%的专利使用费发生于跨国公司的母子公司之间,母公司向分支机构转让的技术一般要比卖给外部企业的技术更高级、更先进。很多学者以大量事实证明:内部技术转让使技术转让的平均周期由13年缩短到5年,其技术转让成本要比其他形式的技术转让低20%,技术转让可以延长新产品、新技术的生命周期。

3. 跨国公司使得R&D活动呈现全球化趋势

20世纪80年代以来,随着经济全球化的迅猛发展和国际竞争的日趋激烈,跨国公司R&D的组织形式也发生了相应的重大变化。西方发达国家一些颇具实力的大型跨国公司为了适应世界市场的复杂性、产品的多样性和不同国家消费者偏好的差异性的要求,同时为了充分利用世界各国现有的科技资源,降低新产品研制过程中的成本和风险,在生产国际化水平不断提高的基础上,更加重视在全球范围内进行生产要素的优化配置。跨国公司一改以往以母国为R&D中心的传统布局,根据不同东道国在人才、科技实力以及科研基础设施上的比较优势,在全球范围内有组织地安排科研机构,以从事新技术、新产品的R&D工作,从而促使跨国公司的R&D活动日益朝着国际化、全球化的方向发展。跨国公司的R&D活动全球化的主要动因可以分为主观和客观两方面。

R&D全球化的主观影响因素主要包括以下三点:

第一,市场寻求动因。市场寻求动因强调跨国公司在全球设立研发机构是为了充分利用现有的知识存量,发挥其作用,使其效益最大化。跨国公司的海外研发子公司主要负责改造母公司转移的技术,以满足东道国市场额外的创新需求,使产品和技术更适应东道国市场,以提升东道国的产品市场份额。其中最明显的是食品生产企业为了迎合当地人的口味而在当地设立R&D中心,例如为了更加迎合亚洲人的口味偏好,瑞士雀巢在新加坡开设了R&D中心。而制造业公司,例如华为等企业在发达国家设立了R&D中心,目的是针对发达国家的市场特点和消费习惯进行技术和产品的本地化研发。

第二,技术寻求动因。很多研究表明,不同类型经济体的技术寻求动因本质上存在差异。新兴经济体企业开展R&D全球化活动的目的在于学习来自不同国家和地区的技术与经验,通过拓宽企业技术来源来提升企业创新能力,最终实现战略追赶。汽车制造企业江淮汽车和长安汽车在意大利设立R&D中心,是为了获得当地专家和技术来提升母公司的自主R&D能力。华为等企业设立海外R&D机构是为了获取当地先进的知识。中兴在瑞典设立R&D中心是为了利用当地领先的资源进行技术研发。发达经济体企业R&D全球化的技术寻求动因是基于全球R&D网络战略布局的意图,将海外优质创新资源纳入企业创新网络以提升企业创新能力和全球竞争力。在美国投资的韩国和欧洲半导体行业的跨国公司,为了弥补母国技术的不足,将美国的

R&D 机构纳入其全球 R&D 网络。有研究发现,跨国公司越想获取基础科技知识,越倾向于与研究机构、大学等合作。一些跨国公司将其外国 R&D 单位选址在科研集聚区,以便与当地科研机构实现 R&D 合作,充分利用其外部知识。

第三,降低成本动因。还有一些跨国公司会为了降低 R&D 成本而开展 R&D 全球化活动。医药行业会因成本的攀升而建立跨国 R&D 合作网络,从而开展国际化研发。成本削减是高科技行业将芯片设计业务外包给亚洲的一项重要的驱动因素。有学者认为中国能够长期吸引外资来华进行 R&D 投资,正是因为中国拥有丰富的科技人力资源,并且工资水平较低。

R&D 全球化的客观影响因素主要包括以下两点:

第一,企业内部影响因素。有关 R&D 全球化的客观影响因素的研究重点关注跨国公司的人力资源、组织能力、技术能力、R&D 投资、创新能力和营销能力对跨国公司 R&D 全球化的影响。通过采用资产利用战略和资产获取战略两种方式对全球化创新战略进行分类,可以发现拥有高素质人力资源和高水平组织能力的企业会采用资产获取战略,高水平技术能力和高 R&D 投资企业则会同时采用两种战略。人们普遍认为创新能力越强的企业越愿意到国外开展 R&D 活动。从技术创新上来看,企业技术发明能力和技术合作能力越强,其设立海外 R&D 机构的概率就越大。而从管理创新上分析也有类似的结论,企业的技术能力和营销能力对企业 R&D 全球化具有显著的正向影响。

第二,东道国环境因素。我们可以从东道国的制度、经济、社会文化和技术环境等维度,来探究影响企业 R&D 全球化的因素。从制度环境因素来看,东道国的知识产权保护机制、税收优惠和政府补助会对企业 R&D 全球化产生影响。例如,大型制药公司之所以不愿将核心 R&D 工作转移到中国,是因为中国的监管环境、质量安全以及知识产权保护制度存在劣势。而在加拿大,联邦政府的税收优惠和政府补助是吸引外资在加拿大布局 R&D 机构的主要动因之一。从经济环境因素来看,土耳其吸引国际 R&D 投资的原因除了集中的公共政策,还有较高的私人资本活跃度和较大的生产规模。从社会文化环境因素来看,文化距离会使得跨国公司倾向于建立知识寻求型实验室。从技术环境因素来看,技术接近性正向影响跨国公司的内部知识转移。日本跨国公司之所以在美国设立 R&D 机构,是因为美国和日本都存在创新和产品的全球化、新的技术创新和知识密集型生产中心。

跨国公司 R&D 活动的全球分布使得生产技术在全球和企业间传播,由此带来的技术溢出使得设有 R&D 部门的地区和相关企业的创新水平得到提升。我们从以下几个方面来分析跨国公司 R&D 全球化对创新的影响。

第一,R&D 全球化对创新的促进效应。基于制度跨越理论、社会嵌入理论和创新资源理论,促进效应的观点认为 R&D 全球化能够使企业绕过国内制度约束,嵌入东道国创新体系,获取不同国家异质性的创新资源,并通过企业整合多地区知识资源,提升企业创新绩效。譬如,在一项使用了21家美国制药公司数据的研究中,学者们发现,制药公司通过拥有外国实验室促进自身企业创新[①];而另一项使用美国半导体行业跨国公司的数据研究发现,东道国的技术多样性能够正向影响R&D全球化企业海外分支机构的创新能力[②]。类似的结论在很多国家的跨国公司案例中得到了验证。学者使用1980—1991年日本处方药制药行业65家公司的数据研究发现,企业采用R&D全球化战略来充分利用外部知识,推动企业通过R&D全球化促进专利产出。[③] 使用欧洲专利局专利申请数据的研究发现,公司R&D全球化程度越高,越能促进创新。[④] 使用2009—2014年我国信息技术业上市公司的数据研究发现,R&D全球化对跨国企业的创新有显著的提升作用。[⑤] 不同类型的企业受到R&D全球化的影响也不同。R&D全球化可提升小型跨国公司的创新绩效[⑥],而技术获取型海外R&D实验室更能促进专利产出[⑦]。合作研发型R&D全球化由于能够提升企业自主创新能力,因而对产品创新绩效和技术创新绩效都能起到正向促进作用。[⑧] 技术引进型R&D全球化能够发挥跳板作用,实现短期新产品收益,提升产品创新绩效,但由于"技术依赖陷阱"的存在,最终会负向影响企业技术创新绩效。[⑨] 如果同时在母国和东道国研发,则比在单一母国研发更能促进新产品产出、销售增长和公司创新。[⑩] 通过对17家瑞典跨国公司120份问卷数据的研究发现,海外R&D单位的社会嵌入度越高,即与当地伙伴保持越密切和频繁的联系就越能促进创新绩效的提升,与当地知识网络的密切互动和交叉融合,对于新成立的R&D子公司提高整体创新

---

① Chacar, A. S., Lieberman, M. B. 2003. "Organizing for Technological Innovation in the U. S. Pharmaceutical Industry."in *Geography and Strategy*(*Advances in Strategic Management*, Vol. 20), Bingley: Emerald Group Publishing Limited, 317—340.

② Almeida, P., Phene, A. "Subsidiaries and Knowledge Creation: The Influence of the MNC and Host Country on Innovation." *Strategic Management Journal*, 2004, 25(8—9): 847—864.

③ Penner—Hahn, J., Shaver, J. M. "Does International Research and Development Increase Patent Output? An Analysis of Japanese Pharmaceutical Firms." *Strategic Management Journal*, 2005, 26(2): 121—140.

④ Rahko, J. "Internationalization of Corporate R&D Activities and Innovation Performance." *Industrial and Corporate Change*, 2015, 25(6): 1019—1038.

⑤ 李梅,余天骄. 研发国际化是否促进了企业创新——基于中国信息技术企业的经验研究[J]. 管理世界, 2016(11): 125—140.

⑥ Ferraris, A., Giachino, C., Ciampi, F., et al. "R&D Internationalization in Medium-sized Firms: The Moderating Role of Knowledge Management in Enhancing Innovation Performances." *Journal of Business Research*, 2019(5): 711—718.

⑦ Iwasa, T., Odagiri, H. "Overseas R&D, Knowledge Sourcing, and Patenting: An Empirical Study of Japanese R&D Investment in the US." *Research Policy*, 2004, 33(5): 807—828.

⑧ 刘凤朝,马逸群. 华为、三星研发国际化模式演化比较研究——基于USPTO专利数据的分析[J]. 科研管理, 2015, 36(10): 11—18.

⑨ 张利飞,符优,虞红春. 技术引进还是合作研发?——两种研发国际化模式的比较研究[J]. 科学学研究, 2021, 39(3): 471—480.

⑩ Adalikwu, C. "Impact of International and Home-based Research and Development(R&D)on Innovation Performance." *International Journal of Human Sciences*, 2011, 8(2): 475—498.

绩效至关重要。[①]

第二，R&D全球化对创新的区间效应。区间效应的观点认为R&D全球化对企业创新绩效具有非线性影响，并存在倒U形、U形和S形关系三种观点。倒U形观点认为，企业R&D活动地理分布越广泛，越能从各地区学习最先进的知识和技术、分享世界各地的创新经验、获得异质性知识，从而提升创新效率；但当R&D活动的地理分散度超过一定门槛时，空间距离引致的知识搜索成本增加、人际交流和知识转移障碍以及R&D协调和管理成本上升等负面作用会导致企业创新绩效下降。譬如，使用Mannheim创新数据(Mannheim Innovation Panel)研究发现，R&D全球化程度与创新产出呈倒U形关系[②]；使用1972—1997年100家半导体制造公司的数据研究发现，R&D活动的地理分布范围与创新质量呈倒U形关系[③]，R&D全球化程度和地域多样化都与公司创新绩效呈倒U形关系[④]；在我国，使用国家统计局跟踪调查数据研究发现，企业国际R&D合作的地域广度与技术创新绩效之间存在倒U形关系[⑤]。但是，使用我国台湾地区高科技企业的数据研究发现，R&D全球化程度与创新绩效呈U形关系，这主要是因为R&D全球化在提升创新绩效的过程中成本与收益并存，特别是受企业跨国责任的影响，只有越过一定门槛后，R&D全球化的创新绩效收益才能超过成本。[⑥]而使用我国台湾地区210家资讯科技企业10年的数据研究发现，R&D全球化在分权化、过渡和再中心化三个不同阶段对创新绩效的影响效应呈现先促进后抑制然后再次促进的S形曲线。[⑦]

在上述直接影响效应的研究基础上，部分学者进一步探究了各变量对企业R&D全球化与创新绩效关系的调节效应。大部分学者研究了企业内部资源对企业R&D全球化与创新绩效之间关系的调节效应。资源禀赋理论强调企业之间的差异主要体现在内部资源的异质性上，因此内部资源差异会对企业R&D全球化与创新绩效之间的关系产生影响。从企业拥有的资源来看，企业内部组织的冗余会对R&D全球化与创新绩效之间的关系产生负向调节作用；而企业资金资源和技术资源对R&D全球化与创新绩效之间

---

① Håkanson, L., Nobel, R. "Organizational Characteristics and Reverse Technology Transfer." *Management International Review*, 2001, 41(4): 395—420.

② Adalikwu, C. "Impact of International and Home-based Research and Development(R&D) on Innovation Performance." *International Journal of Human Sciences*, 2011, 8(2): 475—498.

③ Lahiri, N. "Geographic Distribution of R&D Activity: How Does It Affect Innovation Quality?" *Academy of Management Journal*, 2010, 53(5): 1194—1209.

④ Hurtado-Torres, N. E., Aragón-Correa, J. A., Ortiz-DeMandojana, N. "How Does R&D Internationalization in Multinational Firms Affect Their Innovative Performance? The Moderating Role of International Collaboration in the Energy Industry." *International Business Review*, 2018, 27(3): 514—527.

⑤ 吴剑峰, 杨震宁, 邱永辉. 国际研发合作的地域广度、资源禀赋与技术创新绩效的关系研究[J]. 管理学报, 2015, 12(10): 1487—1495.

⑥ Hsu, C., Lien, Y., Chen, H. "R&D Internationalization and Innovation Performance." *International Business Review*, 2015, 24(2): 187—195.

⑦ Chen, C., Huang, Y., Lin, B. "How Firms Innovate through R&D Internationalization? An S-curve Hypothesis." *Research Policy*, 2012, 41(9): 1544—1554.

的关系具有正向调节作用。从企业管理者的角度来看,高管政治联系正向调节 R&D 全球化与企业创新绩效的关系,而企业内含国有股权则对两者关系起到了负向调节作用。除此之外,跨国公司海外经验越丰富越能正向调节 R&D 全球化与创新绩效之间的关系。知识管理在实施 R&D 全球化的小型跨国公司中,对跨国公司的创新绩效起到正向调节作用。而技术多样性由于会引致较高的移植成本,使得技术多样化程度负向调节 R&D 全球化与创新绩效的关系,而组织内部联系水平和不同国家的 R&D 部门之间的合作对二者之间的关系具有正向调节作用。

7.3 企业竞争战略与创新

7.3.1 企业的竞争战略

企业制定战略是为了应对竞争。但是,这里所说的竞争不应该狭隘地理解,行业中激烈的竞争既非偶然,也不是企业的厄运。在争夺市场份额的过程中,竞争不仅仅体现在竞争对手之间。某些行业的竞争甚至还根植于经济基础之中。在特定的行业,比竞争者更强大的竞争力量有很多,客户、供应商、潜在参与者以及替代品生产商都是竞争力量。根据具体行业的不同,它们可以起到主导作用或者产生经济影响。

在经典著作《竞争战略》一书中,波特提出了行业结构分析模型——五力模型。波特认为,企业的盈利能力主要由行业现有的竞争状况、供应商的议价能力、客户的议价能力、替代产品或服务的威胁、新进入者的威胁这五大竞争力量决定。不同企业面临的竞争强度不同,潜在的获利能力也不同。波特认为,企业战略设计的核心在于选择正确的行业,以及在行业中占据有利的竞争位置。

1. 成本领先战略

实施成本领先战略,要求企业必须建立起规模化、高效率的生产设施,全力以赴地降低产研、供应、营销、销售及服务等各方面的成本与费用。为实现这些目标,企业管理者要对成本控制给予高度重视,保证自己的总成本低于竞争对手。要想获得总成本最低的优势,通常要求企业具有较高的市场份额或其他优势(如与原材料供应商具有良好的关系)。一旦企业获得了成本领先优势,其获得的较高利润又可以使企业对新设备进行再投资,从而维护成本上的领先地位。这种再投资是企业长期保持成本优势的重要条件。

2. 差异化战略

差异化战略主要是保证企业提供的产品或服务具有差异化,并在消费者心智中建立起与竞争对手与众不同的认知。实现差异化战略有许多方式,如建立高端品牌形象,或保持技术、性能、渠道布局、客户服务及其他方面的差异化。最理想的是企业能在几个主要方面实现差异化。如果能成功实施差异化战略,企业将有可能成为行业中获利较高的厂商。因为凭借差异化,企业能够建立起防御阵地来应对五种主要竞争力量的挑战。实施差异化战略与提高市场份额的目标往往不能兼顾,因为建立差异化总是伴随着较高的成本与费用。有时即便全行业范围的用户都了解公司的差异化,也会有大量顾客不愿意或没有能力支付企业要求的高价格。

3. 专业化战略

专业化战略是企业聚焦某个特殊的客户群体、某个细分产品线或某一细分区域,为其提供产品与服务。企业采取低成本或差异化战略,都是要在更广阔的全行业范围内竞争。而专业化战略却是围绕"如何很好地为某一特殊目标客户服务"建立的,企业所制定与执行的每一项核心策略都要紧紧围绕这一核心思想。采取专业化战略基于这样的思想前提,即专业化能够使企业以更高效率、更好效果为某一细分客户群体服务,从而超过在较广范围内经营的竞争对手。采取专业化战略,可以使企业通过满足特殊对象的需要实现差异化,也可以在为细分客户服务时实现低成本,或者差异化与低成本二者兼得。采取专业化战略可以使企业的赢利能力超过行业平均水平,获得的低成本或差异化优势也能帮助企业抵御各种竞争力量的威胁。但采取专业化战略也意味着企业要放弃一部分市场,获取高利润率,而这必定以牺牲客户数量为代价。

7.3.2 企业的全球化战略

全球化(globalization)是当今世界的显著特征,它指在世界范围内的任何地方寻找机会,从而优化公司所在国家的业务功能。在全球销售的企业可能会将具有高附加值的制造流程放在技术禀赋较高的发达国家,而为了实现最低的制造成本,把低附加值的制造流程放在劳动力丰富且廉价的发展中国家。

全球化的主要推动力量是企业的全球战略。一个企业成长为全球化企业往往是循序渐进的,最终发展到战略层变革。第一层往往包括进出口活动,对现有管理方向以及生产线的影响最小。第二层涉及国外许可证及技术转让,几乎不需要在管理和运营方面做出改变。第三层的典型特征是对外直接投资,包括建立工厂,这一层要求投入大量资金,并不断发展全球化管理技能。到了第三层,尽管全球化的国内企业仍然掌控着公司决策权,但已经可以称作真正的跨国企业了。战略层变革是所有层次中最复杂的,其特点包括国外投资力度加大,国外资产成为总资产的重要组成部分。在这一层面上,企业才开始以全球化的方式进行生产、销售、融资和控制,成为真正的全球化企业。

一般来说,跨国企业的国外经营战略可以分为四种,各企业都会采用其中一种。针对国外公司的管理,跨国企业形成了自己的一套理念。本国中心导向型(ethnocentric orientation)企业认为,母公司的价值观和优先次序应成为子公司经营战略的方向。多中心导向型(polycentric orientation)企业倾向于从战略执行国的文化出发制定战略。地区中心导向型(regiocentric orientation)企业将母公司与子公司的偏好综合起来考虑,形成针对特定区域的方案。全球中心导向型(geocentric orientation)企业则利用全球化体系制定战略,更偏重全球一体化。

7.3.3 企业战略选择与创新绩效

企业选择不同的竞争战略以及选择是否施行全球战略,都会对企业的创新绩效产生不同程度的影响。企业竞争战略对企业技术创新的影响主要表现在以下四个方面:第一,指导创新方向,把握创新的准确性、可行性;第二,整合技术创新目标与企业目标;第三,不同企业竞争战略引导不同的技术创新类型;第四,调动参与技术创新职工的积极性,增强企业凝聚力。同时,以上四点作用具有全局性、长远性、抗争性和风险性的特点。在不同的竞争战略下,企业会采取不同的技术创新方式。

1. 成本领先战略与创新

创新实质上是将一种新的生产要素与生产条件的组合融入原有的生产系统。它是对原有系统的革新,通常这种革新会带来效率的提高和绩效的改善。成本领先战略也是重视创新的,它实质上可以看作由低成本所决定的价格差异化战略。与差异化战略相比,低成本的竞争优势更加难以长期保持,原因有两个:一方面是行业的新加入者可以通过模仿或者依靠对高新技术的投资能力,以较低的成本进行学习,以更低的成本来参与市场竞争;另一方面是社会技术上的新突破与变化通常会使得企业过去投资的设备和通过学习积累的经验失效,成为无用资源。要改变这种现状,实施成本领先战略的企业就需要不断地改进产品的设计、提高企业的运营效率,压缩一切不必要的成本支出,不断地破旧立新,既要让竞争对手难以顺利模仿,又要保持合理的盈利区间。在市场竞争日趋激烈的今天,企业要在竞争中取胜并长期保持竞争优势,创新与速度是关键,只有不断地进行企业经营各方面的改进与提升,才能有效地避免竞争对手的模仿和超越。

成本领先战略的实现途径一般有以下四种:第一,实现规模经济。通过规模经济生产和分销可能是实现成本领先战略的最主要途径之一。第二,重视新产品设计。要实现规模经济,取得低成本优势,企业必须利用技术创新,设计出易于制造的产品。第三,充分发挥现有生产能力。在一定时期内,企业的生产能力、购销能力基本上是固定的。为了在现有条件下实现规模经济,抢占更多的市场份额,必须利用企业技术创新,对现有企业进行控制改造。第四,采用先进的工艺技术。在企业产品生产中,经常遇到多种工艺技术的选择问题。产出相同的情况下,尽量选择那些能耗少的工艺技术。一般来说,那些实力较强的企业容易取得技术和工艺的领先地位,一旦取得这种地位,企业就可以进一步降低能源和材料消耗。从实现途径来看,成本领先战略离不开技术创新支持。一方面,在一定时期内,企业的生产能力和购销能力基本固定,为实现现有条件下生产和分销的规模经济,抢占更多市场份额,必须利用技术创新进行控制改造,设计制造出高度自动化的生产设备,以提升现有生产能力;另一方面,产品的更新与迭代需要采用先进工艺技术,在产出相同的情况下,尽量选择耗费较少的工艺技术,设计和制造出易于被市场接受且成本更低的产品。此外,在产出一定的情况下,需要降低输入成本,而输入成本取决于与供应商讨价还价的能力。

成本领先战略适合与模仿创新战略整合。由于领先创新者的产品已经在市场中有了一定的知名度,占据了领先地位,故采用模仿创新战略的企业的速度已经比领先创新者慢了半拍,所以必须打规模战、价格战,靠规模效应获得成本优势。模仿创新并非简单抄袭,而是站在他人的肩膀上,投入一定的研发资源,实现进一步的完善和开发,特别是工艺和市场化研发。这种模式适用于技术力量尤其是研发力量不足、资金不足的情况,可在有限资金和技术力量的条件下,迅速积累技术能力、提高研发水平。另外,企业在模仿过程中往往选择最成功的技术成果加以引进购买、消化吸收与改进,并将自己的研发活动集中于特定的领域,进行渐进性的改进,有效回避了高技术的争夺,创新过程的针对性很强。因此模仿创新往往具有低投入、低风险、市场适应性强的特点。这表现在产品成本和性能具有更强的市场竞争力,成功率更高,耗时更短,也使得创新产品的市场适应性非常强。

2. 差异化战略与创新

波特提出实现差异化战略可以通过以下多种方式:设计或品牌形象、技术特点、外观特点、客户服务、经销网络及其他方面的独特性。差异化方式进一步可以分解为价格差异化、市场形象差异化、产品设计差异化、质量差异化、支持差异化和无差异化六种。这些不同类型的差异化分别强调广告、研发与产品开发、可靠性与性能、系列产品和模仿的作用。工业品制造企业面对的是组织市场,在组织市场的采购中,客户的决策更加理性,价格、质量、性能、交货期等是影响决策的重要因素,而诸如形象、品牌等在采购决策中退居次要的位置。对于工业品制造企业来说,差异化战略实施的重点就是产品本身的差异化,而实现产品差异化就需要进行技术创新。[①]

企业采用差异化战略对其技术创新产出质量的提高有促进作用。通过差异化战略,消费者可以感受到技术创新成果的有形差异、无形差异或持久差异等。其中有形差异是指消费者从物理方面对创新成果感知到的差异,该差异主要受技术创新方式的影响。无

---

① 刘昌华,田志龙. 资产专用性对企业技术创新的影响:竞争战略的中介作用[J]. 科技管理研究. 2021,41(12):9—15.

形差异是指消费者由于受到社会、情感以及心理等因素影响,从而对创新成果产生的差异化选择。持久差异是指企业创新成果相对其他竞争对手而言具有明显的持久性差异,该差异对企业技术创新能力的要求较高。[①]

采取差异化战略的企业通过开发新产品或运用新技术保持与竞争对手的差异性,对前沿技术的研发高度重视,着力打造独特的品牌和技术优势。因此它们愿意加大对探索式创新的投入,跳出既有产品的思维定式,尝试新思想新领域,引入具有个性化思想的设计,追求前沿技术和知识。因此,差异化战略能促进探索式创新投入。而利用式创新是对既有知识基础的渐进性改进,旨在保留原本知识体系的基本构架而仅仅做适当的调整和外延。凭借较低的技术要求和资源消耗,利用式创新普遍适用于日常产品的更新换代和流程改造。这样的创新活动主要通过充分利用剩余资源,提高各项生产流程运行效率,需要在工艺、流程的改造上进行重新评估与改良。采取差异化战略的企业不仅可以从持续推出新产品中获得市场份额,还能在既有产品的功能和造型上重新完善,以较低的成本来满足细分市场部分顾客的特殊需求。因此,差异化战略能促进利用式创新投入。

环境不确定性被定义为市场交易环境变化的不可预测性,具体指环境因素变化的动荡性和复杂性。企业决策者需在信息、数据等获取不完全,难以估计外部环境变化或未来技术和市场变化的情况下做出决策。产业环境特征会对企业战略的执行产生影响,特定的竞争战略在某一特定的环境中更有优势。当所处环境发生异变,威胁到企业发展的正常轨迹时,会频繁出现非结构化问题,且原有能力和优势迅速贬值或丧失,企业无法再依赖高效率、标准化、无差异的生产模式寻求利润。此时,单纯以控制成本、提升效率等防御措施缩减预算难以帮助企业摆脱困境,成本领先战略丧失了任务环境日常化的条件,继续沿用带来的成效只会是"杯水车薪"。因此,企业将转向差异化战略寻求出路。

现有研究发现,实施差异化战略的企业的任务环境比成本领先战略企业的任务环境更不确定,这进一步说明了环境不确定性会促使企业实施差异化战略。复杂动荡的环境变化会造就些许机遇,采用差异化战略的企业具有较大的弹性及较强的应变能力,更重视变动环境中的机遇,因此更能捕捉产品技术方面转瞬即逝的潜在新资源。为重拾在行业内独树一帜的地位,企业可能进行更高强度的创新活动来完成新产品或新服务。而当环境不确定性较低时,采取差异化战略的企业原本持有的忠实客户资源会相对稳定,获得高于行业平均利润率的现状也不会被打破,相比于环境不确定性较高的阶段,重视研发投入的紧迫性会有所降低。因此,当环境不确定性较高时,差异化战略对创新投入的影响更大。环境不确定性较高通常会加剧市场竞争,造成企业处于被动状态,而这将提高产生革命性决策的概率。外部环境对市场需求重新洗牌,导致先前凭借自身产品或服

[①] 熊名宁,汪涛,吴光胜. 新兴市场企业出口战略对创新绩效的影响[J]. 科研管理,2021,42(8):131—140.

务的异质性而长期保持的具有忠诚度的顾客资源丧失,采取差异化战略的企业不得不触底反弹,用尖端技术和领先思想实现迅速创新。前景理论认为,当企业存在潜在损失时,管理者更倾向于通过冒险行为降低亏损。身处逆境的危机感将增加企业冒险行为的动机,促使企业在复杂动荡的环境里开发新产品。此时,管理者采取决策的风格往往都更大胆,企业更倾向于开展研发活动进行激进性创新,格外关注核心能力创造和新知识汲取,这与探索式创新以创造新的技术和产品为目的、以突破性或激进性创新为特征的偏好趋于一致。因此,企业环境不确定性越高,差异化战略对探索式创新投入的正面影响越强。

除了破釜沉舟式的探索式创新,环境不确定性还会促进差异化战略对现存的知识、技能、流程进行利用式创新。环境异变既可能是根本性的又可能是渐进性的。当环境要素仅是渐进改变时,企业可能根据以往经验来推测新环境的属性构成,不必大费周章完全推翻原有的所有产品线。一方面,环境要素变化暗示了企业对环境要素的控制能力降低,企业可以在原有的组织构造上实施渐进性创新,不断调整、更新、重构、再造资源的"动态能力"。另一方面,环境动荡性可能导致一部分资源遭到淘汰,这促使企业更新、重新组合尚未充分利用的产品和服务,并对已淘汰但仍有价值的资源进行提炼、整合和拓展,以形成新产品。此外,研究发现,环境的变化会让企业难以明确顾客需求,此时采取更新产品和技术等试探性的措施,通过转型过渡到合适的领域更为稳妥。因此,企业环境不确定性较高也会促进差异化战略对利用式创新投入的正面影响。①

3. 专业化战略与创新

专业化战略与创新是指企业在特定领域内采取专业化战略,并结合创新来提升竞争力和创造价值的商业策略。这种战略强调在特定领域内拥有深厚的专业知识和技能,并通过不断创新来满足市场需求,提高产品或服务的质量和性能,降低成本,创造新市场,或者在现有市场上获得竞争优势。

专业化战略与创新包括以下七个关键方面:第一,深入专业领域,选择一个特定领域,集中精力发展专业知识和技能;第二,持续创新,不断投入研发,推出新产品或新服务;第三,提高产品质量和性能,以技术创新为基础,提供独特的价值;第四,降低生产成本,利用新技术、自动化和数字化来提高生产效率;第五,开拓新市场,创造独特的市场定位,突出产品或服务的特点;第六,建立品牌声誉,关注客户满意度,提供优质的客户服务;第七,灵活应对市场变化,及时调整专业化领域和创新方向,以适应市场需求的变化。

专业化战略与创新的成功关键在于持续的市场调研、灵活的战略调整,以及建立创新文化,鼓励团队不断探索和实验。同时,与其他企业建立合作关系,共同推动产业的创

---

① 王文华,叶沁瑶,沈秀. 差异化战略能促进双元创新投入吗?——基于环境不确定性与财务柔性的调节作用[J]. 预测,2021,40(2):47—54.

新和发展,也是实施专业化战略与创新的有效途径之一。

思考题

1. 什么是企业家?
2. 什么是企业家精神?企业家精神的特征有哪些?
3. 企业家精神对创新有何影响?
4. 什么是跨国公司?跨国公司有哪些类型?
5. 跨国公司和创新的关系是怎样的?
6. 企业竞争战略有哪些?
7. 竞争战略和创新有何关系?

第 8 章
大学、科研机构与创新

本章将重点介绍创新实践中的两大重要主体,即大学与科研机构,以及产学研联盟对于创新发展的重要作用。

8.1 大学与创新

习近平总书记指出:"高水平研究型大学要把发展科技第一生产力、培养人才第一资源、增强创新第一动力更好结合起来,发挥基础研究深厚、学科交叉融合的优势,成为基础研究的主力军和重大科技突破的生力军。"大学作为生产知识和传播知识的重要载体,在整个创新网络中扮演着举足轻重的角色,在推动创新人才培养以及创新成果转化等诸多方面发挥着越来越重要的作用,本节将重点介绍研究型大学的内涵、特点及其在创新中的重要作用。

8.1.1 研究型大学的内涵①

当前各个国家对于大学的分类各有不同,中国常见的划分是研究型大学、研究教学型大学、教学研究型大学、教学型大学、应用型大学、高等专科学校等六大类,其中研究型大学在整个教育体系乃至创新网络中发挥着至关重要的作用。美国最早明确地划分出研究型大学(research university)这一类型,1900 年美国大学协会(Association of American Universities,AAU)的诞生,标志着研究型大学正式被认可。美国卡耐基教学促进基金会(Carnegie Foundation for the Advancement of Teaching)于 1970 年首次提出后来又多次修订的《高等教育机构分类》成为美国各类大学和学院的分类标准。1994 年修订的《高等教育机构分类》指出研究型大学要达到两个标准:第一,提供从学士学位直到博士学位的教育,每年至少授予 50 个博士学位;第二,置研究于优先地位,每年至少得到

---

① 以下内容主要摘编自江莹,龚岚. 研究型大学与知识创新[J]. 中国软科学,2002(1):32—36。

1 550 万美元(研究型大学Ⅰ类)和 4 000 万美元(研究型大学Ⅱ类)的来自联邦政府委托的科学研究经费支持。毕业于哈佛大学社会学系的丁学良博士提出了评鉴研究型大学的九类指标:教师的素质、学生的素质、常规课程的广度和深度、通过公开竞争获得的研究基金、师生比例、大学硬件设施的质量、大学财源、历届毕业生的声望和成就以及学校的学术声望。我们所指的研究型大学既包括国际一流的研究型大学,也包括国内注重科学研究和研究生教育的大学。

8.1.2 研究型大学的特点

1. 高层次人才密集

研究型大学的人才聚集现象十分普遍,除了一批学术造诣深厚、有重大贡献的著名学者、科学家,还拥有从学士、硕士、博士到博士后的完整的人才培养序列,这些年轻人充满活力,思维活跃,反应敏捷,勇于创新,为探求真理而孜孜以求,敢于向权威挑战,对研究不带任何框框,在学术自由、学术自治的宽松氛围下,易于产生新理论、新方法、新技术,是科学研究的生力军。

截至 2020 年,美国斯坦福大学现任教职工中有 19 位诺贝尔奖得主、1 位菲尔兹奖得主、163 位美国国家科学院院士、101 位美国国家工程院院士、287 位美国文理科学院院士、4 位普利策奖得主、18 位美国国家科学奖章得主和 29 位麦克阿瑟天才奖得主,等等。截至 2020 年,先后有 97 位诺贝尔奖得主、26 位图灵奖得主以及 8 位菲尔兹奖得主曾在麻省理工学院学习或工作过。中国研究型大学教师中尽管没有诺贝尔奖获得者,但也是人才荟萃,群星璀璨。截至 2017 年 12 月,北京大学拥有中国科学院院士 76 人,中国工程院院士 19 人。截至 2022 年 12 月,清华大学有中国科学院院士 52 人,中国工程院院士 37 人,在岗博士生指导教师 2 870 人。

2. 学科交融特色鲜明

研究型大学具有学科综合、相互交融的特点,往往学科门类齐全,便于学科交叉、融合,便于"学科群"融合作战,在发展边缘学科、新兴学科方面具有非常有利的条件和优势。比如在英美等国,"大学"的学科设置与"学院"不同,大学通常既有文科、理科,也有工程、医药、农林、教育、艺术等学科,学科类型多样化。美国耶鲁大学拥有学科门类、学历层次齐全的十二大学院:文理学院、研究生院、管理学院、建筑学院、神学院、戏剧学院、艺术学院、法学院、医学院、护士学院、音乐学院、林业及环境科学学院。麻省理工学院建立了 60 多个跨学科的研究中心、实验室、研究所,如人工智能实验室、高级视觉研究中心、信息系统研究中心、核反应堆实验室、空间研究中心、运输研究中心等,打破了原来的各系、各学科的历史界限,进行综合研究,共同解决只靠一门学科难以攻克的尖端科研项目。

研究型大学不仅具有学科交融的优势,而且具有学科领先的优势,例如,哈佛大学的商业管理、政治学、化学、哲学;斯坦福大学的心理学、电子工程、植物学、教育学;麻省理工学院的经济学、语言学、物理学、生物学;加利福尼亚大学伯克利分校的原子核物理、化学、生理学、人类学;加利福尼亚理工学院的航空学、天文学、应用数学、应用物理;康奈尔大学的农业及农业科学、医学、饭店管理、政治经济学;普林斯顿大学的数学、哲学、理论物理、天文学、化学。在《美国新闻与世界报道》对美国研究生教育进行分学科门类、分学科级别的历年评估中,耶鲁大学法学院、麻省理工学院工学院、哈佛大学医学院均获得过"四连冠",斯坦福大学商学院也曾两次夺魁。

3. 研究性资源丰富

图书资源丰富。研究型大学图书馆的规模、水平、管理等方面堪称一流,学术性、普及性期刊的种类和数量都比政府科研机构、企业丰富得多。例如哈佛大学、耶鲁大学、加利福尼亚大学伯克利分校的藏书量比纽约公共图书馆的藏书量更大。北京大学图书馆是我国如今资源最丰富、综合性最强的开放研究型图书馆,总、分馆文献资源累积量约1 100 余万册(件),其中纸质藏书 800 余万册,同时大量引进和自建了国内外数字资源,包括各类数据库、电子期刊、电子图书和多媒体资源约 300 余万册(件)。

人力资源丰富。研究型大学一般设有图书馆学、情报学、档案学、计算机应用等相关专业,一大批优秀人才投身图书情报系统的研究与管理,为科学研究提供了良好的服务。目前,研究型大学一般都建立了以计算机网络为载体的图书资料系统,不仅提高了科学研究的效率和质量,而且为各派学术思想和观点共存共生、学术自由创造了良好的条件。另外,随着研究生教育的发展,数以万计的工作在国民经济第一线的科技人员、管理人员、营销人员走进课堂,这些一边工作、一边学习的"兼读制"学生,成为研究型大学密切联系社会各行各业的重要人力资源,可以及时准确地交流信息,便于实现产学研结合,促进科技成果较快地转化为现实生产力,反过来促进知识创新。

8.1.3 大学在创新中的作用

大学是技术创新的主体,也是技术创新扩散系统中最核心的要素。作为技术创新的主要扩散源,大学的创新能力及其扩散能力直接影响着一个国家和地区技术创新扩散的速度和质量。大学在创新中的作用可以体现在以下三个方面。

1. 大学是培养创新人才的最重要基地

研究型大学能够培养出一批杰出的创新人才,能提供对社会发展产生深远影响的创新性成果,在知识创新中发挥源头作用。美国人把他们在科学技术方面的优势归功于美国拥有世界一流的大学,拥有世界上最好的研究生教育,培养出了一流的人才。例如,在2000—2020年,哈佛大学、麻省理工学院、加利福尼亚大学伯克利分校、耶鲁大学、加利福尼亚理工学院、芝加哥大学、哥伦比亚大学、约翰·霍普金斯大学分别培养了66位、45位、40位、34位、29位、25位、22位、13位诺贝尔奖获得者。哈佛大学人才辈出,在很多领域都可以找到哈佛大学的校友。美国自立宪至今共有46位总统,其中8位是哈佛大学的毕业生;截至2018年,哈佛大学共有18位菲尔兹奖得主、4位图灵奖得主。1999年,在中国政府表彰的23位"两弹一星"功勋奖章获得者中,有14位是清华大学校友。"十三五"期间,清华大学共牵头承担重点研发项目148项,涉及42个重点专项。2020年,清华大学牵头承担重点研发项目30项,连续五年居中国高校首位。大学为科研机构和企业的创新培养了大量基础性人才,是国家创新最重要的创新人才培养基地。

2. 大学是基础研究和创新能力形成的重要来源[①]

基础研究在整个R&D研究网络中起着至关重要的作用,其发展对于创新突破的意义重大。一个国家或地区创新能力的最基础的来源就是基础研究,而研究型大学在国内外都是基础研究的主要执行机构。比如在美国,政府承担约58%的基础研究支出,而研究型大学承担着约58%的基础研究任务。

创新能力是大学学术水平和综合办学实力的核心指标。王章豹和徐枞巍把大学创新能力理解为由知识、技术、管理等诸多相互联系的要素构成的有机整体,是由多维能力构成的能力系统,主要包括科技创新基础能力、科技创新投入能力、科技创新产出能力和科技创新管理能力。[②] 梅轶群和张燕把大学创新能力归结为五大方面:科技创新基础实力、知识创新能力、技术创新能力、科技成果转化能力和国际交流合作能力。[③] 刘念才和赵文华将大学要重点建设的六种科技创新能力解释为引领未来科技发展方向的能力、解决国民经济和社会发展重大问题的能力、培养杰出创新型人才的能力、培育创新文化的能力、国际合作的能力、推动区域创新体系建设的能力。[④] 何建坤等认为,大学创新能力主要包括科技人才创新能力、文化创新能力、知识创新能力、技术创新能力、创新人才培养能力和组织创新能力六个方面。[⑤] 从以上研究可知,虽然不同学者从不同角度出发,对于大学创新能力所包含要素的表述有所不同,但是对于大学创新能力的核心要素的理解还是基本一致的。

根据大学技术创新扩散系统的研究需要,黄海洋在大学创新能力共性研究的基础

[①] 以下内容主要摘编自黄海洋. 大学技术创新扩散的机理与模式研究[M]. 上海:上海交通大学出版社,2015.
[②] 王章豹,徐枞巍. 高校科技创新能力综合评价:原则、指标、模型与方法[J]. 中国科技论坛,2005(2):55—59.
[③] 梅轶群,张燕. 高校科技创新能力的分析和评价[J]. 技术经济,2006(5):74—77.
[④] 刘念才,赵文华. 提升高校科技创新能力 服务创新型国家建设(上)[J]. 中国高校科技与产业化,2007(6):12—15.
[⑤] 何建坤,吴玉鸣,周立. 大学技术转移对首都区域经济增长的贡献分析[J]. 科学学研究,2007(5):871—876.

上,着重从五个方面研究和考量大学的创新能力。一是创新资源投入,包括科技人力资源、科研经费、科研项目等;二是创新基础设施,包括实验室、工程中心、共性实验平台、科技创新平台、联合实验室及研发中心等;三是创新成果产出,包括科技论文、科技奖、专利等;四是创新成果转化,包括成果转让、专利许可、技术咨询与服务、学生技术创业等;五是创新组织与管理,包括内部科研组织、区域创新合作、产学研协同创新、国际科研合作等。

3. 大学是技术创新扩散系统中最核心的要素

扩散能力是大学创新能力向经济领域延伸的具体体现。扩散能力并不等于单纯的创新成果转化,创新成果转化只是衡量大学技术扩散能力的一个重要方面,而不是扩散能力的全部。扩散能力是大学创新能力不可或缺的一部分,并且不是孤立的,而是渗透在创新能力的各方面。比如说,在创新资源投入方面,科技人力资源中直接从事应用研究和开发的人力投入、科研经费中来自企业的横向经费比重、与企业合作的科研项目数;在创新基础设施方面,直接面向行业的工程中心与工程实验室、与企业联合建立的实验室及研发中心;在创新成果产出方面,国家发明奖、科技进步奖、行业重要奖项、专利(特别是发明专利);在创新组织与管理方面,大学科研组织模式与企业研发模式的契合程度、大学与企业在区域创新体系中的定位、大学与企业的产学研协同创新状况等,都可以成为衡量扩散能力的重要指标。一般而言,大学所拥有的创新投入和创新设施越多,创新成果产出、创新成果转化的能力越强,创新组织与管理的市场化程度越高,其创新扩散能力也就越强。根据黄海洋的总结,大学技术创新扩散的主要形式包括以下几种。

第一,大学与企业建立联合研发中心。一般由企业出资,在大学校园内或周边建立联合实验室、创新平台、研发中心等,充分利用大学的创新优势为企业技术创新服务。这种扩散形式一方面有利于改进大学的科技创新条件,提升大学的研发能力,培育新产业需要的核心技术和关键技术;另一方面,由于企业的提早介入并对技术创新持续投入,科研更贴近市场需求,更容易形成能够产业化的专利成果,缩短产品化周期,并培养企业自身的研发技术人员。这种方式更容易达成双方的共同目标,实现合作共赢,已经成为国内外高水平研究型大学与著名企业合作的主要方式。

第二,共同参与国家和区域科技创新项目。目前,国家和区域很多科技项目(比如,国家科技重大专项、"863"计划、国家科技支撑计划、上海市"科技创新行动计划"等),都明确要求企业与大学共同参与,采取产学研用协同创新的模式,这就加强了创新扩散主体之间的合作,为大学技术创新扩散创造了良好的条件。更重要的是,国家和区域科技创新项目的产业关联度大,能促进一大批相关衍生技术的产生和上下游产业链的发展,显示出很强的优化资源配置的催化效应。这实际上为体现大学的创新优势,以及主动向企业推广扩散创新技术和创新能力提供了充分的理由和巨大的空间。

第三,面向产业的共性技术研发平台。目前,大学从事的主要是基础研究或应用基础研究,而企业更加关注技术的产品化和市场化推广,大学与企业之间存在着天然的沟壑。为了解决这一问题,国际上一个比较通行的做法就是在大学与企业之间,建立一个面向产业的共性技术研发平台,比如美国国家标准与技术研究院、德国弗劳恩霍夫应用研究促进协会、日本产业技术综合研究所等。这些研发平台能够有效解决普遍存在的共性技术研发和技术中试验环节的缺失问题,解决技术扩散过程中的技术成熟性和经济合理性等问题。

第四,以大学科技园、高科技园区等为中心的大学技术扩散区。大学科技园、高科技园区是以某一所或若干所研究型大学或大学群为依托,将大学的人才、技术、信息、实验设备、图书资料等综合智力资源优势与其他社会资源优势相结合,为推动知识生产、技术创新、科技成果转化和培养复合型创新创业人才提供服务,实现区域经济快速发展的经济社会组织。大学科技园或高科技园区实际上就是为了促进大学技术创新扩散,而在大学周边建设的一个集政府优惠政策、大学创新要素、企业群体、各类中介组织和社会公共服务等为一体的技术扩散区域。

第五,以技术转移中心为纽带的技术转让与成果转化。大学技术转移中心是以促进知识流动和技术扩散为主要工作的联系大学与企业的技术中介机构,在促进大学创新技术向企业辐射和扩散、促进科技创新和高新技术产业发展等方面具有重要的示范和引领作用。最早的大学技术转移中心是由美国斯坦福大学于1970年首创的技术许可办公室(office of technology licensing,OTL),后来逐步成为很多大学推动科研成果的商业化和技术转移、促进知识产权的管理和保护的标准模式。1980年,美国颁布《拜杜法案》,允许大学研究的发明者拥有专利,并在法案中通过许多激励措施,从而促进了美国大学的技术转移与技术扩散,麻省理工学院、哈佛大学等一批美国研究型大学纷纷采用OTL模式,推动大学技术成果转化。

8.1.4 大学技术创新扩散的过程与模式[①]

1. 大学技术创新扩散与突破性创新

虽然突破性创新的市场前景非常广阔、利润空间非常诱人,但是其中的不确定性因素很多,需要投入巨大的资金,对研发人员的要求非常高,并且需要较长的研发周期(一般需要8～10年甚至更长时间)。这些都是企业甚至大型企业所不愿或无法承担的。历史经验表明,很多突破性创新最初都是产生在大学,并逐步向外扩散,孕育了一批新兴企

---

① 以下内容主要摘编自黄海洋.大学技术创新扩散的机理与模式研究[M].上海:上海交通大学出版社,2015.

业和新的产业。比如说,牛津大学的科学家首先对青霉素实现了分离和纯化,并发现了其对传染病的疗效;电子信息技术和产业的发展得益于斯坦福大学的贡献;电脑诞生于宾夕法尼亚大学;互联网的早期应用和推广离不开耶鲁大学、加利福尼亚大学伯克利分校、纽约大学的参与和重要贡献;物联网的概念最早由麻省理工学院提出等。突破性创新往往是建立在基础研究和应用研究重大理论与技术突破的基础之上,同时又充分体现和适应市场中的新需求和新变化。

大学作为开展突破性技术创新的重要力量,其技术创新扩散过程一般具有三方面的共性特点:一是创新扩散始于科学技术领域的理论创新,或者由国家重大计划及市场需求所引致的新问题;二是在整个扩散过程,前期的基础研究、应用研究、技术开发是必不可少的重要环节,一定程度上决定着突破性技术创新扩散能否成功;三是扩散完成的标志不是多数企业采纳了新的突破性技术,而是形成了一个全新的产业,并且带动整个产业的升级换代,以及相关技术领域的突破性进展。

根据大学在突破性技术创新中的作用,以及大学与企业在技术研发过程中的关系,可以把大学突破性技术创新的扩散模式分为两大类型:一类是大学主导型创新扩散模式;另一类是大学与企业联盟型创新扩散模式。

大学主导型突破性技术创新扩散模式的主要特点是:创新技术问题源自科学技术基础领域、前沿领域的新理论。新理论的形成促进了科技的新革命,这种技术革命与潜在的市场需求相结合,往往能够形成一个全新的产业。在这一扩散模式中,大学在技术创新和技术传播与推广中起到主导作用(见图8-1)。

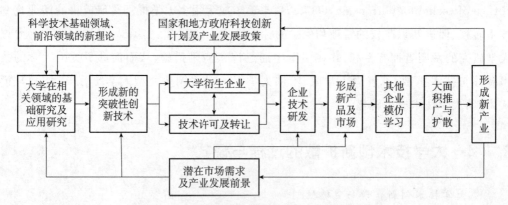

图8-1 大学主导型突破性技术创新扩散模式

首先,从新理论到新技术的研究过程主要由大学来完成。在这一时期,新技术还处于萌芽状态,没有现实的市场需求,技术风险、市场风险都比较高,企业没有研发动力。通过大学在相关领域的基础研究和应用研究,大学把科学理论或者市场需求转化为新的突破性创新技术。

其次,大学直接主导、参与和推动新技术的推广与应用,主要有两种方式:一是大学衍生企业,这是最有效的方式,目前信息技术、网络技术、生物医药等领域的很多著名企业,都源自大学生创业。二是技术许可及转让,这也是大学比较常用的扩散方式。2019年6月,北美大学技术经理人协会(Association of University Technology Managers,AUTM)和生物技术创新组织(Biotechnology Innovation Organization,BIO)联合发布《1996—2017年美国大学/非营利组织发明对经济贡献度》研究报告。报告指出,1996—2017年,大学技术转让使美国国内生产总值增长达8650亿美元,这些技术的发现和商业化产生了570万个工作岗位。

再次,国家和地方政府的科技创新计划及产业发展政策对于促进大学科技研发、加速形成突破创新技术、推动创新技术向市场扩散具有积极作用。

最后,大学直接衍生的企业和采纳大学技术创新的企业,经过二次开发,逐步把新技术转化为适应市场需求的新产品,并因为先发优势而成为新市场的引领者。它们在新技术领域的成功,往往吸引众多企业的模仿学习,从而推动大学技术创新向更多企业推广和扩散,进而形成新的产业。随着新产业的发展成熟,新的市场需求又会被不断提出,并转化为科学问题和技术问题,成为政府出台新一轮科技创新计划和产业发展政策的重要依据,同时也为下一轮技术创新扩散埋下种子。

另一种大学突破性技术创新的扩散模式,是大学与企业通过建立研发联盟共同推动新技术的形成和扩散(见图8-2)。大学与企业联盟型创新扩散模式的显著特点是计划性和协同性,企业根据政府引导或产业自身发展需求,通过与大学联合建设研发中心或实验室,直接参与新技术研发的前端,把市场需求问题和产业发展中的技术难题带进大学,借助大学的技术创新资源和优势,实现突破性技术创新,并在企业进行二次开发,把大学技术创新推广应用到市场中。大学与企业联盟型创新扩散模式的动因源自两个方面:一是国家和区域创新战略。一个国家(或地区)把创新驱动作为经济社会发展的强大动力,通过创新计划、专项支持、财税补贴等形式,支持大学与企业协同创新,推动大学技术创新扩散。二是产业发展过程中的技术需求。对于产业发展中的共性技术和关键技术难题,由于技术研发的投入大、风险高、不确定性因素多,并且存在着外部效应,单个企业没有实力或者不愿意单独从事这方面的研发,与大学合作研发是很好的替代路径。目前,大学与行业龙头企业建立研发联盟,已经成为世界各国推动技术创新扩散的一个通行做法。比如,麻省理工学院与多家企业进行了合作,这些企业来自科技、制造、金融、医疗、能源等多个行业和领域。通过与这些企业的合作,麻省理工学院致力于推动创新、技术转移和产业发展。

2. 大学技术创新扩散与颠覆性创新

颠覆性创新的问题或需求主要来自市场驱动,但是这种市场驱动不是因为消费者对现有产品性能的不满意而提出改进产品性能的要求,而是产生于主流市场产品的性能过

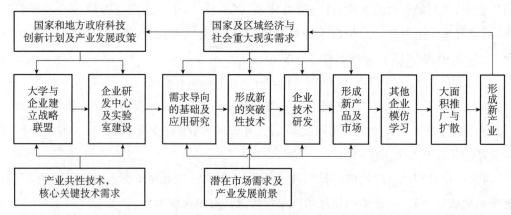

图 8-2 大学与企业联盟型突破性技术创新扩散模式

剩,以至于现有消费者不愿为产品性能的进一步提高付出溢价,而其他消费者又不具备消费此类产品的能力,这就对更简单、更便利和更便宜的产品提出了新的需求。颠覆性创新对于技术的要求并不高,其研发过程相对简单,一般不需要基础研究和应用研究,只需要利用现有比较成熟的技术,进行重新组合或简单开发,形成能够满足非消费市场或低端市场需要的新产品。非消费者和低端消费者是颠覆性创新的早期采纳者,这一时期的消费群体还比较少,多是一些对产品性能要求不高的消费者。新兴中小企业根据早期采纳者的消费反馈意见,进一步改进技术,不断提高产品性能,当新产品性能达到多数消费者的要求时,就会吸引主流市场的中高端消费者,实现在整个行业的推广与扩散。

大学颠覆性创新的扩散模式也可以分为大学主导型和大学与企业联盟型两种。大学主导型颠覆性创新扩散过程,始于现有主流市场的技术与产品的性能过剩,而大学科技研发人员敏锐地发现了这一现象,并把这一技术需求带回大学,利用大学的科技创新资源优势和人才优势,整合现有技术,形成颠覆性创新技术;并通过衍生企业、技术许可等形式推广到新兴中小企业,经过新兴企业的二次研发后,形成适应于非主流市场消费者的新产品,并逐步改进产品性能向主流市场渗透,从而实现颠覆性技术和产品的扩散,颠覆在位企业,建立新的行业技术体系和市场体系(见图 8-3)。在大学主导型颠覆性创新扩散过程中,由于技术问题直接由大学科技研发人员根据市场需求提出,并且研发难度不大,所以在前期,大学技术创新扩散的过程相对简单,周期也不会太长。这一扩散过程的关键点和难点在于如何把大学形成的技术转化为支撑企业发展、适应市场需求的技术。大学衍生企业虽然在技术消化吸收上更加容易些,但是由于这些企业是初创企业,面临着较高的市场风险和经营风险。而技术许可及转让的困难在于如何找到合适的新兴中小企业,这种企业既要有采纳吸收大学技术创新所必需的技术基础,又要有一定的市场把握能力,同时还要有挑战主流市场的动力和野心。

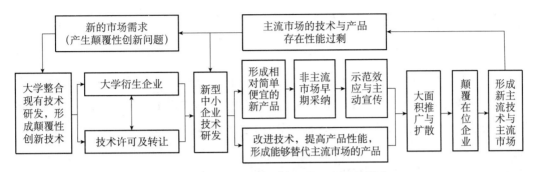

图 8-3 大学主导型颠覆性技术创新扩散模式

大学与企业联盟型颠覆性创新扩散过程,同样始于现有主流市场的技术与产品的性能过剩,但是与大学主导型创新扩散模式的区别在于,发现并试图利用这一性能过剩的是新兴中小企业而不是大学科技研发人员。新兴中小企业的企业家具有敏锐的市场嗅觉,能够迅速洞察到新的市场机遇,但是苦于自身研发实力不济,难以在短时期内形成新技术和新产品。这时候,借助于大学的科研优势和人才优势,通过项目合作、联合研发等形式与大学建立校企联盟,就成为新兴中小企业实行颠覆性创新的有效选择(见图 8-4)。就颠覆性创新扩散过程而言,大学与企业联盟型模式与大学主导型模式没有太大区别,主要区别在于两种模式的关键点与难点有所不同。大学与企业联盟型模式的主要难点在于,大学如何根据新兴中小企业提出的技术需求,形成颠覆性创新技术;由于技术问题不是大学主动提出的,所以就存在如何正确理解企业技术需求以及是否重视企业技术需求的问题。如果大学对于企业的技术需求在理解上存在偏差,或者因为技术水平不高而未予以足够重视,都可能在前期技术研发阶段中出现这样或那样的问题。不过,这一模式在后期技术推广及产品实现方面具有明显优势,比大学衍生企业更能够顺利地实现新市场的开发、产品性能的改进以及向主流市场的渗透。

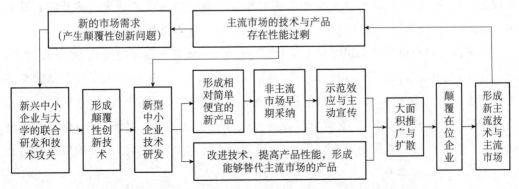

图 8-4 大学与企业联盟型颠覆性技术创新扩散模式

8.2　科研机构与创新

科研机构对于创新的重要作用不言而喻,其为国家整体的科技发展注入了源源不断的动力,而重点科研机构又是其中举足轻重的一部分。本节将重点阐述国内外重点科研机构的类型、运行机制及其创新行为如何作用于技术进步。

8.2.1　科研机构的类型与运行机制

1. 国外重点科研机构的类型与运行机制

在国外,重点科研机构一般不单独称呼,而是体现为"国立研究机构",主要包括国家大型综合性科研机构、专业性科研机构以及其他类型科研机构,本节将重点介绍三类科研机构的内容、运行机制和管理模式等。

第一,国家大型综合性科研机构。这种类型的科研机构通常配备专业性的研究所、实验室以及研究人员,其特点是全国性、综合性。例如德国马普学会的研究机构多达83个;法国国家科学研究中心有研究人员33 000余名,下属国内及国际研究单位1 100余家;德国亥姆霍兹联合会拥有19个国家科研中心(国家实验室),研究人员达到31 000余名。

第二,专业性科研机构。这种类型的科研机构主要由政府相关职能部门所直属,通常配备专业性的研究所等,其特点是专业性、与政府相关职能挂钩。如美国各部门所属的850多个国家实验室,德国联邦政府各部门所属的50多个研究所,日本通产省的工业技术研究院等。[①]

第三,其他科研机构。除上述研究机构外,还有其他类型的科研机构,例如地方政府所属的研究所、实验室,高校以及企业从事的相应专业性的科研活动等。涉及的领域是多方面的,包括设备测试、精密计算等,致力于为各行各业提供技术支持。

各国国立科研机构的组织管理主要分为三种形式:政府主管部门创建,并直接管理;政府创建,交由院所自主管理;政府创建,委托民间管理。以上三种形式尽管在组织形式上有所不同,但实际上都是在政府领导之下的。如德国的国立科研机构,它们的负责人由政府任命并向政府负责,享受政府拨款并接受政府主管部门的财务检查;德国的大型研究中心的最高权力机构是股东大会,由于研究中心是国立的,因此,最大的股东当然是

---

① 韦永诚,杨丽娟,陈元辉. 国内外重点科研机构的现状与发展态势[J]. 世界科技研究与发展,2001(1):92—99。

联邦政府,其次是所在地的州政府,国家主要通过其派驻在监事会中的代表对研究中心的工作施加影响;美国政府为某种特定的研究目标而建立的大型国立研究机构的经费几乎全部来自主管部门,这些部门通过合同形式将它们的行业管理分别委托给高校、企业和非营利机构。

各国国立科研机构的经费大多由政府提供,并且采用财政预算拨款方式,但比重不大相同。如法国的国立科技型科研机构,由于其主要从事非定向研究即基础和应用基础研究,90%以上的经费主要靠政府拨款,其中包括人员工资。德国虽然建立了以市场经济为基础、以自由竞争为动力的集中协调型科技体制,但是并没有把所有的研究都推向市场,而是有一个严格的界限,即凡是以营利为目的科研开发活动,均按市场原则办理,而国家则为非营利的科研活动提供必要条件和切实保障,如担负基础和应用基础研究任务的国立科研机构,大部分经费均来自联邦和州政府的事业费,政府还帮助它们寻求横向经费支持。日本的国立科研机构在科研经费的分配及研究课题的选择、审批、实施和成果的推广应用上有严格的程序和管理办法,其科研课题计划必须由各省厅上报科技厅审查、备案,以避免项目重复造成浪费。

国立科研机构从事基础和应用基础研究的人员,一般享受政府公务员待遇,录用十分严格。如日本国立科研机构在科研人员的选择和录用上,是依照《国家公务员法》通过考试择优录取的,考试由政府组织,统一进行,成绩有效期为3年。进入国立科研机构的人员除了考试合格、本人愿意、政府推荐,还要经过用人单位的面试和体检。日本很注重充分发挥国立科研机构优秀人才的作用,机构中的那些已到退休年龄但精通业务、富有经验、善于管理、各方面能力都很强的人员,会由国家安排到政府外围机构或民间组织继续担任业务领导,继续发挥他们的作用;对于那些技能水平很高但在原单位提拔不上去的人也以上述方式安排,最大限度地发挥他们的才干。在美国,多数国家实验室采用任职年限制,如国立卫生研究院采用的是"5年+6年"共11年连续评议淘汰机制,大约只有5%的人能最终成为固定科研人员。

2. 国内重点科研机构的类型与运行机制

我国的科研机构总数非常多,在本节所述的国内重点科研机构主要指的是中国科学院、国家重点实验室、国家工程研究中心和国家工程技术研究中心四大板块。

第一,中国科学院(简称"中科院")。中科院成立于1949年11月,是中国自然科学最高学术机构、科学技术最高咨询机构、自然科学与高技术综合研究发展中心。据2021年10月中科院官网显示,全院共拥有11个分院、100多家科研院所、3所大学(与上海市共建上海科技大学)、130多个国家级重点实验室和工程中心、68个国家野外观测研究站、20个国家科技资源共享服务平台,承担30余项国家重大科技基础设施的建设与运行,正式职工7万余人,在学研究生7.7万余人。建成了完整的自然科学学科体系,物理、化学、材料科学、数学、环境与生态学、地球科学等学科整体水平已进入世界先进行列,一些领域方向也具备了进入世界第一方阵的良好态势。在解决关系国家全局和长远发展的重大问题上,已成为不可替代的国家战略科技力量。一批科学家在国家重大科技任务中发挥了关键和中坚作用,并作为我国科技界的代表活跃在国际科技前沿。

第二,国家重点实验室。国家重点实验室是依托一级法人单位建设、具有相对独立的人事权和财务权的科研实体。在我国,国务院组成部门(行业)或地方省市科技管理部门是国家重点实验室的行政主管部门,中科院各研究所、重点大学等主体是国家重点实验室的依托单位。国家重点实验室肩负的主要任务是在关系国民经济、社会发展、学科前沿的诸多领域开展前瞻性研究,为相关科学领域提供技术支持,为国家宏观战略、经济发展提供决策基础。我国重点实验室自改革开放以来处于不断发展的过程:在初期阶段(1984—1997年)建成155个国家重点实验室,形成了初步框架;在发展阶段(1998—2007年),科技部规范了重点实验室的新建程序、评估规则等,并新建88个实验室;在提高阶段(2008年至今)设立了专项经费,从多方面多角度为实验室的发展提供支持。

第三,国家工程研究中心。《国家工程研究中心管理办法》明确指出:国家工程研究中心是国家发展和改革委员会组织具有较强研究开发和综合实力的企业、科研单位和高等院校等建设的研究开发实体,是国家创新体系的重要组成部分。国家工程研究中心所肩负的主要任务是进行关键技术攻关和试验研究、开展重大装备的研制并进行工程化实验验证。由此不断提升自主创新能力,并加快将科研成果转化为产业企业中的实际生产力,扮演产业与科研之间的"桥梁"角色。当前我国已建成包括变流技术国家工程研究中心、超声医疗国家工程研究中心、油气勘探计算机软件国家工程研究中心等在内的共128所国家工程研究中心,相关管理办法也在不断完善发展之中。

第四,国家工程技术研究中心。国家工程技术研究中心与国家工程研究中心的区别主要在于,国家工程技术研究中心是科技部根据国情需要,统筹规划,统一安排,是国家研究开发条件能力建设的重要内容。国家工程技术研究中心的依托主体主要是领域内科技基础较强的重点科研机构、科研型企业、科技型高校等,通常配备专业性的科研设备、人才队伍等。国家工程技术研究中心肩负的主要职责是致力于研究领域发展中的关键性技术,并推动科研成果的系统化,从而为领域内相关行业和企业提供专业性、前沿性的工程技术等,为企业发展提供源源不断的技术支持。《2016年国家工程技术研究中心年度报告》显示,截至2016年底,我国共建成国家工程技术研究中心347个和分中心13个,合计360个,领域涵盖农业、制造业、新能源技术、生物医药等诸多方面。

我国重点科研机构的运行机制主要包括以下几方面。

首先,重点领域,优先建设。无论哪一种类型的重点科研机构,国家都选择优先发展的学科和领域作为重点,一般不重复建设。例如,在由国家计委(现国家发展和改革委员会)支持建立的重点实验室中,固体表面物理化学国家重点实验室、生命有机化学国家重点实验室、稀土材料化学与应用国家重点实验室、分子反应动力化学国家重点实验室、高分子物理联合开放实验室及应用有机化学国家重点实验室等,均为国家级独一无二的重点实验室。在国家计委支持建立的国家工程研究中心方面有连铸技术国家工程研究中心、聚合物材料国家工程研究中心、微电子国家工程研究中心、工业自动化技术国家工程研究中心、光纤通信技术国家工程研究中心、染料技术国家工程研究中心及硅材料技术国家工程研究中心等。在国家科委支持建立的国家工程技术研究中心中,有国家计算机集成制造系统工程技术研究中心、纤维增强模塑料工程技术研究中心、中药制药工程技术研究中心和国家天然药物工程技术研究中心等,它们都是我国经济和科技发展的重点领域。

其次,任务明确,各担职责。国家重点实验以培养一定数量的具有国际水准的博士生和提高科研水平、承担国家重点科研项目为其双重任务,即在研究方面,大多数研究课题应把握学科发展的前沿,争取有重大意义的成果,同时带出一支以中青年博士为主的队伍,担负并完成国家重点科研项目。国家工程研究中心的主要任务则放在对行业中的共性技术、前沿技术、战略性开发、公益性技术(例如环保)的技术成果转化上,如现代钢铁流程的大型化、连续化、高自动化及紧凑化配套成果转化的工程化研究开发应用。而企业技术中心的任务,则重点放在当前产品开发、成熟的先进工艺、材料的配套、有关企业发展前途的重要技术采用和新装备开发的工程化研究应用上。例如,连铸技术国家工程研究中心以进行技术创新、形成自主知识产权并进行推广为主要任务。

最后,政策引导,科学管理。国家重点实验室、国家工程研究中心以及国家工程技术研究中心的建设,作为政府对科技发展的一种重要投资行为,具有更为针对性的国家目标。为了保障国家投入产生的效益和实现相应的国家目标,目前新的中心宏观管理体制取消了部门层次的管理职能,直接由政府宏观管理部门和地方政府,通过共同制定产业政策、地区政策、税收政策等,来引导和调控中心的行为,实行更为科学化的管理。如国家重点实验室由国务院组成部门(行业)或地方省市科技管理部门主管,国家工程研究中心由国家发展和改革委员会主管,国家工程技术研究中心由科技部协调主管。

8.2.2 科研机构与其他创新主体的对比分析

科研机构可以分为国立科研机构、高校科研机构和企业科研机构。在我国,国立科研机构与高校科研机构都属于科研机构体系。高校科研机构是指高校的各类科研机构、依托于高校的重点实验室和工程中心等,是高校知识创新、技术创新以及人才培养创新的重要基地。一部分依托一级法人单位的国立科研机构可能也属于高校科研机构。以国家重点实验室为例,根据《国家重点实验室建设与运行管理办法》的规定,国家重点实验室是依托大学和科研院所建设的科研实体,中央设立专项经费支持其运行。如果依托单位是高校,那么国家重点实验室则属于高校科研机构,而同时又属于国立科研机构。

国立科研机构与其他创新主体的区别和联系主要体现在表 8-1 之中。

表 8-1 国立科研机构与其他创新主体的区别和联系

(一)国家创新体系主体			
	国立科研机构	高校科研机构	企业科研机构
与国家的关系	国家建立或者资助	国立(国家所有) 私立(国家少干预)	国企(国家所有) 私企(国家少干预)
(二)国有性质的创新主体			
	国立科研机构	国立大学科研机构	国有企业科研机构
国家系统中的定位	类似国家机器的一部分 国家控制	国家教育体系的一部分 学术自治	国家经济体系的一部分 国家管理
(三)三类主要科研机构			
	国立科研机构	高校科研机构	企业科研机构
科研机构类型与科研目的	政府驱动型 满足国家需求/完成国家目标/科学研究	教育驱动型 教书育人/知识传播/自由探索	市场驱动型 追求市场价值

资料来源:骆严. 我国国立科研机构的创新政策及其与创新模式的协同研究[D]. 华中科技大学博士论文.

8.2.3 科研机构对创新的影响

在区域创新系统中,科研机构扮演着核心技术创造者以及技术知识传播者的重要角色。科研机构所提供的技术正是产品的核心、经济的灵魂,因此科研机构尤其是国家科研机构的技术创新行为对于企业、产业以及区域创新发展都发挥着重要且积极的作用。国家科研机构关系国家长远发展和战略全局,是国家竞争力的集中体现,主要设置在战略必争领域。这些领域具有周期长、风险高、难度大的特点,仅靠市场机制不能解决,必须由国家集中投资和组织,保证研究开发的连续性和稳定性。总体上看,各国国家科研机构的人员规模都比较大,研发经费占政府研发总投入的比例一般都在30%~40%。如美国国家科研机构有20多万人,研发经费占政府研发总投入的40%左右;德国国家科研机构有8万多人,研发经费占政府研发总投入的45%左右。国家科研机构在创新中的重要作用体现在以下几方面。[1]

第一,服务国家目标。国家科研机构在国家科技布局中发挥着基础和核心作用,主要开展基础性、战略性、前瞻性和综合性的研究工作,是国家重大科技任务的发起者、承担任务的主体与骨干力量。通过牵头发起和组织实施重大科技计划,联合优势科研力

---

[1] 白春礼. 国家科研机构是国家的战略科技力量[N]. 光明日报,2012-12-9(1).

量,紧紧围绕国家经济社会发展和国家安全的重大需求,协同攻关,形成集群优势。一些国家科研机构还担负着科研资助的职能,面向全国设立竞争性项目,支持开展相关领域研究。

第二,开展重大前沿研究。国家科研机构代表国家科技的最高水平,集中解决新兴、交叉、综合性的前沿科学问题,聚焦未来技术前沿,提出新理论新方法,开辟新兴前沿方向,创造新知识,为新兴技术提供源头,在本国科技创新中发挥引领作用。如截至2011年,美国能源部17个国家实验室共有87位科学家获得诺贝尔奖;德国马普学会共有32位科学家获诺贝尔奖,超过德国大学的获奖人数。

第三,建设国家重大创新平台。国家科研机构负责建设、管理和运行国家大型科技基础设施,研发重要科研装备,为大学和企业开放共享大型科技基础设施提供技术支撑服务,基于大科学装置与大学、企业联合开展综合交叉前沿研究。如美国能源部的核心使命包括"建造与运行大科学装置和设施,供联邦政府、大学、产业界和其他科研机构利用",亥姆霍兹联合会是德国最大的以大型基础研究设施为依托的国家科研机构。

第四,开展技术转移与技术服务。重视加强科技创新与市场的联系,为国家经济社会发展提供知识、技术和人才,是国家科研机构的重要任务。一般通过设立专门机构或利用技术转移中介机构推动科研成果向企业转移,通过承担企业委托的研究任务、合作共建研发机构、共建产学研创新联盟等形式为企业研发提供技术支撑和咨询服务等,如美国能源部所属的国家实验室都成立了技术转移办公室。

第五,培养创新型人才。发挥科研资源丰富的优势,集聚优秀人才,培训培养高层次创新人才和青年人才,是国家科研机构的重要任务。与大学和企业建立密切的人才交流关系,鼓励研究人员到大学任教、到企业任职,与大学联合培养研究生,接受博士后和访问学者、客座研究人员等。如德国马普学会鼓励研究人员去大学担任兼职教授,其80%的所长和室主任都在大学任兼职教授。许多国家的国家科研机构也在探索自主培养研究生的新形式,如德国马普学会成立了国际研究学院,吸引和培训急需的青年科学家。

第六,开展高水平国际科技合作。这是国家科研机构扩大科技资源来源、保持和提升科技竞争力与影响力的重要途径。国家科研机构主要与国际上高水平科研机构、大学开展合作研究、人才培养、共享科技基础设施等,代表国家发起或参与国际联合研究计划、参加重要国际科技组织,同时从自身战略布局需要出发,在海外建立或共建研发机构、设立办事机构等。如美国联邦政府各部门签署的与科技相关的协议有900多个;德国马普学会在全球有2 900多个研究合作机构,在美国设立生命工程研究所,在韩国浦项科技大学设立材料研究所,与中科院共建了青年伙伴小组和计算生物学伙伴研究所;日本理化学研究所在美国麻省理工学院建有神经回路遗传学研究中心。

第七,提升企业新产品绩效。在创新网络中,科研机构是创新知识的生产者,科研机构的创新行为可分为三种形式:组织内部创新行为、组织外部创新合作及员工创新行为。

科研机构内部创新行为主要是创造新技术、新工艺,这是技术创新过程的主要实施过程,也是新产品的核心内容。科研机构的创新行为在很大程度上无法直接实现其技术价值,而需要借助产品通过市场得以实现。科研机构作为创新知识的生产者会输出创新技术以及创新工艺等,这就为企业提供了坚实的技术基础,企业通过利用这些前沿新技术、新工艺改进完善自身的生产过程甚至创造新产品,从而实现了技术的成果转化,生产出的产品通过市场的流通实现产品的经济价值。可以说科研机构在行业创新中起着核心推动力的作用。

8.2.4 影响科研机构创新绩效的因素

1. 政策助推[①]

政策助推是基于助推理论形成的新维度,指的是个体受到政策影响强化某种选择行为的程度,政策助推在很大程度上促进了创新绩效的提升。首先,当前多数实验室都在评估政策基础上设计了鼓励科研工作者开展创新搜索、促进科研绩效的措施,很多相关措施引入了政策助推的思想理念,如"定期提醒科研工作者下一次评估时间""预置性升职合同"等措施,从心理上辅助科研工作者优先选择能够促进科学研究和技术转化的行为,进而提升科研绩效。其次,一些助推型政策实践如"在科技园、产业园设立实验室的分支机构或者研究站点",一方面能够切实地为实验室与科技企业交流提供地理上的便利,另一方面也向科研工作者发出了心理信号,鼓励他们更加关注创新搜索机制的应用和实践。

2. 资源整合[②]

新型科研机构的特色在于搜索并集聚多种创新优势资源加以整合,加快成果转化。资源整合是组织对不同来源、层次、结构、内容的资源与自身原有资源的加工与重塑,具体包括识别、选取、配置、融合与转化等环节。组织能够获取的外部资源范围以及对其识别、获取和开发的程度决定了资源的有效整合。新型科研机构的资源整合是一个动态过程,包括资源识别、资源获取和资源开发三个阶段。新型科研机构的多投资主体为其识别并获取多样化的资源带来便利,有必要对各种不同类型的外部资源与内部资源进行有效整合,充分发挥不同创新资源的协同作用,最终开发转化为创造价值的成果。资源的有效整合促进了资源要素在新型科研机构内的高效生产与流动,提高了创新资源的使用效率和潜在价值,加速了技术成果的输出与转化。

---

① 以下内容主要摘编自杨超,危怀安.政策助推、创新搜索机制对科研绩效的影响——基于国家重点实验室的实证研究[J].科学学研究,2019,37(9):1651—1659.

② 以下内容主要摘编自何帅,陈良华.新型科研机构创新绩效的影响机理研究[J].科学学研究,2019,37(7):1306—1315.

3. 网络关系强度

新型科研机构的特色之一在于投资主体的多元化,与不同创新主体开展协同创新。所谓创新网络是由不同的创新参与者包括企业、机构或者团体等组成的。新型科研机构联合多方力量,与政府、高校、科研院所、企业以及行业协会等共同形成了一个创新网络。在创新网络中科研机构可以获取外部关键性知识与资源,共担风险、互补技术,且网络关系强度越高,越有助于创新网络集聚效应的发挥。网络关系强度包括接触时间、合作交流范围和互惠性这三个维度,创新主体间的强关系体现在互动频繁、合作交流内容深入以及建立长久合作关系等方面。强关系可通过双方建立信任机制的方式促使创新主体从外部获取知识,且较强的网络关系能够加快网络中创新主体之间知识共享和信息交流的速度,从而提高创新效率。

8.3 产学研合作与创新

产学研协同创新体系的构建有助于解决一系列 R&D 边际收益递减的问题,有利于促进科技成果的快速转化,形成科技发展与产业发展共同进步的局面。产学研协同创新在世界范围内得到了极大重视并取得了一系列发展,如美国硅谷、中国与芬兰信息通信战略联盟等。本节将重点探讨产学研协同创新这一创新发展模式。

8.3.1 产学研合作概述[①]

1. 产学研合作的基本概念

所谓产学研协同创新是合作各方以资源共享或优势互补为前提,以共同参与、共享成果、共担风险为准则,为共同完成一项技术创新所达成的分工协作的契约安排,以企业为技术需求方、以大学和科研机构为技术供给方的研发合作是其主要形式。通过产学研协同合作,企业能够获取互补性研究成果、进入新技术领域、开发新产品、接近大学的重要人员、提高学术研究水平,而大学能够获得企业对其研究的经济支持、推进研究的实用性、探索新的研究领域以获得更多的学术成果,科研机构能够获得更多的市场信息,创新活动能更加贴近市场前沿和实际需求,从而加快成果转化的速度。协同创新机理的核心主要包括知识产权的归属、经济利益的占有比例、知识转移、过程管理等,其模式选择受到企业规模和所在行业、企业创新目标、大学研究能力、产学间地理距离等多种因素的

---

① 以下内容主要摘编自何郁冰. 产学研协同创新的理论模式[J]. 科学学研究,2012,30(2):165—174。

影响。

2. 协同创新的理论框架

产学研合作的顺利运行是建立在多主体（企业、大学和科研机构）优势互补的基础之上的。就各自的优势来说，企业的优势在于技术的快速商业化、相对充足的创新资金、生产试验设备和场所以及市场信息及营销经验，大学和科研机构的优势在于基础研究、专业人才、科研仪器设备、知识及技术信息、研究方法和经验。就各自的资源缺口来说，企业的需求在于基础性原理知识和科技人力资源，大学和科研机构的需求在于充足的科研资金和市场实际信息。正是在供求关系的纽带和交易成本的现实考虑下，企业、大学和科研机构建立了稳固运行的产学研合作机制，如图 8-5 所示。

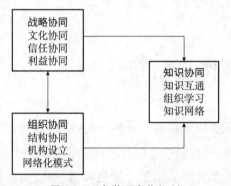

图 8-5　产学研合作机制

战略协同。首先是文化协同，大学应从战略上重视如何将知识研发服务于企业，积极开展科技成果转化，为企业培养所需科技和管理人才；企业则应更关注如何准确地提出知识需求，为大学参与创新提供资金和物力上的支持，并友好沟通知识产权和项目收益上的归属。其次是信任协同，在协同创新过程中保持信息的交流和各种渠道的沟通，增进双方对合作前景的了解，建立利益双赢导向下的相互信任，通过优势互补与资源集成达成协同效应，为双方带来新的利益。最后是利益协同，创新主体对合作中的知识创新和技术商业化风险，以及派生的管理成本、机会成本和沉没成本达成一致，在战略上设计合理的利益分配机制，达成"利益均衡点"，是产学研协同创新的关键。

知识协同。知识协同是产学研协同创新的核心，是企业、大学和科研机构各自拥有的隐性知识与显性知识的相互转换和提升过程。知识协同在产学研联盟中主要体现在信息沟通、平台搭建、尊重产权等方面。随着科技的快速发展，创新所需的知识的更新速度超过了单个组织内部储备知识的速度，产学研各方都迫切需要合力推进知识的扩散，通过整合外部的公共知识来弥补内部的知识落差，构建由多个知识个体及相互之间存在的关系所构成的知识协同网。通过网络化的知识协同将个体知识交织所形成的小组知识，形成全新形态的多个子知识库，这些子知识库为产学研合作各方所吸收、利用和集成,在扩充自身知识库的同时,通过知识平台进行再一轮的组织间学习,最终使得产学研知识库能够实现螺旋式发展。

组织协同。产学研联盟作为一种独特的组织关系,组织内的任一个体都很难取得全部的控制权,需要有新的组织模式将其维系在一起。近几十年来,各国在发展过程中摸索出来很多不同的组织模式,例如产学合作研发中心、科学园、技术工业区等。就国内来说,除了建立国家工程研究中心、国家工程技术研究中心,近年来还大力推动产学研技术创新联盟的发展。在构建组织模式的过程中需要关注一些关键点,包括重视组织内部的结构协同,例如人力资源分配、合作关系、信息交换、冲突解决等;重视专门机构的建立,例如我国的"中关村开放实验室"就是在中关村科技园区管理委员会的组织协调下进行科学运作;重视加强网络化合作模式,即突破以往的大学从研究成果到产业化的线性模式,企业、大学和科研机构在力所能及的情况下,嵌入多个协同创新网络并找准自身在各个网络中的节点位置,通过联结不同节点的路径使网络化组织的协同创新效应最大化。

8.3.2 产学研合作与企业创新绩效[①]

1. 接触最新科学发明和前沿突破技术

大学和科研机构除了常规活动,还有一项重要任务就是进行科学研究,尤其是新的科学发明和前沿突破技术等。一般来说,企业要想获取编码信息需要通过公开发表论文、专利购买等形式,不仅成本高昂而且相对来说不具有可持续性,而产学研联盟中的企业有直接接触大学和科研机构的机会,企业的研发人员与大学和科研机构的研发人员会进行多种形式的合作,如人才交流驻地研究、内部探讨性会议等。通过多种形式的合作,企业在潜移默化中获得新知识和新技术,也为自身创新发展积累了更多资本,这种合作是可持续性的,有利于在现在乃至更久的将来提升企业的创新绩效。

2. 提供新项目创意即问题解决办法

除了能够直接接触到大学和科研机构的研发人员,企业还能够从大学和科研机构获得解决问题的新思路和新办法。在企业的发展周期中,非常重要的环节是新技术的研发,当企业在这一过程中面临困境需要寻求突破时,可以向大学和科研机构申请技术咨询,从而寻求新思路以解决现阶段的问题,除此以外,企业也在潜移默化中提升了自己解决类似问题的能力,使自己在创新发展中获得了成长与进步。

3. 提供积累关系资本的机会

与上述两种益处相比,获得关系资本积累的机会可以说是企业参与产学研联盟最

---

① 以下内容主要摘编自王保林,张铭慎. 地区市场化、产学研合作与企业创新绩效[J]. 科学学研究,2015,33(5):748—757。

大、最核心的益处。关系资本作为一种抽象资源,是企业在与大学和科研机构长期合作中形成的,包括研发人员的长期交流、必要的技术咨询服务、学术探讨交流会等。在产学研联盟的日常活动当中,企业与大学和科研机构间结成的网络关系日益紧密。企业除了获得直接的技术,还可以获得大学输送的高素质人才资源、科研机构带来的外部组织合作等,这些都有助于企业拓宽合作渠道、积累关系资本,为将来的创新发展等打下更为坚实的基础。

8.3.3 影响产学研合作绩效的因素

1. 市场化水平

市场化水平是度量从计划经济向市场经济转轨程度的指标,其反映了市场作为调节资源分配的手段的能力。一般而言,较高的市场化水平意味着市场主导配置资源、完善的制度保障和较低的政府干预。较高的市场化水平往往能够发挥以下作用:其一,能够促使公共科研机构更加重视市场需求,因为市场化模式改变了传统的政府单一补贴科研经费这一形式,而是采用市场化招标方式(如项目资金)对产学研合作提供资金支持,由此公共科研机构在资金管理、行政体制上拥有更多自主权,企业则可以建立专门的项目资金或技术中心,以此满足企业在技术研究与开发过程中的需求;其二,能够减少公共研究机构与企业的属性冲突,市场化一方面允许企业通过闲置专利的对外出售来适当放松保密,另一方面允许公共科研机构通过自创企业的方式进入市场从而间接加强公共科研机构的保密动机,这不仅一定程度上达到了两者属性的协调,也不会破坏两者在技术创新上的动力和效果;其三,能够减少企业和公共科研机构之间搜寻和匹配的成本,市场化水平越高意味着市场在资源配置中起到的作用更突出,市场中的信息不对称问题逐渐得到解决、地域限制问题被克服,企业和科研机构都能获得更大的空间和选择的自由度,从而实现有效的匹配。

2. 政府支持

政府支持对于产学研创新绩效的提升具有非常重要的作用。一方面政府可以为产学研联盟提供政策支持,中央及地方政府关于产学研的相关政策可以催化产学研联盟的成立,同时政府搭建的合作平台也能够给企业、大学和科研机构提供各自所需的信息和资源,加深彼此之间的合作,让信任机制更加稳固,从而有助于产学研联盟的发展成熟;另一方面政府还可以为产学研联盟提供资金支持,让企业能够以更低的成本接触到来自大学和科研院所的前沿科技和新技术;除此之外,政府还会提供多种形式的补贴,包括税费减免、财政补贴、利息优惠等,在很大程度上激发了产学研联盟创新的积极性,从而提升其创新绩效。

3. 合作关系

产学研联盟从本质上来说是共赢的合作组织,因此合作关系的稳固对于产学研创新绩效的提升至关重要。产学研联盟之间的合作机制越完善,越能够克服主体之间的文化价值差异,能够明确共同的技术目标,并通过人才交流、驻地调研等多种形式提升合作效率;产学研联盟之间的合作紧密度越高,主体之间的信任度越高,在市场化模式下信息与资源的流动和匹配更迅速合理,主体之间的知识库更加完善,甚至通过知识网络与组织外的单位或个体建立合作关系,从而拓展产学研联盟的知识网络。在一系列螺旋式上升的发展过程中,产学研联盟的创新绩效能够持续得到提升。

思考题

1. 研究型大学的内涵和特点是什么?
2. 研究型大学在创新中可以发挥什么作用?
3. 大学技术创新扩散过程与模式是怎么样的?
4. 科研机构对创新的影响有哪些?
5. 影响科研机构创新绩效的因素有哪些?
6. 产学研合作和创新绩效的关系如何?
7. 影响产学研合作绩效的因素有哪些?

第 9 章
载体、联盟与创新

本章将重点介绍创新实践中的载体、联盟以及公共技术平台建设在创新中的重要作用。

9.1 载体与创新

9.1.1 创新载体的主要类型

科技创新载体分广义和狭义两类。广义来说,科技创新载体包括了创新、创业、创意的载体,是指聚集科技创新创业和创意企业、研发机构、公共技术、商务服务机构,集成技术、人才、资金等要素,联合官产学研,开展技术研发、成果转化、企业(项目)孵化的聚集体,如图9-1所示。成熟的创新载体集专家公寓、休闲娱乐、商业中心、中介、体育、文化、教育以及绿化等配套设施于一地,成为科技创新创业创意人才开展研发、试验活动的聚集地。狭义来说,创新载体主要是指聚集为科技创新提供服务的公共服务平台、各类专业技术服务平台和科研机构、企业研发中心、工程技术中心等研发机构的载体。[①] 从世界范围来看,创新载体经过多年的发展演进形成了诸多类型,目前较为成熟且有一定运作模式的创新载体包括高新技术开发区、大学科技园、科技孵化器、众创空间等。虽然各种类型的创新载体运作模式存在一定的差别,但总体上都是围绕创新和技术要素展开,是众多中小企业创新创业的载体。

1. 高新技术开发区(科技园区)

高新技术开发区是各级政府批准成立的科技工业园区,它是以发展高新技术为目的而设置的特定区域,是依托于知识密集、技术密集和开放环境,依靠科技和经济实力,吸收和借鉴国外先进科技资源、资金和管理手段,通过实行税收和贷款方面的优惠政策和各项改革措施,实现软硬环境的局部优化,最大限度地把科技成果转化为现实生产力而

---

① 李湛,张剑波等. 现代科技创新载体理论与实践[M]. 上海:上海社会科学院出版社,2019.

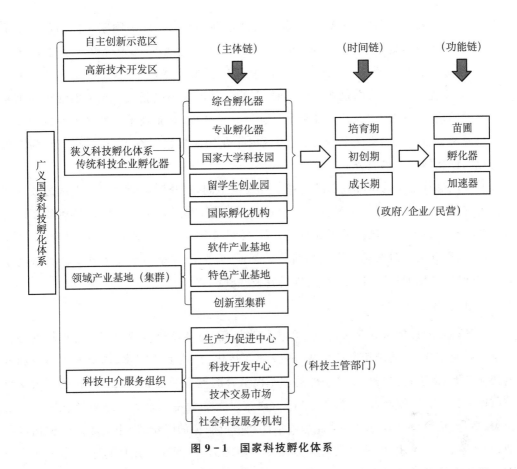

图 9-1 国家科技孵化体系

建立起来的,促进科研、教育和生产结合的综合性基地。众所周知,高新技术产业是以高新技术为基础,从事一种或多种高新技术及其产品的研究、开发、生产和技术服务的企业集合。这种产业所拥有的关键技术往往开发难度很大,但一旦开发成功,却具有高于一般水平的经济效益和社会效益。高新技术产业是知识密集、技术密集的产业。产品的主导技术必须属于高技术领域,而且必须包括高技术领域中处于技术前沿的工艺或技术。高新技术开发区是高新技术产业集群创新网络的重要载体,是支持企业创新创业的重要平台,能够通过集聚效应、网络效应、学习效应等促进高新技术企业的快速成长。

国际上比较知名的高新技术开发区包括美国硅谷、日本筑波科学城、新加坡裕廊工业区、加拿大卡尔顿高科技区、德国慕尼黑高科技区、英国苏格兰高科技区、法国格勒诺布尔科技园区等。1985 年 7 月,我国第一个高新技术开发区——深圳科技工业园的成立拉开了我国高新技术开发区发展的序幕。1988 年,我国批复了第一个国家级高新技术产业开发区,即北京市新技术产业开发试验区(中关村科技园区的前身)。1991 年 3 月 6 日,国务院发出《关于批准国家高新技术产业开发区和有关政策规定的通知》,决定继 1988 年批准北京市新技术产业开发试验区之后,在各地已建立的高新技术产业开发区中,再选定武汉东湖新技术开发区等 26 个开发区作为国家高新技术产业开发区。截止到 2021 年,国务院批复的国家高新技术开发区达到 168 家。作为国家层面的创新示范区,高新技术开发区定位为借助体制、机制创新而推进技术创新的先行者。经过 30 多年的发展,国家高新技术开发区已经形成了一整套创新政策体系,培育了一批有竞争力的创新主体,率先形成了"大众创业、万众创新"的局面,已成为高新技术企业的摇篮和国家创新驱动发展的主阵地。在新科技革命日新月异的今天,高新技术开发区需要成为高端创新资源和创新要素的集聚平台,强化园区内企业的原始创新意识与创新能力,为园区系统化的创新网络提供服务支撑。

与美国硅谷之类的国际高新技术产业开发区不同,在我国高新技术开发区的成立和发展过程中,政府的行政力量发挥了巨大的推动作用,并形成了极具中国特色的发展路径。我国高新技术开发区的发展大致经历了以下四个不同的阶段:要素群集阶段、产业主导阶段、创新突破阶段和财富凝聚阶段。目前,我国的国家高新技术开发区大都处于产业主导阶段,正通过"二次创业"向创新突破阶段转型。[①]

2. 大学科技园

大学科技园是指以具有科研优势的大学为依托,将高校科教智力资源与市场优势创新资源紧密结合,推动创新资源集成、科技成果转化、科技创业孵化、创新人才培养和开放协同发展,促进科技、教育、经济融通和军民融合的重要平台和科技服务机构。大学科技园以"大学主导、创新孵化"为典型特征,通过以大学为主的多元创新资源在园区内的集聚、整合、培育、转化等过程,辅以基础条件和增值服务的供给,向市场和产业输出以企业、企业家、技术人才、可转化成果为形式的创新能力,从而在一定区域范围内形成由点到面的创新辐射。根据承担的功能职责的不同,大学科技园大致分为三种类型:一是大学主导型大学科技园,如美国硅谷;二是政府主导型大学科技园,如北卡罗来纳州三角研究园;三是企业主导型大学科技园,如美国波士顿的高新技术产业园区。国际上较为知名的大学科技园除了以上科技园,还有美国耶鲁大学科技园、英国剑桥科技园、日本大阪大学科技城等。大学科技园作为创新创业人才培养的重要平台,在项目孵化、技术转移和成果产业化方面发挥着重要作用。

在中国,大学作为国家知识创新的源头和国家重大科学研究的主力,在探索产学研合作推动科技成果转移转化的实践中,也逐步建立起以大学为中心、空间场地和服务范围向外拓延的园区模式,到 20 世纪末已陆续在北京大学、清华大学等自发建起 33 个大学科技园。2001 年,科技部、教育部联合启动对"国家大学科技园"的认定,旨在通过国家顶层设计和政策引导,以高水平大学(群)为依托,以发挥大学教育科研资源综合优势为基础,借助政府、社会等多元资本的扶持,在大学毗邻范围内建立从事技术创新和企业孵化等一系列活动的科技园区。自此,大学科技园建设正式纳入国家规划,成为国家科技

---

① 侯向群. 高新区创新功能研究[J]. 黑龙江社会科学,2011(2):62—64.

孵化体系的重要组成部分。经过 20 多年的发展,国家先后分四批在全国范围共认定建成国家大学科技园 115 个。

中国的国家大学科技园是国家创新体系的重要组成部分,是促进融通创新的重要平台、构建双创生态的重要阵地、培育经济发展新动能的重要载体。国家大学科技园是中国特色高等教育体系的组成部分,是高等学校产学研结合、为社会服务、培养创新创业人才的重要平台。一流的国家大学科技园是一流大学的重要标志之一。

3. 科技企业孵化器

联合国开发计划署把孵化器定义为"专门为培养新生企业而设计的一种受控制的工作环境"。美国企业孵化器协会认为孵化器是一个企业发展的加速器,它培育年轻企业,并帮助年轻企业度过最需要帮助的创业初期阶段。科技孵化器(也称高新技术创业服务中心)是以促进科技成果转化、培养高新技术企业和企业家为宗旨的科技创业服务机构。它是国家创新体系的重要组成部分,是区域创新体系的重要核心内容。科技孵化器的主要功能是以科技型中小企业为服务对象,为入孵企业提供研发、经营的场地及办公方面的共享设施,提供政策、管理、法律、财务、融资、市场推广和培训等方面的服务,以降低企业的创业风险和创业成本,提高企业的成活率和成功率,为社会培养成功的科技企业和企业家。孵化器作为核心节点,将科技创业企业、大学及科研院所、政府、中介机构、风险投资、创业资本市场等有效连接起来。科技企业加速器是孵化器的高级形式,也可以认为是介于企业孵化器和科技园区之间的一种中间形态,它以快速成长的企业为主要服务对象,通过服务模式创新,充分满足企业对于空间、管理、服务、合作等方面的个性化需求,形成了新型空间载体和服务网络。

科技企业孵化器在 20 世纪 50 年代发源于美国,是伴随着新技术产业革命的兴起而发展起来的。科技企业孵化器在推动高新技术产业的发展、孵化和培育科技型中小企业,以及振兴区域经济、培养新的经济增长点等方面发挥了巨大作用,引起了世界各国政府的高度重视,也因此在全世界范围内得到了较快的发展。中国科技企业孵化器起源于 20 世纪 80 年代中后期,1987 年,中国诞生了第一个科技企业孵化器——武汉东湖新技术创业中心。经过多年的发展,中国科技企业孵化器的数量持续增长,孵化能力不断增强。中国已经具有较大规模的孵化器队伍,数量位居世界前茅,是发展中国家之首。经过孵化器这个"高新技术企业摇篮"培育的科技型中小企业得到了很好的发展,不仅涌现出一大批成熟的"毕业"企业,为我国高新技术产业发展提供了源源不断的后备力量,而且一批"毕业"企业已经成为高新技术产业发展中的中坚力量。我国科技企业孵化器的发展已形成自己的特色并开始呈现多种形态,孵化器正朝着形式多样化、功能专业化、投资主体多元化和组织网络化方向发展。

当前,中国科技企业孵化器的发展正经历从经典的综合性孵化器向现代多样化的专业孵化器发展的转型；由政府单一投资建立的社会公益性孵化器扩展到政府、大学、科研机构、企业、投资机构独立或合作建立的社会公益性、非营利性或营利性孵化器共存的多元化发展；由单独依靠科技资源向依托科技资源与产业资源优化重组相结合的方式转变；由在高新技术开发区内建立向以高新技术开发区为基地辐射到任何有条件的地方发展；由只建立孵化机构向建立以孵化器为核心，以网络为手段，吸引创业资本、相关中介服务机构和研发机构共同参与的科技创新孵化体系过渡。孵化器的蓬勃发展吸引了多种所有制主体参与投资，出现了中关村的车库咖啡、李开复的创新工场等众多新型孵化器。

4. 众创空间

众创(mass innovation)的提出源于"大众创业、万众创新"，本质上是知识社会条件下创新民主化的展现。众创空间作为创新型孵化器，"众"是主体，"创"是内容，"空间"是载体。众创空间是顺应创新 2.0 时代的用户创新、开放创新、协同创新、大众创新趋势，把握全球创客浪潮兴起的机遇，根据互联网及其应用深入发展的需求，通过市场化机制、专业化服务和资本化途径构建的低成本、便利化、全要素、开放式的新型创业公共服务平台的统称。

随着新一代信息技术所带来的知识获取和知识交互的便利性，众创空间的主体也由原来的企业、科学家变为普通大众。作为众创空间参与主体的普通大众，他们既是需求者也是创新者，他们既是追求卓越的技术创新者，也是具有创新潜力能解决社会问题的草根创新者，还是拥有社会情怀的社会创新者。麻省理工学院的 Fab Lab(微观装配实验室)、欧盟的 Living Lab(城市生活实验室)以及中国的 AIP("三验"应用创新园区)作为典型的早期众创模式探索，揭示了协同创新在创新生态构建与发展中的重要作用。Fab Lab 及其发展的以创客为代表的创新 2.0 模式，基于从个人通信到个人计算，再到个人制造的社会技术发展脉络，试图构建以用户为中心，面向应用的大众创新环境，引发了创新 2.0 时代的全球创客浪潮。创新 2.0 时代的创客浪潮进一步推动了众创空间的形成，经过多年的发展，国内外已经把众创空间的发展推到了一个比较成熟的阶段。在十多年前，国外 Fab Lab、HackSpace、TechShop、Makerspace 等各种类似形式的众创空间就已经逐步形成，对科技创新产生了深刻的影响。

2015 年，"创客"进入国内大众视野，并被赋予了代表创新前沿的标签。2015 年 1 月 28 日，国务院常务会议确定支持发展"众创空间"的政策措施，为创业创新搭建新平台。随着 Fab Lab、Makerspace 等概念被引入中国，更多创客空间开始涌现，如北京创客空间、上海新车间、深圳柴火空间、杭州洋葱胶囊等，大小和背景各不相同。2020 年 4 月 16 日，科技部确定 498 家众创空间为国家备案众创空间。中国众创空间的蓬勃发展以及"三验"(体验、试验、检验)众创机制与众创平台的探索和完善是持续推进众创的关键，是开放众创空间推进创新2.0时代智慧城市建设的新探索,是国际经验在中国本土化实践的新发展。把握创新2.0时代的协同创新发展机遇,通过"三验"众创机制建设,培育众创文化和创新生态,可以促进从创客到众创的发展,推动创客运动及众创空间的可持续发展,这也是中国经验的国际化贡献。

9.1.2 科技创新载体的组成要素及功能分析[①]

1. 科技创新载体的组成要素

科技创新载体是一个开放系统和资源集成的平台,是科技企业之间、科技企业与大学和科研机构之间、科技企业与风险投资机构和中介机构之间信息交流与合作的平台。在这个平台上可以实现资金、技术和人才等要素资源的互动与集成。而且,科技创新载体与政府有着密切的联系,是联系政府和科技企业的纽带和桥梁,能将资金、技术、人才、信息、管理、市场等各种资源在载体空间中进行有效的整合与集成,实现资源的优化配置。具体来说,科技创新载体包括以下五大要素:①空间要素。任何科技创新载体的建设都需要一定的物理空间和场地,空间资源是科技创新载体的必备要素之一。②科技要素。科技创新载体聚集了帮助科技企业成长的科技资源,包括硬性科技要素和软性科技要素两部分。硬性科技要素主要是指载体实体化的公共技术服务平台。软性科技要素主要指为载体内的科技企业技术创新提供软性增值服务。③资本要素。科技创新载体帮助科技企业获得资本要素源,具体包括:协助企业向银行贷款、帮助企业申请政府的政策补助、帮助企业申请各级科技基金、为企业贷款提供担保、为企业引进风险资本提供中介、直接向企业投入种子基金等。④政策要素。科技创新载体的政策要素具体包括:落实国家和地方的科技和产业政策,为载体内的科技企业提供相关政策和法律咨询,帮助科技企业申报相关政府项目等。⑤人才要素。科技创新载体担负着为载体内的科技企业提供各类专业性技术服务的功能,这就需要高端的科技人才要素作支撑。同时,科技企业的发展也离不开高科技人才,科技创新载体需要对接科技人才,为企业提供人才要素。

2. 科技创新载体的功能分析

科技创新载体作为向科技企业提供服务的组织,具有不可代替的作用,是国家创新体系和区域创新体系的重要组成部分。科技创新载体作为一种新型社会经济组织,为科技企业的发展提供全程式、个性化的服务,具有社会、经济、科技和文化等多重功能。科技创新载体的主要功能可以归纳为如下几点。

---

① 以下内容主要摘编自李湛,张剑波. 现代科技创新载体发展理论与实践[M]. 上海:上海社会科学院出版社,2019。

第一,成本控制功能。对于科技型中小企业而言,其创业成本较高。这其中包括了要素投入成本、制度性交易成本等。而科技创新载体的一个重要功能就是帮助企业降低成本,进行成本控制。具体包括:①降低创业投入成本。科技创新载体为创业者提供研发、生产、试验的场地,并提供一些基本的办公设施,以及政策、融资、法律和市场推广等支持。这些都有效降低了初创企业的各种要素投入成本。②降低发展成本。科技创新载体除了能够降低中小企业的创业投入成本,还能通过对接各类资源和提供专业服务而大大降低企业成长和发展的各类成本,如通过政府产业发展基金、贷款担保、减免税等,帮助初创企业获得风险投资,降低企业的融资成本。同时,科技创新载体将创新型企业与大学、科研院所以及技术服务中介进行对接,推动形成以企业为主体的产学研合作联盟,为企业提供技术支持服务,降低企业技术创新的成本。此外,部分科技创新载体还能够帮助小企业开拓市场,帮助其成长和壮大。③降低制度性交易成本。科技创新载体对创新型小企业的扶持除了提供较低廉的房租等要素成本,更重要的是通过各种有效的孵化服务,控制了创新型小企业面对的制度成本。科技创新型小企业在诞生初期对成本十分敏感,尤其是制度成本,往往因面临规章制度烦琐、办事难、政出多门、无端干扰等较高的制度成本而难以存活。科技创新载体是政府为创业创新者搭建的制度性服务平台,对接政府工商、税务、知识产权等部门,将各项功能通过互联网进行有机整合,极大降低了企业的制度性交易成本,为企业提供了有利于存活发展的空间、服务环境和制度环境。④降低知识学习成本。科技创新载体里的诸多企业可以形成企业集群优势。通过企业集群降低小企业的沟通交流成本,提供信息共享,缓解单个初创企业面临的规模限制,可以有效降低企业的搜索成本和知识溢出成本。

第二,企业孵化功能。企业孵化功能是科技创新载体尤其是科技企业孵化器的基本功能。科技创新载体通过提供研发、生产、经营的场地以及通信网络与办公等方面的共享设施,系统的培训和咨询、政策、融资、法律和市场推广等方面的支持,降低创业企业的创业风险和创业成本,提高企业的成活率和成功率。本质上讲,科技创新载体是"生产"企业的机构,是创业企业生存与成长所需的共享服务的系统。企业孵化功能的核心就是培育企业,其出发点和归宿都是培育企业。科技创新载体的孵化功能具体包括创业支持、创业指导、创业示范和创业宣传等四方面的功能,目的是活跃创业活动,崇尚创业精神,形成良好的创业氛围。

第三,综合服务功能。科技创新载体的综合服务内容包括创业辅导、基础设施、融资服务、交流培训、管理咨询、市场推广、专业服务、项目推介、人才引进等。科技创新载体的服务内容是由科技创业的服务需求所决定的。科技创业的需求体系分为基本需求和高端需求。基本需求对科技创业活动起一般性的支撑作用;高端需求则对科技创业的成败起重要作用。不同的科技创业活动对科技创新载体的服务内容有不同的需求,同一创业活动在不同阶段也有不同的需求。科技创新载体的服务内容也分为基本服务和高端服务。科技创新载体提供的基本服务包括：①空间服务，为初创者提供创业的办公空间、厂房等物理空间；②配套设施服务，包括基本生活服务设施、生产服务设施等；③政策法规服务，包括知识产权保护、法律维权等服务；④信息服务，为创业者提供技术、市场等信息服务。科技创新载体提供的高端服务包括：①投融资服务，通过政府产业发展基金、贷款担保等为初创企业提供投融资服务；②市场服务，通过提供担保、政府采购等为初创企业提供市场服务；③人才服务，通过引进海内外高技术人才、提供良好的配套服务为企业提供高科技人才；④专业技术服务，通过连接科研机构、咨询机构等为企业提供专业化的技术服务。

第四，产业培育功能。科技创新载体的产业培育功能是通过培育新兴产业的创业企业和促进科技型企业成长来实现的。因此，科技创新载体是培育新兴产业的摇篮，极大地促进了我国产业的转型升级。不少高科技成果通过进入科技创新载体进行转化，形成产品，建立企业，为社会提供新型商品和服务。许多技术和产品成为"扩散源"，带动上下游的产品发展，形成规模，从而成为产业。孵化器对产业发展发挥了带动、引领、扩散、转移的作用，成为产业培育的"发展极"。产业培育要坚持走产业集群发展之路，科技创新载体的发展正符合这个规律。创业企业以中小企业为主，企业规模普遍较小，抵御风险能力较弱，易受各种不确定因素的影响，竞争能力不强。产业集群中的企业在基础设施服务等方面可以共享，在生产上可以进行专业化分工，更好地共享信息，从而降低企业的生产成本，减少企业对资源、资金的需求，能有效解决企业内部不经济问题，形成外部规模经济。通过科技型企业的批量孵化和培育，必然会催生出一系列新兴产业。新兴产业和企业的功能定位是辐射和带动区域经济发展。科技创新载体为其创造了平台，把新兴产业中的信息、知识、产品、技术、服务等竞争优势充分体现出来，并在企业的交流互动与合作配套中传播、改造这些竞争优势，从而使之相互促进、提高，促使产业升级。

第五，协同创新功能。科技创新载体是一个开放系统，各种资源纷纷汇聚于孵化器等科技创新载体，技术、人才、资金、政策、服务等资源在这个平台上充分整合，企业与企业、企业与大学和科研院所、企业与创业投资机构、企业与中介服务机构之间开展多方面的交流与合作，实现资金、技术、人才等要素资源的互动与集成，达到协同创新的效果，满足了科技创新型小企业成长的需要，对自主创新起到积极的推动作用。科技创新载体是资源整合的创新平台，它重视构建技术创新平台，推进产业优化升级，建立完善的技术创新公共服务体系，通过政府引导、市场运作，依托本土大专院校及国内一流高等院校、科研院所，组建面向工业企业的开放式、市场化运作的技术研发中心和产品测试中心，为企业开展技术咨询、项目攻关、信息服务、市场开发等技术创新服务。创业的过程就是创业者资源整合的过程。创业企业资源整合主要是外部资源的整合，其方式主要有创业企业之间的整合、创业企业与产业资本的整合，以及创业企业与金融资本的整合等三大类。企业间的协同创新可以通过孵化器等科技创新载体这个大平台实现创新资源的共享和知识的外溢。

第六,人才培养功能。科技创新载体的人才培养功能包括两方面。一是培养高新技术企业家。高新技术的发展需要源源不断的企业家供给,高新技术产业的发展更是需要一大批有技术、懂管理、会经营、勇于创新、敢于在市场竞争中奋力拼搏的科技管理人才和科技实业人才。科技企业孵化器在培育企业的同时,注重培养具有现代经营和管理能力的小型企业家。这些数量庞大的、经过市场考验的小型企业家队伍,成为实现科技成果产业化所需的科技管理和实业人才后备库,源源不断地为科技成果产业化提供合格的、有效的人才供给。二是培养专业科技人才。科技创新载体吸引了大量科技人才就业,同时,通过提供高水平、高质量的人才培训、技术交流等服务,科技创新载体已成为培养专业科技人才的大学和实践基地。

9.1.3 中国科技创新载体的发展历程

随着中国进入创新驱动发展阶段,科技创新载体也呈现了爆发式增长,创新载体建设的类型也经历了不同阶段的发展变化。

第一阶段:20 世纪 80 年代,孵化器和高新技术开发区随科技体制改革而生。当时,中央决定开启科技体制改革。随着经济体制和科技体制改革的不断深入,科技创新和创业环境逐渐变暖,民办科技企业开始活跃,科技园、孵化器、高新技术开发区等科技创新载体类型不断涌现。

第二阶段:20 世纪 90 年代,大学科技园和留学人员创业园诞生。这个时期,我国孵化器发展整体呈现出综合孵化器、专业孵化器、大学科技园、留学人员创业园、国有企业孵化器、国际企业孵化器等多种形式共同发展的良好态势。

第三阶段:2000—2013 年,创业投资快速发展,民营孵化器崛起。进入 21 世纪,我国进一步实施科教兴国战略,建设国家知识创新体系,加速科技成果向现实生产力转化。科技型中小企业技术创新基金设立,政府开始大规模支持创业企业的发展。这一阶段,创业投资快速发展,民营孵化器迅速崛起。

第四阶段:2014 年至今,"双创"进入新阶段,众创空间涌现。2014 年,众创空间概念出现。国务院常务会议确定支持发展众创空间的政策措施,指出要在创客空间、创新工场等模式的基础上,大力发展市场化、专业化、集成化、网络化的"众创空间",实现创新与创业、线上与线下、孵化与投资相结合,为小微创新企业成长和个人创业提供低成本、便利化、全要素的开放式综合服务平台。众创空间成为面向大众创业、万众创新的新型科技创新载体。

从中国科技企业孵化器三十多年的发展历程来看,主要分成三个阶段。

第一阶段:"有窝孵化"阶段(1987—1999 年),标志是 1987 年中国第一家科技企业孵化器——武汉东湖新技术创业中心成立。这一阶段,中国科技企业孵化器在场地面积、在孵企业数量、经济社会效益等方面均实现快速稳定增长。孵化器数量从 1987 年的 2

家增长到 1999 年的 116 家。

第二阶段:"孵化+投资"阶段(2000—2013 年),标志是 1999 年国务院批准设立科技型中小企业技术创新基金。这一阶段,中国各级政府进一步加大对孵化器的支持力度,国内外资本纷纷加入创业孵化领域,中国孵化器数量跃居世界前列,孵化实力和能力大幅攀升。孵化器数量从 2000 年的 164 家快速增长到 2013 年的 1 468 家。

第三阶段:"创新生态系统"阶段(2014 年至今),标志是 2014 年"大众创业、万众创新"的提出。中央和地方政府出台了一系列扶持政策,进一步营造出全社会创新创业的氛围,激发各类社会主体的创新创业活力,有力地推动了中国科技企业孵化器迅猛发展,特别是众创空间如雨后春笋般不断涌现,满足了社会更加多样的创新创业需求。

9.1.4 创新载体建设对创新的影响[①]

借助创新载体及其所形成的平台效应,载体内企业可以与产业链上下游及同行企业、政府部门、投融资机构、大学与科研院所、中介服务机构等主体建立长期且稳定的资金、技术和商业联系,从而广泛获取所需的技术、知识、信息、经验、资金、共享设施等各种匹配性创新资源,增强创新能力。具体而言,创新平台可以通过以下三个主要途径促进企业创新。

第一,促进人力资本积累和形成。孵化器等主要创新载体在人才引进、人才培育等多个环节起着重要作用。①人才引进。企业在招聘技术人才时通常会面临两个难题:一是没有足够的资源找到合适的人才;二是受限于企业规模,没有足够的"品牌效应"吸引合适的人才。创新载体所形成的网络提供了获取外部资源的集成平台,可以有效拓宽人才招聘渠道,广泛建立人脉关系,实现在孵企业与高技术人才的对接;亦可以利用自身的资源和品牌,帮助企业引进专业技术人才;还可以通过与高校和科研机构的紧密联系,为企业提供人才支持,如通过共建合作研究中心、实验室等方式,实现设备、人才等资源的共享;此外,国际化创新载体的广泛建立加强了全球创新资源的交流,尤其是为在孵企业的海外人才招聘提供了良好的机遇。②人才培育。构建良好的企业文化和人才培育机制也是企业人才队伍建设的重要内容。近年来,创新载体越来越重视企业文化培育,特别是通过加强对优秀人才和复合型人才的培育、引导企业建立良好的人才激励机制等方式打造和谐积极的创业文化,加强人才队伍建设,从而优化人力资本结构,为创新活动的顺利开展提供源源不断的人才支持。总之,创新载体及其网络的强大平台能够帮助企业广泛吸纳并培育人才,壮大研发团队,改善人才结构(尤其是可以提高海归和高学历人才比重),从而为创新成功提供强有力的智力支持。

---

① 以下内容主要摘编自王康等. 孵化器何以促进企业创新?——来自中关村海淀科技园的微观证据[J]. 管理世界,2019(11):102—118。

第二,解决企业的融资约束问题。创新载体可以通过多种方式帮助在孵企业解决"融资约束"难题。首先,创新载体通过股权投资、创新创业基金等方式,可以直接为企业创新活动提供资金支持;其次,在孵化网络中,作为连接在孵企业与商业银行、风险投资等金融机构的媒介,创新载体可以有效促进企业与网络各类主体之间建立资金往来联系,互通融资渠道,支持创新活动的开展;再次,创新载体能够以联合授信、内部担保等方式,协助小额贷款公司、商业银行等金融机构为企业提供融资服务;最后,创新载体还可以为企业提供融资策略指导和咨询服务,使其更好地选择融资渠道,提高融资成功率。总之,创新载体能够帮助企业拓宽融资渠道,扩大融资规模,并提高风险投资、孵化基金等直接融资比重,优化融资结构,从而为创新活动的顺利开展提供强有力的资金保障。

第三,有效促进科技成果转化。①产学研合作是连接创新源头和创新主体的主要渠道,是科技成果转化的重要方式,而创新载体使得产学研合作更加广泛和便利:诸多孵化器依托大学科技园(由高校和科研院所投资建立),为产学研的深度融合提供了便利条件;孵化器积极探索与高校和科研院所的合作模式,目前探索出了项目孵化合作、大学科技园等多种合作模式;孵化网络搭建了产学研合作的良好平台,在此平台之上所建立的产学研各主体之间相互信任的关系网络,营造出安全的合作氛围,促进了协同效应的产生和共同成长。②创新载体在帮助企业开拓市场、对接消费者需求方面同样起到了重要作用:借助孵化网络的媒介作用,企业可以快速、准确地获取各类市场需求信息,并从中发掘新需求、新突破,以辅助科学决策;通过获取管理与营销知识,实现企业的有效运作和技术创新的高效开展,快速处理技术成果商业化过程中可能存在的问题;孵化网络的品牌资源和声誉优势可以有效提升企业的信誉形象,而且可以借助孵化网络的平台效应来展示产品,推动创新成果的有效推广;创新载体网络所提供的资源获取平台为企业提供了更多的产品创新机会,可以有效缩短新产品研发周期,提高新产品开发项目成功率和科技成果转化率。总之,创新载体搭建了一个产学研广泛合作的平台,能够帮助企业有效对接市场,最终促进科技成果转化。

9.2 联盟与创新

9.2.1 联盟的主要类型

1. 技术联盟[①]

如果说在 20 世纪 80 年代以前,企业的联盟主要是产品联盟,即企业将国外的厂商

---

① 以下内容主要摘编自生延超. 技术联盟创新系统理论与实证研究[M]. 北京:经济科学出版社,2010.

作为其部分产品或零部件的供应商,那么80年代以后,国际和区域经济之间的企业联盟更多地开始走向技术联盟,这是指企业间为了技术创新活动而进行的战略合作。今天的国际竞争迫使企业同时面临诸多的挑战,而其中,企业的创新和学习能力是最为关键的竞争优势决定因素。创新不仅仅体现在新产品开发上,更表现为生产、管理以及企业的组织结构的更新发展上。在合作企业之间建立一个共享的技术创新与学习组织或契约安排,不仅可以降低创新的风险和成本,而且可以充分利用合作企业的创新资源,缩短从创新到扩散的时间。

狭义的技术联盟是指两个或两个以上具有独立法人资格的企业共同致力于技术创新的行为;而广义的技术联盟,既包括企业与企业之间(大多为集团化企业,同一国家或不同国家的都可以),也包括企业与大学、科研院所等研究机构之间为实现某一技术创新战略目标而建立的一种合作伙伴关系,它强调的是联盟各方在技术创新过程中的分工合作与优势互补。就技术联盟的形式来说,基本上可以分为两大类别。第一类是企业之间涉及产权的合作,主要有两种形式:一是公司型联盟,即成立一个新的联盟载体,联盟各方共同投资建立一个新法人企业,该企业独立于各联盟成员之外进行技术创新活动;二是参股或控股型联盟,该联盟是在公司型联盟的形式下演化的,与公司型联盟有类似之处,但它不再另行组建新的法人企业,而是联盟部分成员参与或控制另一部分成员(往往只有一个企业)的股份,从而一起从事技术创新活动。第二类是合约型联盟,这种联盟的形式很多,如联合研究开发、联合产品研制等,这些合作行为可以在技术创新过程(狭义)的任何阶段出现。合约型技术联盟中最常见的是项目型联盟,即围绕特定项目进行合作。项目型联盟可实现成员企业的资源互补,增强企业技术创新实力,其特点是联盟各方都有明确的技术创新目标,一切联盟活动都服从并服务于该项目标,一旦目标实现,技术联盟即自动解散。

综上所述,技术联盟是指两个或两个以上的企业互相联合致力于技术开发的行为,其目的是实现联盟企业特定的技术目标,并共享联盟所带来的创新收益。它强调的是联盟各方在技术创新过程中的分工合作与优势互补,其主要特点是:①它通常以大型(集团化)企业为活动主体开展组织间合作,既不同于一般的市场交易关系,也不存在控制和被控制的隶属关系,双方在密切合作的同时仍保持各自的独立和平等地位;②它更多的是企业为了获取和保持竞争优势而进行的相互依存的战略性合作,注重的是相对稳定的合作关系和长期利益,而不是谋求眼前的短期或局部利益;③联盟关系的建立和维持主要有两种方式——股权参与或契约联结,其中股权参与简单说就是通过相互持股或共同出资建立一家新企业(如合资)等方式,使联盟各方紧密结合在一起,而契约联结则是指通过签订各种协议来保护各成员企业的利益及约束彼此的行为。

专栏 9-1　中关村产业技术联盟联合会

中关村国家自主创新示范区是中国高科技产业中心,是中国第一个国家级高新技术产业开发区,产业技术联盟在中关村地区的发展方兴未艾,具有发展最早、规模最大、产业领域覆盖面广、发展质量全国领先、产业智库特征明显、人员专业化年轻化、跨界融合趋势显现等特点。2009 年,活跃在示范区的 13 家产业技术联盟成立了中关村产业技术联盟联合会,它是会员单位为产业技术联盟并且具备社团法人资格的科技创新型社会组织。截至 2019 年底,中关村产业技术联盟联合会拥有会员单位 158 家,这些会员单位关联了近万家企业、数百家大学和科研院所,聚焦前沿信息、生物健康、智能制造和新材料、生态环境与新能源、现代交通、新兴服务等中关村重要优势产业领域。

中关村产业技术联盟信息服务平台利用互联网技术整合联盟资源,旨在提升联盟和企业创新能力、增强产业集群联动效应、促进产业发展,为企业解决技术、市场、资本、知识产权、品牌等共性问题和获取外部资源搭建有效平台。平台全面充分地反映了中关村产业技术联盟的发展信息和数据,通过开展产学研合作、促进产业链上下游合作、搭建公共服务平台等方式推动产业链协同创新和优势产业集群发展,为打造首都"高精尖"产业结构发挥积极作用,为建设具有全球影响力的科技创新中心和高技术产业基地做出贡献。同时中关村产业技术联盟联合会将通过平台不断创新工作模式与机制,推动联盟之间协同创新、跨界融合,助力"京津冀""长江经济带"等国家战略。

2. 产业联盟①

产业联盟是 20 世纪中期开始兴起的重要市场组织,目前学术界还没有公认一致的定义。国外学术界对产业联盟的大量实践进行了一些研究,但没有提出关于产业联盟概念的完整定义。这主要是由于研究的视角不同。国外学术界主要从三个角度研究产业联盟的实践:一是从企业战略联盟的角度进行研究,即将产业联盟视为一种多边的企业战略联盟(strategic alliance),利用企业战略联盟的理论框架进行分析;二是从研发合作的角度研究研发联盟(R&D alliance);三是从技术标准竞争的角度研究技术标准联盟(standard setting alliance)。

根据国内外产业联盟的实践,我们将产业联盟定义为市场经济中企业间的组织,它因解决特定的产业共性问题而设立。产业联盟具有四个基本特征:①产业联盟是企业间组织。在产业联盟中,企业仍然保持独立性,产业联盟是在独立企业之上的组织形式。产业联盟可以吸收学校和研究机构参与,政府也可以发挥重要作用,但是企业应当是产业联盟的主体。②产业联盟具有正式的法律形式。产业联盟的法律形式可以是书面的

---

① 以下内容主要摘编自陈小洪等. 产业联盟与创新[M]. 北京:经济科学出版社,2007。

合作协议,也可以是正式或非正式的社会组织,如公司、各类非营利组织。③产业联盟有特定的产业目标。其目标通常是解决具体的产业共性问题,如研究某些共性技术、设立产业技术标准、打造某项创新技术的产业链、建立有利于创新的社会规则等。④产业联盟具有明确的存续时间。由于产业联盟的目标是特定的,一旦设定的产业目标完成,产业联盟就要解散或转型。

产业联盟中主要产业发展的共性问题可能表现在技术、标准、市场、产业链、产业环境等方面。根据联盟合作环节的不同,产业联盟可以分为五种类型:①研发合作产业联盟(简称"研发联盟"),是以合作研发产业共性技术为目标的产业联盟;②技术标准产业联盟,是以制定产业技术标准为目标的产业联盟;③产业链合作产业联盟,是以完善产业链协作为目标的产业联盟;④市场合作产业联盟,是以共同开发利用市场为目标的产业联盟;⑤社会规则合作产业联盟,是以改变或者建立社会规则为目标的产业联盟。

3. 战略联盟[①]

战略联盟的概念最早由美国 DEC 公司总裁简·霍普兰德(Jane Hopland)和管理学家罗杰·奈格尔(Rogers Nigel)共同提出。他们给战略联盟下了一个原始定义:战略联盟是指两个或两个以上有着共同战略利益和对等经营实力的企业,为达到共同拥有市场、共同使用资源等战略目标,通过各种协议、契约而结成的优势互补或优势相长、风险共担、生产要素水平式双向或多向流动的一种松散的合作模式。不过,目前这一定义已不能完全适应战略联盟的实践发展,因为目前世界上战略联盟的参与方不仅有企业,而且时常包括一些大学和科研机构;其形式已不完全局限于协议,还有基于股权投资的战略联盟,甚至还有既无协议又无资产关系的基于默契的战略联盟。学术界对战略联盟的概念也没有一致的定义。例如,波特认为,战略联盟是一种长期的联合协议,这种协议虽然超出了正常的市场关系,但是并没有达到合并的程度,技术许可、供应与营销协定以及合资公司是联盟的主要方式。有学者则认为,战略联盟是企业之间为追求共同的战略目标而签订的多种合作安排协议,包括 R&D 联盟、营销与贸易协议、许可证与合资等。[②]此外,还有一些观点认为战略联盟是由一些存在竞争关系的企业为实现自身的战略目标而结成的伙伴关系或组建的合资企业,是一种竞争性联盟。还有学者认为,战略联盟是两个或两个以上的企业,在保持各自独立性的基础上,建立的以资源与能力共享为基础、以共同实施项目或活动为表征的合作关系。实际上,战略联盟是一个动态发展的概念,其内容和形式都处于不断变化发展的过程之中。

学术界普遍接受的观点是:战略联盟是介于市场与企业之间的一种中间组织形式,

---

① 以下内容主要摘编自郑向杰. 联盟创新网络中知识共享与企业嵌入研究[M]. 郑州:郑州大学出版社,2016.
② Culpan, R., Kucukemiroglu, O. A Comparison of US and Japanese Management Styles and Unit Effectiveness [J]. *Management International Review*,1993,33(1):27—42.

是企业基于市场预期与战略目标及风险的考虑,通过多种协议而形成的彼此优势互补、风险共担的组织形式。战略联盟是一种组织安排,也是一种经营策略。作为组织安排,战略联盟是一种新的资源配置形式,合资、联合研发、联合营销等都是不同的联盟形式。而战略联盟作为企业的一种经营策略,是企业间通过合作获取长期竞争优势的重要手段。按照联盟企业的参与程度,可将战略联盟分为股权式联盟与契约式联盟。股权式战略联盟是企业间以股权关系为纽带而成立的战略联盟,具体可分为合资型战略联盟与股权参与型(相互持股)战略联盟。契约式战略联盟是指企业间通过签订长期合作契约,利用协议规范企业的行为来实现长期合作的一种松散型组织形式,主要有技术合作协议、研发合作协议、生产合作协议、营销合作协议等。

4. 产学研联盟

产学研联盟是在产学研合作的基础上发展起来的,是指政府、企业、高校、科研院所等各方基于各自的发展战略目标和战略意图,为了实现共同愿景,获得最佳利益和综合优势或者抓住新的市场机遇,利用彼此的资源或优势而建立的一种优势互补、风险共担、利益共享、共同发展的正式但非合并的合作关系。产学研战略联盟是产学研之间的战略联盟,是产学研结合的一种高级形式,是企业基于资源集成的自主创新的重要实现方式。产学研联盟与传统的产学研合作的主要区别在于:联盟要求成员之间实现风险共担,利益共享。这样不仅可以解决因一次性交易产生的不确定性而可能给企业带来风险的问题,而且可以使高校在承担一定风险的同时获得丰厚的回报,因此产学研联盟已成为企业、高校和科研院所实现各自利益目标的战略性选择。

产学研联盟的目标在于,建立产学研协同创新机制,创新高校人才培养机制,发挥科教人才资源优势,提升自主创新能力,推进科技成果转化,不断强化科技对经济发展的支撑和引领作用,提升劳动、信息、知识、技术、管理、资本的效率和效益,实现科技同经济有效对接、创新成果同产业对接、创新项目同现实生产力对接、研发人员创新劳动同其利益收入对接。

9.2.2 创新联盟的组建要素及模式分析

1. 创新联盟的组建要素

创新联盟作为一个联合体,是联盟各方基于自身利益与外在的制约而联合在一起的一个松散的组织。政府、企业、高校和科研院所是联盟的组建主体。它们在联盟中所扮演的角色不同,分工也不同。产业内的龙头企业是技术创新联盟的主导力量,是联盟的核心主体。其任务是提供创新资源,参与研发和推广技术创新成果。政府在技术创新联盟中扮演推动者的角色,在技术创新联盟中的主要定位体现在:①把握产业需求,确定联盟模式;②选择联盟成员,组建技术创新联盟;③制定推进机制,支持联盟运行;④实施评估。高等院校和科研机构是联盟的重要参与方,以其所拥有异质性的科技资源、智力资源参与联盟运行。通过联盟网络的合作,将各方提供的创新资源进行整合,实现资源共享和转移以及异质性资源外取,达到联盟组建的目的。技术创新联盟组建主体及分工如图 9-2 所示:

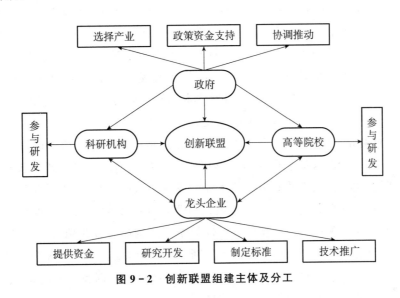

图 9-2 创新联盟组建主体及分工

2. 创新联盟的组建模式

产业技术创新战略联盟的形式多种多样。美国学者根据企业在技术创新研究开发阶段选择的不同性质的联盟伙伴将技术创新联盟分为五种类型:与产品用户组成的共同研究开发联盟(customer alliance),与零部件供应商组成的共同研究开发联盟(supplier alliance),与以往竞争对手组成的共同研究开发联盟(competitor alliance),与本企业关联密切的企业组成的共同研究开发联盟(complementary alliance),与政府有关部门、学校等非企业组织组成的共同研究开发联盟(facilitating alliance)。[①] 日本学者首藤信彦把联盟分为五种类型:交叉型联盟(不同行业企业互换技术资源的联盟)、竞争战略型联盟(竞争对手企业在特定研究开发领域结成的联盟)、短期型联盟(拥有先进技术的企业与拥有市场优势的企业结成的联盟)、环境变化适应型联盟(多个企业为适应市场环境变化,大规模合理调配技术资源而结成的联盟)、开拓新领域型联盟(多个企业共同提供某种新技术的战略联盟)。[②] 还有国内学者根据不同要素所处的地位将产业技术创新战略联盟分

---

① Chan,P. S. ,Heide,D. "Strategic Alliances in Technology:Key Competitive Weapon." *SAM Advanced Management Journal*,1993,58(4):9.
② 张晖明,丁娟. 企业技术创新战略联盟的理论分析[J]. 社会科学,2004(8):5—10.

为政府推动型、大学主导型、科研机构主导型、企业主导型和联合开发模式五种类型。[1]当前流行的产业技术创新战略联盟组建模式主要有以下三种。

第一,企业自发型组建模式。企业自发型组建模式是在科学技术转化为生产力的过程中,由企业自发组织起来为突破相关技术创新和实现科技活动与经济活动的有机结合而组建的产业技术创新战略联盟。它是企业合作中常用的组织形式,要求参与者自发组织起来推进自主创新,充分把握"竞合"的内涵,联盟的主要目标是解决产业共性技术问题,做大做强、共同发展。在这种模式下,联盟伙伴参与联盟合作的动机可能不同,但都因为参与联盟合作而实现了资源共享,有助于联盟伙伴在创新合作中实现共赢。这种模式下的产业技术创新战略联盟对企业成员的作用表现在三个方面:①实现研发资源互补;②减少产品研发时间;③降低、分担研发成本和研发风险。企业自发型产业技术创新战略联盟往往存在于高度竞争且分散的行业。

第二,政府主导型组建模式。政府主导型组建模式是在政府产学研合作政策引导下,企业、高校和科研机构基于自身需要形成的产业技术创新战略联盟。政府主导型技术创新战略联盟往往存在于政府主推的主导产业或新兴产业领域,尤其是发生在一些战略高科技领域或关键性战略产业领域。组建这类产业技术创新战略联盟的目的在于通过联盟创新的方式实现战略高科技或关键性战略产业的超越或跨越,构筑国家和地区竞争力。联盟的组建对这些产业的共性技术创新、产业整体创新能力的提升都具有重要意义。这种联盟往往体现了政府的意志,是政府对国家或区域创新发展的谋划,是政府以技术创新合作推动产业竞争力提升的具体体现。

第三,高校和科研机构主导型组建模式。高校和科研机构主导型组建模式是高校和科研机构以盟主身份,与企业建立长期的联盟合作关系,高校、科研机构是科技成果和科学技术转化为产品并实现产业化的创造者。这种产业技术创新战略联盟是由高校、科研机构与企业共同研制、开发、生产,组成研产销一条龙的高科技经济实体,属于现代企业中一种资本、劳动、科学技术相结合,所有资本相互渗透的经济组织。高校和科研机构一方面需要以企业作为载体和渠道,实现其技术成果的市场成果转化;另一方面需要借助企业平台进行人才培养。这种模式可以集研究、开发、中间试验、生产、销售、服务于一体,实现资源的优化组合。在联盟中,高校和科研机构处于主导地位,自主选择研发内容、形式、范围和合作企业,或自己建立企业,由高校和科研机构承担研发风险。

9.2.3 联盟的创新效应[2]

1. 联盟与企业创新

研发联盟是创新中常用的企业性组织,其目标是解决产业共性技术问题。研发联盟

---

[1] 陈立泰,叶长华. 重庆市产学研联盟发展的创新模式研究[J]. 科技管理研究,2009,29(6):166—168+175.
[2] 以下内容主要摘编自陈小洪等. 产业联盟与创新[M]. 北京:经济科学出版社,2007.

在企业创新中的具体作用是：①降低研发成本、分担研发风险。现在技术研发的投入越来越高、不确定性越来越大，单个企业难以单独承担研发的成本和风险，而合作研发降低了企业的风险。此外产业中存在大量的共性技术，很容易造成企业重复投入，合作研发可减少共性技术的重复投资。②研发资源互补。技术的融合趋势和企业的专业化趋势要求企业之间以及产学研之间加强研发合作，通过资源互补共同完成创新。③共同学习。企业越来越重视学习，共同学习包括共同学习国外先进技术、联盟成员间相互学习彼此特长两个方面。④缩短研发周期。竞争的全球化要求企业不断缩短技术研发的周期，通过产品先发获得市场先机，研发联盟集中产业力量加快了成员企业进入市场的速度。

产业链联盟的目标是打造有竞争力的产业链。创新产品的市场竞争力依赖于整个产业链的竞争力。创新产品的产业链优势难以依靠市场机制快速形成，产业链联盟加强了企业间的信任，促进了技术和产品信息的交流，增强了配套企业的投资信心，从而促进创新产品形成完整的产业链。领头企业的承诺或政府的鼓励是产业链联盟形成的重要基础。

市场合作联盟的目标是共同开发市场。市场合作联盟在创新中的具体作用是：①联合开拓创新产品的用户市场。由于单个企业不愿独立承担创新产品的市场启动成本，或者新企业实力太弱缺乏独立开拓市场的实力，创新型企业可通过产业联盟共同开拓创新产品的市场。②通过联合采购降低创新产品的成本。中小企业在创新产品发展初期难以达到规模经济，联合采购是创新型中小企业降低采购成本的重要手段。③通过共用基础设施降低创新成本。企业在创新上需要共用一些基础设施，包括实验设备、检测设备、数据库等，以降低创新成本，有些共用设施可以由市场提供，有些共用设施则由于专用性强市场难以提供，产业联盟是较好的解决方式。④通过网络互联实现需求方规模经济。有些创新产品具有很强的网络特性，创新型企业之间实现网络互联可以增加消费者福利，从而促进创新产品的市场化步伐。

技术标准联盟的目标是制定产业技术标准。技术标准本身具有公共物品属性，但是部分技术标准包含了大量创新技术及相关知识产权，这类技术标准关系到巨大的商业利益，成为企业积极争夺的对象。技术标准联盟在企业创新中的作用是：①联合技术领先的企业，将先进技术应用到新的技术标准中，为市场提供更好的产品或服务。②联合市场领先的企业，形成强大的市场力量，推动创新技术标准的产业化。

社会规则联盟的目标是改变或者建立社会规则。社会规则联盟在创新中的具体作用是改变阻碍创新的社会规则，或者推动设立有利于创新的社会规则。有些新产品在开发潜在市场时需要新的社会规则支持，如环保技术的应用离不开环境保护的法规。有些新技术的发展需要新的社会规则进行支持，如软件产业的发展离不开知识产权的保护。企业组成产业联盟共同推动社会规则的变革，不仅有利于企业的创新，也符合社会公众利益。

2. 联盟与区域创新

区域创新主体在创新活动中产生对产业联盟的需求。由于创新具有很强的外部性，创新活动的参与者产生了组建产业联盟的客观需求。产业联盟丰富了区域创新网络，促进了区域创新。产业联盟是为了实现特定产业目标而建立的网络，旨在解决产业创新中的共性问题。

研发联盟建立了企业间、产学研间以及官产学研间的网络关系。它以合作研发为目的，可以促进知识生产部门和知识运用部门之间的互动，加快知识转换为商品的速度；可以加强企业之间的学习或合作关系，提升企业的创新能力；可以加强政府与其他创新主体的联系，让政府的干预与市场规律相一致。

技术标准联盟建立了企业、研究机构、公共机构之间的网络关系。它以设立技术标准为目的，可以方便企业间、企业与消费者间进行利益协调，可以整合不同企业间的创新技术推出新的产品和服务。

产业链联盟建立了产业内上下游企业间的合作关系。它以打造创新产品的产业链为目的，可以促进上下游企业间的技术交流，协调企业间的产品步伐，加强配套投资。

市场合作联盟建立了产业内企业间的横向联系。它以联合实现规模经济或范围经济为目标，可以帮助创新型企业跨越市场门槛，尽快实现创新的市场化。

社会规则联盟建立了产业界与社会有关部门的关系。它以改变或建立社会规则为目标，通过协商、宣传、游说等方式建立有利于产业创新发展的社会环境。

9.3 公共服务平台与创新

公共服务平台，就是在产业集中度较高或具有一定产业优势的地区，构建为中小企业提供技术研发、试验、推广及产品设计、加工、检测、信息资源、公共服务及公共设施的公共技术支持系统，为公众提供就业创业创新等环境。它是一个开放的支持和服务系统，通过这个平台，可以为本地区的工业园区、高等院校、科研机构、科技企业、政府部门以及社会公众提供系统全面、方便高效的相关公共服务，从而促进当地经济发展，营造和谐氛围。

9.3.1 公共服务平台的特点与构成要素

1. 公共服务平台的特点

公益性。公共服务平台是区域企业发展的有效支撑，是一个开放、共享的多学科、多用户、多功能资源保障与服务系统,具有促进科技进步和社会经济发展的公益性特征。推进平台建设是政府的一项社会公益性工作。

专业性。平台面向经济、科研等活动相关的各类人员,按照学科、专业、行业的特点来组织资源,并根据资源和科技创新等活动的特点来建设服务系统,提供基础研究、技术研发、成果转化、管理等方面的各类专业性服务。

综合性。平台整合集成了跨行业、跨专业、跨部门的各类与产业活动相关的科技资源,平台服务涵盖了社会资源的共享、科技研发的协同合作、科技成果的转化等活动的各个方面。

2. 公共服务平台的构成要素

建设好公共服务平台依赖于三大基本要素,即科技资源、服务系统和保障措施。在平台的建设上,有四种比较常见的建设模式,分别是政府支撑模式、产业园模式、共享共建模式和企业自建模式。

科技资源。涵盖各类活动相关的科技资源包括自然资源、实验材料、仪器设备、科研设施、大科学工程、研究试验基地等物质资源以及科技基础数据、科技期刊、专利标准、科技管理信息等信息资源。科技资源的建设既包括对现有资源的整合集成和有效配置,提高现有资源的利用率;还包括根据园区的发展战略和重点行业、学科的要求,对急需资源进行规划新建。如果没有一个布局合理、系统全面、与园区产业发展需求相适应的科技资源系统,就无法满足科研机构和人员研发活动对科技服务的需求,平台的建设就将缺乏坚实的基础。

服务系统。平台可以为园区企业提供基于网络的一站式服务,包括科技信息查询和专题科技咨询、仪器设备共用和行业检测服务、委托研究和专业技术服务、技术转移和科技创业孵化服务等。服务系统的建设必须与各类资源的特点相适应,从而使资源发挥最大效能。为了能最大限度地降低科技研发和科技创业的成本,就必须要建立以"共用、共享、协作"为核心,高效运转、功能完备的服务系统。

保障措施。要建设好平台,使之能持续有效地发挥公共服务的功能,必须从政策法规、观念引导、组织管理、经费投入、人才队伍、规范标准、技术方法等几方面予以保证。

园区公共服务平台的建设必须紧紧围绕上述三个基本要素进行,注重三者的有机结合,缺一不可。其中,科技资源的整合集成是平台建设的坚实基础,服务系统的共建共享是平台建设的根本目的,保障措施的持续有力是平台建设的必要条件。综上所述,平台建设的实质就是以政府为主导,在政策法规保障下,整合资源、提供服务。公共服务平台把促进科技资源共享、为科技发展提供和改善基础条件作为一项重要职责。

9.3.2 公共服务平台的主要类型

公共服务平台有多种来源、多种属性、多种结构形式,其功能也不尽相同。从共赢共享研发总结来看,公共服务平台可分为五大类:①科技创新公共服务平台;②人力资源系统公共服务平台;③产业链资源整合公共服务平台;④产业升级转型公共服务平台;⑤投融资公共服务平台。

从来源看,公共服务平台可分为四大类:①以国家级有关科学技术研究与利用服务机构为主的公共服务平台,如美国的国家技术服务中心、国家技术转移中心等;②政府各部门以研发计划为载体的公共服务平台,如美国的能源部、商务部、农业部等部门推进各类计划的网络平台;③各大高校、科研机构、大型企业的研发部门等科技资源生产与依托单位为增进科技创新活动和推广科技成果而建立的开放型知识管理和技术服务平台;④以政府机构为主、由社会技术服务机构参与的多元化网络平台,如美国的小企业管理局(Small Business Administration,SBA)下设小企业信息中心启动了国家科技基础条件平台建设。

9.3.3 公共服务平台的主要创新功能[①]

1. 弥补企业自主创新市场失灵问题

传统的创新往往封闭于单一的范围之内,受限于体制、地区、行政管理等条件,无法集成各领域的成果和技术,造成创新效率低下的现象。服务平台的独特性质和运作模式可以直接为中小企业提供多样化、便利实惠的公共服务,以弥补中小企业自主创新的"市场失灵"。服务平台一般按照两条路径为中小企业提供系列服务项目,一是以中小企业生命周期为主线,服务项目覆盖到中小企业的孵化、初创、成长、稳定和衰退各个生命阶段;二是以满足中小企业的基本服务需求和个性化服务需求为主线,服务项目包括技术创新、信息查询、质量管理、市场开拓、政策法律、人力资源、创业辅导、投资融资和管理咨询等。具体的作用包括:整合政府和社会的各类科技与创新资源,搭建支持推动中小企业科技进步和自主创新的服务载体;制定行业产品的服务标准,强化行业自律,为中小企业的生产经营和管理活动提供良好的市场秩序;推动科研院所技术创新成果的市场化、产业化,支持企业品牌、行业品牌和区域品牌的打造和传播;整合各类培训资源,利用同各类培训机构的广泛联系,组织培训机构和相关专家为中小企业各类人员开展各类培

---

① 以下内容主要摘编自肖卫东.中小企业公共服务平台的功能定位与组织创新[J].学习与探索,2014(2):104—107.

训,帮助中小企业解决经营管理粗放等问题;建立良好的技术创新成果维权机制和知识产权保护制度,为中小企业提供专利申请、商标注册、产权纠纷处理等服务,推动知识产权的有效保护和企业合法权益的维护;帮助和支持中小企业进行信息化建设,强化信息化对企业产业链升级和转型发展的带动和支撑作用;沟通政府、社会组织与企业的联系,向政府有关部门反映中小企业情况和面临的问题,配合政府有关部门落实中小企业扶持政策,为完善、贯彻落实中央和地方政府的中小企业扶持政策提供参谋。

2. 为中小企业提供更具多元化的整合性服务

公共服务平台通过建立操作层次上的开放式平台和契约、组织关系,充分发挥服务平台的创新导向和示范作用,组织政府部门、各类服务资源和服务机构进行跨界合作,为中小企业提供整合性服务。整合性服务是服务平台为了应对中小企业服务需求的复杂性、多样性和异质性,通过与政府部门、各类服务资源和服务机构之间建立合作伙伴关系,不断创新服务供给机制,以提高服务品质和回应性,具体有三条路径。一是构建实施平台共享和模块化战略,将中小企业急需的各种服务资源集成在一个综合服务系统中,形成面向产业(区域)、贴近企业、集聚资源、集成服务的"服务生态系统"。服务平台作为一个经济组织,具有独特的功能和架构,可使以前没有合作关系或者原来处于弱连接的各类服务资源和服务机构有机地凝聚并融合成一个服务网络系统,从而打破各类服务资源和服务机构之间竞争与合作的均衡结构,形成新的服务生态系统。二是优化与政府部门、各类服务资源和服务机构之间的合作结构,建立与政府部门、各类服务资源和服务机构之间的可持续的紧密型合作关系。各类服务资源和服务机构包括行业协会(商会)、金融机构、培训机构、科研院所、社会化服务中介机构,如会计师事务所、律师事务所、企业管理咨询公司、会展服务公司等。其中,与政府部门建立合作关系的途径有承担政府委托服务项目、政府购买服务项目、争取政策支持等。三是通过构建科学合理的跨界合作协同机制,将碎片化、分散化的服务资源整合到统一体中,以形成服务资源集聚的规模效应;建立跨界合作的共享机制,优化服务资源配置效率,以形成中小企业服务的联动性结构和竞争性网络;建立跨界合作的动态传输机制,提升中小企业获得各类服务的可及性和公平性,以形成服务输送与中小企业之间的动态联结通道。

3. 利用"创造性破坏"机制促进产业的分工深化

公共服务平台在促进创新要素的整合与流动、共享科技成果和技术资源以及减少资源的分割、浪费和重复等方面具有重要的作用,能够有效地提高社会的创新效率。产学研合作能够突破学科、系统、行业的壁垒,打破部门、区域、体制的限制,促进创新要素向企业集聚,实现科技资源共享,推动科技体制改革深化。通过熊彼特"创造性破坏"的影响机制,公共服务平台可以促进生产性服务业发展的"星星之火燎原之势",形成培育和发展服务经济的重要网络节点。"创造性破坏"表现为，服务平台的服务供给类似于向生产性服务业提供了"新产品""新技术"等，改变了各类服务资源和服务机构发挥服务供给功能的机会和组织方式，使服务供给成本降低、服务供给效率提高，并促使中小企业经营绩效的帕累托改进得以实现。"创造性破坏"的影响机制具体包括两个方面。一是依托于服务平台的各类中小企业汇集形成产业集聚或产业集群，同时，服务平台催化形成生产性服务业集聚区，如借助服务平台，中小企业与生产性服务业之间就可以实现跨层面的协同发展，创造出类似于网络产业组织中的正反馈协同效应。二是服务平台催化的中小企业集聚和生产性服务业集聚引发了服务产业内部、制造业与服务产业间的分工深化。在中国的现代农业发展中，各种形式的农业地理集聚区、各种类型的农业科技示范园区和示范推广基地等已成为发展农业生产性服务业的重要平台和网络节点，成为农业分工利益实现和分工效率改善的空间。

思考题

1. 不同类型的科技创新载体之间有什么区别？
2. 简要梳理科技创新载体发挥的功能。
3. 从经济学的视角评价创新载体发挥功能的过程。
4. 简要梳理不同类型的联盟作用于创新的联系和区别。
5. 公共服务平台影响创新的路径有哪些？能否再找到其他作用机制？
6. 结合实例分析载体、联盟是如何影响创新的。

第 10 章
制度、文化与创新

制度和文化是影响创新深层次的因素,本章将重点介绍制度和文化在创新中的重要作用。

10.1 制度与创新

制度环境包括政府行为、法律法规以及市场环境等与创新活动密切相关的因素,这些因素通过影响创新资源的配置效率从而影响创新活动。本节将首先介绍制度理论的相关内容,然后分析制度环境对创新的影响机制。

10.1.1 制度理论

1. 制度的概念

从社会科学的角度出发,制度指以规则或运作模式去规范个体行为的一种社会结构。制度由社会认可的非正式约束、国家规定的正式约束和实施机制三部分组成。制度经济学家约翰·康芒斯(John Commons)强调:制度与经济活动中的人际关系相联系,制度是集体行为通过所有权关系对个体行为实施的控制。新制度经济学代表人物诺斯将制度分为正式规则、非正式规则以及实施组织。其中,正式规则主要是法律规则、政府章程以及经济合同,非正式规则主要是道德准则、行为规范、约定俗成的传统与习俗。诺斯指出制度体现了"重复互动中的规律性,是向个人提供系列激励或制约的风俗习惯与规则"。他认为制度为人际交往提供了规范,从而减少了人们在交往中的不确定性并为集体带来了稳定性。[①] 社会学家将制度定义为能够为社会带来稳定的具有认知性、规范性和规制性的结构与活动。在此基础上,他提出制度所包含的三种合法性约束,即认知、规

[①] 罗伯特·托马斯,道格拉斯·诺斯. 西方世界的兴起[M]. 北京:华夏出版社,2014.

范和规制。[①]

2. 制度的功能

约束功能。制度为社会中的交往活动提供规则指南。诺斯将制度约束分为禁止人们从事某项活动的禁止性约束,以及允许人们从事某项活动的许可性约束。无论是正式规则,还是约定俗成的非正式规则,都将人的行为置于一个框架内加以约束。因此,制度类似于体育赛事中的比赛规则,人们的行为必须符合相应的规则,一旦出现违反的情况,就会受到相应的处罚。制度的约束功能明确了人们在交往过程中的行为界限。如诺斯所言,制度的存在减少了人们对他人行为预期的不确定性,从而有助于交往活动的顺利进行。

激励功能。奖赏性的制度规则明确了相关行为主体的目标,调动了其追求目标的积极性。基于理性假设,行为主体会衡量遵守制度所能获得的收益及付出的成本。收益与成本的差距越大,制度的激励作用也就越强烈。有效的制度能够使行为主体通过遵守规则获得更多的收益,从而激励社会成员遵守制度,同时也会肯定制度的价值和意义,形成良性循环。

信息传递功能。制度规定了社会成员的权利和义务,同时将这些行为框架广而告之。社会成员据此开展活动,能够在很大程度上减少行为主体的机会主义倾向,从而降低社会交往活动的成本。新古典主义经济学认为市场是信息传递的平台,如果市场中流通的信息是完全的,那么交易主体就可以根据这些信息调整自己的行为,从而实现帕累托效率,实现社会福利的最大化。但是在实际的市场交易中,必然存在信息不对称现象,并且出于经济人假设,处于信息优势的一方不愿意共享信息,这时候就需要制度发挥信息传递的功能。一方面,制度能够确保在交易活动中传递了有效的信息,使得对手的行为变得可预见化;另一方面,制度能够减少交易事前的信息搜集成本以及事后的监督成本,从而降低市场交易费用,督促交易的达成。

10.1.2 影响创新的制度要素

创新具有投资周期长、失败概率高、资本投入多、保密性强的特点。基于此,创新主体难以向外部的利益相关者展示其可靠性,但是又需要相关者的支持。制度作为一种公共物品,可以在群体之间建立一个稳定的环境,减少不确定性。与此同时,创新需要打破原有制度,从而创新与制度之间会出现两难困境。如前所述,制度分为正式规则与非正式规则,鉴于非正式规则所包含的道德准则和行为规范等因素与文化密切相关,因此对

---

① Scott, W. R. "Symbols and Organizations: From Barnard to the Institutionalists." In Oliver E. Williamson, *Organization Theory: From Chester Barnard to the Present and Beyond*, Oxford University Press, 1995: 38—55.

于非正式规则的讨论不再赘述。而正式规则环境主要包括政府管制环境、法律保护环境、金融发展水平以及企业内部的管理环境。接下来将从这四个角度出发分别分析正式规则对于创新的影响。

1. 政府管制与创新

企业的生产经营活动免不了要接受政府的管制,从成立到倒闭,很多环节都要跟政府打交道。不完善的制度环境为政府官员寻租提供了可乘之机。往往政府干预越普遍的地区,寻租行为发生的概率越高,而且相较于国有企业,民营企业是政府寻租行为的主要受害者。过于严格的政府管制环境使得企业的经营决策受到了负面影响,从而使企业经营偏离了原有的方向,这就迫使企业花费大量的时间和资金去调整企业的经营决策和方向。这无疑会增加企业的非生产性支出,加重企业的经营负担,侵占企业的创新资金,从而不利于企业的长久经营和创新活动。因此过于严格的政府管制环境呈现出"掠夺之手"的性质,阻碍了地方企业的创新。只有当地方政府减少对企业产权的剥夺和侵犯,给予企业运行以宽松的决策环境以及便利的服务环境,企业才能够有足够的自由发展空间,才能有充足的资金和动力去提高本企业的技术水平,投入更多资金以实现创新突破。

2. 法律保护制度与创新

创新活动所带来的智力成果在法律上属于物权的范畴,由于研发溢出效应的存在,创新活动需要法律的严密保护。一方面,良好的法律保护环境是企业家增强信心、做大做强企业的重要推动力。生产者的权益得到有效的立法保护方能激励企业家扩大经营规模,投身于创新活动。另一方面,法律规定了企业享有创新成果的所有权,并赋予其利用创新成果获取经济利益的权利,研发企业以外的组织和个人需要付出一定的经济代价才能获得创新成果的使用权,技术垄断能够在一定时间内树立创新型企业的竞争优势,使其以更低的成本生产出更优质的产品或者保证产品的独特性,从而有助于为企业带来高额的投资回报。创新活动从投入到产出历时弥久,需要消耗大量的智力资源和财力资源。如果法律保护环境过于宽松,那么研发溢出所带来的"搭便车"问题就不能得到有效的规避。这意味着,创新型企业尚未收回研发所耗费的前期投资,其他企业就已经能够以极低的成本窃取、模仿创新型企业的新技术、新思想。这些企业甚至以"价格战"的形式将同质产品推向市场,这会削弱原始创新型企业的竞争力,甚至侵占创新型企业的市场份额,使其利益受损。同时过于宽松的法律保护环境使得创新型企业的维权之路漫漫,创新型企业维权困难,这在很大程度上降低了其开展研发创新活动的积极性。既然可以通过很低的成本和几乎不存在的法律风险窃取他人成果从而获得可观的经济利益,理性的企业家不会进行技术升级。市场中的企业都丧失了研发创新的积极性,也就说明了过于宽松的法律保护环境会破坏创新。只有当法律有效地保护了创新为研发企业所带来的高额回报时,创新才能得到长足发展。

3. 金融制度与创新

熊彼特的技术创新理论指出,经济发展的根源在于技术创新,而技术创新的根源在于生产要素的重新组合。金融发展理论提出金融体系最为重要的功能就是在一个不确定的环境下,合理化资源在时间和空间上的配置。约瑟夫·斯蒂格利茨(Joseph Stiglitz)认为金融承担着聚集储蓄并对之进行分配以形成生产力的功能。[①] 由此可见,金融体系一方面能够帮助社会资源达到最优配置,另一方面能够使得经济中的技术进步成为可能,并重新通过金融资本流动带来实际增长要素流动,从而推动整个经济成长。金融制度的完善有助于增加长期投资的流动性,从而有助于投资更多地流向耗时长的创新项目,为创新成果转化成现实生产力提供资金动力。金融市场发展良好能够弱化不完全契约和不对称信息所带来的资本市场的发育不充分,从而提高信贷资源的配置效率。往往金融发展水平越高的地区,企业越容易获得期限长且额度多的贷款。又由于外部融资是企业开展创新活动的主要资金来源,因此金融发展水平高有助于推动本地区创新能力的提升。

4. 企业管理制度与创新

企业内部的管理环境通过影响个体的创新行为对企业的创新绩效发挥作用。企业是各类生产要素的集合,只有这些要素按照既定的制度组合起来,企业才得以成立。企业的创新氛围由企业内部的管理制度共同营造,要促进创新就要按照一定的制度安排,合理配置企业内部有限的资源,培养员工的创新能力,激励员工的创新动力,实现创新绩效最大化。企业作为一个组织,为组织内的成员提供创新所需的信息、资源和目标。这有助于成员之间形成一致且稳定的预期,并在此基础上开展创新活动。这种预期的建立需要以良好运行的制度为基础,因此企业内部的管理环境是影响企业创新的重要因素。当企业内部的管理环境越完善时,企业的经营氛围就越和谐,所拥有的创新机会也就越多,内部人员的创新动力越充足,从而企业的创新活动越能够取得成功。同时,企业内部运行良好的管理环境能够吸引和培养高层次、高素质的研发人才,从而提升企业的创新能力。

10.2 知识产权制度与创新

20世纪80年代以来,世界经济蓬勃发展,新一轮技术革命蓄势待发,主要表现为科学技术日新月异,经济全球化势如破竹,产业结构调整成为世界范围内的共识,国际竞争

---

① Stiglitz, J. E. "Credit Markets and the Control of Capital." *Journal of Money, Credit and Banking*, 1985, 17(2):133—152.

如火如荼。智力资源的配置已然成为经济发展的重要驱动力,专利的重要性日益增长,越来越多的国家制定并实施了知识产权战略,这些现象表明知识产权制度成为逐鹿国际市场的重要保障。那么该如何界定和解读知识产权保护？中国乃至世界范围的知识产权制度经历了怎样的发展历程呢？知识产权保护是否如人们预期的那样推动创新呢？这将是本节讨论的主要内容。

10.2.1 知识产权的内涵

知识产权(intellectual property),又称"知识所属权",是指权利所有人对其智力劳动所创作的成果和经营活动中的标记、信誉等所依法享有的专有权利。这一概念最早问世于1967年,伴随着世界知识产权组织的成立而为国际社会所普遍使用。理论上往往通过创造性、实用性和新颖性来识别知识产权。知识产权本质上是特定主体所专有的财产权,制度学家康芒斯指出"财产是有权控制稀少的或者预期会稀少的自然资源,归自己使用或者归别人使用。可是,财产的权力是政府或其他机构的集体活动,给予一个人一种专项的权利,可以不让别人使用那种预期稀少、对于专用会造成冲突的东西。"由此可见,知识产权保护的对象是智力成果背后的创造精神,通过保护具有创新精神的个体从智力成果中获取最大利益的可能性来激励个体实现更多的创新,从而形成全社会更强大、更可持续的创造合力。

知识产权既然是一种财产权,往往就会涉及利益归属问题。这种利益是指围绕专利所有人所发明的智力成果的生产、传播和使用过程中所产生的利益,其可以分解为两个部分:一是知识产权所有人、智力成果的使用者和传播者的私人利益;二是社会公共利益,尤其是智力成果所涉及的知识在传播过程中产生的公共利益。知识产权各利益主体之间存在着多样化的利益冲突,并由此引发知识产权归属的矛盾与冲突。知识产权保护赋予其独占权的合法性,这也成为滋长智力成果垄断的温床。由此可知,垄断是知识产权保护中的另一利益冲突的焦点。理论上来讲,垄断所带来的丰厚利益刺激具有创造精神的个体出于逐利的目的而从事智力成果的开发与创造活动,而这种开发与创造活动有助于创造更多卓越的物质产品和精神产品。但是在实际生产生活中,资本逐利的贪婪性和迫切性往往阻碍了智力成果在全社会的共享,使得公共利益,或者是社会福利受损。因此,垄断既是知识产权之善源,亦是知识产权之恶果。

10.2.2 知识产权制度及其影响因素

1. 知识产权制度

知识产权制度是智力成果所有人在一定的期限内依法对其智力成果享有独占权,并受到保护的法律制度。没有权利人的许可,任何人都不得擅自使用其智力成果。实施知识产权制度可以起到激励创新、保护人们的智力劳动成果,并促进其转化为现实生产力的作用。它是一种推动科技进步、经济发展、文化繁荣的激励和保护机制。

在中国,知识产权制度采取了由人民法院和行政执法机关分别实行司法保护、行政保护的机制。任何人认为自己的知识产权受到侵犯,均可诉求法院司法保护。同时,国家知识产权局、国家市场监督管理总局、国家版权局、农业农村部、国家林业和草原局、海关总署、科学技术部等知识产权执法机构在各自的职责范围内,对相关知识产权进行保护。用行政手段保护知识产权是中国知识产权执法的一个重要特色。由于行政程序在打击侵权方面速度较快,费用较低,受到知识产权权利人的欢迎。司法保护和行政保护机制相互补充并通畅、有效运作,积极、有效地保护了知识产权当事人的合法权益,赢得了社会公众的普遍赞誉。

2. 知识产权保护的影响因素

第一,市场需求特征。

需求价格弹性与知识产权保护。最早对知识产权的最优保护期限开展研究的是美国经济学家威廉·诺德豪斯(William Nordhaus),他在1969年出版的《创新、增长与福利:增长过时了吗?》一书中提到,由于知识产权保护的最优保护期限取决于其生成的最终产品的需求价格弹性和研发成本,因此知识产权保护的最优保护期限应该因产业和智力成果的类型而异。其中,需求价格弹性之于知识产权保护所造成的福利损失主要表现为消费者舍弃该专利产品,转而购买次偏好的非专利产品,甚至放弃这一需求。市场中存在着多样化的产品供给,当智力成果的最终产品价格上升时,拥有较大需求价格弹性的消费者倾向于减少对该最终产品的消费,而购买其替代品。因此,为了减少由此带来的福利损失,应该选择小范围、长期限的专利制度。

市场规模与知识产权保护。显而易见,研发活动的经济报酬取决于市场需求的规模,因此企业投资研发活动的方向与市场规模密切相关。不同产业对于智力成果的最优知识产权保护期限的认定也取决于市场需求规模的差异。以利润最大化为经营宗旨的企业只愿意将资金投放于预期回报丰厚的领域,因此当潜在的市场规模较小时,理性的开发者会将专利的申请和维护判定为不划算的行为,从而减少该领域的投资。而在拥有较大市场的发展中国家,跨国公司倾向于申请更多的智力成果专利。

由此可见,需求价格弹性和需求差异是制约知识产权保护期限的关键因素。市场规模越大,开发者选择的最优知识产权保护期限就越长;而需求价格弹性越大,开发者选择的最优知识产权的保护期限就越长,投入的研发支出也就越少。同理可以推断,当市场规模较大或者需求价格弹性较小时,政府可以制定较短的知识产权保护期限,即将知识产权保护水平设定在较低水平;反之,政府应该制定较长的知识产权保护期限,提高知识产权的保护水平,以期达到可观的创新激励效果。

第二,市场结构特征。

市场结构的垄断与竞争效应。 熊彼特强调垄断激励了创新。在垄断地位下,企业对于商品的定价必然高于成本,并由此打破"零利润",获得经济报酬,而这一报酬可以视为市场给予创新者的激励。与此同时,处于垄断地位的企业,以利润积累的经济实力为支撑,足以应对外来冲击,从而为企业开展持续性的创新活动提供可能性。从这一角度来说,垄断保障了创新。垄断对于创新的激励和保障作用可以合称为创新的垄断效应。经济学家阿罗从社会福利的角度出发,认为竞争性的市场环境更能够激励企业开展研发活动,并得出"竞争程度越高,企业的创新动机越强"的观点,这一观点也被称为创新的竞争效应。垄断决定了技术创新的深度,而竞争影响技术创新的广度,垄断效应和竞争效应共同对企业的创新活动产生影响。知识产权保护是形成垄断市场的重要推动力,一方面可以帮助企业击败竞争者,形成垄断效应;另一方面又削弱了竞争效应。因此,垄断效应和竞争效应在知识产权保护中呈现此消彼长的关系。

市场结构的影响因素与知识产权保护。 市场结构的影响因素主要包括生产技术、市场需求、资本状况以及制度因素等。除此之外,技术的专有性可以影响创新个体或企业排他性地获得智力成果所带来的经济利润的大小,从而影响市场结构。知识产权保护是提高技术专有性的关键之举,能够激励具有创造精神的个体从事创新活动。但是如果知识产权保护导致技术创新的溢出效应持续降低,反而会损害创新绩效。因此,加强知识产权保护对于技术专有性的形成以及技术创新的发展是起到促进还是阻碍作用,这一命题尚未得出定论。因此,知识产权保护的水平应该根据其他市场结构的影响因素设定,从而形成有助于技术创新的市场结构。

不同市场结构下的企业行为与知识产权保护。 根据市场地位的不同,市场中的企业可以分为在位者和新进入者。在完全竞争的市场结构下,研发者可以得到专有性高的潜在技术所带来的全部收益,而且随着知识产权保护水平的提高,研发者能够封锁该研发市场,从而形成寡占性的市场结构。对于寡占的市场结构,在位垄断者的创新行为会诱发两种效应,即替代效应和产品惯性效应。替代效应表现为在位者沾沾自喜于垄断现状,创新的激励弱于新进入者,尤其是在市场进入的门槛比较低时,新进入者有机会冲击在位者,客观上敦促其创新。产品惯性效应表现为知识产权保护较为严厉时,市场的进入门槛随之增高,在位者倾向于依靠其在市场和技术上的统治地位来保护其创新成果。

上述分析表明,无论是垄断的市场结构还是完全竞争的市场结构,其对于技术创新的作用都尚无定论。一方面,市场的垄断性有助于企业获得更高的垄断利润,从而有助于提高研发活动的投资水平,但是也会导致垄断企业创新动力不足,故步自封;另一方面,市场的竞争性有助于创新个体百花齐放,激发企业的创新倾向,但是部分企业会受制于研发资金。因此,只有根据市场特征的不同调整该行业的垄断与竞争的态势,才能实现有效创新。除此之外，知识产权制度有助于形成市场垄断地位，从而产生导致创新不足的可能性。因此，最优的知识产权保护政策应该适配于决定最优市场结构的其他因素，同时也要考虑不同市场结构下的企业行为对于知识产权保护的反应。

10.2.3　知识产权保护与创新

根据内生增长理论，技术是实现经济可持续发展的力量源泉。那么怎样才能快速提升一国的技术创新能力呢？学术界和业界所达成的一致认识是，要营造鼓励创新的社会环境。知识产权保护政策制定之初的目的在于通过保护智力成果创造者的获利权利从而激励技术创新。

1. 知识产权保护的理论基础

知识产权制度的设立依赖于一定的理论基础，即外部性理论和信息不对称理论。就外部性理论而言，外部性又称外部成本或溢出效应，萨缪尔森将其定义为"那些生产或消费对其他团队强征了不可补偿的成本或给予了无须补偿的收益的情形"，外部性分为正外部性和负外部性。当生产活动存在正外部性时，受益的其他个体具有做出"搭便车"行为的倾向，生产者的利益在某种程度上受损，久而久之，生产者失去从事该活动的积极性，为此需要对该生产者进行补偿以激励其继续生产。当生产活动存在负外部性时，社会中的其他个体因为该生产活动受损，为了弥补这一损失，往往制定规则使得外部成本内部化。从定义来说，创新活动产生的知识产权不可避免地会产生外部性问题，非研发者可以通过模仿其知识产权盈利。"搭便车"问题的存在会削弱研发企业的创新热情。为了避免这种现象的发生，可以通过政府立法加强对于知识产权的保护，提高非研发企业"搭便车"的成本，降低研发企业知识产权被剽窃的可能性，从而减少外部性问题，增加研发投入与其可获得的经济利润，从而有助于增强研发企业的创新意愿。就信息不对称理论而言，市场经济中，立场不同的交易者对于有关信息的了解是有差异的，这就造成了交易地位的不平等。也就是说，市场中卖方比买方更了解有关商品的各种信息，掌握更多信息的一方可以通过向信息贫乏的一方传递可靠信息而在市场中获益。信号显示机制是弥补信息不对称问题的重要措施。由于研发活动存在保密性强、知识密度大的特征，从而会导致投资方与研发方信息不对称现象的发生。投资方很难完全了解创新活动的研发难度以及潜在价值。即便投资方了解了这一研发技术，他们也可能会产生窃取这一技术而为自己牟利的动机，从而使得研发企业的筹资活动难以开展。知识产权制度是打击侵权行为的法律保障，申请了专利保护的企业可以更放心地披露研发项目的有关信息给投资方。同时专利保护的申请有一定的门槛，申请专利保护成功也是一种显示该项目有投资价值的信号，从而有助于减少信息不对称问题，提高研发企业为创新活动筹资的可能性。

2. 知识产权保护对创新的影响

如前所述,知识产权天然地具有公共物品的非排他性和非竞争性的特征,这必然需要制度提供保护来维护和激励创新活动的开展。知识产权制度对于创新成果的保护主要表现在以下三个方面。

首先,知识产权制度以法律的形式确认了智力成果的存在。通过立法保障智力成果的有偿性,这在本质上是将智力成果赋予物权的意义,加大知识产权保护力度,有助于研发者最大限度地从创新活动中获利。这一制度是提高研发者创新积极性的重要举措,有助于新技术的研发,从而保证创新型企业在市场竞争中的优势,鼓励更多企业投资于创新活动。

其次,知识产权制度通过立法惩戒提高了侵权行为的成本。众所周知,创新活动具有高风险、高投入、长周期的特征,往往需要研发者付出大量成本,但是由于研发溢出效应的存在,"搭便车"问题难以避免,非研发企业的模仿成本很低。根据调查,知识产权制度使得模仿成本提高了11%,由此可见知识产权制度有助于维护创新企业的合法权益。

最后,知识产权制度通过设定最优知识产权保护期限,能够延长模仿者进入市场的时间。在知识产权保护期限内,创新型企业为了确保收回研发成本,会最大限度地保障新技术的保密性,或者提高新技术的销售价格,这增加了非创新型企业使用该技术的难度和成本,从而有助于将非研发企业排除在市场竞争之外。因此,知识产权制度是创新型企业参与市场竞争、保障竞争优势的重要手段,同时也是创新型企业遭遇侵权后获得赔偿的法律武器。综上所述,知识产权制度是保护研发者合法权益的有效工具。

知识产权制度保护创新的机制主要有以下两方面。

第一,知识产权保护影响企业研发投入。企业能够实现的创新能力与企业能够投入的研发资本密切相关。统计数据表明,研发投入强度(即研发投入与营业收入之比)在2%左右是企业达到基本生存状态的指标,而5%是企业保证竞争力的最低限额。企业的创新活动需要大量的资本,依靠内源融资远不能满足创新活动所需。但是由于信息不对称、研发高风险等问题的存在,投资方的投资选择有赖于其风险承受能力与收益偏好,这就造成研发企业的外部融资往往也不是很顺利,由此企业的创新活动受到资金不足和融资约束的双重制约。一方面,如前所述,知识产权制度能够保障创新型企业最大限度地享受创新成果所带来的丰厚回报,通过自有资金的积累为下一步的创新活动提供资金支持。另一方面,在知识产权制度下,专利可以作为一种质量信号,增强投资者对于研发企业的信心,同时研发企业可以在法律的支持下放心地透露创新活动的相关信息给投资方,而不用担心会被资方剽窃,从而解决投资方与创新型企业之间的信息不对称问题。

第二,知识产权保护影响技术传播和扩散。一般而言,设立知识产权制度有两个目标：一是通过建立使用与出售智力成果的排他性权利来促进累积创新；二是通过鼓励知识产权所有者将其智力成果市场化来促进其发明思想的传播与扩散。这两个经济目标存在一定的矛盾性，用于累积创新的排他性权利必然会阻碍技术扩散。我们将以国际贸易理论为基础分析知识产权制度影响技术转移的三种形式。首先，知识产权制度通过确立新知识、新技术、新思想所有权的方式，促进技术扩散。跨国公司一般都拥有雄厚的技术实力，知识产权是其享有的重要所有权之一。而知识产权是无形的，并且由东道主立法机构所赋予，跨国公司由此确立起所有权优势。所以东道主国家所提供的知识产权制度是跨国公司技术扩散的前提。也就是说，如果一个国家不能为跨国公司提供保护其知识产权的承诺，那么跨国公司就会避免在该国的技术转移，从而抑制国际技术扩散。其次，知识产权具有可复制性，可以以较低成本为跨国公司的其他子公司牟利，甚至使跨国公司同时在多国确立技术垄断优势成为可能。但是子公司所在国家的知识产权保护水平直接决定了其智力成果被侵犯的可能性，所以跨国公司更倾向于在知识产权保护水平高的地区开展技术转移。最后，知识产权制度作为上层建筑，适配于本国的经济发展水平，因此不同国家的知识产权保护水平是有所差异的。这种国家间的差异本质上是一种区位优势，即知识产权保护水平高的国家可以凭借这一优势吸引跨国公司在此进行技术扩散。

通过上面的分析，我们有理由相信知识产权制度有助于激励创新，对于发达国家，事实正是如此，而对于尚处于模仿创新阶段的发展中国家呢？前文提到知识产权制度所赋予的排他性权利在某种程度上会阻碍技术扩散，而技术扩散的对象往往就是发展中国家，这些从发达国家转移而来的新知识、新技术、新思想是发展中国家实现模仿创新的源泉。诚然，过于严格的知识产权保护会增加发展中国家的模仿成本，对于发展中国家的技术创新乃至社会福利造成负面影响。对于发展中国家而言，知识产权保护政策的制定面临两难的困境：由于技术差距的存在，本国一方面倾向于实施宽松的知识产权保护政策以降低模仿发达国家先进技术的成本，另一方面倾向于实施严格的知识产权保护政策以预防本国技术被更落后国家模仿。就国内外差异而言，知识产权保护水平的提高会对发展中国家的研发活动产生两种相反方向的效果：一方面，更加严格的知识产权制度增加了国内非研发企业的模仿成本，降低了模仿可能性，从而提高了创新型企业的竞争优势，此为激励效果；另一方面，更强的知识产权保护降低了本国企业模仿发达国家新知识、新技术、新思想的可能性，强化了本国企业相对于发达国家的竞争劣势，此为抑制效果。就行业内差异而言，当行业内技术差异较小时，更为严格的知识产权制度使得创新型企业能够最大限度地从创新活动中获利，此为竞争挣脱效应；当行业内技术差异较大时，更强的知识产权保护只能使非创新型企业的竞争劣势更明显，并且创新型企业在法律保护下安居技术垄断地位，这会在一定程度上削弱创新型企业的研发动力，从而使得整个行业的创新活动受阻，此为竞争效应。因此对于发展中国家来说，存在一个"最优知识产权保护":合理利用外国的先进技术培育自己的技术优势,通过模仿创新积累创新要素,待时机成熟时开展自主创新,同时调整与之相对应的知识产权制度。

专栏 10-1　华为应诉知识产权调查的经验

华为技术有限公司(以下简称"华为")是一家生产销售通信设备的民营通信科技公司,是全球领先的信息与通信技术(ICT)解决方案供应商,专注于ICT领域,致力于成为智能时代云数据中心的创新者,在人工智能、云计算、大数据等领域与客户以及伙伴联合创新,用芯片、架构等创新技术加速企业数字化和智能化进程。华为加入360多个标准组织、产业联盟和开源社区,积极参与和支持主流标准的制定,构建共赢的生态圈。然而,中国加入WTO之时正值产业凛冬,华为长期以来建立的知识产权管理战略,正是开始于那段时期的一场知识产权诉讼案件,这个案件可以视为中国通信行业发展历程中的标志性事件。

1999年,华为推出的接入服务器引起了思科的关注。后来,华为的产品又延伸到思科的核心竞争力——路由器和交换机市场,这大大动摇了思科的市场地位。面临市场份额被华为夺走的威胁,思科就知识产权问题对华为发起诉讼。面对思科预谋已久的诉讼,华为一边做出明确表态,表示华为公司及其名下的子公司都十分重视和尊重知识产权,一边付出努力用实力向大家证明。2003年3月,华为与3Com成立合资企业——华为—3Com公司,不仅对其拥有控股权,而且全部以知识产权入股,这很好地从侧面证实了华为的技术实力。这次诉讼以思科和华为签署一致协议终止。

2010年,作为竞争对手的摩托罗拉公司就第三方公司与华为之间的沟通邮件对华为发起知识产权的诉讼。这家第三方公司未经摩托罗拉授权就擅自使用其技术进行自身产品的开发和售卖,而摩托罗拉仅仅凭借一份沟通邮件,就捕风捉影地提起诉讼。华为在经过四五个月漫长而周密的调查之后,找到了突破口。最终,摩托罗拉被迫请求和解,还赔钱给华为,这是华为反诉讼取得的重大胜利。

有了之前的积累,华为就应诉知识产权调查形成一套完整机制。2013年,美国国际贸易委员会对3G、4G无线设备发起了知识产权调查,这次华为果断运用反垄断规则,在中国起诉美国国际贸易委员会垄断侵权。最终,合议庭认为,对全球范围内必要专利进行打包许可,这对华为此类跨国公司而言符合效率原则,不构成垄断行为。华为的胜利,暗示着中国企业在国际知识产权市场上的成熟。

知识产权不仅是企业成长过程中的一把利器,也是企业价值的一个重要组成部分。华为在应对美国国际贸易委员会对其发起的诉讼时,沉着稳定,积极应对,努力化被动为主动,收获了相对圆满的结果,为中国企业应诉美国知识产权调查提供了丰富的经验。作为中国通信行业的领军企业,华为比大多数其他企业更早地认识到了知识产权是企业未来发展的一把利刃,做好知识产权相关工作是进入市场、满足消费者需求、获取利润的前提和基础。想要走进国际市场，就必须在全球范围内做好知识产权战略的合理布局与规划，同时通过薪酬绩效体系设计等激发企业员工发明专利技术的积极性，鼓励并支持员工申请国际专利。总而言之，中国企业应该以华为等公司的成功经验为借鉴，坚持市场导向，优化知识产权管理的战略机制。同时，国家应加强宏观调控，完善知识产权法律体系，改善知识产权发展环境。

10.3 文化与创新

10.3.1 文化的概念

文化是人类在不断认识自我、改造自我的过程中，在不断认识自然、改造自然的过程中，所创造的并获得人们共同认可和使用的符号和声音的体系总和，是能够被传承和传播的国家或者民族的思维方式、价值观念、生活方式、行为规范、艺术文化、科学技术等。文化存在于人类社会的方方面面，并随着人类社会的进步而进步。在人类社会的历史长河中，在生产技术的演进过程中，文化不断地由片面向全面、由低级向高级发展。人类创造文化，与此同时，文化作为一种"社会遗传密码"，也影响和塑造着人类。就形式而言，文化可以分为物质文化、行为文化和精神文化。物质文化反映人与自然的关系，是人类改造自然界以满足物质需要的文化产物；行为文化反映人与他人之间的关系，是处理人类自身与他人或者社会关系的文化产物；精神文化反映人与自我的关系，是人类的文化心理和社会意识的对象化。

传统文化根植于长期的民族历史发展过程，保留着各民族间形态稳定的元素。从内涵上看，中国的传统文化在中华上下五千年的社会发展过程中形成并支配着大多数人的价值观念、道德标准以及行为规范。从地位上看，中国传统文化是中华儿女一代代传承下来的宝贵遗产，一度是世界上最为先进的文化。中国传统文化无时无刻不在影响着每一代中国人，在建设社会主义现代化强国的过程中，我们时时刻刻都能感受到传统文化的指引。

10.3.2 文化对于创新的作用

由于文化的长期积淀，其自身形成的道德、风俗、习惯、价值观等，在广泛和深层次的范围内，影响着各微观层面的创新主体（包括科技人员和管理人员）的价值选择和行为习惯，各创新主体对技术创新的决策选择与具体实施，不得不依从既有的文化价值规范，以便与整个社会相适应。

1. 文化对技术创新的影响

当今世界愈演愈烈的科学技术之争,归根结底是文化之争。历史上的强国无一不是既拥有强大的科学技术,又拥有繁荣的文化。文化具有导引、调节、约束、控制社会组织及其成员行为的作用。文化传统可以对技术创新实施的可能性、激励的程度等产生直接而显著的影响。创新文化的核心是激励创新、鼓励探索、包容个性、宽容失败,因而它对创新区域建设具有导向、激励、凝聚、服务、"造势"及约束等功能。文化是科学技术发展壮大的后盾,为了实现更好更快地建设社会主义现代化强国的目标,就必须处理好文化与科技创新的关系。具体来说,文化对于科学技术的作用体现在以下两个方面。

第一,文化构成创新的内在动力。精神、理念和价值观对主体的自主创新活动起先导作用,构成创新的"灵魂"。体制与环境的创新也在一定程度上取决于观念的创新,观念创新贯穿、影响创新全过程。从国外来看,没有文艺复兴运动导致的思想观念大解放,就没有近代欧洲一系列的科学发现和发明;没有多元价值观"共振"导致的观念创新,也就没有美国的硅谷。从中国来看,没有先秦诸子百家争鸣导致的思想解放,就不会有后来两汉农业文明的进步及其他科技发明。在企业创新过程中,文化同样具有优化的作用。这一作用主要体现在文化为科研工作者提供了一以贯之的世界观,统一了科研工作者的科研行为规范,这有利于科研组织的统一协调。在同一文化观的指引下,科研组织具有较强的凝聚力和向心力,这有助于科研组织内部的团结协作。Hofstede 在调查 66 个国家 117 000 位 IBM 员工工作价值的基础上,提出文化的四个维度,即个人主义与集体主义、权力距离、不确定性规避、刚柔性。① 随后他又确立了第五个文化维度——长期导向/短期导向。这些文化维度得到了广泛的认可,成为衡量文化特征的重要参考。其中,个人主义与集体主义以及不确定性规避与企业创新直接相关。个人主义文化下的个体倾向于保持独立、更加自信,社会也更加鼓励个体突破常规,因此个人主义文化会带来更大的、更有效的创新。此外,创新包含巨大的不确定性,需要容忍早期的失败,因此敢于冒险对创新成功至关重要。

第二,文化对于科研创新也可能具有消极的作用。一方面,文化规定着整个社会群体的价值取向,这会在一定程度上弱化个体优势。也就是说,在统一文化价值观的规定下,科研工作者必须服从于这一文化传统,这不可避免地导致个体放弃自有的观念和创新倾向,从而使一些个体的文化优势被削弱甚至消失。中国南北不同的农业传统导致文化呈现差异:在中国南方水稻种植区,由于水稻种植需要互帮互助,因此文化呈现出集体主义倾向;而在北方小麦种植区,个人主义文化氛围更浓。这导致南方地区个体的思维

---

① Hofstede, G. 2001. *Culture's Consequences: Comparing Values, Behaviors, Institutions and Organizations across Nations*. Sage.

和行为方式更加传统、强调集体利益和忠诚,因此创新性相对较差。实证结果也发现南方水稻种植区的专利保有量更少。另一方面,文化具有阻碍改革的作用。纵观人类历史,文化的形成和稳定需要成百上千年的扬弃和沉淀,当今保留下来的文化传统早已内化为全体社会成员的深层价值取向,以至于这种价值取向对于改变具有天然的抵触性,难以撼动,从而阻止改革的发生。诺贝尔奖获得者华裔科学家杨振宁从教育哲学的中美比较视角出发,认为美国的教育哲学与中国的教育哲学迥然不同。通过对比,杨振宁指出,中国的教育哲学虽然有其优势和特色所在,但要更好地培养现代科技创新型、复合型人才,使中国科技在世界科技创新体系中占据一席之地,还是要从美国的教育哲学中吸取一些积极合理的价值观念,鼓励学生的质疑和批判精神。

2. 文化多样性对技术创新的影响

创新需要优秀的人才,也需要多元包容的思想氛围,而多元的思想主要根源于多元的文化。现有理论认为,文化会影响人们的认知、交流和互动,是影响经济增长的深层次力量。多种文化之间的交流和碰撞可能会影响创新性想法的形成。创造力要基于技能、思想和文化的多样性,这些多样性会催生一种更容易接受突破常规的非传统想法的宽松文化氛围,还会催生高度竞争的社会环境。在文化多元的地区,不同背景的人们之间的交流会更加频繁,这有利于局部知识的外溢进而促进创新。研究发现,文化多样性显著提升了美国城市的创新能力,创新不仅仅是企业内部活动的结果,同时也是外部因素综合作用的结果,而多样性的文化是美国城市中创新和企业家精神的社会驱动器。

潘越等的研究显示,文化多样性可能会对创新产生积极和消极两个方面的影响。[①]在积极的方面,第一,文化多样性有利于催生创新性的想法。具有不同文化背景的个体拥有不同的思维方式,一个地区的文化种类越多,人们思考问题、解决问题的方式越多样,这增加了人们形成创新性想法的概率,因此多样的知识和思维方式对于创新至关重要。一个地区的文化种类越多,人才的文化背景也越多种多样,公司引进的人才越可能具有不同的文化背景。对于一个公司的创新团队来说,多样的文化与知识更容易催生新的想法,不同文化背景的人看待问题的视角会有所不同,因此,也就更容易解决创新过程中的问题。第二,地域文化多样性可以增强地区的包容性,吸引更多有创造力的人才。在文化种类较多的地区,具有不同文化背景的个体间的跨文化交流也会更多,这会提升人们对于不同文化背景的人的尊重和包容。因此一个地区的文化种类越多,思想越开放和包容,这种氛围会吸引具有文化多样化经历和更有创造力的人。第三,文化多样性可以促进知识外溢,有利于企业获取创新所需的外部知识。知识的外溢往往是局部的或者是在地理上有界的,文化越多样的地区,不同背景的人们之间的交流越频繁,不同文化背景的劳动力在企业间的流动会越多,这也会促进知识和技能外溢,不同类型的工人之间

---

① 潘越,肖金利,戴亦一. 文化多样性与企业创新:基于方言视角的研究[J]. 金融研究,2017(10):146—161.

存在着生产能力互补,有助于提升劳动力技能,这为企业的创新提供了更多的机会,降低了社会创新的成本。

在消极的方面,文化多样性也有可能会通过以下途径抑制企业的创新行为:第一,文化多样性可能会带来不同文化间的冲突,不利于知识和技术的传播。一个地区的文化种类越多,人们越有可能具有差异化的知识背景。不同的文化通常有不同的社交原则和观念,具有不同文化背景的人可能会较难认可其他文化观念,这可能会导致不同文化之间的冲突,阻碍人际交流。具体到企业层面,文化的多样性也会妨碍员工之间的交流。由于存在文化观念上的差异和"群际距离",创新相关的有用信息难以在地区内实现高效快速的传播。第二,文化多样性会增加冲突的可能性,增加社会不稳定性。一个地区的文化种类越多,人们的知识背景差异越大,准则和价值观的差异也越大,这会增加冲突的可能性。因此,文化多样性会增加社会不稳定因素,进而影响企业创新效率。第三,文化多样性会增加分歧,不利于达成一致。一个地区的文化种类越多,人们的知识背景越丰富,思考方式越多样,面对同一难题越容易产生分歧。在特定文化环境中成长的个体所具有的异质性准则和价值观可能产生矛盾,会耗费更长的时间达成一致。因此,文化多样性会增加团队分歧,降低合作效率。

10.3.3 中国儒家传统文化与创新

丘成桐 2019 年在中国科学技术协会举办的"我是科学家"年度盛典上提出:"创新问题是一个相当深入的文化问题,这里包含着我们民族价值观的探讨"。一个民族的创新能力往往需要在一定的文化传统所塑造的历史背景中表现出来。从事创新活动的科研机构本身就是由受传统文化熏陶的科技人员组成的,因此科研机构的创新水平必然会受到传统文化的影响。儒家文化被认为是中国文化之"根"和"源"。儒家学说最早由春秋末期著名思想家孔子创立,后经由孟子和荀子等继承与发展,逐渐形成以"仁、义、礼、智、信"为核心的完整思想体系。儒学经过先秦时期的"百家争鸣",在"焚书坑儒"后一度遭受重创。两汉时期,汉武帝采纳了董仲舒"春秋大一统""罢黜百家,独尊儒术"的建议。由此儒家思想开始处于"独尊"地位,主导中国社会两千多年。虽然魏唐时期玄学一度盛行,但唐代政权仍以儒家思想为主导,其主张的"三纲五常"等道德行为规范对整个社会文化生活依然具有决定性影响。宋代儒学融合佛教和道教思想形成了新儒学——程朱理学,成为宋代主要哲学思想。到了明清时期,儒门呈现盛世之况。

中国传统文化对于创新的影响可以分为正负两个方面,徐细雄和李万利将其称为激励效应和桎梏效应,并提出了两个假说予以验证。[①] 其中,激励效应认为,儒家文化价

---

① 以下内容主要摘编自徐细雄,李万利. 儒家传统与企业创新:文化的力量[J]. 金融研究,2019(9):112—130。

体系中蕴含许多重视和激发创新变革的思想,能够对企业创新产生积极的促进作用。总体来讲,儒家文化对创新行为的激励效应可能体现在以下几方面。

第一,儒家倡导的"忠信"伦理思想有助于缓解企业代理冲突,激励经理人开展更多的研发活动。代理理论认为,在缺乏有效监督和激励的情况下,经理人倾向于选择能够在短期内提升经营绩效的稳健投资项目,而减少周期长、风险高但有利于长远价值提升的创新研发项目。因此,企业需要优化监督和激励机制以缓解代理冲突,激励经理人开展更多的创新活动。作为一种隐性约束机制,儒家文化倡导的"忠信"伦理价值,能够在缓解代理冲突方面发挥积极作用。孔子曰:"儒有不宝金玉,而忠信以为宝"(《礼记·儒行》),"人无信不立"(《论语·颜渊》)。曾子也认为需要"为人谋而不忠乎?与朋友交而不信乎?"的自省(《论语·学而》)。儒家的"忠信"思想和职业伦理观会对经理人产生强大的内在道德约束,从而抑制经理人的机会主义行为,促使其积极开展有利于企业价值增值的创新研发活动。

第二,儒家文化重视教育、尊重知识和人才的优良传统有利于激发企业人力资本投资,为技术创新提供必要的知识和人才土壤。相关研究表明,教育会影响当地居民的识字率、人力资本和技术进步,管理层及其他员工的高受教育程度对企业创新具有显著的促进作用。众所周知,儒家思想一贯尊师重教,注重教育和知识传播。孔子曰:"学而时习之,不亦说乎"(《论语·学而》)、"学而不厌,诲人不倦""三人行,必有我师焉;择其善者而从之,其不善者而改之"(《论语·述而》)。而"万般皆下品,唯有读书高""书中自有颜如玉,书中自有黄金屋"等价值理念更是老百姓羡慕知识、尊重知识和人才的真切写照。从组织视角看,"创新之道,唯在得人"。儒家也十分注重人才选用。儒家尊重知识和人才的理念将提升企业人力资本水平,为创新活动提供坚实的人才储备和智力支持。

第三,儒家义利观和"诚信"思想有助于规范竞争者行为,降低创新成果被模仿或剽窃的风险,从而为创新活动营造了良好的外部知识产权保护环境。竞争对手对技术创新的模仿或剽窃会严重挫伤企业的创新热情,抑制创新投资。儒家主张"见利思义"的义利观,强调追求财富必须满足"以其道得之"的前提条件。孔子认为"不义而富且贵,于我如浮云"(《论语·述而》)、"君子喻于义,小人喻于利"(《论语·里仁》)。荀子也主张"先义而后利者荣,先利而后义者辱"(《荀子·荣辱篇》)。可见,儒家强调生财有道,利己而不损人,这从根本上与"小人爱财不择手段"相区别。同时儒家还十分注重"诚信",并将其视为立身处世之根本。在我国法律制度尚不健全、知识产权保护较为薄弱的情境下,儒家商业伦理思想将有助于规范竞争者行为,降低技术成果被竞争对手模仿或剽窃的风险,从而激发企业的创新热情。此外,儒家一直倡导"居安思危"的忧患意识,子曰:"人无远虑,必有近忧"(《论语·卫灵公》)。这种安不忘危的卓识远见将激发企业家积极进取、奋斗开拓的精神,引导他们重视企业长远生存与发展。儒家还主张"革故鼎新"的变革精神,如"苟日新,日日新,又日新"(《礼记·大学》)等。可见,儒家文化本就蕴含了革故鼎新的创新精神和自强不息的进取精神,这种精神内涵与现代科技创新中攻坚克难的品质非常契合,因而会对激发企业创新产生积极作用。

桎梏效应则认为,尽管儒家价值系统蕴含着深沉的创新禀赋,但也存在一些妨碍创新的因素。中国曾经长时期引领人类文明的演化,但工业革命以来却在科技创新领域被西方国家全面超越。这导致部分人将近代中国的科技衰落归因为传统儒家文化对创新思想的束缚。比如,儒家思想倡导的等级观念与服从文化可能会抑制信息交流和思想碰撞,进而阻碍创新,集体主义与和谐文化观念也会扼杀个性价值和创新思维。具体来讲,儒家文化对企业创新的桎梏效应可能表现在以下几方面。

第一,儒家文化强调等级秩序和权威主义。儒家文化以"三纲五常"规范社会秩序,要求在家晚辈对长辈绝对服从、在外下级对上级绝对服从。子曰:"克己复礼为仁",主张万事必须合乎礼法,不得有违背礼法的新思想、新理论和新行为,否则就是"不仁"。"权威主义"则要求人们"畏天命,畏大人,畏圣人之言"(《论语·季氏》)。因此,儒家文化在中国封建社会中逐渐演化为等级森严的"礼治"文化。然而,创新是以不同方式对既往权威和现状的挑战与颠覆,"唯上"是创新的大敌。有研究指出,一个地区的等级观念越强,人们对阶级差异的接受程度就越高,这将降低信息传递质量和创新效率。

第二,儒家思想秉承中庸之道。中庸思想主张"不走极端,不偏不倚""扣其两端,允执其中"。这将形成因循守旧、担心冲突、害怕冒险的心理,不敢为人先或把事情做到极致,否则就会格格不入、受到排挤打压。"枪打出头鸟""出头的椽子先烂"等谚语很好诠释了中庸思想。中庸思想对处理人伦关系,调节社会秩序等固然具有积极作用,但与创新活动格格不入。创新总是打破旧格局并重新组合,是一个存疑、反思、批判、求真的过程。创新过程中含有冒险、敢为人先、不甘平庸等思想。

第三,儒家文化倡导集体主义思想。"大道之行也,天下为公"(《礼记·礼运》)、"人之生,不能无群"(《荀子·富国》)等是儒家集体主义思想的具体体现。然而,集体主义强调个人与团体的和谐关系,不鼓励特立独行的个体价值释放。从制度建设角度来讲,受集体主义思想影响较大的企业往往在薪酬分配上更加注重公平而不是效率,且较少采取股权激励制度。这种制度安排降低了对经理人和技术骨干的激励强度,从而可能对企业创新产生消极影响。一个国家的集体主义文化特征越强,企业创新水平显著越低。

第四,儒家文化对于激烈竞争和冲突持否定态度。孔子倡导"和而不同"的处事态度,要求个体"尚辞让,去争夺"(《礼记·礼运》)。孟子强调"辞让之心,礼之端也"(《孟子·公孙丑上》)。儒家传统价值观本质上以关系和谐为核心导向。然而,创新是不同观点和思想的激烈碰撞,通常还会产生利益冲突,甚至威胁组织稳定。儒家和谐主义思想强调接受或适应外部环境,尽量避免冲突,这也可能对创新活动产生一定的抑制作用。

思考题

1. 简要梳理制度是如何影响创新的。

2. 你如何看待市场结构的垄断效应与竞争效应？
3. 你认为垄断对创新是利大于弊还是弊大于利？请说明理由。
4. 分析知识产权保护对创新的重要性及其原因。
5. 查阅文献梳理我国知识产权制度的发展历程，并谈谈你的看法。
6. 简要梳理文化在创新中的作用。
7. 结合实例分析中国传统文化对创新影响的利弊。

第三篇

创新与发展

第 11 章
创新与经济增长

本章将重点介绍创新对经济增长的影响,主要包括内生增长理论、创新与全要素生产率以及创新与 S 型增长曲线。

11.1 内生增长理论

经济增长理论的演进经历了从古典增长理论到现代增长理论的过程,目前处于新增长理论的发展阶段。新增长理论又被称为内生增长理论,是产生于 20 世纪 80 年代中期的一个宏观经济学流派,其核心思想是经济能够不依赖外力推动实现持续增长,内生的技术进步是保证经济增长的决定因素。西方学者通常以罗默 1986 年的论文《收益递增和长期增长》和卢卡斯 1988 年的论文《论经济发展机制》的发表作为内生增长理论产生的标志。在内生增长理论的产生和发展过程中,代表性的经济学家还包括理查德·格罗斯曼(Richard Grossman)、埃尔赫南·赫尔普曼(Elhanan Helpman)、罗伯特·巴罗(Robert Barro)、菲利普·阿吉翁(Philippe Aghion)、保罗·克鲁格曼(Paul Krugman)、阿林·杨格、埃里克·琼斯(Eric Jones)、塞尔吉奥·雷贝洛和加里·贝克尔等。

根据增长理论家建模时所依据的基本假设条件的不同,可以将内生增长理论的发展大致分成两个阶段:第一阶段是在完全竞争假设下考察长期增长率的决定问题;第二阶段是在垄断竞争假设下研究经济的内生增长问题。

11.1.1 完全竞争的内生增长模型

完全竞争条件下的内生增长模型包含两条具体的研究思路:一是用全经济范围的收益递增和技术的外部性解释经济增长,认为技术进步是内生的,取决于知识资本或人力资本的积累和溢出,代表性的模型有阿罗的"干中学"模型、罗默的知识溢出模型、卢卡斯的人力资本溢出模型等;二是用资本持续积累解释经济增长,这一思路强调通过资本的不断积累就可以保证经济实现持续增长,代表性的模型有琼斯—真野模型、雷贝洛模型等。

1. 阿罗的"干中学"模型

最早使用内生技术进步解释经济增长的模型是由阿罗建立的,针对新古典理论外生技术进步的假定,阿罗试图提出一个"知识积累的内生理论",并以此解释技术进步现象。阿罗假定技术进步或生产率的提高是资本积累的"副产品",即投资产生溢出效应,厂商在进行投资和生产的过程中会逐步积累起生产经验和更有效的生产知识,这些知识能够提高企业的生产效率,而一个厂商获得的生产经验和生产知识也能够被其他厂商"学习",因此一个厂商的生产率可以视为整个经济总投资的函数。即知识的创造是投资的"副产品"(干中学),知识的溢出导致了整个经济生产率的提高(溢出效应)。从整个经济来看,生产过程因生产率的提高而表现出递增收益。据此,阿罗将技术进步看成经济系统决定的内生变量。在阿罗模型中,总量生产函数可以写成:

$$Y = F(K, AL) \tag{11-1}$$

式(11-1)中,知识存量 $A = K^v$,$v<1$,知识是投资的"副产品",总量生产函数呈现规模收益递增,而每个厂商的生产技术规模收益不变。

2. 罗默的知识溢出模型[①]

罗默以阿罗的"干中学"概念为基础,提出了以知识生产和知识溢出为基础的知识溢出(accumulation of knowledge, AK)模型。[②] 在罗默的知识溢出模型中,v 可以大于或等于 1。当 $v=1$ 时,经济将沿着平衡增长路径增长;当 $v>1$ 时,经济也存在着竞争性均衡解,这时人均收入增长率将持续上升。

在罗默的知识溢出增长模型中,内生的技术进步是经济增长的唯一源泉。他假定:①知识是追逐利润的厂商进行投资决策的产物,因此知识是经济系统决定的内生变量;②知识具有溢出效应,任何厂商生产的知识都能提高全社会的生产率。在此假定前提下,罗默给出了如下形式的生产函数:

$$F_i = F(k_i, K, x_i) \tag{11-2}$$

式(11-2)中,F_i 为 i 厂商的产出水平;k_i 为 i 厂商生产某种产品的专业化知识;x_i 为厂商其他生产要素投入;K 是社会总知识存量,即各厂商知识存量 k_i 的加总。对于这个生产函数,罗默进一步假定:①对于个别厂商自身的投入 k_i 和 x_i 而言,K 值视为给定变量,生产函数表现出规模收益不变;②对于由 N 个同质厂商组成的整个经济社会而言,由于知识的溢出效应,对于任何常数 $\lambda>0$,有

$$F(\lambda k_i, \lambda K, \lambda x_i) > F(\lambda k_i, K, \lambda x_i) = \lambda F(k_i, K, x_i)$$

[①] 以下内容主要摘编自纪玉山,曹志强等.现代技术创新经济学[M].长春:长春出版社,2001.
[②] Romer, P. M. "Increasing Returns and Long-Run Growth." *Journal of Political Economic*, 1986, 94(5): 1002—1037.

即生产函数表现为规模收益递增;③单个厂商的专业知识的积累是资本积累的减函数。

在罗默的知识溢出模型中,知识溢出对解释经济增长是必不可少的,知识溢出的存在造成厂商的私人收益率低于社会收益率。不存在政府干预时,厂商用于生产知识的投资将偏少,从而使分散经济的竞争性均衡增长率低于社会最优增长率。为此,罗默提出政府可以向生产知识的厂商提供补贴,或是在对知识生产提供补贴的同时对其他生产课税。这些政策能够对私人厂商生产知识产生激励作用,诱使一部分生产要素从消费生产部门流向研发部门,提高经济增长率和社会福利水平。

3. 卢卡斯的人力资本溢出模型[①]

和罗默的知识溢出模型强调知识溢出对经济的影响不同,卢卡斯认为全经济范围内的外部性是由人力资本的溢出造成的,他在论文《论经济发展机制》中提出了人力资本溢出模型。[②]

卢卡斯认为,人力资本同时具有内部效应和外部效应。人力资本的内部效应是指个人拥有的人力资本可以给他自己带来收益。而外部效应是指人力资本所产生的正外部性。由于人力资本的外部效应不能给人力资本的拥有者本身带来收益,个人在进行人力资本积累决策和时间分配决策时不会考虑其对生产率的影响。因此,卢卡斯模型的核心假定有两点:①人力资本的增长率是人们用于积累人力资本的时间比例的线性函数,从而引入了人力资本生产部门;②工人人力资本水平不仅影响自身的生产率,而且能够对整个社会的生产率产生影响(每一经济体在进行决策时不考虑这部分影响),这是该模型能够产生递增规模收益(整个经济水平)和政府政策增长效应的基础。

除此之外,在卢卡斯模型中,经济不需要依赖外生力量,如人口增长,就能实现持续增长,增长的源泉是人力资本积累。根据卢卡斯模型,虽然穷国和富国都有着相同的人均收入长期增长率,但穷国将永远贫穷。究其原因:一方面,由于存在全经济范围的人力资本溢出,经济在实现持续增长时将伴随着资本深化过程;另一方面,由于存在人力资本外部性,不存在政府干预时的经济增长均衡是一种社会次优,人力资本的投资将过少。卢卡斯根据这个模型解释了现实中存在的资本和劳动力从发展中国家流向发达国家的现象。发达国家由于人力资本水平高,资本边际效率和简单劳动者的工资都较高,物质资本生产的收益递增将诱使外国资本和劳动力流向发达国家。

4. 琼斯—真野模型

琼斯—真野模型[③]和新古典模型一样,假定生产函数是规模收益不变的,或者说生产

---

① 以下内容主要摘编自朱勇,吴易风. 技术进步与经济的内生增长——新增长理论发展述评[J]. 中国社会科学,1999(1):21—39。

② Lucas,R. E. J. "On the Mechanics of Economic of Development." *Journal of Monetary Economics*,1988,22(1):3—42.

③ Jones,L. E.,Manuelli,R. "A Convex Model of Equilibrium Growth: Theory and Policy Implications." *Journal of Political Economy*,1990,98(5):1008—1038.

技术是凸性的,认为凸性生产技术足以保证经济内生增长。琼斯—真野模型假定生产函数的形式为:

$$Y = A \cdot K + F(K, L) \tag{11-3}$$

考察个人的储蓄决策时,如果利率刚好等于贴现率的倒数,个人将维持原有的消费和储蓄模式不变,这时将不存在经济增长;如果利率始终高于贴现率的倒数,存在促使个人牺牲现期消费以增加未来消费的激励,个人对经济激励的反应是增加产出。因此,经济增长的实现条件是使利率始终高于贴现率的倒数。由于经济的非套利条件要求利率等于资本边际产品,经济增长的条件可以表示为:资本边际产品始终高于贴现率的倒数。

在琼斯—真野模型中,没有税收时的均衡增长率就是最优增长率,经济将渐进地趋于均衡增长率,该增长率既取决于生产技术条件,又取决于消费者偏好。因此,琼斯—真野模型的政策含义是:政府的经济政策能够通过影响储蓄意愿和折旧率来影响经济的长期增长率;各国增长率的差异是由各国政府实施不同的经济政策引起的;政府的税收政策一般将造成经济的扭曲,使竞争均衡不再是社会最优,造成社会福利的损失;政府应实施减税以促进经济增长。

5. 雷贝洛模型[①]

雷贝洛模型认为不需要引入卢卡斯模型中的人力资本外部性概念,关于教育部门的线性生产技术假定就足以保证经济能够实现内生增长。[②]雷贝洛模型的一个典型特点是考察了经济中存在不可再生要素时,各类资本品对经济增长率的贡献。

雷贝洛模型认为,为了实现经济内生增长,经济中必须存在一种核心资本品,不可再生要素对该类核心资本品的生产不存在任何直接或间接的影响,即使消费品和其他资本品均由不可再生要素生产,而且经济不存在生产的规模收益递增。但只要经济中存在核心资本,资本积累过程就不会中断,内生经济增长就可以持续。经济的稳定增长率取决于核心资本生产部门的生产技术水平、消费者的储蓄意愿、折旧率以及经济的工作总时数。因此,一国劳动者越勤劳、储蓄意愿越高、生产技术水平越先进,经济增长率就越高。

雷贝洛也将增长率的国际差异归因于各国实施了不同的经济政策。他认为,那些收入税率较高以及产权保护较差的国家,经济增长率将较低。同时,对非核心资本品征税像对消费品征税一样,不会影响经济增长率;如果政府对核心资本品的生产征税,将导致经济增长率降低。政府应该减免核心资本生产税以促进经济增长。

[①] 以下内容主要摘编自朱勇,吴易风. 技术进步与经济的内生增长——新增长理论发展述评[J]. 中国社会科学,1999(1):21—39。

[②] Rebelo, S. "Long-Run Policy Analysis and Long-Run Growth." *Journal of Political Economic*, 1991, 99(3): 500—521.

6. 对完全竞争内生增长模型的简要评价

在上述五种模型中，前三类模型可以归为外部性条件下的增长模型，后两种模型属于内生增长理论的凸性增长模型，又称线性增长模型、渐进动态模型。两类模型各有其优缺点。

外部性条件下的增长模型的重要性体现在：首先，它突破了新古典增长理论关于技术外生的假定，转而在技术内生的假定下考察经济增长的决定。假定技术具有全经济范围的溢出效应，外部性的存在总使得总量生产函数呈现规模收益递增。同时，罗默和卢卡斯等认为，技术进步是由生产新知识的资本积累决定的，储蓄倾向的改变将影响经济的长期增长率，这种观点更符合实际。其次，新古典模型无法解释各国增长率存在的广泛差异，而外部性条件下的内生增长模型肯定了各国增长率存在的持久差异，能够更好地解释一些经济增长事实。最后，内生增长理论有着丰富的政策含义。不同于新增长理论支持的政府经济政策不会影响经济长期增长率的观点，内生增长理论认为不存在政府干预时的分散均衡是一种社会次优，政府可以通过适当的税收或补贴政策提高经济的均衡增长率和社会福利水平。

外部性条件下的增长模型也存在不可忽视的缺陷和需要改进之处：一是选择什么样的生产函数问题。内生增长模型中总量生产函数所呈现出的规模收益递增尚未得到很多经验分析的证实，并且有些关于生产函数的假设过于苛刻。二是模型假定经济完全竞争，外部经济分析这一分析方法是否具有较强的实用性是值得怀疑的。三是这些模型对内生技术分析不够，致使模型存在一些缺陷，仍不能解释一些经济增长事实。罗默认为一国的经济增长率具有递增趋势，且大国比小国增长更快。而对于世界经济是否存在趋同倾向，西方学者还存在很大的争论，内生增长理论对现实的解释力仍然有待进一步检验。

对于凸性增长模型来说，其重要性体现在：首先，凸性增长模型都具有明显的政策含义，为政府制定增长政策提供了重要的理论依据。其次，它可以用来解释一些经济增长事实。比如在琼斯—真野模型中，各国经济增长率出现的有条件趋同的结论得到了一些经验研究的证明。雷贝洛模型可以解释伴随经济增长而出现的穷国向富国移民的事实。最后，凸性增长理论在收益不变的条件下考察经济增长的决定，模型结构较为简单，便于计量分析。

凸性增长模型的缺陷主要表现为：一方面，过分强调资本积累对经济增长的作用，不同程度上忽视了技术进步的作用；另一方面，凸性增长模型赖以建立的条件过于苛刻。琼斯—真野模型的所有论证都基于资本边际产品不会无限降低的假设，却并未说明资本边际产品始终维持在一定水平上的原因，雷贝洛模型也同样如此。同时，雷贝洛模型的核心假设认为不可再生要素对核心资本品的生产不存在任何直接或间接的影响，这一假设的现实性存在问题。

11.1.2 垄断竞争的内生增长模型[①]

垄断竞争内生增长模型的提出,表明内生增长理论进入一个新的发展阶段。根据对技术进步的不同理解,可以将其分为三种类型:产品种类增加型内生增长模型、产品质量升级型内生增长模型和专业化加深型内生增长模型。

1. 分工与经济增长

斯密在考察经济增长的影响因素时指出,促进劳动生产率提高的分工是经济增长的主要源泉。为了解释经济增长问题,首先必须说明分工和影响分工演进的因素。斯密的著名论断"斯密定理"指出:分工取决于市场容量。

斯密所谓的分工是指劳动者职业的分离或专业化的发展。杨格深化和发展了斯密的思想,认为斯密仅考察了分工的一种形式,除此之外还有其他的分工形式。其中最重要的是生产迂回程度的增加,即经济中出现新的中间产品,初始投入和最终产出之间的链条加长。杨格进一步发展了斯密定理,指出市场容量本身又是由分工水平决定的。从整个经济范围来看,市场容量取决于生产流量,即取决于分工水平。据此,杨格将斯密定理解读成分工水平决定了分工的演进。因此,研究增长问题可以归结为研究分工的动态变化。

在内生增长理论的背景下,对于分工的概念及其经济增长的关系,经济学家的研究是沿着两条思路进行的:第一条思路认为分工是生产迂回程度的加深,这是从厂商进行最优决策的角度展开研究的;第二条思路认为分工是经济中的个体最优选择的结果,体现为个体的专业化水平加深,即分工经济是一种专业化经济。

以上两种分工观点在内生增长模型中均有所体现。以罗默为代表的内生增长理论接受了杨格的分工观,将分工视为产品多样化,认为分工和技术进步二者是直接同一的,并在此基础上明确指出了分工和完全竞争的不相容性,改为在垄断竞争假设下说明分工和技术进步对增长的决定作用,从供给的角度考察制约分工深化的因素。贝克尔等继承和发展了斯密的分工思想,将分工看成专业化程度的加深。在贝克尔—墨菲模型中,分工和技术进步不再具有直接同一性,但二者是相互影响的,分工的演进取决于知识积累。

2. 产品种类增加与经济增长

产品种类增加型内生增长模型将分工理解为中间产品或消费品的种类增加。

(1)中间产品种类增加型增长模型

阿维纳什·迪克西特(Avinash Dixit)和斯蒂格利茨在考察垄断竞争条件下产品多

[①] 以下内容主要摘编自吴易风,朱勇. 内生增长理论的新发展[J]. 中国人民大学学报,2000(5):25—32。

样化对社会福利的影响时,提出了一种独特的 D-S 效用函数,该函数假定消费者偏好多样化消费。威尔弗雷德·埃蒂尔(Wilfred Ethier)将 D-S 效用函数重新解释为一种生产函数,认为新产品的引进将提高厂商的生产效率,导致总量生产函数呈规模收益递增。①

①罗默模型

罗默首先将 D-S 效用函数用于内生增长理论的研究中,说明垄断竞争条件下技术进步对经济增长的影响。罗默假定第 i 种最终产品生产者的生产函数可以表示为:

$$Y_i = A \cdot L_i^{1-\alpha} \sum_{j=1}^{N} X_{ij}^{\alpha}, 0 < \alpha < 1 \tag{11-4}$$

D-S 生产函数的特点是,当中间产品种类 N 不变时,私人厂商的生产技术是规模收益不变的;当中间产品种类 N 增大时,生产将呈现规模收益递增,表明了厂商偏好多样化的中间投入。在罗默的模型中,经济分为中间产品部门和消费品部门。中间产品厂商花费固定成本研制出新产品并成为该产品的唯一生产者。中间产品厂商拥有一定的市场力量,其产品定价高于产品的边际成本。因此,私人厂商愿意研制和生产新产品。消费品厂商是价格接受者,利用劳动和所有中间产品生产出最终产品。中间产品种类的增加提高了消费品厂商的生产率,因此,产品多样化对消费品厂商而言相当于一种外部经济。在这一模型中,以产品种类增加为表现形式的分工演进和技术进步是保证经济实现内生增长的唯一源泉。

②罗默的知识驱动模型

罗默在 1990 年发表的《内生技术变化》②一文中详尽说明了知识驱动模型,用知识积累和人力资本积累解释经济增长。在罗默的知识驱动模型中,第 i 种产品生产者的生产函数可以表示为:

$$Y_i = A \cdot L_i^{1-\alpha-\beta} H_i^{\beta} \sum_{j=1}^{N} X_{ij}^{\alpha}, 0 < \alpha < 1, 0 < \beta < 1$$

罗默着重分析了技术的特征,认为作为一种商品,技术或知识既不同于正常的竞争性物品,也有别于公共物品,非竞争性和部分排他性二者共同刻画了技术的特征。技术的非竞争性表现在一个厂商或个人对技术的使用并不妨碍他人同时使用该技术,技术的复制成本可以视为零。技术的部分排他性保证了研究厂商可以从技术创新中受益。

罗默的知识驱动模型包括三类厂商:①研发厂商使用人力资本和总知识存量以产生新产品设计,一个厂商的新知识可以为所有其他研发厂商免费利用。因此,知识对于研发厂商而言具有非排他性。②中间产品厂商向研发厂商购买生产新产品的专利权,利用新产品设计和其他投入品生产出中间产品,新知识对中间产品厂商而言具有排他性。③最终产品厂商利用中间产品、人力资本和劳动以生产消费品,产品多样化对消费品厂

---

① 朱勇. 罗默的新增长理论述评[J]. 中国人民大学学报,1997(5):22—27.
② Romer, P. M. "Endogenous Technological Change." *Journal of Political Economy*, 1990, 98(5): s71—s102.

商而言是一种外部经济。罗默假定中间产品厂商与最终产品厂商拥有相同的生产技术，研发厂商的生产技术不同于中间产品厂商和最终产品厂商的生产技术。因此，这一模型是一个两厂商模型，而不像罗默所认为的那样是一个单厂商模型。

在罗默的知识驱动模型中，收益递增是由知识积累引起的。知识具有两种外部性：一方面，知识积累提高了研发厂商的生产率，降低了研发厂商的生产成本；另一方面，产品多样化提高了消费品厂商的生产率，使最终产品的生产呈规模收益递增。知识溢出效应的存在是经济实现持续增长不可缺少的条件，当经济中不存在知识溢出效应时，劳动工资率的提高将使研发成本增加，经济增长将不能持续。

经济的均衡增长率取决于研发厂商的技术水平、制造部门的总资本收益率、消费者偏好以及经济规模。一国的经济规模越大，经济增长率就越高。罗默认为，一国的人力资本存量，而非人口规模，是反映经济规模的合适变量，人力资本较多的国家将增长得更快。如果不存在政府干预，经济将存在两方面的扭曲：一方面是因专利持有人实行垄断定价造成的价格扭曲，另一方面是因知识溢出造成的外部性。知识积累提高了研发厂商劳动者的生产率，但由于技术创新者没有得到新技术所带来的全部收益，创新的私人收益率低于社会收益率，经济的均衡增长率将过低，分散均衡表现为一种社会次优。政府可以通过向中间产品的购买者、最终产品的生产者以及研发者提供补贴等方式提高经济增长率和社会福利水平。

(2)消费品种类增加型增长模型

格罗斯曼、赫尔普曼以及杨格考察了消费品种类增加型技术进步，建立了一个包含研发厂商和消费品厂商的两厂商模型。研发厂商研制相关消费品的新设计，消费品厂商购买研发厂商的设计并据此生产实际消费品，两个厂商具有不同的生产技术。

格罗斯曼和赫尔普曼遵循罗默的思路，区分了知识的两方面用途：一是研究产生关于新产品的设计，创新者对其设计拥有垄断权；二是新设计提高了经济的一般知识水平，从而便利了以后的发明和创新，创新者不能获取这部分由知识存量增加所带来的收益，因而知识具有一种正的外部性。[1]

格罗斯曼和赫尔普曼假定研发厂商的生产函数是关于劳动投入和知识存量的二阶齐次函数。消费品厂商购买研发厂商的新设计后，用收益不变的生产技术生产出新型消费品。由于每种消费品均由唯一厂商生产，每个厂商拥有实际的市场力量，它通过使产品定价高于其边际生产成本以支付购买专利的费用。这一模型假定消费者偏好多样化消费，其效用函数是 D-S 型的。消费品种类的增加带来两种外部性：一是新设计所体现的知识增加使研发厂商的研发成本降低和生产率提高，二是消费多样化使消费者的满足

---

[1] Grossman, G. M., Helpman, E. 1991. *Innovation and Growth in the Global Economy*. Cambridge, MA: The MIT Press.

程度提高。

在知识具有上述两种外部性的情况下,经济可以实现内生增长。在平衡增长路径上,每种消费品的产量保持不变,增长完全表现为消费品种类的不断增加。分散均衡是一种社会次优,均衡增长率一般低于社会最优增长率。由于该模型假定每一厂商都实行垄断定价,因而垄断定价不会造成资源配置扭曲,私人收益与社会收益之间的差距完全是由知识外部性造成的。政府为了使经济实现帕累托最优,只需向研发者提供适当的补贴。

杨格构建了一个用创新和"干中学"共同解释经济增长的模型。[①] 在杨格的模型中,创新同样表现为消费品种类的增加,干中学体现了创新的溢出效应,杨格假定这种溢出效应是有限的。经济存在一条平衡增长路径,经济增长率的大小取决于创新和干中学二者中何者构成经济的"短边约束"。如果创新成本较高,这时较低的创新率便成为经济增长的约束因素,经济增长率取决于创新率,干中学对经济增长率没有影响。相反,如果创新成本较低,经济增长率便取决于学习速度,创新率对经济增长没有影响。

(3)对产品种类增加型内生增长模型的评价

产品种类增加型内生增长模型的重要性主要体现在以下几方面。

第一,这类模型考察了分工演进及其对经济增长的影响,对决定分工水平和分工演进的因素提出了新见解。斯密认为,分工水平主要受市场容量的限制。以后的经济学家认识到斯密定理隐含着分工与完全竞争难以相容的问题,但始终没有给出一个较好的理论解释。罗默认为,分工演进将导致厂商拥有一定的市场力量,因此考察分工演进的较好框架是垄断竞争分析框架。同时,决定分工水平的主要不是市场容量,而是生产新知识所需的固定成本。固定成本越低,经济的分工水平越高。这些见解深化了人们对分工的理解,对长期困扰经济学家的分工与完全竞争是否相容的难题提供了一种解释。

第二,这类内生增长模型着重说明了为什么经济能实现知识的不断积累。罗默认为,新知识是研发厂商进行意愿投资[②]的结果,由于创新厂商拥有一定的市场力量,可能获得由新知识带来的垄断利润。因此,经济中存在促使厂商投资于研发活动的激励,这要求新知识必须具有一定的排他性。此外,知识的不断积累还要求研发成本必须持续降低。成本的降低是由社会知识存量的增加带来的,因此,知识还必须具有正的外部性才能保证经济实现持续增长。罗默考察了技术商品的特征后认为,技术具有非竞争性和部分排他性的特征。非竞争性使得技术可以产生溢出效应,部分排他性则保证了厂商存在生产新技术的激励。罗默的这一说明现在已经成为对技术商品的标准解释,为大多数内生增长理论家所接受。

[①] Young, A. "Invention and Bounded Learning by Doing." *Journal of Political Economy*, 1993, 101(3):443—472.

[②] 意愿投资指一定时期内社会各部门各个经济活动主体计划(或意愿)的对投资品的货币购买能力的总和。

第三,这一类增长模型所蕴含的政策含义对政府制定经济政策具有一定的参考价值。在格罗斯曼—赫尔普曼模型中,知识的外部性是造成经济资源配置扭曲的唯一原因,政府只需向新知识生产提供适当的补贴就能达到促进经济增长和改善社会福利的目的。在罗默的知识驱动模型中,扭曲由知识的外部性和中间产品的垄断定价造成。此时,政府需要同时采取向研发厂商提供补贴和向中间产品的购买者提供补贴这两种产业政策以促进经济增长。

产品种类增加型内生增长模型放弃了完全竞争的假设条件,在垄断竞争的假设下考察经济增长问题,克服了罗默的知识溢出模型存在的问题,在逻辑上更为一致。产品种类增加型内生增长模型的建立,标志着内生增长理论的研究进入一个新的发展阶段。

但是,在垄断竞争条件下研究经济增长问题比采用完全竞争的假设分析增长问题复杂得多。同时,至今尚未形成统一的垄断竞争理论分析框架,使得这一类增长模型在分析增长问题时都采用了一些近乎苛刻的假设条件。这些假设条件在简化分析的同时,却使得这些模型可能只适用于特殊情况,在一定程度上削弱了模型的解释力。

3. 产品质量升级与经济增长[①]

经济增长不仅表现为产品数量的持续增加,而且表现为产品质量的不断提高。研究内生增长理论的相关学者认为,像产品种类增加一样,产品质量升级也是经济的行为主体为追求利润最大化而不断进行技术创新的结果。产品种类增加和产品质量升级是产品创新的两种具体形式。产品质量升级型内生增长模型主要包括格罗斯曼—赫尔普曼模型、阿吉翁—豪伊特模型。

(1)格罗斯曼—赫尔普曼模型

格罗斯曼和赫尔普曼假定生产函数仍然是 D-S 型生产函数,产品种类数 N 保持不变,每个部门生产一种产品,技术进步表现为产品质量的提高。[②] 技术产生两种溢出:一是研发厂商可以利用所有的创新成果,技术的这种溢出效应将导致分散经济的技术进步率和均衡增长率过低;二是生产某种产品的新技术的出现使得原先生产该产品的厂商损失了全部资产价值,但创新厂商对此不予考虑。创新的私人成本可能小于社会成本,私人厂商具有过高的从事创新的激励,进而导致研发密度和增长率过高。分散经济的均衡增长率是过高还是过低,取决于上述两种效应中哪种占优势。

格罗斯曼和赫尔普曼认为:第一,当创新规模为外生给定时,分散经济的均衡增长率可能高于也可能低于社会最优增长率。为了使经济达到帕累托最优,政府必须对创新激励是过大还是不足做出判断,根据不同情况相机采取对策。若对研发的市场激励过大,

---

[①] 以下内容主要摘编自朱勇,吴易风. 技术进步与经济的内生增长——新增长理论发展述评[J]. 中国社会科学,1999(1):21—39。

[②] Grossman, G. M., Helpman, E. 1991. *Innovation and Growth in the Global Economy*. Cambridge, MA: The MIT Press.

政府的最优政策是向研发厂商征收适度的税收;若市场激励不足,最优政策是向研发厂商提供适当的补贴。第二,当创新幅度由经济系统内生决定时,均衡增长率一般将低于社会最优增长率。这时政府无法再通过前述简单的税收或补贴政策使经济实现最优,政府向产出提供补贴或向研究提供补贴都不会影响经济的均衡创新幅度。为了使经济政策能影响厂商的创新幅度选择,政府必须对较大幅度的创新提供更多的激励。比如,政府可以采用加强重大创新保护力度的专利政策。要求产品具有不低于某一最低程度新颖性的专利政策将促进创新幅度的提高,进而导致增长率提高和社会福利改善。

(2) 阿吉翁—豪伊特模型

格罗斯曼—赫尔普曼模型假设经济中存在众多部门,每一次技术进步只提高单一部门的生产率水平。相反,阿吉翁和豪伊特分析了技术进步对整个经济产生影响的情形。[①] 阿吉翁—豪伊特模型较好地体现了熊彼特的"创造性破坏"思想。在这一模型中,经济周期与经济增长是不可分的,二者都是创新的结果,反映了技术进步的不同侧面。阿吉翁和豪伊特认为,经济的动态均衡不仅可能表现为平衡增长路径,也可能表现为非增长陷阱。这时私人厂商对未来时期创新密度过高的预期将导致厂商根本不从事创新。阿吉翁和豪伊特还认为,研发生产率的提高并不必然导致经济增长率的提高。由于创新具有破坏效应,较高的研发生产率将使其他研发产品遭淘汰的风险加大,从而有可能削弱整个社会的研发努力,导致经济增长率的降低。

(3) 对产品质量升级型内生增长模型的评价

产品质量升级型增长模型也是在垄断竞争假设下考察经济增长的决定,认为技术进步是经济增长的唯一源泉。和产品种类增加型增长模型相比,两者的差别在于技术进步的表现形式不同,因此两类模型是互补的。但是,产品质量升级型增长模型是从产品质量持续提高的角度理解技术进步,包含了对经济增长问题的新见解。

在产品质量升级型内生增长模型中,经济增长或者表现为消费品质量的提高,或者表现为中间产品质量升级所导致的消费品数量增加。由于明确地将产品质量升级纳入了分析框架,突破了将经济增长等同于产品数量增加的传统思路,因而得出了一些有意义的结论。这类增长模型的特色还在于,它突出了熊彼特的"创造性破坏"思想,指出了与经济增长过程相伴而生的是旧产品不断遭到淘汰。这一论断是比较符合实际的,具有一定的现实意义。产品质量升级型内生增长模型认为,分散经济可能导致均衡增长率过高,从而使经济的福利水平降低。这一论断至少对各国政府制定合适的增长政策具有一定的参考价值,它告诉人们不应单纯追求经济增长率指标的上升,而应通过制定和实施经济政策使经济增长率达到一个合理的量值,借此实现经济福利最大化。

---

① Aghion, P., Howitt, P. "A Model of Growth Through Creative Destruction." *Econometrica*, 1992, 60(2): 323—351.

产品质量升级型内生增长模型通过引入熊彼特的"创造性破坏"思想,试图说明技术创新存在的负外部性可能导致分散经济的增长率过高。不过这类模型最终证明,当创新幅度为内生变量时,分散经济的研发水平仍低于社会最优水平,分散均衡增长率一般也将低于最优增长率。这些基本结论与产品种类增加型增长模型是类似的。因此将创造性破坏效应引入增长模型固然对于人们理解经济增长过程具一定的启发性,却没有使增长模型的基本结论发生较大的变化。

4. 专业化加深与经济增长

产品种类增加型和产品质量升级型内生增长模型在技术进步与分工直接同一的假定下,考察了技术进步采取产品种类增加与产品质量改进两种不同形式均衡增长路径的决定和特征。第三类内生增长模型则用劳动者专业化程度的加深说明经济增长,其中比较重要的是贝克尔—墨菲模型。专业化加深型内生增长模型与前两类内生增长模型的主要区别在于:前两类模型假定产品种类可以内生地增加,而个人的专业化水平是外生给定的(个人被假定为只生产一种产品);专业化加深型内生增长模型则在经济中产品种类数不变的假定下,说明劳动者专业化水平的加深及其对经济增长的影响。

(1)贝克尔—墨菲模型

贝克尔和墨菲认为,斯密定理只适用于劳动者完全专业化的特殊情况。在一般情形下,劳动分工主要取决于工人的协调成本(将专业化工人结合起来的成本)和社会知识水平。因此,分工主要不是取决于市场容量,而是取决于工人的协调成本和知识存量。分工深化使经济产生规模递增的收益,同时使经济的协调成本上升。知识积累降低了协调成本,导致分工的不断演进和经济的持续增长。人力资本积累和技术进步是经济增长的根本源泉。

贝克尔和墨菲认为,企业生产是一种团队生产,企业内部分工的深化可以提高企业的产出水平,但专业化加深也使协调专业化工人的成本增加。因此,有效的分工水平受限于协调成本而不是市场容量。一方面,知识积累推动专业化加深,专业化是由经济系统决定的内生变量。另一方面,知识增长也不是外生的,对知识投资的激励又取决于专业化水平。因此,知识与劳动分工之间不是单向决定的,而是相互影响的。

由于贝克尔—墨菲模型假定人力资本促进产量增加的直接效应和间接效应都给个人带来收益,因此不存在知识的外部性,经济的分散均衡同时也是社会最优的,专业化不会给经济带来任何扭曲。经济增长率既可能持续上升,也可能保持不变或持续下降。

(2)对专业化加深型内生增长模型的评价

专业化加深型内生增长模型的优点表现在:

第一,像产品种类增加型增长模型一样,专业化加深型增长模型也认为分工是经济长期增长的决定因素。但是贝克尔和墨菲等将技术进步理解为个人专业化水平的不断提高,为研究经济增长提供了一个新的视角。

第二,贝克尔—墨菲模型认为,个人的专业化水平取决于经济的知识存量,而对知识增长的激励又取决于社会的专业化程度,这一论述有助于理解知识进步与专业化发展之间存在的联动关系。

第三,模型突破和发展了斯密定理。贝克尔等认为斯密的分工取决于市场容量的观点并不是普遍适用的,仅仅适用于每个人都已完全专业化这种特殊情况。在一般情况下,构成对个人专业化程度限制的主要是专业化分工所带来的协调成本的大小。

第四,专业化加深型内生增长模型回避了总量生产函数方法存在的问题,从由专业化水平决定的个人生产函数的角度揭示经济动态均衡的特征。贝克尔—墨菲模型通过考察代表性企业,直接建立了人均产出水平与专业化水平之间的关系。这样,他们就避开了将微观的个人或企业的生产函数加总为总量生产函数所造成的困难,提供了一个构建增长模型的新视角。

专业化加深型增长模型的主要缺陷是对知识积累的分析不足。贝克尔—墨菲模型只是将个人的专业化水平内生化,分工深化的最重要的表现形式(中间产品种类的增加)在他们的模型中没有得到比较充分的说明。

11.1.3 内生增长理论的理论意义和现实价值

内生增长理论对当今社会具有一定的理论意义和现实价值,主要表现在以下几方面。

首先,内生增长理论认为,知识或人力资本积累引起的内生技术进步是经济增长的源泉。在当今世界,国内和国际竞争日渐加剧,一个国家能否保持技术上的优势决定了该国综合国力和实际竞争力的强弱。之前的经济理论对知识积累和技术进步的分析十分匮乏,内生增长理论从理论上说明了知识积累和技术进步对经济增长的决定性作用,并对技术进步的实现机制做了相应的分析,填补了理论中存在的空白。

其次,内生增长理论关于技术进步是经济增长的决定性因素的分析有助于我们更加深刻地认识到我国实现经济增长必须转变增长方式,走集约化的发展道路。我国长期以来主要依赖要素投入实现经济的快速发展,但随着闲置资源的减少,粗放型的增长方式难以为继。内生增长理论认为要素投入的增加只有在其能够带来技术进步的条件下才能推动经济持续增长,粗放型增长模式不是长久之计。为了实现我国经济的持续健康发展,必须转变经济发展方式,从依赖要素投入转到依赖技术进步的经济发展模式上来。

最后,内生增长理论能够解释一些经济增长事实,也具有丰富的政策内涵,对各国政府认识本国经济并制定经济增长政策具有一定的指导意义。例如,罗默等认为,政府提供研发补贴可以促进经济增长;琼斯和雷贝洛等认为,各国政府实施的税收政策和贸易政策是导致各国经济增长率存在差异的主要原因,政府应该采取降低资本税、关税等政策来促进经济增长。

内生增长理论所揭示的知识积累、人力资本和研发对经济增长的作用,有助于在知识经济时代对我国经济增长进行更准确的分析。但不可否认,内生增长理论仍然存在着诸多缺陷和争议。和新古典增长理论一样,它只是对经济现实的一种"寓言"式解释,必须持辩证的态度去看待。

11.2 创新与全要素生产率

11.2.1 全要素生产率理论

1. 全要素生产率的发展和内涵

全要素生产率起源于对国民收入的核算,是基于考虑国家真实收入和财富贬值程度而提出的。全要素增长率是增长核算的一种最主要、最直接的手段,既可以反映增长的质量情况,也可以解释增长中要素的贡献程度。

在古典经济增长理论时期,斯密便提出重视劳动生产率的提高,强调机器的发明和使用,认为社会分工和机器的运用体现了技术进步。斯密时期的"看不见的手"已经涉及了全要素生产率的诸多方面,但未对其进行深入的研究。

简·丁伯根(Jan Tinbergen)将时间因素引入柯布—道格拉斯生产函数,但没有将科技、教育和学习等无形要素作为内生变量纳入生产函数。

1954年,海勒姆·戴维斯(Hiram Davis)在《生产率核算》一文中首次明确提出全要素生产率的内涵,指出全要素生产率应针对全部投入要素测算,包括劳动、资本、能源等,他因此也被称为全要素生产率的"鼻祖"。[1] 之后戴维斯从索洛模型出发,把国民收入核算中产出增长的源泉分为各投入要素的增长率和全要素生产率增长率,其中产出增长率扣除各生产要素投入增长率的"余值"即全要素生产率增长率。

索洛将技术进步纳入生产函数,利用索洛余值测算技术进步率,建立了计算全要素生产率增长率的测算模型,量化了投入要素增长率、产出增长率和全要素增长率之间的关系。

现代经济增长理论认为,全要素生产率是指生产活动在一定时间内对资源的利用效

---

[1] 徐小飞,龚德恩. 我国地区经济科技进步贡献比较研究[J]. 经济师,2003(1):13—14.

率,是衡量单位总投入的总产出量的生产率指标。全要素生产率常常被视为科技进步的指标,其增长来源包括技术效率、配置效率和技术进步等。

全要素生产率(total factor productivity,TFP),又称总要素生产率或总和要素生产率,是综合反映资源转变成产品的经济效率和技术效率的指标。随着经济和技术的日益发展和相互渗透,全要素生产率受到众多国家的重视,从而成为宏观经济分析的一个重要方法。其一般数学表达式为:

$$Q = F(K, L, \text{TFP}) \tag{11-5}$$

式(11-5)中,Q 是产出,K 是资本,L 是劳动力,TFP 是全要素生产率。全要素包括的因素很多是独立于资本和劳动力的,例如资源的开发和利用、规模经济效益、科学技术进步、科学管理水平的提高、劳动力教育程度的提高等。这些因素在理论上是重要的,在现实经济中也是人们所关心的,但是因其复杂性,它们难以得到准确的表达和度量,具体的表达式也争议颇多。

索洛认为,全要素生产率等于生产率减去劳动生产率和资本生产率,是生产率增长值中无法被劳动和资本生产率解释的部分,是经济增长核算时的一个"余值"。常记为:

$$\Delta \text{TFP} = \Delta Y - \alpha \Delta K - \beta \Delta L \tag{11-6}$$

式(11-6)中,ΔY、ΔK、ΔL 分别表示产出增长率、资本投入增长率和劳动投入增长率,α、β 分别是产出对资本投入和劳动投入的弹性,TFP 是全要素生产率(又称索洛余值)。索洛认为产生"余值"的原因在于技术进步,在后续的研究中,他将技术进步作为一个独立于劳动力和资本的生产要素考虑,认为经济增长取决于三大因素:劳动投入、资本投入和技术进步。

由此可见,全要素生产率的提高至少涉及资源配置的三个主要方面:资源配置的改善(低效率使用劳动力所占比重的降低、非农业独立经营者的转移、新兴产业的建立等)、规模节约(经济规模扩大带来的集聚效益、消费结构的变化等)和科学技术的进步(劳动者素质、经营管理水平、装备技术的提高等)。因此,全要素生产率实际上是通过对影响经济增长的外延因素和内涵因素的量化来反映宏观经济效益的指标。全要素生产率增长得越快,其在产出中所占的比重就越大,经济效益就越好,反之则越差。这样,在我国经济逐步摆脱过去旧有模式的弊端,逐步由外延式发展转入内涵式发展的转变时期,使用全要素生产率来分析资源配置的效果是一种有益的尝试。

2. 全要素生产率的主要测算方法

目前全要素生产率的测算方法主要分为三类:参数方法、非参数方法以及半参数方法。[①] 其中,参数方法主要有索洛余值法、扩展索洛模型、随机前沿生产函数(stochastic frontier analysis,SFA)法等;非参数方法主要有指数法、数据包络分析(data envelope analysis,DEA)法等;半参数方法有 Olley-Pakes 方法(OP 法)、Levinsohn-Petrin 方法(LP

---

① 尹向飞. 中国全要素生产率增长的源泉及其影响因素研究[M]. 西安:西安交通大学出版社,2016.

法)等。这里简要介绍以下几种方法。

(1)索洛余值法

索洛基于新古典增长模型,在假定生产函数 $Y_t = A_t K_t^\alpha L_t^\beta$ 满足规模报酬不变的基础上推导出如下公式:

$$R_t = \dot{Y}_t - \alpha \dot{K}_t - \beta \dot{L}_t \qquad (11-7)$$

式(11-7)中,$\dot{Y}_t$、$\dot{K}_t$、$\dot{L}_t$ 分别表示经济增长率、劳动增长率和资本增长率;α、β 之和等于1,它们分别代表资本和劳动力的弹性系数;R_t 为索洛余项,其等于经济增长超过投入要素增长(各投入要素增长率的加权平均值)的余额,索洛称之为技术进步。Hulten 认为索洛余项的产生原因复杂,可能是由技术变动造成的,也可能是由误差等造成的,故将其称为全要素生产率更为妥当。[①]

索洛余值法具有很多优点,也遭到很多质疑。质疑主要体现在三个方面:第一,Felipe 批判了索洛余值法的技术进步外生性、非体现性[②]、希克斯中性假定,提出存在体现式技术进步的观点。[③] 第二,不少学者认为利用诸如最小二乘法、经验估计法等方法来估计参数存在缺陷,因为现实世界并不是完全竞争市场,利用上述方法估计相关参数可能本身就存在问题,进而使测算全要素生产率产生较大的误差。第三,将生产函数设定为生产要素的产出弹性保持不变的柯布—道格拉斯生产函数形式,导致投入要素效率在任何时候对全要素生产率的贡献份额不变,这是索洛余值法的又一缺陷。

(2)扩展索洛模型

Jorgenson 和 Griliches 认为索洛模型存在设定偏误且投入要素存在测量误差,这使得在使用回归分析法估计生产函数中的参数时存在估计误差,而全要素生产率实际就是这种误差。[④] 如果能够解决设定偏误和测量误差,那么全要素生产率为 0。由于 Denison 等学者的研究存在上述问题,因此高估了全要素生产率在经济增长中的作用。为了尽可能解决上述问题,Jorgenson 和 Griliches 对索洛模型进行了扩展,提出了扩展索洛模型。[⑤] 他们将人力资本、结构调整、研发、制度等变量引入索洛模型,进而考虑这些变量对全要素生产率的影响。扩展索洛模型考虑了其他投入对全要素生产率的作用,与实际相

[①] Hulten,C. R. Total Factor Productivity:A Short Biography[M]//*New Developments in Productivity Analysis*. University of Chicago Press,2001:1—54.

[②] 非体现的技术进步是一种外部性技术进步,这种技术进步不需要新投入,生产函数形式并不随时间改变而改变。

[③] Felipe,J. ,Adams,F. G. "'A Theory of Production' the Estimation of the Cobb—Douglas Function:A Retrospective View."*Eastern Economic Journal*,2005,31(3):427—445.

[④] Jorgenson,D. W. ,Griliches,Z. "The Explanation of Productivity Change."*Review of Economic Studies*,1967,34(3):249—280.

[⑤] Denison,E. F. Some Major Issues in Productivity Analysis:An Examination of Estimates by Jorgenson and Griliches[M]. Office of Business Economics,Department of Commerce,1969. (https://fraser. stlouisfed. org/title/survey-current-business-46/may-1972-part-ii-9818/major-issues-productivity-analysis-examination-estimates-jorgenson-griliches-200313)

符,具有十分重要的意义。但是诸如人力资本、结构调整、研发、制度等变量的准确度量有待进一步改进和完善。

(3)随机前沿生产函数法

随机前沿生产函数法(SFA)是最初由 Aigner 等提出的一种两分法,研究对象分为前沿生产函数部分和非效率部分,进而将全要素生产率分解为前沿面的向前推进以及对前沿面的追赶。[1]

SFA 这种两分法的优势在于:将全要素生产率至少分解为技术进步和技术效率改进,更能反映经济现实;通过研究国有比重、进口、出口、对外直接投资等因素对非效率项的影响,可以评价相关改革政策对中国经济运行质量的影响,进而可以提高相关政策的针对性和执行效果。和确定性前沿生产函数比较,随机前沿生产函数法一定程度上消除了随机因素对前沿生产函数部分的影响,具有一定的优越性。

应用随机前沿生产函数方法测度全要素生产率一般首先估计随机前沿生产函数中的参数,然后根据 Kumbhakar 的方法将全要素生产率分解为技术进步、技术效率、配置效率和规模效率四大因素,算出全要素生产率。根据前沿生产函数的不同,可将其分为两类:超越对数生产函数和柯布—道格拉斯生产函数。[2] 前沿生产函数采取超越对数生产函数形式放松了常替代弹性假设,形式上有一定灵活性,用最小二乘法作回归分析时拟合效果更好。同时在计算技术进步、规模效率、配置效率时,考虑了投入要素对这些因素的推动作用,在某种程度上将要素投入内生化,具有一定的积极意义。但是超越对数生产函数中的参数太多,且该函数中的一些二次项无法从经济学角度给出合理解释。同时,假设各年度的参数相同否定了不同时间经济发展的多样性。随机前沿生产函数采用柯布—道格拉斯生产函数时,由于该种形式生产函数本身就是柯布—道格拉斯生产函数,因此每个参数都有很好的经济含义。

(4)指数法

Kendirc 和 Denison 最先利用指数法计算全要素生产率,后经 Jorgenson、Griliches 和 Denison 等进行了方法的完善。[3] 指数法的基本思想是以产出价格和投入要素价格为权重构造产出指数和投入要素指数,利用产出指数和投入要素指数之比来度量全要素生产率指数。

最初利用指数法测算全要素生产率是建立在 Laspeyres 指数的基础上,其测算的全要素生产率优点明显,如计算量小、不需要预先设计生产函数形式、不需要估计任何参数等,从而避免了估计参数所带来的一系列问题,其缺点主要体现在替代偏差上。随着指

---

[1] Aigner, D., Lovell, C. A. K., Schmidt, P. "Formulation and Estimation of Stochastic Frontier Production Function Models." *Journal of Econometrics*, 1977, 6(1):21—37.

[2] Kumbhakar, S. C. "The Specification of Technical and Allocative Inefficiency in Stochastic Production and Profit Frontiers." *Journal of Econometrics*, 1987, 34(3):335—348.

[3] Jorgenson, D. W., Griliches, Z., Denison, E. F. 1972. *The Measurement of Productivity: An Exchange of Views*. Washington, D. C.: Brookings Institution.

数体系的发展,新指数相继被提出,例如 Divisia 指数、Törnqvist 指数和 Exact 指数,这些指数在一定程度上对替代偏差进行了改进。但是 Divisia 指数需要连续数据,而连续数据在现实生活中难以获得,并且其只有在完全竞争、利润最大化、规模收益不变的条件下才能成立,因此很少被用来测算全要素生产率。Törnqvist 指数是 Divisia 指数的近似计算方法,仍然摆脱不了新古典方法中的假设。Exact 指数在量上高度准确,强调各细节均与事实或标准完全符合、丝毫不差。

(5)数据包络分析法

Ahn 等在 1978 年提出数据包络分析(DEA)理论,主要利用 DEA 模型构建距离函数,在距离函数的基础上利用各种分解方法对全要素生产率进行测算和分解,可以用来分析经济社会中决策单元投入的"技术有效"和"规模有效"。[1] 在此基础上利用 Malmquist 指数法来构造全要素生产率指数,是一种有效测算全要素生产率的非参数方法,得到了广泛的应用。

最初的 DEA 分析法仅仅考虑"好"产出的情况,但实际经济活动中不但存在"好"产出,而且存在"坏"产出,如环境污染、能源消耗等。基于这一考虑,有学者对 DEA 模型进行了改进,建立方向性距离函数。在此基础上提出将"好"产出增加和"坏"产出减少同时考虑在内的 Malmquist-Luenberger(ML)生产率指数法[2],用以分析环境全要素生产率、能源全要素生产率等方面的问题。

DEA 及其衍生方法的优点显而易见:不需要考虑投入和产出的生产函数形态,从而避免了设定偏误和参数估计偏差;可以解决模型法所不能解决的多投入和多产出的全要素生产率测算问题,模型中各变量的权重由数学规划模型自动产生,避免了人的主观影响。

但是 DEA 方法也存在一定的局限性:一是没有考虑随机误差和噪声的影响,把观察值到生产前沿面的所有偏差都当作无效率的结果,而随机性直接影响到确定性前沿面的构造,进而影响由该方法计算出的技术效率和技术进步。二是 DEA 方法计算出的确定性前沿,仅仅由"最高"样本的线性组合得到,因此"最高"样本的水平直接影响到确定性前沿面的水平。三是 DEA 方法不能孤立地测算一个国家或地区的样本,必须对样本的面板数据或截面数据进行测算。

11.2.2 创新和全要素生产率提升

1. 创新是提高全要素生产率的根本途径

提高全要素生产率通常有两种途径:一是通过技术进步实现生产效率的提高,二是

---

[1] Ahn,T.,Charnes,A.,Cooper,W. W. "Some Statistical and DEA Evaluations of Relative Efficiencies of Public and Private Institutions of Higher Learning." *Socio—Economic Planning Sciences*,1988,22(6):259—269.

[2] Oh,D—H. "A Global Malmquist—Luenberger Productivity Index." *Journal of Productivity Analysis*,2010(34):183—197.

通过生产要素的重新组合实现配置效率的提高,主要表现为在生产要素投入之外,通过技术进步、体制优化、组织管理改善等无形要素推动经济增长。从微观层面上讲,企业采用了新技术、新工艺,开拓了新市场,开发了新产品,改善了管理,体制改革激发了人的积极性等,都可以提高全要素生产率。从宏观层面上讲,通过资源重新配置,比如劳动力从生产率较低的农业部门转向生产率较高的非农部门,就可以提高全要素生产率。但不管是哪种途径,归根到底是要加强各类要素的创新能力,创新是提高全要素生产率的实质。

按照熊彼特的说法,所谓创新就是要"建立一种新的生产函数",即把一种从来没有的关于生产要素和生产条件的"新组合"引入生产体系,以实现对生产要素或生产条件的"新组合"。创新既可以是产品创新、技术创新、市场创新,也可以是资源配置创新、制度创新、组织创新。根据熊彼特的观点,经济发展的过程就是创新不断产生、应用、扩散、逐渐嵌入经济体本身并内化为其有机组成部分的过程。纵观西方国家的经济发展史,曾出现过三个由创新引致的经济增长的长周期。①第一次工业革命(18世纪末至19世纪初):第一次工业革命以英国为中心,通过发明和应用蒸汽动力、纺织机械、铁路等技术,实现了生产方式的革命性变革。这一时期的创新推动了生产率的大幅提升,也带来了城市化和工业化的快速发展,促进了长期经济增长。②第二次工业革命(19世纪末至20世纪初):第二次工业革命主要发生在美国和欧洲,特别是德国。这一时期见证了电力、化学工业、内燃机和钢铁生产等领域的创新。这些技术的引入和应用进一步提高了生产率,加速了城市化和工业化的进程,推动了经济增长。③信息技术革命(20世纪末至21世纪初):信息技术革命是最近的一个经济增长周期,以计算机、互联网和数字技术的发展为特征。这一革命改变了商业、通信、制造和服务等领域,使得信息的传递和处理变得更加高效和便捷。按照杰里米·里夫金(Jeremy Rifkin)的论述,当今世界正处于以新的通信技术(互联网)和新的能源(可再生能源)为基础的第三次工业革命时期。从历史的经验来看,每一轮技术革命都将带来经济潜在增速的大幅提升,若想塑造经济的先发优势,那么增强创新能力、掌握核心技术和提高全要素生产率是关键。

传统的要素驱动模式作为一种过渡性的发展模式,在一国经济起飞和爬坡阶段,无疑发挥着巨大的助推作用。特别是对于转型经济体而言,由于初始传统计划经济体制的要素资源配置效率低下、激励扭曲,因而一旦采取了市场取向的改革,即使是粗放式的要素驱动模式也能够带来巨大的增长绩效。然而,当经济发展到一定水平,要素资源禀赋结构和约束条件会发生变动,要素投入边际收益递减规律也会发生作用,传统模式的增长红利面临衰竭。当前,我国正面临人口老龄化加快、资源和能源短缺、环境容量濒临警戒线等严峻形势,这些都意味着单纯依靠要素驱动的发展模式不可持续。结合当前的国内外形势,要实现中国经济的长期可持续发展,就必须将以传统的要素投入为主的方式更多、更快地向创新驱动转化,加快转变经济发展方式,让市场在资源配置中起决定性作用。必须依靠技术进步和人力资本增加来激发创新力,实施创新驱动发展战略,进一步提高我国的全要素生产率,不断提升经济发展质量、效益和国际竞争力。①

2. 创新模式选择与全要素生产率提升的理论模型②

该理论模型主要遵循 Barro 和 Sala-i-Matin③ 分析框架的基本范式,在相关内生增长理论模型的经典假设基础上,将后发国家研发部门的模仿和自主创新的"不完全专业化分工"纳入内生增长理论框架,并将制度环境因素引入研发模型,用于界定模仿和自主创新的"不完全专业化分工"的程度,旨在借助对后发地区的竞争性均衡状态分析,寻求后发地区在技术赶超过程中的创新模式选择路径。该理论模型将制度、人力资本与经济发展水平三个影响创新模式选择的关键变量纳入经济增长模型,得出了技术后发国家如何实现由技术追赶到技术赶超的路径。

3. 创新、全要素生产率和经济增长

(1)创新和经济增长关系的理论研究

关于经济增长动力问题,有劳动分工和专业化动力说、资本积累动力说、消费需求动力说、制度动力说、城市化动力说和创新动力说等观点。作为驱动经济发展的重要因素之一,创新推动经济增长的研究从未中断。古典主义经济学家斯密认为分工是经济发展的巨大动力,分工的深化导致技术进步和生产率的提高;新古典主义经济学派则强调市场竞争是经济增长的原因,将技术进步作为外生的因素;制度经济学派认为经济增长的原因是劳动分工以及经济组织结构与制度的演进,将技术进步掩盖在劳动分工之中。

马克思最早提出技术创新是推动经济增长动力的观点,认为科学是一种在历史上起推动作用的、革命的力量,科学技术是生产力。马克思曾对技术的本质、科学与技术、技术与生产力等问题做了详细的论述。他认为,技术是现代生产的必要前提,作为技术理论基础的科学也是现代生产的必要前提。机器生产的发展要求自觉地应用自然科学,劳动生产力随着科学和技术的不断进步而不断发展。从科技发展的历史来看,科学技术与生产力的结合有一个动态、历史和发展的过程。虽然马克思没有明确提出技术创新这一概念,但其认为"技术创新"的本质就是科学技术在生产中的应用,可以说马克思最早认识到创新对经济增长的重要性。

最早研究创新与经济发展关系的经济学家是熊彼特。他首先把技术创新置于经济发展的核心地位,认为资本主义经济的增长并不是由于资本、劳动等生产要素的增加引起的增长,而是由于新技术、新生产方式、新产品和新组织形式等引起的创新性质的增

---

① 上海财经大学高等研究院"中国宏观经济形势分析与预测"课题组. 中国宏观经济形势分析与预测年度报告(2018—2019)[R]. 2018.
② 余泳泽,张先轸. 要素禀赋、适宜性创新模式选择与全要素生产率提升[J]. 管理世界,2015(9):13—31.
③ Barro, R., Sala-i-Martin, X. "Technological Diffusion, Convergence, and Growth." *Journal of Economic Growth*,1997(2):1—26.

长,即经济由于技术创新而得到发展。熊彼特从技术创新理论出发,解释资本主义快速发展和周期波动的现象。他认为创新能够导致经济增长,创新是产业运动、经济周期发生的根源。一种创新一经出现必然在社会上引起模仿,而模仿活动又会导致创新扩散,刺激大规模的投资,引起的创新浪潮使经济走向高潮。一旦较多的企业实现模仿之后,投资机会消失,创新浪潮消退,经济也就随之停滞。这时,新的经济发展必须要有新的创新,只有接连不断地创新才能保证经济持续不断地发展。但是,由于创新规模、技术含量、实现时间和产生效应的差异性,技术创新具有不连续性和不确定性,从而导致经济增长呈现周期波动的现象。他以各个时期的主要技术发明及其应用以及生产技术的突出发展作为各个周期的标志,认为造成经济长周期波动的最根本的动因是技术革命,不同的技术创新构成了上述三种周期的基础。熊彼特的创新经济学可以比较好地解释经济发展现象,它将"创新"作为促进经济发展的关键因素,突出了技术创新在经济发展进程中的主导作用。[①]

1956年,索洛提出了"技术决定增长模型",他区分出经济增长的两种不同来源:一是由要素数量增加而产生的"增长效应",二是因要素技术水平提高而产生的"水平效应"。该模型第一次将技术进步视为一个单独的因素纳入经济增长理论并给予系统地研究。索洛认为,在不增加要素投入的情况下,技术进步可以通过改变生产函数使生产函数曲线向上移动,从而达到经济增长的目的,该观点比较完整地描述和解释了经济增长的原因。

爱德华·丹尼森(Edward Denison)开创性地提出了"经济增长因素分析法",进一步证实了索洛模型的结论,而且发现总的经济增长率远远大于资本和劳动等要素投入的增长率,即出现了一个很大的"增长剩余"。丹尼森把影响经济增长的因素分为两类:生产要素(包括劳动、资本、土地等)投入量和要素生产率(即技术进步),他把这个无法用生产要素投入量来解释的"增长剩余"归结到技术进步上,并由此得出技术进步是经济增长主要源泉的结论。

罗默把经济增长建立在内生技术进步上,重新阐释了经济增长的源泉。罗默认为经济增长不是由外部力量推动的,是经济体系内部力量的产物,即内生技术进步是经济实现持续性增长的决定因素。罗默建立的内生增长模型除了考虑资本和劳动力两个生产要素,还将技术作为内生的独立因素纳入模型,强调技术创新对经济增长的决定性影响。

诺斯和库兹涅茨等提出了"制度—技术—经济增长论",充分认识到制度调整影响技术进步从而对经济增长产生重要作用。他们在经济增长分析中引入了制度变量,认为制度安排的好坏决定技术进步的高低,进而体现在经济增长快慢中。

由此可见,创新是经济增长的重要推动力量。在新技术革命的当下,以创新驱动经

---

① 俞建群.浅析技术创新与经济增长理论[J].福建论坛(社科教育版),2008,6(S1):48—51.

济是赢得竞争力的关键和实现可持续发展的必由之路。

(2) 全要素生产率和经济增长的关系

经济增长的实质是生产商品和服务能力的扩大,任何一个经济体的经济增长都是建立在一定的要素投入基础上。从历史的视角看,经济增长的三个基本要素是劳动力、土地和资本,被称为传统的经济要素。传统经济增长理论注重要素投入的多少,而内生增长理论看重要素使用效率的高低。20 世纪以来,经济学家关于要素投入对经济增长贡献的研究表明,资本和劳动等生产要素的投入并不是推动经济增长的唯一源泉,还有除资本和劳动以外的"其他因素"在促进经济增长,即创新和技术进步(见图 11-1)。

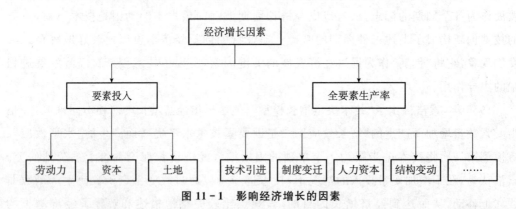

图 11-1 影响经济增长的因素

如今,对于经济增长已经不再只强调数量和速度,而更多的是强调经济增长的质量。在现代宏观经济学派中,许多经济学家都把技术进步和其他方面的创新看作经济增长和变化的核心要素。其中,全要素生产率是决定经济增长质量的重要指标,也是未来经济增长的决定因素。使用全要素生产率识别经济增长效率时,衡量的是有形生产要素投入外的纯技术进步的生产率增长。而纯技术进步不仅仅指技术改进,还包括制度变迁、技术知识进步、结构变动、人力资本积累等。全要素生产率在经济增长中的贡献率越大,说明经济增长质量越好,反映出一个经济体越有可能实现可持续发展。同时,越是在更高的经济发展水平上的经济体,越要靠全要素生产率的提高来实现经济增长。

11.3 创新与 S 型增长曲线

11.3.1 S 型增长曲线理论

1. S 型曲线的含义

首先提出 S 型曲线的是法国社会学家加布里埃尔·塔尔德(Gabriel Tarde)。1890 年,他在《模仿律》(*Laws of Imitation*)一书中描述了每个创新活动必经的三个阶段,不论这种创新是一种新产品、一种新观念或是一种新信仰:"起初进展缓慢,接下来是迅速的和匀加速的发展,然后发展不断地减缓下来直至最后停止。这些就是我们称之为发明或发现的真正社会机体的三个阶段……若统计学家、社会学家以这个法则为指导,他们就可以避免许多假象的干扰。"[1]这里引起我们注意的是,塔尔德特别将他的增长法则用来描述新事物是如何通过模仿得以扩散开来,即一种新思想、新产品等如何为公众所接受。开始的时候,公众不熟悉新颖的事物,它的增长自然缓慢。但是一旦越过了最初的壁垒,创新就会迅速扩散,直至它最终树立。然后增长逐渐放慢。如果原先的创新被新的创新替代,甚至还可能会出现负增长。

塔尔德的S型增长曲线得到了广泛的推广与应用,经济学中常用S型增长曲线来解释国家经济发展中新旧动能的转换。

具体来说,S型增长曲线是指,在每一种或每一类技术从诞生到最后衰落的过程中,新旧技术持续转换更迭会呈现出类似S图形的曲线。一种技术诞生之初,其增长速度慢、使用者数量少、对经济增长的贡献率较低,发展往往较为缓慢;而当它进入成长期,这种技术的发展速度就会呈现几何级数的增长;随着该技术进入成熟期,其发展速度又会趋于放缓,缺乏增长动力。当旧的技术进入增速放缓的成熟期,旧动能增长乏力的时候,若该旧技术曲线下方产生新的技术,则新技术就会重复上述发展轨迹,最终超越旧技术,成为推动地区经济增长的新动能,支撑起地区经济的新发展。因此,S型增长曲线描述的就是一个地区或者国家新旧动能转换的过程,只要持续有新的技术出现,地区经济就不断会有新的动能,推动整体技术不断发展,地区的技术水平就能不断创造新的高峰;反之,如果没有新技术及时取代旧技术,那么地区的经济增长就会放缓甚至出现停滞,影响整个地区的经济发展。S型增长曲线模型如图11-2所示。

从S型增长曲线模型中可以看出:横轴表示时间,由两个时期组成,纵轴表示某种技术的增长速度、使用者数量或对经济增长的贡献率等,两个时期的技术的变迁曲线都呈

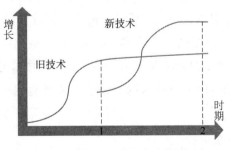

图11-2 S型增长曲线模型

---

[1] 该表述来源于法国社会科学家加布里埃尔·塔尔德在1890年出版的《模仿律》,其中描述了有关新产品、新观念或新信仰演化的一般规律。

现 S 图形。时间点 1 是新技术导入期的时间,也是旧技术从成长期进入成熟期的时间。两曲线的交点表示新技术在增长速度、使用者数量和对经济增长的贡献率等方面开始超过旧技术。新技术时期的 S 型增长曲线整体上高于旧技术时期的 S 型增长曲线,这是技术不断发展的表现,也是技术不断发展的结果。

2. S 型增长曲线的特征

第一,周期性。每一种技术的发展都会经历导入期、成长期、成熟期和衰退期,由此经历一个完整的周期并形成 S 型增长曲线。在某一种技术走向周期终结的过程中,其他新技术的周期逐渐开始,由此形成新旧技术的不断转换更迭。这意味着 S 型增长曲线实质上代表了新旧技术所经历的周期,不同的技术不断完成其周期历程,从而使得 S 型增长曲线不断出现,推进整体科技向更高水平发展。

第二,曲线的存在及更替的长期性。人类社会持续发展的重要动因是存在于人类社会之中的技术一直在发展并转换更迭,技术的发展能够生成技术 S 型增长曲线,技术的转换更迭则能够在同一个"时空"之中催生不同的技术 S 型增长曲线。因此,新旧技术时期的 S 型增长曲线存在及更替具有长期性,这种长期性的存在实质上是人类社会之中技术一直存在且不断发展的表现。

第三,曲线的变化及更替的现实性。某一技术的出现通常源于实验场所内的实验或具体操作领域中的实践,由此进入技术导入期。任何一项技术进入成长期之后都会应用于实践之中,并推进技术自身发展、使用者数量的增加、对经济增长贡献率等方面的提高。这些技术进入成熟期之后,在具体操作领域之中的地位会逐渐被新技术取代。这些现实情况的存在生成了 S 型增长曲线的变化和更替,使这一曲线的变化及更替具有现实性。

第四,曲线长短的差异性。曲线的长短实质上是某一技术在某一领域之中处于主导地位的时长,不同技术的这一时长存在明显差异。例如,蒸汽机曾于 18 世纪后期至 20 世纪初期约 150 年间在动力机械领域占据主导地位,即蒸汽机技术的 S 型增长曲线时长约 150 年。内燃机则在 20 世纪初至今约 100 年间在动力机械领域占据主导地位,到目前为止,内燃机技术的 S 型增长曲线时长约 100 年。这两种技术的 S 型增长曲线长度存在明显差异,从发展趋向来看,内燃机技术的 S 型增长曲线将比蒸汽机技术的 S 型增长曲线长。[①]

3. S 型增长曲线的现实例证

S 型增长曲线在历史上对西方国家经济产生重要影响。第一次工业革命期间(18 世纪 60 年代—19 世纪 40 年代),多种工业技术相继进入导入期和成长期,技术本身快速增

---

① 曹冬英. 经济新常态视域下新旧技术"S 型曲线"分析[J]. 重庆三峡学院学报,2018,34(3):23—30.

长,对经济增长的贡献率也随之迅速提高。英国借助这些技术快速成长为世界上首个工业国家,进而在文化和社会等领域领先于其他国家,成为世界霸主。

19世纪40年代之后,第一次工业革命期间出现的一些技术开始进入成熟期,这些技术自身的增长速度及对经济增长的贡献率均开始下降。19世纪60年代,第二次工业革命(19纪60年代—19世纪90年代)开始,一些新技术陆续出现,为这一时期"新经济"的成长创造了条件。美国和德国等国家大量采用这些新技术,但是这些新技术在英国的采用率低于美国和德国等国家。主要原因是作为率先完成第一次工业革命的国家,英国广泛且深入地应用了第一次工业革命期间出现的大量技术。第二次工业革命开始之后,英国面临转型升级(包括产业转型、企业转型)成本较高这一问题,资本家、企业主等群体采用新技术进行转型升级的积极性较低。这些情况的出现使美国和德国的经济实力迅速增强,其他领域的实力也逐渐增强,综合国力在19世纪末、20世纪初相继超过英国,美国取代英国成为世界霸主。

20世纪初,第二次工业革命期间出现的一些技术开始进入成熟期,这些技术自身的增长速度及对经济增长的贡献率均开始下降。20世纪40年代,一些新技术的陆续出现催生了第三次科技革命,为这一时期"新经济"的成长创造了条件。第三次科技革命开始之后,美国及时研发应用新技术,为保持霸主地位创造了条件,并未重蹈英国在第二次工业革命期间的覆辙。

20世纪后期,经历较长时间的经济快速发展之后,西方主要国家的经济增长率逐渐下降,出现类似"经济新常态"的状态,这一状态的出现与新旧技术时期S型增长曲线的演变密切相关。20世纪后期,支撑西方国家经济实现高速增长的旧技术时期S型增长曲线已经走向其曲线顶端,较难继续为这些国家经济的较快增长提供强有力支持。这一情况下,以美国为首的少数西方国家开始大力应用新兴的互联网技术推动经济发展,由此开始进入第四次工业革命①时期。这些情况的出现为这些国家,尤其是美国,在20世纪末实现经济较快增长创造了有利条件。

11.3.2 创新与 S 型增长曲线

1. 创新和 S 型增长曲线的关系

创新经济绩效的根本源泉是创新技术扩散,而 S 型增长曲线恰好描述了这种新技术从诞生到最后的衰落的扩散过程以及新旧技术持续转换更迭的过程。

基于熊彼特的创新概念,创新绝不等同于发明。发明可能是基于新知识、新理论的

---

① 第四次工业革命是以互联网产业化、工业智能化、工业一体化为代表,以人工智能、清洁能源、无人控制技术、量子信息技术为主的全新技术革命。

新技术,而创新既可能是全新技术的开发,也可能是原有技术的改进,甚至可能是原有技术的重新组合。发明创造是科技行为,只是一种新概念、新设想或者至多是试验品的产生。而创新是一种经济行为,是把发明和科技成果引入生产体系,利用其原理制造出市场需求的产品。创新是科技成果商业化和产业化的过程,而 S 型增长曲线正是伴随这一过程产生和发展的。

在创新之初,技术发展进程缓慢,最早的技术采用者可能只是通过人际传播的方式使得新技术得以扩散。进入导入期的 S 型增长曲线处于突破性创新阶段,创新科技在原有理论基础上产生了质的飞跃,其价值也在逐渐被市场认同。进入成长期的 S 型增长曲线处于构筑性创新阶段,从技术性向市场性转变并快速发展,突破性创新得到全社会的广泛认同,成功构筑成一个崭新的市场,并设法替代旧技术创造的市场,拓展新技术的应用范围。随着 S 型增长曲线进入成熟期,在此基础上新的突破性技术进展无法实现,现有的技术发展缓慢甚至停滞。此时,新一轮创新带来的新技术崛起并取代现有技术的地位,如此实现了 S 型增长曲线的转换更迭。

S 型增长曲线不仅描述了创新的价值实现,还同时具有预示功能。S 型增长曲线的变化能预测创新的发展路径和过程,预测现有技术何时达到成熟或开始走下坡路。某一技术的贡献或许在当时还卓有成效,但 S 型增长曲线可能告诉我们它已经过了发展的顶峰时期,应该敏锐感知新技术的萌现。[1]

2. 新科技革命下的 S 型增长曲线

第一次工业革命以来,科技创新日益成为经济发展和社会变革的核心驱动力。科技革命伴随着产业革命,是产业革命的前提。从技术—经济范式理论和历次科技革命经验看,科技革命、产业变革以及各具体环节,是顺次相接、较为漫长的演进过程。一项重大技术发明或突破后,要经过不同技术公司竞争等过程,新技术才能逐步成熟完善,并形成稳定的技术路线,这是科技革命的过程。此后,新技术通过市场化、产业化被广泛应用,其中重大技术应用会对生产方式、产业结构、产业组织、供需关系、国际分工、消费模式乃至社会组织、思维方式等产生深刻影响,催生新工业革命,这是产业变革的过程。

从过去工业革命的经验看,纺织机、电力、计算机等重大技术从突破到成熟应用,即科技革命大约需要 20 年的时间。而重大技术的应用,对产业变革的积极作用可以持续 30 年左右,在此阶段,经济一般处于上升期。此后,该技术对经济增长和产业变革的作用降低,除非有新的重大技术应用接续,否则将进入长经济周期的下行衰退阶段,这个过程也大致在 30 年左右。以上构成了基于科学技术和生产力发展的、约为 50~60 年的长经济周期,也称康德拉季耶夫周期。[2]

---

[1] 大卫·史密斯. 创新[M]. 上海:上海财经大学出版社,2008.
[2] 陈长缨. "十四五"时期新一轮科技工业革命变化趋势、影响和应对[J]. 经济研究参考,2019(23):24—33.

自 2008 年金融危机以来,全球经济处于信息和通信技术时代这一长周期的下行阶段,第三次工业革命接近尾声。随之而来的是新一轮科技革命和产业革命的兴起,孕育形成了一大批以智能制造为核心的新兴技术,人工智能、信息技术、生物技术、新能源技术、新材料技术等蓬勃发展,带动所有领域发生了以智能化、绿色化、服务化为特征的群体性技术变革。新科技革命所带动的以知识为基础的新兴产业快速发展,标志着经济从传统的要素驱动、投资驱动向创新驱动转型。新科技和新产业正在重构全球创新版图,重塑全球经济结构。

金融危机之后,以信息技术为代表的第三次科技革命接近尾声,在生产率方面表现为全球尤其是发达国家的全要素生产率持续走低,一些国家甚至出现负值。新科技革命孕育的新 S 型增长曲线呈现出如下特点。

第一,新 S 型增长曲线已经历经导入期向成长期发展。随着旧一轮经济长周期走向尾声,旧技术已经走过导入和成长阶段,步入成熟和衰退期,发展速度逐步放缓。而与此同时,以智能化为代表的新技术快速成长。技术转换更迭催生的新 S 型增长曲线正经历快速发展期,整体上将高于旧 S 型增长曲线。

第二,技术长周期缩短,新 S 型增长曲线的长度也有所缩短。现阶段,随着知识不断积累、信息传播加快、经济全球化加深,新技术会加速应用和扩散,影响和作用会在较短的时间内集中显现。科学发现、技术创新、技术应用、工业革命等几个关键环节的周期越来越短。但是同时也会较快进入衰退期,产业变革持续的时间将缩短,即新科技工业革命具有"强度大、时间短"的特征。当然,不同领域、不同技术有很大差别,如重大通用技术应用和引发变革的时间可能会较长。经济技术长周期的时间跨度的缩短,表现在新 S 型增长曲线上为一个周期曲线总体长度的缩短。

第三,新 S 型增长曲线是由科技创新多点突破、交叉汇聚而成,重大科技呈现"一主多翼"的特征。过去的三次工业革命,基本上是依赖一项或几项重大科学发现及其相关技术发明而展开的。在过去人类知识尚不丰富的时代,很多科学发现都是原创的,具有划时代的重大意义。它们不但搭建了一套科学理论体系,而且催生出一套应用范围广、时间长的技术体系。而随着人类对自然和物质世界认知的大大丰富,重大原创科学理论发现越来越困难,其对技术创新的推动作用下降。因此,从科技演进趋势看,未来的技术创新以及新一轮工业革命,将主要取决于技术本身的突破和多重技术的交叉融合应用。同时,重大科技应用将呈现"一主多翼"的特征。"一主"是指新一代信息技术和人工智能技术深度应用,将渗透到生产生活的诸多领域,生产和消费的数字化、网络化、智能化趋势加快,其中智能制造技术作为重大通用技术,将深刻改变生产制造方式。"多翼"是指在新能源、生物医药、新材料等领域中,多项新技术开始应用,但其影响广度和深度比较有限。

第四,新 S 型增长曲线刻画的新技术成为全球经济发展新动能。2008 年金融危机以来，全球经济复苏缓慢，而经济全球化不断受到保护主义、单边主义的挑战，短期内难以成为逆转全球经济弱增长的动力。这就需要新的科技工业革命成为全球发展的新动能。科学技术的加速发展已储备累积了一大批新技术，它们正陆续进入大规模应用期，具备了推动全球经济进入新技术发展周期的条件。与此同时，很多国家为了摆脱低迷的经济增长和在全球新科技经济竞争中占据主动，采取多种措施支持新科技、新产业，这会加速新科技工业革命的进程。未来几年，新S型增长曲线刻画的新技术革命将引发深刻的经济社会变革。

11.3.3 新S型增长曲线驱动中国新经济

1. S型增长曲线与中国经济新常态

中国进入经济新常态时期，体现出三大特征：①经济增速从高速转为中高速；②经济结构不断优化升级，第三产业、消费需求逐步成为主体，城乡差距逐步缩小，居民收入占比不断上升，发展成果惠及更广大民众；③从要素驱动、投资驱动转向创新驱动。从这些特征的对比可以推断出，经济"旧常态"与经济"新常态"的技术基础完全不同，这两种技术基础分别由归属于两代的各种技术组成，经济新常态的出现是旧技术逐渐被新技术取代的表现。

S型增长曲线理论对于中国处于经济新常态下的新旧动能转换，具有十分重要的理论和实践意义，体现在以下两个方面。[1]

一方面，过去支撑中国经济增长的传统动能走到了S型增长曲线的顶端。在过去的四十多年里，得益于改革开放，中国依靠巨大的人口红利、利用低廉的要素价格和以牺牲环境为代价，获得了国内生产总值年均近10%的高速增长。然而，随着中国经济步入新常态，以"改革开放"为基础的传统动能正面临经济转型的"拐点"，传统动能所带来的"高污染、高能耗、高排放、低效益"等一系列弊端也逐渐显现。如果我们再依靠"强刺激"来维持过去那样的经济高速增长，以传统的要素驱动、投资驱动作为经济发展的主要动能，即停留在S型增长曲线的末段，那么只会导致投资收益递减，伴随而来的是技术退步、产能过剩、"僵尸企业"等一系列问题。而且，回溯发达国家经济发展的轨迹，传统动能发展到一定的阶段出现减弱是不可逆转的规律。

另一方面，在传统动能增长乏力的同时，中国亟须更多新的S型增长曲线来驱动新动能的产生，以此承接新时期的经济发展，使中国经济迈入"高质量"阶段。如果在旧的技术下方有一条新的陡峭的S型增长曲线，加大对新技术的投入就能提供更持久的技术进步，实现投资收益递增，为经济增长带来新动能。

2. S型增长曲线驱动中国新旧动能转换[2]

利用S型增长曲线带动新旧动能转换是我国经济发展新常态下实现经济可持续发

---

[1] 余泳泽. 新S型曲线：经济增长目标约束与中国经济动能重塑[J]. 探索与争鸣, 2018(7)：38—42.
[2] 以下内容主要摘编自郑世林. "S型曲线"理论 用新动能带动"新经济"[N]. 天津日报, 2016-05-16(009).

展的关键。

第一,在重塑经济动能的过程中,各级政府应该转变经济增长为导向的理念,适时适当发挥好引导作用。根据S型增长曲线理论,在一项新技术诞生之初,由于存在诸多风险和不确定性,此时的新动能发展较为缓慢。这时就需要政府甄别出有发展潜力的新技术,精准扶持这些处于成长初期的新动能,通过税收、财政和金融等政策工具,帮助新动能从发展初期进入快速成长期,但对技术创新的"援助之手"不能采取"大水漫灌"的方式。同时,政府发挥作用应该在技术导入期,而不是在快速成长期,更不应该在成熟期,否则会造成不公平竞争和旧技术封锁,延缓整体技术进步速度。当新动能进入成长期以及后来的成熟期,政府应该避免过多介入其发展进程,避免过多干预市场,应该利用财政、税收、金融等政策工具,通过项目补助、基金介入、税收减免、创新券等方式促进新经济快速进入成长期。[1]

第二,一条新的S型增长曲线往往是由一项新的技术或者一个新的产业,甚至是一家新的企业所产生的。因此,政府要努力营造适合新技术、新产品实现商业化的生态环境。首先,要打通新技术、新产品进入市场的通道,设置合理的激励方式,鼓励高校和科研单位的新技术、新产品进入企业、市场,让新技术、新产品从"实验室"走进"千家万户"。其次,要加强对知识产权的保护,加大对专利侵权的打击力度,增强企业和个人的专利意识,培育诚信的市场环境,从而吸引更多国内外的新技术、新产品进入国内市场,进而转化成为推动经济发展的新动能。最后,政府要积极推动简政放权,鼓励"大众创业,万众创新"。这就需要政府摆脱经济增长目标的束缚,不再把目光集中在少数几个大企业、国有企业这些"保增长"大户身上,转而增加对中小企业的扶持力度;减少新企业进入市场的行政壁垒,让优惠政策更多地向创新创业企业倾斜,让更多中小企业获得成长空间,进一步承接经济的持续发展。

思考题

1. 内生增长理论模型主要有哪几类?其主要区别是什么?
2. 简要描述知识溢出模型及其核心思想。
3. 产品种类增加型内生增长模型的重要性体现在哪几个方面?
4. 全要素生产率的内涵是什么?如何用索洛余值法测算全要素生产率?
5. 简要描述创新和经济增长之间的关系。
6. S型增长曲线的基本含义是什么?如何理解S型增长曲线的四大特征?
7. 请利用S型增长曲线模型解释中国经济发展过程中的新旧动能转化。

---

[1] 余泳泽.新S型曲线:经济增长目标约束与中国经济动能重塑[J].探索与争鸣.2018(7):38-42.

第 12 章
创新与国家"非对称"赶超

本章将重点介绍创新对国家"非对称"赶超的影响,主要包括"非对称"赶超相关理论、"非对称"赶超的技术创新路径选择、技术创新方向对均衡技术差距与技术追赶周期的影响以及中国"非对称"赶超的成功案例。

12.1 "非对称"赶超相关理论

"非对称"赶超战略是指在国际科技创新竞争环境和态势下,充分利用不对称信息并发挥自己的独特优势,采用不为竞争者所知的差异化策略和"非对称"技术路径、战术、方式方法,实现超越竞争者目标的一种指导思想。实施"非对称"战略是应对世界科技竞争的迫切需要。克莱顿·克里斯坦森(Clayton Christensen)1995 年在《破坏性技术:逐浪之道》(Disruptive Technologies: Catching the Wave)一文中首先提出颠覆性技术的概念,强调颠覆性技术就是另辟蹊径,打破传统技术的思维和发展路线,实现传统技术的跨越式发展。颠覆性创新在战略层面实质上就是"非对称"发展战略。2015 年新版《美国国家创新战略》、"欧盟 2020 战略"以及日本的《第五期科学技术基本计划》都希望通过实施"非对称"发展战略来推动颠覆性科技创新以抢占未来高技术发展的制高点,从而赢得经济增长和社会发展动力转化的契机。创新与"非对称"赶超的过程可分为三个阶段:创新与经济引领、创新与经济追赶和创新与经济赶超。

12.1.1 比较优势理论与要素禀赋优势理论

罗伯特·托伦斯(Robert Torrens)在其研究中最早提出比较优势这一概念,随后李嘉图又进行了深入研究,使得这一概念被推广开来,并成为国际贸易理论发展的基础。伴随着国际贸易理论的成熟与完善,比较优势理论的内涵也逐渐丰富。随后,李嘉图在他的著作《政治经济学原理》中从相对生产率的视角对比较优势理论进行阐释:即使一个国家生产所有产品的成本都比另外一个国家高,也就是说能够进行交易的产品都处于比较劣势的地位,这个国家也还是能够通过交易来获得利益。虽然古典经济增长理论在分析国民财富增长的影响因素时,并没有考虑产业的进步与发展的问题,但是这个理论中关于分工的理论以及要素资本积累的理论为后来的产业升级问题研究提供了理论基础。

要素禀赋理论对国际贸易问题的研究进一步深入和扩展,使得理论与实际中的贸易活动行为更加相符。一方面,将原来的仅仅由劳动这一单一因素决定贸易的条件扩展到两种甚至更多的影响要素;另一方面,将"贸易是由劳动力成本的不同引起的"这一结论,丰富到包含生产要素投入量等不同的原因。该理论指出,不同国家所生产的不同产品是生产要素之间的有机结合,而这些生产要素包括土地、劳动力、资本和各种自然资源。不同国家的生产要素禀赋不同,因此,它们会倾向于生产密集使用其丰富要素的产品,从而形成基于要素禀赋充裕度不同的国际分工格局。根据要素禀赋理论我们可以得出,一国的竞争力以及比较优势形成的前提条件是要素之间的总量及价格不同。

20世纪70年代,日本的鬼城式仁(H. Oniki)和宇泽弘文对原本静态的H—O模型进行了动态化研究,他们将比较优势假定为随着要素的积累以及技术水平的提高而不断发生改变。[①] 当一个国家或地区的资源要素或技术水平发生变化时,比较优势的构成也会相应地发生变化,新产生的比较优势将逐渐取代原有的优势,在这种优势的变化下,产业结构以及进行贸易的商品等也会相应发生变化。动态比较优势用发展的眼光分析了国际分工格局和国际竞争格局,随着这种世界竞争格局的变化,处于落后地位的国家为了获取较高的竞争地位,会不断地抓住这种格局变化的机遇,对本国的产业发展进行调整和升级,建立新的有竞争力的比较优势。

新结构经济学的研究提出,不同经济主体中符合社会运行的最优产业结构是不同的,而这种结构是由这个国家或地区的要素禀赋结构来决定的。当要素的价格以及稀缺程度等发生变化时,企业在利润最大化的生产原则以及竞争的促进作用下,不断地进行技术的创新和积累,改变产业的发展战略,着重发展符合要素禀赋的产业,促进产业升级的完成。当资本的积累速度超过自然资源以及劳动的积累速度时,就实现了要素禀赋结构的升级。在这一原则下,落后的国家遵循要素禀赋结构来发展,能够实现技术和产业的优化升级以及收敛。

12.1.2 技术进步的后发优势理论

后发优势理论由美国经济史学家亚历山大·格申克龙(Alexander Gerschenkron)提出并创立。该理论认为技术后发优势是发挥后发优势的一个重要因素,后发国家可以通

---

① 徐姗.西方动态比较优势理论的演进——发展中国家和"比较优势陷阱"[J].国际社会科学杂志(中文版),2009,26(2):108—110.

过引进、学习先进国家的技术和管理经验来实现经济收敛。在技术进步的后发优势理论研究中,格申克龙认为引进技术是后发国家步入工业化进而获得高速发展的首要保障因素。但对于后发优势的内涵,学界主要持有以下两种观点。

第一种观点认为后发国家与先发国家会存在"均衡技术差距"。持有这种观点的学者主要有纳尔逊等,他们的研究表明后发国家与先发国家的技术差距越大,后发国家技术进步越快,后发国家的技术进步水平与技术差距呈线性相关。但是随着技术差距的逐步缩小,后发国家的技术进步速度会逐步慢下来,从而与先发国家保持着一种"均衡技术差距"。格申克龙进一步完善了这一观点,他认为后发国家具备了一定的优势条件,这一优势条件是先发国家所不具备的,因为后发国家的这一优势并不是其通过努力而产生的,而是由于其经济处于相对落后这一特殊的地位所带来的。随后,日本学者南亮进(Minami)等的研究支持了格申克龙所提出来的后发优势理论。在南亮进的研究中,他以日本为例,深入分析了其后发优势的整个周期,并指出在20世纪70年代以前,日本依靠其自身所具有的后发优势,通过大规模的吸收、引进和模仿创新,取得了高速的发展。而在20世纪70年代以后,一方面,国家之间的差距逐渐缩小,日本可以引进吸收的机会越来越少,所具有的后发优势不再存在;另一方面,日本没能从根本上提升其国家的自主创新能力,不能给经济的发展提供真正的动力,所以没能够像美国成功地赶超了英国一样去赶超美国。

不同生产要素的稀缺程度的特征决定了比较优势,不同生产要素能否及怎样转化为产出的角度决定了后发优势。在后发优势所构成的框架中,劳动力作为一种生产要素具有后发优势,同时,资本、自然资源以及技术等不同的生产要素也都具有后发优势。在成功地发挥和利用各生产要素的后发优势以后,后发国家有可能实现赶超的目标。这便形成了后发优势的第二种观点:后发国家能够通过后发优势在技术赶超的过程中实现"蛙跳"。持有这种观点的学者通过总结后发国家实现技术收敛的经验,提出了技术进步的"蛙跳"模型。[①] 该模型认为,当技术变迁发生时,由于技术领先国家积累了旧技术丰富的生产经验,所以新技术反而不如旧技术有效率,加之使用旧技术的现有产业工人的工资水平较高,最终延滞了技术领先国家对新技术的采用。而对于技术落后国家而言,由于其使用旧技术的经验较少,产业工人的工资水平也较低,因此更倾向于采用新技术。这样就形成了技术赶超过程中的"蛙跳"效应。另外,制度作为一种生产要素,也被应用在后发优势理论中,它是由一个国家的体制内生决定的经济因素。不同的国家不仅经济发展程度不同,其市场机制及政治体系的发展程度也不同,所以国家要根据这些不同的机制来制定与之相匹配的政策,也就是说,后发国家在赶超的过程中不必完全遵循先发国

---

① Brezis, E. S., Krugman, P. R., Tsiddon, D. "Leapfrogging in International Competition: A Theory of Cycles in National Technological Leadership." *The American Economic Review*, 1993, 83(5): 1211—1219.

家的模式,可以制定自己的发展路径。同时,后发国家在整个市场化的进程中,还可以吸取先发国家的经验教训,达到跳跃式发展,实现创新赶超。

技术进步的后发优势理论认为,后发国家会通过吸收利用先发国家的技术实现技术差距的收敛。但是,这一假说在现实中却遭受了诸多质疑。从现实中全球的经济发展情况也可以看出,大多数发达国家同发展中国家的经济与技术差距仍在不断扩大,这种差距并没有随着时间而不断缩小,发展中国家可以通过技术"蛙跳"来缩小差距的理论对于很多落后国家也是一件很困难的事情,多数后发国家虽然通过此方式缩小了经济总量上的差距,但是并没有实现深层次的人均收入上的差距缩小。经济学家将这种后发优势理论和现实经济发展相悖的现象称为"后发优势悖论"。

众多学者尝试去解释这种技术后发优势悖论。研究主要集中在"技术引进的适宜性""要素禀赋的匹配""金融市场效率"以及"妨碍技术吸收的各类技术壁垒"等问题的分析上。格申克龙在其后发优势理论中也强调,对于先发国家技术的引进和学习并不是一个自发过程,还需要后发国家投入大量的成本去建设适应新技术发展所需的新体制、新政策和新组织。摩西·阿布拉莫维茨(Moses Abramovitz)的社会能力学说认为,为了使获取的技术能够在后发国家得以充分发挥,后发国家需要具有良好的基础设施和技术存活的条件。从技术引进的适宜性角度讨论后发优势悖论问题的学者认为,后发国家只有引进和模仿与本国的要素禀赋结构相匹配的国外技术才能使经济收敛于发达国家的经济发展水平。而如果引进的技术与本国的要素禀赋不匹配,一味地追求高技术则会不利于技术的消化、吸收,会导致技术创新难以进行。还有一些研究从要素适配度去解释后发优势悖论。例如,Acemoglu 和 Zilibotti 从引进的技术与后发国家工人技能之间的"适配度"角度来阐述技术后发优势悖论的问题。[1] 他们认为先发国家和后发国家在工人技能上存在着较大的差距,因此会导致后发国家即使引进了先发国家的技术,也会由于技术使用与技术工人的技能存在较大的"适配度"问题,而造成后发国家无法充分吸收先发国家的技术,最终导致技术引进上的失败。

12.1.3 竞争优势理论

创新驱动最早由著名管理学家波特提出,他以钻石理论为研究工具,将其在企业竞争力领域的研究扩展至产业和国家层面,进而形成了国家竞争优势理论。在国家竞争优势理论中,波特提出的钻石模型正是对这种投资和创新环境的描述。具体来说,钻石模型包含的四种主要因素分别是:①生产要素,包括初级的生产要素(一般的人力资源和天

---

[1] Acemoglu, D., Zilibotti, F. "Productivity Differences." *The Quarterly Journal of Economics*, 2001, 116(2): 563—606.

然资源)和被创造出来的生产要素(包括知识资源、资本资源和基础设施);②需求条件,包括国内需求的结构、市场规模和成长速度、需求的质量、需求国际化的程度等各个方面;③相关产业和支持性产业的表现,包括纵向的支持(企业的上游产业在设备、零部件等方面的支持)和横向的支持(相似的企业在生产合作、信息共享等方面的支持);④企业战略、企业结构和竞争对手,包括企业的经营理念、经营目标、员工的工作动机、同行业中竞争对手的状况等方面。

在国家层面,波特提出,如果一个国家或地区的产业符合如下条件,这个国家或地区将会在生产中获得竞争优势:第一,发展的产业在生产中密集地使用该国丰富的、相对便宜的要素。如果劳动力多,发展的产业就要多用劳动力;如果资本相对多,发展的产业就要多用资本,也即要多利用当地相对丰富的要素。第二,发展的产业拥有广大的国内市场。第三,每个产业形成一个产业集群。第四,每个产业的国内市场是竞争的,而非封闭或垄断的。其中,第一个条件实际上意味着这些发展的产业应符合由该国要素禀赋结构所决定的比较优势。

通过钻石模型,波特解释了一个国家的企业或行业如何取得持久的国际竞争能力。在此之后,波特将这一企业竞争力理论发展成为一种经济发展理论。按照波特的逻辑,国家经济发展的目标是使其国民取得较高的收入水平,而收入水平的高低则决定于该国企业或行业的生产率水平。既然只有发展高层次的竞争优势才能够使企业获得高层次的生产率水平,那么,国民收入水平的高低也就同样取决于该国的企业能否获得高层次的竞争优势了。这样,波特就将其企业竞争优势理论与国家的经济发展水平联系在一起,并最终将企业竞争优势理论发展成为国家竞争优势理论。

12.2 "非对称"赶超的技术创新路径选择

12.2.1 影响技术创新路径选择演进的机制

影响技术创新路径选择演进的机制主要包括压力机制、动力机制、推进机制和匹配机制四个层面,如图12-1所示。

1. 影响技术创新路径选择演进的压力机制

从自主创新来看,影响技术创新路径选择演进的压力机制主要是自主创新的沉没成本和知识产权保护问题。一方面,由于自主创新具有很大的不确定性,而且前期投入巨大,因此自主创新面临着较大的沉没成本问题。一般来讲,自主创新需要一个很长的周期,而现在技术生命周期越来越短,市场需求多元化趋势越来越明显,市场的竞争更多地

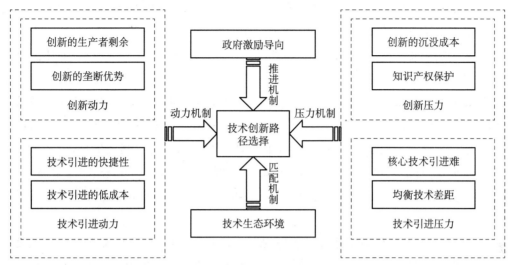

图 12-1 影响技术创新路径选择演进的机制

表现为围绕消费者需求之间的竞争,市场需求瞬息万变。例如电子产品的市场需求变换和更新换代的频率已经超过了普通企业能够承受的范围。当企业自主创新的产品进入市场后,一旦市场需求发生了变化,此时企业的前期投入就变成了沉没成本。而另一方面,企业研发出来的技术如果容易模仿,企业的知识产权保护就成为企业面临的一大困难,虽然各国都制定了一定的知识产权保护政策,但是各类侵权案件还是层出不穷,这给自主创新企业带来了不少损失,导致企业面临的自主创新的压力越来越大。出于企业的自组织行为,企业会采用最经济的技术创新路径,如果自主创新的收益低于技术引进和模仿创新给企业带来的收益,那么企业会自动放弃自主创新行为。我们可以靠引进技术提高技术水平,靠市场换技术;当我们发展到一定程度,能够与外国企业和跨国公司在高端产品形成竞争时,它们是不会把核心技术和高端技术转让给竞争对手的,我们只能通过自主创新实现高端市场的占领。

从技术引进角度来看,影响技术创新路径选择演进的压力机制主要是核心技术引进较为困难,并且技术引进以及在此基础上的跟随创新战略会导致我们与发达国家存在一个"均衡技术差距",要实现技术收敛甚至是技术赶超是非常困难的。著名经济学家和管理学家弗里曼与伊戈尔·安索夫(Igor Ansoff)等认为企业的技术创新战略主要分为以下三种:领先创新战略、跟随创新战略和模仿创新战略。技术引进以及在此基础上的模仿创新和跟随创新会让后发国家陷入"跟随战略的怪圈",长期以来会丧失自主创新能力。由于国外公司对核心技术都采取技术垄断的方式,一般不会轻易转移到发展中国家,所以一般发达国家转让的技术都是一些二三流技术,而对于核心技术控制得较为严格。此外,随着技术生命周期的不断缩短,技术引进的风险越来越大,引进来的技术可能马上就面临被淘汰的风险。大部分发展中国家通过技术引进给企业带来的收益时间都较短,加之技术引进适应性较弱,这些国家主要充当为发达国家提供廉价劳动力和组装进口零部件的角色。此外,事实表明,真正的核心技术是买不来的,一心买专利、引进技术很容易钻进圈套。核心技术面临着国外发达国家的垄断,引进较为困难,即使能够引进,花费的成本也是巨大的,有可能造成得不偿失的结果。Parente 和 Prescott 认为技术引进障碍的存在带来了技术引进的成本,不同国家在这种成本上的差异可能导致技术水平和人均收入水平的巨大差异。① 现在发达国家正在利用专利制度构筑技术壁垒,压缩发展中国家发展高新技术的空间,进而控制市场。有的以侵犯专利为借口,设法对我国进行经济惩罚;有的打出"技术牌",以收取高专利费占领市场;有的采取"后发制人"策略,先准许我们进入市场,待市场培育起来后,再以保护知识产权的名义迫使我们退出市场。

总之,在影响技术创新路径选择演进的压力机制上,自主创新面临着较大的沉没成本以及知识产权保护的压力,而技术引进以及在此基础上的模仿型创新则面临着核心技术丧失以及无法实现技术收敛甚至技术赶超的压力。

2. 影响技术创新路径选择演进的动力机制

虽然技术创新路径选择在自主创新和技术引进上都面临着一定的压力,但是也相对应地存在一定的动力。从自主创新来看,一个国家或企业选择自主创新道路的主要原因在于可以享受自主创新给企业和国家带来的更多的生产者剩余。创新一旦成功就会给企业带来技术的垄断优势,从而使得企业可以通过价格机制实现生产者剩余的索取。创新能使产品、市场和生产程序超越企业目前的边界和能力,为企业提供了在竞争中领先的条件。创新给企业带来三种无价的财富:一是实质性的未来增长;二是竞争优势;三是超越主要竞争对手的能力,甚至超越占据支配地位的竞争对手的能力。比如佳能发现中小企业需要的复印机是一个空白的细分市场,于是立即启动创新机制,开发出适合中小企业的复印机,并迅速与施乐平分秋色;微软、英特尔、三星、诺基亚等跨国公司就是靠着掌握自有核心技术而横扫世界市场。全球化程度的深化使得企业的竞争越来越激烈,产品和服务差异化的加剧使得跟随和模仿战略的优势正在消失,企业只有不断创新才能获得持久的竞争力,进而获得细分市场和投资回报。戴维·蒂斯的研究显示创新者会通过收益占有、互补性资产与主导性设计范式三个途径获得创新收益。苹果公司一直坚持走自主创新的道路,凭借其强大的创新能力迅速占领了相关市场,例如两个破坏性创新产品——iPhone 与 iPad 足以对全球的科技产业产生巨大的冲击,同时给企业带来了规模与市场竞争力的提升,使企业在这两个领域具有绝对的垄断优势。

从技术引进角度来看,影响技术创新路径选择演进的动力机制主要是技术引进可以

---

① Parente, S. L., Prescott, E. C. "Barriers to Technology Adoption and Development." *Journal of Political Economy*, 1994, 102(2):298—321.

在短时间内形成产业规模,并可以通过其强大的营销能力迅速占领市场,获得不小的利益。此外,技术引进相对于自主创新的成本低廉,而且引进的技术都是一些较为成熟的技术,可以通过要素比较优势迅速获得规模经济的好处。企业可以通过模仿创新对技术引进的成果进行二次创新,这样就能有效降低创新的不确定性,甚至能消除由创新带来的沉没成本。引进技术有时会带来与创新同样的效果,尤其是这种技术在国内还没有被广泛采用时。同自主创新相比,技术引进有其优势,引进新的技术可以为企业赢得宝贵的发展时间。日本企业从20世纪50年代到70年代初掌握引进近万种技术所花的时间,大约相当于其从头开发所需时间的五分之一,从而促成了日本企业在世界上的崛起。引进技术还可以节省很多费用,一项技术从开始研究到正式使用通常还要经历设计、试制等各个阶段,其间发生的各种费用数额巨大。日本企业在20世纪五六十年代引进、消化、吸收及推广技术的总费用约为60亿美元,而研发这些技术的直接费用和间接费用估计要达到2 000亿美元左右。因此,企业不应满足于技术引进的短期效应,而应使技术引进有利于促进企业技术发展战略的实现,以便更好地服务于企业战略。这就需要在技术引进的基础上,考虑它的消化、吸收和再创新。

所以,在影响技术创新路径选择演进的动力机制上,自主创新可以通过技术垄断获得更多的生产者剩余,获得无可比拟的竞争优势,为此很多企业采用了自主创新的战略。而技术引进可以迅速缩短技术研发的时间,并可以通过其他优势迅速占领市场,此外技术引进还可以节省费用,可能获得比自主创新更好的利益。

3. 影响技术创新路径选择演进的推进机制

一个国家或地区技术创新路径与方式选择除了受内在的压力和动力机制影响,还受到政府科技政策导向的外力影响。这种政策导向主要是随着一个经济发展阶段的不断变化,国家出台了一系列包括财政投入、税收激励、金融支持、引进技术消化吸收等在内的科技创新政策,鼓励和引导企业走自主创新之路。2006年2月,国务院制定发布了《〈国家中长期科学和技术发展规划纲要(2006—2020年)〉若干配套政策》,以加强自主创新为主线,以建设创新型国家为战略目标,对我国未来15年科学技术发展做出了全面规划和部署。为落实这些配套政策,国务院有关部门制定的70多项实施细则已陆续发布,从财政、税收、金融、产业等多方面激励自主创新的政策体系正在形成。从发达国家的经验来看,20世纪五六十年代,美国半导体和计算机工业在发展早期,由国防部和国家航空航天局出面采购,有效地降低了这些产品早期进入市场的风险;1960年,刚刚问世的集成电路产品100%由联邦政府购买;1998年,美国政府的采购合同总额中,来自高技术企业的产品价值为35%。美国在政府采购中还通过设置"提高技术标准""增加检验项目"和"技术法规变化"等技术壁垒,提高外国高技术产品的进入门槛,以削弱对手的竞争力。美国通过政府采购扶持了IBM、惠普、德州仪器等一批国际信息产业巨头。美国西部硅谷地区和东部 128 号公路沿线高技术产业群的迅速发展，与联邦政府的采购政策也密不可分。从国外发展经验看，政策创新对一个国家的科技进步和经济发展产生了巨大的推动作用。一般来讲，一个国家或地区的自主创新行为由于存在较大的不确定性和沉没成本压力，需要政府的力量才能推动，尤其是一些基础技术创新更需要国家政策推动。随着我国经济的不断发展，科技发展战略也发生了巨大的变化。进入 21 世纪以来，通过制定和实施国家中长期科技规划纲要，我国明确了新的历史条件下以自主创新为战略基点的科技发展指导方针，全面推进原始创新、集成创新和引进消化吸收再创新，加快创新型国家建设步伐。为了鼓励企业大力开展自主创新，各级政府都采取了对自主创新给予补贴的方式，或者通过政府采购鼓励自主创新的行为。近年来，国家积极倡导增强企业研发能力，不断完善支持企业自主创新相关政策，建立企业科技投入激励机制，鼓励企业大幅度增加研发投入，推动企业成为科技投入主体，加快形成以政府为主导、企业为主体、市场为导向、产学研紧密结合的技术创新体系。

可以说政府的科技政策导向会在一定程度上影响一个国家技术创新路径的选择，我国现在的科技政策旨在推动企业由技术引进向二次创新和自主创新战略转变，但是政府的政策推动还应与企业的技术创新自组织行为相结合，只有将政府外在的政策供给内化为企业的自主创新行为，才能实现技术创新路径的转换。

4. 影响技术创新路径选择演进的匹配机制

一个国家或地区所采取的技术创新路径与方式选择还应该与该国家或地区的技术生态环境相匹配。这里所指的技术生态环境包括研发资源聚集情况、产学研合作环境、创新成果产业化环境、市场化环境以及容忍创新失败的环境等。如果不考虑技术生态环境，一味追求更高层次的技术创新路径或者选择低层次的技术创新路径会导致技术进步方式具有不可持续性。克里斯泰阿诺·安东内利（Cristiano Antonelli）认为技术的环境属性决定了技术是从属于一定环境的，技术选择是受其所在环境要素影响的，可选择技术水平区间是受其所在技术生态环境决定的。一般来讲，如果一个地区技术创新路径选择水平过高，就会超过这个地区的技术生态环境的承载能力，技术创新就会缺乏自生能力。随之而来的是这个地区技术生态环境的恶化，影响技术创新的各类要素禀赋结构升级将陷入停滞，进而技术创新就会停滞。换句话来讲，如果一个地区不具备适宜的技术生态环境，即使是研发出了较先进的技术，该技术在产业化和市场化阶段也会面临着诸多困难，技术应用会经历较长的时间，最终会导致该技术不断被超越。研究显示，从清朝最早获知铁路技术（1840 年林则徐主持编译的《四洲志》中提到铁路技术）到清政府修建第一条铁路（1905 年詹天佑主持修建京张铁路）经过了 65 年。[①] 相反，如果一个地区技术创新路径选择水平过低，而技术生态环境较好，那么技术创新也会比较缓慢。例如，英国

---

① 王伯鲁. 技术地域性与技术传播问题探析[J]. 科学学研究，2002(4)：353—357.

在科研要素、创新环境等技术生态环境上具有较大的优势,但是受其拥有较大殖民地的影响,技术创新路径选择水平偏低,最终导致了第二次世界大战后英国产业竞争优势处于持续衰退之中。此外,技术生态环境也会通过影响消化吸收能力进而影响技术创新路径选择。

由于区域最适宜技术进步的方式内生决定于该区域的技术生态环境,因此,该技术的生态因子(要素)水平将会约束技术创新方式的选择,并会限制技术水平。技术创新选择方式对技术生态环境的耐受曲线如图12-2所示。

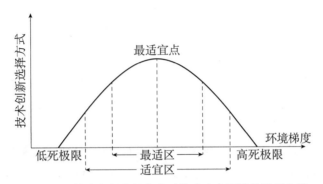

图 12-2 技术创新选择方式对技术生态环境的耐受曲线

只有当技术创新路径选择与技术生态环境相匹配时,技术创新才能获取自生能力。高水平的技术生态环境应该和高层次的技术创新方式相匹配,这种高层次的技术创新方式是以自主创新为主的。而低水平的技术生态环境应该和低层次的技术创新方式相匹配,这种低层次的技术创新方式是以技术引进为主的。只有两者匹配度较高的地区才能实现技术创新的持久性和稳定性。

12.2.2 比较优势的"要素禀赋论"与竞争优势的"技术赶超论"

自从波特出版其《国家竞争优势》一书以来,竞争优势理论开始在全球范围内广泛传播并对世界各国的理论研究者和政策制定者产生重要的影响。但竞争优势的建立离不开比较优势的发挥。只有按照经济的比较优势来组织生产活动,企业和整个经济才能最大限度地创造经济剩余。遵循比较优势,充分利用现有要素禀赋所决定的比较优势来选择产业、技术和生产活动,是企业和国家具有竞争力的前提,而且也是不断积累更为"高级"生产要素的必要条件。大多数发展中国家没有能够成功地缩小与经济发达国家的差距,主要根源在于它们的政府采取了不适当的发展战略——赶超战略,其中一个重要方面就是采取了不适当的技术赶超战略。一个国家经济的最优产业结构和技术结构是由其要素禀赋结构所内生决定的,产业结构和技术结构的升级是要素禀赋结构升级的结果。其次,在选择生产技术时必须优先考虑该生产技术是否符合该地区生产要素禀赋的状况。

比较优势发展战略的提出是林毅夫等的突出贡献之一。比较优势发展战略把经济发展战略区分为遵循比较优势的和逆比较优势的,发展中国家按照自身的比较优势来发展本国经济能够更快地实现经济的增长并且实现与发达国家间经济的收敛。因为经济的发展表现为产业结构的升级,一国的比较优势由其要素禀赋决定,产业结构的升级归根于要素禀赋结构的提升,遵循比较优势的经济体能够实现经济剩余的最大化,资本积累得最多,要素结构提升得最快,这样经济发展的成本最小,经济发展的可持续性也就最强。比较优势的原则不仅适用于不同的国家经济之间,对于一国内部不同地区、不同企业也同样适用。而发展中国家往往具有劳动力相对丰富、研发资源禀赋相对匮乏等特点。一方面,为遵循生产要素组合理论中的生产成本最小化原则,发展中国家应该选择劳动密集型生产技术,以缓解就业压力。另一方面,为提升技术的适应生存能力,发展中国家在进行技术选择时往往考虑技术是否与要素禀赋相匹配,最大限度地发挥要素禀赋的比较优势。

当发展中国家长期处于比较优势状态时则有可能陷入"比较优势陷阱":发展中国家通过大量引进、模仿先进技术来改善其在国际分工中的地位,容易产生对技术引进的过度依赖,自主创新能力在此过程中未能得到明显的提升。因此,发展中国家为实现对发达国家的"非对称"赶超需要遵循竞争优势。而充分发挥经济的比较优势是国家创造和维持产业竞争优势的基础。发展中国家创造竞争优势涉及两方面问题:一方面是贸易结构导向的转变,过去参加国际竞争主要是依据自身的供给条件,以资源禀赋为导向,现在则是以国际市场需求为导向。另一方面是有效地进行由比较优势到竞争优势的转化工作。发展中国家或地区只有充分依靠和发挥自己的比较优势才能够建立自己的竞争优势,最大限度地促进经济发展。

12.2.3 以技术引进为主的技术进步方式和自主创新的技术进步方式

自斯密探讨分工与技术以来,大批经济学家孜孜以求地研究技术变迁与经济增长的关系。20世纪中叶,索洛首次将技术进步模型化以作为长期经济增长的源泉;20世纪80年代后期兴起的内生增长理论尤其是熊彼特内生增长理论才真正将技术进步内生化,并从技术进步形态、变迁过程、变迁方向等方面研究技术进步与经济增长的关系。众多学者基于经济增长理论分析框架研究经济增长问题,普遍接受的结论是不同国家间经济水平差异主要是由技术进步差异引起的。若考虑欠发达国家与发达国家的技术偏好、制度因素等导致的稳态水平的差异,在资本报酬递减与技术扩散的作用下,欠发达地区经济将趋向于更快地增长,最终能够实现世界经济发展趋同。

引进国外技术有许多原因。从技术的角度看,可以将其归结为两个层次的技术需求动机。一是技术存量需求动机,即由于自身技术数量缺乏或质量低下,因而通过直接购买国外先进技术来弥补自身技术不足,这是许多后发经济体引进技术的初衷,是一种浅层次的技术引进需求。二是模仿创新需求动机,即通过对国外技术的消化、吸收、改造和再创新,提升技术能力,促进本土技术创新。这种技术引进是驱动后发经济快速追赶的重要力量,这一动机通常表现为干中学、改造模仿、逆向工程,是一种较高层次的技术引进需求。

两个层次的技术需求动机,会同时产生创新互补效应和替代效应,但效应的强度和方向有一定差异。第一层次的技术存量需求动机更侧重对引进技术的生产应用,可以看作是短期的技术消费。在这种动机下,国外技术引进对创新增长的互补效应较弱,而替代效应较强。第二层次的模仿创新需求动机更侧重对引进技术的吸收模仿,这种模仿可能是主动的有意识的模仿,也可能是被动的无意识的模仿,可以看作是长期的技术投资。在这种动机下,创新互补效应更明显,企业通常会投入大量经费用于消化吸收引进的技术,甚至进行模仿改造,因此更可能以国外先进技术为基础做出进一步的创新,从而推动所在地区的创新增长。从创新替代效应看,由于此类企业引进国外技术可能就是为了进行改造创新,或者了解竞争对手的技术状态,因此,购买国外技术不会明显减少对技术创新的需求激励,甚至会引发进一步的创新需求,促进所在地区的创新增长。如果一个地区多数企业是由于第一层次的动机引进国外技术,则创新替代效应可能大于创新互补效应;如果一个地区多数企业是由于第二层次的动机引进国外技术,则创新替代效应可能小于创新互补效应。

创新互补效应或替代效应的发挥,还取决于技术吸收能力的强弱。技术吸收能力是指获取、学习和利用外部新技术的能力。技术引进通常引入的是显性的技术知识,而真正能驱动创新增长的是隐藏在显性知识背后的隐性技术知识,对隐性技术知识的获取,依赖于技术吸收能力。在不同技术吸收能力的地区,国外技术引进对创新增长的影响不同。一方面,技术吸收能力通过对国外技术的吸收可以提高落后经济的创新对国际知识溢出的弹性,促进创新增长;另一方面,当一个地区的企业缺乏必要的技术吸收能力时,可能难以对外来的先进技术进行有效的消化、吸收和再创新,更不能借此推动创新的增长,从而陷入"引进—落后—再引进—再落后"的低水平循环。

因此,吸收能力对国外技术引进的创新增长溢出效应的影响,可能具有非线性的特征,也就是说,国外技术引进与创新增长并不是简单的线性正相关或负相关关系,而是因吸收能力的不同而有所不同,在不同吸收能力的地区,这种关系的大小甚至方向会存在差异。从作用方向看,还有可能存在一个或几个吸收能力门槛水平,一个地区的吸收能力只有达到或超出这一门槛水平,才能较好地利用先进国家的先进技术溢出;否则,当一个地区未能突破某种最低吸收能力约束时,它将不能很好地吸收国外创新成果并借此培育本土创新能力,可能出现严重的国外技术依赖,最终形成国外技术替代本土技术的局面,国外技术引进对于本土技术创新呈现创新替代而非创新互补效应。

吸收能力与技术需求动机并不是彼此分割的。一般说来,如果一个地区的多数企业是基于第一层次的技术存量需求动机而引进技术,它们往往不大重视对引进技术的消化、吸收和再创新投入,具体表现为技术吸收能力低下,甚至低于最低吸收能力门槛水平,那么国外技术引进呈现的创新替代效应大于互补效应,不利于创新增长。反之,如果一个地区的多数企业主要是基于第二层次的模仿创新需求动机而引进技术,它们更重视对技术的消化吸收和模仿创新,相应的投入会较多,技术吸收能力也会较强,那么国外技术引进带来的创新替代效应小于互补效应,会促进创新增长。

技术引进包括专利技术、专有技术、工艺流程、机器设备等诸多内容,通过引进技术获得技术的成本低、时间短,有利于加快缩小与发达国家技术差距的步伐。对于发展中国家来说,通过技术引进推动本土产业技术的升级是一种低成本高效益的战略选择,以获得推动自身经济可持续增长的基础条件。对于技术引进有助于发展中国家缩小与发达国家的差距的主要原因有如下两点:首先,发展中国家的技术水平往往处于后发层次,技术的后发优势未能得到充分发挥,在后发国家技术进步路径上,后发国家技术进步可以走专业化模仿—模仿与创新—专业化创新的路径,并且技术进步的路径演进取决于模仿的相对容易度和相对人均知识资本存量。其次,按照要素禀赋理论,要素结构的升级必然会引起技术结构的升级和技术进步,而发展中国家要素结构的升级很少能够达到以自主创新为主的技术进步形式的要求。因此,发展中国家在技术改进初期可利用技术的后发优势,通过技术引进逐渐提升自身的技术水平。

由于技术基础、学习能力、专利转让等原因,发展中国家在技术引进的过程中不仅会形成技术路径依赖,还会在技术创新资源上产生巨大的浪费。技术引进的路径受制于技术输出国的技术保护,通过引进技术提升产品竞争力存在较大的困难,而自主创新是发展中国家实现技术赶超的主要路径。自主创新是"自主"和"创新"的有机复合,更侧重通过自身的力量来实现技术的突破与赶超。在技术引进过程中,由于存在技术引进障碍,且这种障碍会造成技术引进成本的加大,因此自主创新作为技术进步的另一个途径,正在受到后发国家的重视。技术先发国为减少技术溢出以保护其竞争优势,会通过各种技术手段和知识产权制度来防止技术模仿,因此发展中国家要实现对发达国家的技术赶超不能仅仅依赖于技术引进与模仿,而应将自主创新作为提升其竞争力的主要方式。实现高水平科技自立自强,是打造"非对称"优势的基础和战略支撑。

自主创新主要通过两种机制来实现对技术的升级:一是创新追赶效应,指初始新产品创新水平越低的地区在学习、借鉴和模仿外来先进技术、制度时,具有一定的后发优势,可以更快地实现创新增长,追赶先进技术。但这种追赶效应只是一种潜在的可能性,一般不存在无条件追赶效应,而是往往取决于后发国的技术吸收能力。因此,这种追赶也被称为条件收敛。二是创新可能性边界拓展效应,创新可能性边界类似于生产可能性边界,是在既定创新资源投入和技术水平下能够实现的最大创新产出组合,当可以利用的创新资源增加时,创新可能性边界会向外拓展。这种拓展可以靠扩大自主创新投入来直接推动,也可以通过国内或国外技术溢出来间接促进。

技术的自主创新无疑是发展中国家实现"非对称"赶超的重要途径,但技术引进也是必不可少的一部分。技术引进向自主创新转变通常是复杂的组织学习过程,一般需要经过模仿创新、创造性模仿、改创型创新以及二次创新等过程,才有可能实现最终的自主创新。因此,在发展中国家实施赶超战略时,不仅不可忽视技术引进的重要基础,在自主创新的过程中也要注重促进技术引进与消化吸收的联动、消化吸收与技术创新的联动,通过常态化的联动机制,加速外来创新的本土化,形成技术从引进、消化再到创新的良性循环。

12.3 我国"非对称"赶超的成功案例

经济学家斯密将经济增长的动力归结于社会分工,熊彼特却认为创新是社会经济系统演进的直接动力,从而揭示了现代经济增长的源泉。然而,不同类型的国家有着不同的创新方式:英国是世界工业化的先行国家,由内部经济结构的变化引致技术革命,通过拓展世界技术的前沿领域,开启了经济持续增长的新时代。相对而言,西方的德国和美国以及东方的日本和韩国,都属于工业化的后发国家,它们是通过模仿先发国家的技术而实现技术追赶的。中国是典型的后发大国,在现代化进程中同样走过了一条通过对外开放进行模仿创新,从追赶到超越的道路。虽然古典经济增长理论在分析国民财富增长的影响因素时并没有考虑产业的进步与发展问题,但是这个理论中关于分工的理论以及要素资本积累的理论等为后来研究产业的升级问题提供了理论基础。

百余年里,实现科技强国始终是中国追求的一个重要目标。我国与发达国家科技实力的差距,主要体现在创新能力上。改革开放初期,中国长期依靠物质要素投入推动经济增长,经济发展方式以粗放型为主,处于投资带动要素驱动经济发展阶段,缺少创新驱动。近年来,经历了四十多年的经济高速增长,随着人口红利和资源禀赋的减少,我国长期依靠物质要素投入推动的经济增长方式正面临向创新驱动经济发展的模式转变。党的十八大以来,我国科技发展在多领域取得了举世瞩目的成就。但就总体科技实力而言,我国与发达国家的差距依然比较明显,"卡脖子"技术亟待突破,"撒手锏"技术亟须扩充。2013 年 8 月 21 日,习近平首次提出"非对称"战略,并指出"我们科技总体上与发达国家比有差距,要采取'非对称'赶超战略,发挥自己的优势";2016 年 5 月 30 日,习近平再次指出:"我们要善于识变、应变、求变,否则就会陷入战略被动,错失发展机遇"。从这个层面讲,"非对称"赶超战略思想的核心要点就是要"人无我有、人有我强、人强我优、人优我变"。

突破"卡脖子"技术是到2035年基本实现社会主义现代化、进入创新型国家前列的必然要求。党的二十大报告提出，到二〇三五年，我国发展的总体目标是：经济实力、科技实力、综合国力大幅跃升，人均国内生产总值迈上新的大台阶，达到中等发达国家水平；实现高水平科技自立自强，进入创新型国家前列。其中，科技创新处于最基础、最本源的地位，"关键核心技术"成为远景目标实现的关键支撑要素。从现实科技发展水平来看，我国工业"大而不强"问题突出，关键共性技术和科技通用装置严重依赖进口；生物卫生、医疗设备等滞后问题日益突出。在各个战略技术领域，一旦被实施封锁，我们将随时面临被"卡脖子"的困境。可以说，我国的经济社会发展比过去任何时候都更加需要先进的科学技术，需要锻造"撒手锏"技术与突破"卡脖子"技术，需要巩固提升优势产业的国际领先地位，以努力实现关键核心技术自主可控，不断实现科技自立自强。

近三十年来，我国技术发展更多的是依靠引进发达国家科技革命和产业革命的技术成果，早期是二手技术，后期是同步技术。这是特定时期的跟随战略措施，也是当时情境下不得不为之的策略。但是，这种情况明显不可持续，长期采用跟随战略将会使我国与国外技术发展水平差距越来越大，我国的产业将会被长期锁定在产业链的低端。因此，党中央一再强调，要锻造一些"撒手锏"技术，要在涉及未来的重点科技领域超前部署、大胆探索。

近年来，通过大力实施"非对称"赶超战略，我国的"天宫"空间站、"蛟龙号"载人潜水器、"中国天眼"（FAST）射电望远镜、"悟空号"暗物质粒子探测卫星、"墨子号"量子科学实验卫星等重大科技成果相继问世，在锻造一些"撒手锏"技术的同时，也突破了一些"卡脖子"技术问题。

12.3.1 量子科技的突围

日本、英国、欧盟、美国等国家都先后启动了国家级的量子科技战略行动。日本早在2013年就计划未来10年投入400亿日元研发量子信息技术。英国2014年设立"国家量子技术计划"，每年投资2.7亿英镑用于建立量子通信、传感、成像和计算四大研发中心。欧盟2016年宣布了预算10亿欧元、为期10年的"量子技术旗舰计划"。全球量子技术领先的美国，近10年来每年投入约2亿美元用于各细分领域的研究，全力推动量子科学的发展。产业端的谷歌、微软、IBM、英特尔等科技巨头则紧随入场，加速布局，量子技术研究已成为当前世界科技研究的一大热点。

中国近年来对量子科技的重视和支持力度逐渐加大。2018年5月，在中国科学院第十九次院士大会、中国工程院第十四次院士大会上，习近平总书记强调"以人工智能、量子信息、移动通信、物联网、区块链为代表的新一代信息技术加速突破应用"，进一步肯定了量子科技的战略地位。2016年8月,中国发射世界首颗量子科学实验卫星"墨子号",在国际上率先实现高速星地量子通信,初步构建了量子通信网络。此外,"京沪干线"是世界第一条量子通信保密干线,承载重要信息的保密传输,目前部分区段已经开通。我国量子计算原型机"九章"的问世,使我国首次实现"量子计算优越性"。这一系列的成就表明,中国在量子科技领域处于领先地位,已成功打造"撒手锏"技术。

2020年10月,习近平总书记在中共中央政治局就量子科技研究和应用前景举行的集体学习时强调,"要充分认识推动量子科技发展的重要性和紧迫性,加强量子科技发展战略谋划和系统布局,把握大趋势,下好先手棋"。由此可见,量子科技的发展战略已得到我国最高决策层的集体关注,这将更好地推进我国量子科技的领跑性发展。

12.3.2　5G技术的领先

从2009年华为等企业启动5G预研开始,到2019年工信部正式发放5G牌照,中国5G已经走过了10年岁月。这10年是中国通信产业跨越式发展的10年,实现了从3G跟随、4G并跑到5G领跑的艰难超越;10年前,中国自主研发的3G技术标准发牌,中国通信产业自主化开始起步;10年后,中国5G核心专利数全球第一,通信企业具备了国际竞争力。

华为5G取得成功的主要经验在于:一是坚持自主创新的战略,超前布局基础研究;二是厚积薄发的研发战略;三是深厚的管理基础和文化支撑;四是超前的国际视野;五是华为创始人的危机意识。从国家竞争层面来看,中国5G产业的成功除了华为等一批优秀企业的贡献,还与中国独特的制度优势密不可分,新型举国体制优势、面向人民的创新动力、国家数字化战略的推动、人力资本的崛起都是促进中国5G领先的重要因素。

12.3.3　新能源汽车产业技术的赶超

新能源汽车技术曾是国外技术的主战场。2012年6月,我国发布《节能与新能源汽车产业发展规划(2012—2020年)》,作为后来者,我国新能源汽车产业技术迅速进入发展的快车道。为了激励各机构实施"非对称"赶超战略,中央各有关部门先后推出了近60项支持新能源汽车产业发展的政策措施,各地方政府出台了500多项配套政策,在政策激励之下,行业企业纷纷加大研发投入、加快创新步伐。经过多年持续努力,我国新能源汽车产业技术水平显著提升、产业体系日趋完善、企业竞争力大幅增强。2015年以来,我国新能源汽车的产销量连续五年居世界首位,共同推动和奠定了我国新能源汽车产业技术的优势地位。

在取得优势地位的基础上,2020年11月发布的《新能源汽车产业发展规划(2021—2035年)》提出我国2035年新能源汽车核心技术达到国际先进水平、质量品牌具备较强国际竞争力的远期目标。规划引领目标,规划促进创新,可以预测,新一轮的新能源汽车产业发展规划将带来新一轮汽车技术的"非对称"突破,为我国打好新能源汽车关键核心技术攻坚战提供了有力支撑。

"非对称"赶超成就了中国在世界创新版图上的新坐标。世界知识产权组织发布的《2022年全球创新指数》报告显示,2022年中国创新全球排名第11,较2021年再上升1位,连续十年稳步提升,位居36个中高收入经济体之首。当前,全球新一轮科技革命和产业变革加速推进,创新驱动的中国将继续抢占制高点。

思考题

1. "非对称"赶超理论主要包括哪些内容?
2. 技术创新路径有哪些?依据什么条件选择"非对称"赶超的技术创新路径?
3. 通过技术追赶周期模型的推理得出了哪些结论?

第13章
创新与产业变革

本章将主要介绍创新在产业变革中的重要作用,重点围绕创新在产业演化以及新型工业化和服务业发展中的重要作用展开介绍。

13.1 创新与产业演化

本节重点讨论在创新与产业动态变化之间关系的分析上已取得的进展以及面临的挑战。我们将使用两种意义上的产业动态变化,一个专注于企业的进入、成长和退出,另外一个则更多地专注于产业演化。需要说明的是,本节所指的创新是广义上的,不仅包括技术创新,还包括产品和过程创新。

13.1.1 创新与产业演化的理论基石

自20世纪70年代后期以来,产业动态变化日渐成长为产业经济学的一个重要研究领域。历经多年的发展,产业动态变化已拓展为两个相互补充的研究领域。一方面,狭义上的产业动态变化,侧重于市场结构变化以及企业的进入、成长和衰落;另一方面,广义上的产业动态变化,还包括产业演化,其研究重点在于企业的知识和能力、制度及其他相关问题。

随着人们对产业动态变化的兴趣日增,创新在产业动态变化及演化中的关键作用也逐渐被发现。70年代后期以来,所谓的"SPRU 传统"[①]极大地增进了人们对创新在产业演化中所发挥作用的理解。该传统所提供的经验证据表明,创新与产业动态变化之间的关系不仅是多方面的,而且包含多个行为主体;不仅存在于与根本性创新相关的不确定性阶段,还存在于渐进性创新的更多时期,并且这一关系在各产业之间有显著差异。

多数研究认为,关于产业动态变化和演化存在下述事实,即大量产业依循生命周期

---

① SPRU 是"Science Policy Research Unit"的缩写,即英国苏塞克斯大学科学政策研究中心,"SPRU 传统"是指该研究中心对技术创新的分类。

过程。在该周期中,先是根本性创新与新的小生产商成功进入;其后,需求开始增长,导致市场最终趋于集中的过程创新与选择机制得到更大的重视。并且,另有研究指出,这些周期性的动态变化顺序在各产业间是不同的。

1. 学习时间不变参数的产业动态变化模型

理性行为人(包括在位者和进入者)的技术学习以及消除企业间异质性的竞争过程,刻画了用以解释如下经验法则的模型,即企业规模服从非对称分布,以及增长率随企业年龄的变化而变化。[①] 在此类模型中,学习是被动的,新企业并不了解它们自身的潜在赢利能力。

由于根本性创新开启了提高有效生产规模和进入的可能性,技术突破导致了产业动态变化过程中波动现象的发生。因此,向新技术的转换与不成功创新者的退出以及具有更大规模生产技术的企业的生存息息相关。这些模型中所包含的数据具有初始未知和未曾变化的特征,通过企业的经济行为而被逐渐揭示出来:在某种意义上,学习是不随时间变化的参数。

2. 积极学习的产业动态变化模型

企业探索经济环境并进行投资,一旦取得成功,就会扩大规模。因而,产业的动态变化是由成功企业的增长所驱动的。基于此,他们提出了一个企业进入与成长的随机模型,企业在投资探索活动时面临着其自身特有的不确定性。技术机会是向所有企业敞开的:正是企业投资结果的随机性,决定了其能否取得成功。企业状况随着自身投资的结果、其他企业的努力以及市场条件等因素的变化而变化。在决策中,企业拥有如下信息:过去和当期的所有投资与企业状态、支配状态演化的概率法则。但是,企业观察不到竞争对手的投资。该模型假定企业遵循马尔科夫策略,并且证明了动态寡占模型中马尔科夫完美均衡的存在,该动态寡占模型服从状态空间中经常性子集的遍历性(长期)分布。该模型的均衡计算可由数值迭代方法导出,其风格类似于标准的动态规划,但由于迭代过程的非收缩性,计算起来稍显复杂。在解决动态模型的可验证性方面,该模型已被证明是一次真正的突破,并引发了一系列实证应用性工作。

3. 产业生命周期模型

史蒂文·克莱珀(Steven Klepper)提出了一个正式的产业生命周期模型。在这个模型中,产业因根本性创新而诞生。在产业生命早期,成功的进入者推出新产品并开始成长,而一旦达到一定规模,它们就开始从事过程研发以降低成本。进而,成本的降低致使低效率企业被逐出市场。随着时间的推移,由于进入者较之在位者存在成本递增的劣势,进入者数量日趋减少,产品多样化程度也逐渐降低。到了产业成熟期,市场集中度上

---

① Jovanovic, B. "Selection and the evolution of industry." *Econometrica*, 1982(50), 649—670.

升。该模型起初是用于分析汽车产业的,但目前也同样适用于轮胎、电视和青霉素等其他产业。

4. 产业演化的演化论模型

纳尔逊和悉尼·温特(Sidney Winter)的演化论模型开拓了另一种分析产业动态变化的方法。在充满不确定性的动态变化环境中,有限理性的行为人通过实验或试错等方式,开展自身的行动、学习与搜寻。这些行为主体通常遵循惯例并拥有相应能力,并且这些惯例与能力对应于特定的知识整合方式,有着内在的组织内容。不同的行为主体知晓如何处理不同的事情,即使从事同一事务,也通常会采取不同的处理方式。学习、知识与行为等因素致使行为主体在经验、能力以及组织等方面存在异质性,进而导致企业间存在持久的绩效差异。此外,变异过程增强了技术、产品与企业之间的异质性,而选择过程反过来降低了此种异质性。同时,这类模型具有去策略化特征,在结构与动态变化过程上存在的差异被认为是独立于企业的微观策略。

5. 其他的理论贡献

其他理论贡献则在更为形式化的层次上对R&D与创新进行了分析,与产业动态变化及演化问题存在着一定的联系。例如,①R&D与专利竞赛博弈模型。在该模型中,在位者或挑战者等企业参与创新活动时存在先后顺序,并且此竞赛将会影响到市场结构的动态变化。②对网络外部性、竞争性技术和标准的分析,其焦点在于存在网络外部性时技术之间的竞争问题。③技术采纳、消费者在彼此替代系统上的选择,以及网络市场中的兼容性决策与标准化战略。④对通用技术(即具有一般性应用范围并能为多种顾客所使用的技术,比如电子技术)作为整体经济和增长源泉之作用的分析,以及约翰·萨顿(John Sutton)提出的边界分析法。其中,技术和需求等因素借助无套利条件对产业结构确定了一个边界,并导致了特定进入过程的纳什均衡结果。

13.1.2 创新与产业革命

科技革命是产业革命的先导。科技发展受多重因素影响,既有源于人类的好奇心和科技发展的惯性等内在动力,也有与经济和安全紧密相关的社会需求和投入因素。未来的科技发展将更加以人为本。促进和保障人与自然、人与社会和谐相处成为科技创新的基本理念,绿色、健康、智能将成为引领科技创新的重点方向,人类或将在新一代信息技术、生物技术、新能源技术、新材料技术、智能制造技术等领域取得突破。

新产业革命是新科技革命的结果。一方面,无论是从重大科学发现和技术演进的趋势看,还是从人类共同面临的可持续发展需求看,新产业革命的爆发都更有可能基于多种技术的交叉融合。另一方面,尽管第二次技术革命和第二次产业革命爆发以来,科学革命、技术革命到产业革命的时间越来越短,但从目前最有可能催生新产业革命的几大科技领域来看,还未出现有广泛关联性和全局性并对人类社会生产生活方方面面产生深刻、持续影响的重大科技突破和发明应用,或许还需要一段时间的积累。此外,孕育发展中的新产业革命将有可能从根本上改变技术路径、产品形态、产业模式,推动产业生态和经济格局重大深刻调整,相比历次产业革命对制度的要求也将更为苛刻,更可能发生在具备良好制度条件的国家和地区。

新科技革命和产业变革将改造传统生产方式和服务业业态,推动传统生产方式和商业模式变革,促进工业和服务业融合发展。一方面,推动传统产业转型升级。新一代信息技术和智能制造技术融入传统制造业的产品研发、设计、制造过程,将推动我国传统制造业由大批量标准化生产转变为以互联网为支撑的智能化个性化定制生产,大幅提升传统产业发展能级和发展空间。新能源技术广泛应用于传统产业,将直接降低传统产业能耗水平。另一方面,促进制造业服务业融合发展。新一代信息技术、智能制造技术等全面嵌入制造业和服务业领域,将打破我国传统封闭式的制造流程和服务业业态,促进制造业和服务业在产业链上融合。随着产业高度融合、产业边界逐渐模糊,新技术、新产品、新业态、新模式将不断涌现,现代产业体系还将加速重构。

新技术及其广泛应用将促进生产效率提高,直接提升我国潜在经济增长率,而新技术的产业化和商业化则将打造出新的业务部门和新的主导产业,催生新的经济增长点。一方面,提升潜在经济增长率。新一代信息技术、智能制造技术等突破应用,将改造传统的资源配置和生产组织方式,促进全社会资源配置效率提高。智能机器人等广泛应用将替代低技能劳动、简单重复劳动,缓解劳动力紧缺并提高劳动生产率。另一方面,形成新的经济增长点。随着新技术在生物、新能源、新材料、智能制造等领域取得突破,其将催生出关联性强和发展前景广阔的生物、新能源、新材料、智能制造等产业,尤其是依托我国纵深多样、潜力巨大的国内市场需求,必将发展成为我国产业的新增长点。

13.2　创新与新型工业化

工业革命是人类发展历史上最辉煌的财富创造时期,是世界上大多数国家都必然经历的历史过程,工业革命后所创造的物质财富超过之前人类历史所创造的全部劳动成果。当然,工业革命也具有毁灭性,不仅是熊彼特所说的技术创新的"创造性破坏",而且可能是战争的毁灭和环境生态的毁灭,即战争工业化和环境工业化。

13.2.1　新型工业化的历史溯源:历次工业革命

工业革命发源自英国,主要表现为以机器代替人工,即以煤炭为主要燃料的蒸汽机代替人力、畜力等,工业生产成为人类创造物质财富的主要方式。第二次工业革命的代表性工业技术是电力和内燃机的广泛应用,为"石油时代"和"汽车时代"的到来提供了物质技术条件。进入20世纪中叶,尤其是第二次世界大战后,以美国为首的先进工业国开始了以高科技革命为基础的第三次工业革命。

1. 第一次工业革命

英国工业革命的技术标志是珍妮纺纱机的发明和蒸汽机的使用。这是体现人类生产方式进入了以机器和化石能源替代人力、生产能力和劳动生产率大大提高的革命性变化。由工业革命所开创的这一时代被称为工业化时代,完成了这一过程的国家被称为工业化国家或工业国。英国是世界上第一个完成工业化过程的工业国。

英国的工业革命首先出现于工场手工业最为发达的棉纺织业。18世纪中期,越来越多的英国商品被销往海外,手工工场的生产技术难以适应日益扩大的市场需求。为提高产量,人们设法改进生产技术。"珍妮机"的发明和使用首先在棉纺织业中引发了机器的发明和技术的革新,拉开了工业革命的序幕。此后,在采煤、冶金等许多领域,也都陆续有了机器的发明和使用,而且开始使用非人力动力,例如水力纺机等。

随着机器生产的不断增加,原有的动力如人力、畜力、水力和风力等已经无法满足动力需要。因此,一种新的动力资源应运而生,这就是蒸汽机的发明和使用。通常将詹姆斯·瓦特(James Watt)视为蒸汽机工业的主要代表人,以其获得英国专利的1769年作为蒸汽机使用的标志性年份。

17世纪中期的英国资产阶级革命,建立了资产阶级和土地贵族联盟为基础的君主立宪制,促进了工业革命各种前提条件的迅速形成。英国在世界各地进行大规模海外殖民,在国内实行有利于资本积累的经济政策,在农村进行大规模圈地运动,为城市工业发展准备了大量可供雇佣的"自由"劳动力。而工场手工业的发展,培养了熟练工人,为机器的应用提供了技能经验和人才条件。同时,自然科学的进步,特别是以牛顿力学和数学为代表的近代科学的发展,为机器的发明奠定了科学理论基础。

2. 第二次工业革命

在第二次工业革命中,英国和美国走在世界的前列。但在这次工业革命中,美国终于超越英国,到20世纪二三十年代基本完成了第二次工业革命,成为世界上最强大的国家。第二次工业革命的代表性工业技术是电力和内燃机的广泛应用。

电力是以电能为动力的能源。从19世纪70年代开始,以电气化为标志的第二次技术革命使内燃机和电力广泛应用于现代化工业生产。20世纪出现的大规模电力系统是人类工程科学史上最重要的成就之一,它是由发电、输电、变电、配电和用电等环节组成的电力生产、分配与消费的系统。电力系统将自然界的一次能源通过机械能装置转化成电力,再经输电、变电和配电将电力供应到各用户。第二次工业革命的这项伟大成就一直影响到今天以至未来的世界。

第二次工业革命的另一个技术标志是内燃机的广泛使用。由于内燃机热效率高、功率和转速范围宽、配套方便、机动性好,逐渐获得广泛应用。各种类型的汽车、拖拉机、农业机械、工程机械、小型移动电站和战车等都可以使用内燃机作为动力。海上商船、内河船舶和常规舰艇,以及某些小型飞机也都可以由内燃机来推进。内燃机很快成为全世界最重要、保有量最大的动力机械,在人类活动中占有非常重要的地位。

内燃机的广泛使用极大地改变了人类的生活方式,为"石油时代"和"汽车时代"的到来提供了物质技术条件。这是第二次工业革命过程中与电力使用具有同等重要意义的又一个影响深远的重大创造。人类的生产和生活从此发生了翻天覆地的变化。

3. 第三次工业革命

人类工业化进程自18世纪工业革命以来从来没有停止过,工业技术持续不断地发明、创造和创新体现了马克思所说的生产力的革命本性。进入20世纪中叶,尤其是第二次世界大战以后,世界范围内掀起了工业革命浪潮。从20世纪下半叶开始,以美国为首的先进工业国开始了以高科技革命为基础的又一次工业革命,即"第三次工业革命"。

关于第三次工业革命,人们大都认为这是继蒸汽机技术为标志的第一次工业革命和电力技术应用为标志的第二次工业革命之后,科技进步所推动的工业技术领域的又一次重大飞跃。它以原子能、电子计算机、空间技术和生物工程的发明和应用为主要标志,涉及信息技术、新能源技术、新材料技术、生物技术、空间技术和海洋技术等诸多领域。尤其是在20世纪最后20年直至进入21世纪,在新能源、新材料和互联网运用等领域所发生的革命性技术创新,正在并将继续颠覆性地改变人类的生存环境、生活方式、生产方式和整个社会面貌。

专栏13-1 第三次工业革命的五大支柱

第三次工业革命的五大支柱是:①向可再生能源转型;②将每个大陆的建筑群变成微型发电厂,就地收集可再生能源;③在每个建筑和所有基础设施里使用氢及其他储存技术,以储存间歇性能源;④用互联网技术将每个大陆的电力网转化为能源互联网,像互联网一样工作(数百万建筑就地生产少量可再生能源,然后将多余的绿色电力卖给电力网并与其他大陆的居民共享);⑤把运输车辆改装成充电或由电池驱动的车辆,从而可以在交互式电力网上买卖绿色电力。

资料来源:杰里米·里夫金. 第三次工业革命:新经济模式如何改变世界[M]. 北京:中信出版社,2012.

第三次工业革命在本质上是信息—智能密集的资本对脑力劳动的替代,这是第三次工业革命与前两次工业革命根本不同的特征。在前两次工业革命中,人类通过操作纸、笔和算盘等诸如此类的工具从事脑力劳动,智力工作仍具有手工劳动的特点。在第三次工业革命中,作为智力劳动工具的计算机,操作着信息处理工具软件,替代了人类对纸、笔和算盘等手工工具的操作。计算机的发明使人类摆脱了思维器官和手工劳动在计算速度、信息收集和信息存储等诸多方面不可逾越的生理局限,不仅使人类从繁重的简单脑力劳动中解放出来,而且也导致了智力劳动效率的极大提高。

第三次工业革命有两大特点:一是直接从事生产的劳动力会不断地快速下降,劳动力成本占总成本的比例会越来越小;二是新生产工艺能满足各种个性化、定制化的需求,要求生产者要贴近消费者与消费市场。这两大特点都会使传统的以廉价劳动力取胜的制造业发生根本性变化。一种可能的趋势是,过去为追逐低劳动力成本转移到发展中国家的资本,会很快移回到发达国家中去。

4. 历次工业革命中的技术创新

如前所述,第一次技术革命使欧洲率先建立起了机器制造业,并逐步发展成工业体系,实现了工业化。第一次技术革命促进了科学和技术的结合,加强了科学与技术的相互作用,显示了科学与技术结合的伟大力量。第二次技术革命发生于 19 世纪最后 20~30 年间,这是一次以新式炼钢法、化学方法和电力的广泛运用,电动机、内燃机、蒸汽涡轮机等新型发动机的发明和运用为主要标志的新技术革命。这次新技术革命引起冶金业、化学工业、机械制造业和交通运输业等新兴工业的发展,促进原有产业部门的技术结构进行重大改造,推动着生产规模的进一步扩大和生产社会化程度的进一步提高,使得整个产业结构中重工业部门逐步取代轻工业部门而占据重要地位。20 世纪 40 年代,随着微电子、信息技术、宇航技术、核能技术、激光技术、生物工程技术的广泛应用,以新能源、新材料、新的生产方式和生产领域为主要标志的第三次技术革命爆发。更多信息见表 13-1。

表 13-1 技术革命浪潮

工业革命	技术革命浪潮	核心及关键性投入	诱发技术革命的"大爆炸"	交通运输和信息通信基础设施	该时期的流行名称	核心国家
第一次工业革命	第一次技术革命浪潮	生铁、棉花	阿克莱特在克隆福德建立第一座水力纺纱厂(1771 年)	运河、收费公路、轮船	产业革命	英国
第一次工业革命	第二次技术革命浪潮	铁、煤	蒸汽动力机车"火箭号"在利物浦到曼彻斯特的铁路试验成功(1829 年)	铁路、电报、蒸汽船	蒸汽和铁路时代	由英国扩散到欧洲大陆和美国
第二次工业革命	第三次技术革命浪潮	钢铁、电力	卡内基酸性转炉钢厂在宾夕法尼亚州的匹兹堡开工(1875 年)	钢轨、钢制舰船	钢铁、电力和重化工业时代	美国和德国赶超英国
第二次工业革命	第四次技术革命浪潮	石油、天然气、合成材料	第一辆 T 型车从底特律的福特工厂出产(1908 年)	高速公路、机场、无线电	石油、汽车和大规模生产的时代	由美国扩散到欧洲

(续表)

工业革命	技术革命浪潮	核心及关键性投入	诱发技术革命的"大爆炸"	交通运输和信息通信基础设施	该时期的流行名称	核心国家
第三次工业革命	第五次技术革命浪潮	芯片、信息	在加利福尼亚州的圣克拉拉,英特尔的微处理器问世(1971年)	信息高速公路(互联网)	信息和远程通信时代	由美国扩散到欧洲和亚洲
	第六次技术革命浪潮	信息、数据、可再生能源	云计算、大数据(2008年前后)及可再生能源	新一代无线网络(5G、Wi-Fi)、物联网和云计算(云网络、智能电网等)	工业智能化时代	美国、日本、欧洲和中国

资料来源:第一次至第五次技术革命浪潮的内容根据克里斯·弗里曼、弗朗西斯科·卢桑《光阴似箭:从工业革命到信息革命》(沈宏亮主译. 北京:中国人民大学出版社,2007年. 第145—146页)和卡萝塔·佩蕾丝《技术革命与金融资本:泡沫与黄金时代的动力学》(第18—19页)的观点整理而成,第六次技术革命浪潮为作者补充。

技术创新在工业化进程中发挥了重要的作用。

首先,技术创新是经济增长重要的内在动力。当前,科学技术对经济增长率的贡献越来越大,技术进步的贡献已明显超过资本和劳动力的贡献。根据统计和测算,在经济发达国家,20世纪初技术进步对经济增长的贡献率为5%~20%,但到20世纪中叶上升至50%左右,80年代上升至60%~80%。美国国家科技委员会1996年报告估计,技术和知识的增加占了生产率增长总要素的80%左右。据世界银行测算,在20世纪90年代,东盟国家技术创新在其经济增长中的作用约占40%。

其次,技术创新提高了劳动生产率,特别是工业领域的劳动生产率。据经济学家约翰·肯德里克(John Kendnick)在1980年所做的数量分析,在1929—1978年的50年中,美国生产率的增长有40%是由技术创新引致的,有12%是由劳动力素质的提高贡献的,即共有52%是源于技术进步。

再次,技术创新使产品成本下降,通过消费品升级换代,改变需求结构。计算机技术和材料技术的突破使电子计算机的成本飞速下降,以平均每5~7年运算速度提高10倍、体积和价格降至原来1/10左右的步伐向前发展,性价比则以100倍的速度迅速提高。中国家庭耐用消费品的变化历程也说明了这个问题。20世纪六七十年代最典型的耐用消费品是所谓"老三件",即自行车、手表和缝纫机;20世纪80年代随着技术引进升级到"新三件",即电视机、电冰箱和洗衣机;目前,电脑、摄像机乃至汽车等正进入大量家庭。

最后,技术创新是产业结构升级的首要因素。每一次的重大技术创新都对产业结构产生重大影响,形成一批新的产业群,使社会生产力水平迅速提高。技术创新一方面促使原有产业和产业部门分解或分离出来,形成新的产业和产业部门;另一方面,又促进全新的生产部门形成。采用新技术、新工艺和新装备还促使原有产业和产业部门得到改造,最明显的例子是采用电子和信息技术改造传统产业,使机械工业实现机电一体化。

13.2.2 新型工业化的内涵与特征

在不同的历史条件下,不同国家实现工业化的道路和标准都有所不同。中国的新型工业化道路的提出是相对于传统工业化道路而言的。这一概念最早出现在2002年党的十六大报告中,即坚持以信息化带动工业化,以工业化促进信息化,走出一条科技含量高、经济效益好、资源消耗低、环境污染少、人力资源得到充分发挥的新型工业化路子。

新型工业化的实质是转变经济发展的模式,改变西方国家现代化过程中以矿物燃料为基础、一次性物品充斥的工业模式。从这个意义上来讲,新型工业化即可持续发展的工业化道路:既要经济发展,又要生态环境的保护,实现"生产发展、生活富裕、生态良好"三位一体的发展目标。走新型工业化道路,意味着依靠最新科学技术实现信息化带动工业化,这不仅可以使工业化水平达到国际前沿,而且可以节省物质资源,实现低物质消耗,还可以通过清洁生产来减少污染,实现生产力的跨越式发展。

新型工业化道路的基本内涵包括以下四个方面:①以信息化带动工业化,以工业化促进信息化;②依靠科技进步,不断改善经济增长质量、提高经济效益;③推进产业结构的优化升级,正确处理高新技术产业与传统产业之间的关系;④控制人口增长,保护环境,合理开发和利用自然资源,实现可持续发展。

13.2.3 创新在新型工业化道路中的作用

新型工业化道路强调的是技术创新的作用,如生产与服务中科技含量的增加、信息化的广泛应用及其对农业、工业和服务业的提升,是经济增长方式的根本性转变。因此,新型工业化的发展实则与技术创新相伴而随,并对技术创新提出了越来越高的要求。在工业化进程中技术创新能力不足仍然是制约我国工业化发展的主要因素之一。据统计,中国科技创新和技术进步对经济增长的贡献率约为30%,不仅低于发达国家的60%—80%,而且比发展中国家35%的平均水平还要低。综合而言,"提高科技含量、强调生态保护、发展信息化产业"明显需要技术进步作为支撑;而"人力资源优"同样隐含着对知识与技术的要求,农村剩余劳动力转移需要进行技能培训,在技术进步的前提下发展劳动密集型产业是"人力资源优"所要求的前提条件。因此,符合中国国情的新型工业化模式必然需要以科技创新为基础。

1. 科技创新为中国的新型工业化道路提供了经济结构战略性调整的突破

中国现有的产业结构基本上处于美国工业化中期的水平,但中国的很多地方仍然处于农业经济时代。显然这一经济结构与新型工业化目标相距甚远。因此,要通过科技创新加快我国经济结构的优化升级,迅速改变二元经济结构的状况。一方面,要加强在农业中的科技创新,带动农业工业化和城镇化发展;另一方面,通过科技创新不断拓展产业空间,包括新兴产业的诞生和传统产业的改造。中国工业化的特点决定了只有综合利用各种现代新型技术,不断进行自主创新,占领科技革命的制高点,才能获得更大的产业空间和利润回报,更好地参与国际竞争和国际经济大循环,消除中国新型工业化发展中存在的结构性障碍。

2. 科技创新为中国新型工业化道路的跨越式发展提供技术先导

一方面,高新技术尤其是信息产业,科技含量高,渗透力强,为中国提供了加速发展的机遇。只有紧紧追踪世界高新技术的发展趋势,在全面推进信息化的同时,积极主动地加快生物、航空航天、新材料、新能源等高新技术的研制和开发,才能够为中国的新型工业化道路的跨越式发展提供技术先导。另一方面,高新技术也有效改进了传统产业的进程,特别是用电子信息、新材料等高技术振兴制造业,可以大幅提高中国传统产业的技术含量。当前要采用高新技术等重点嫁接、开发高档数控设备和生产线,数字化医疗、办公及家用设备,大型专用设备,汽车及其他运输设备等,真正使我国成为掌握核心和关键技术、具有较强技术创新能力的世界制造中心,而不仅仅是充当国外技术的加工基地。

3. 科技创新为中国走新型工业化道路提供智力支持

新型工业化的发展既包括人民群众物质生活水平的提高,也包含着精神文化建设的均衡、协调发展,其中全民族的科学文化素质是新型工业化发展的重要智力基础。然而,目前公众科学文化素质偏低,高素质人才相对缺乏,科技创新潜力不足,极大地制约了中国新型工业化的发展步伐。只有把中国的人力资源优势与技术和智力相结合,才能形成具有竞争力的人力资本优势,加快推进新型工业化步伐。科技创新提高了公众的科学素养和科学精神,为新型工业化发展注入了智力强流,这样才能有力地促进我国将丰富的人口资源转变为人力资源优势,进而将人力资源优势转变为竞争优势。

13.3 创新与现代服务业发展

13.3.1 从新型工业化到现代服务业

进入 20 世纪 80 年代以来,现代服务业获得了快速的增长,如个人、文化与娱乐服务,计算机与信息服务,通信服务,金融服务,保险服务,专利与许可及专业服务等。现代服务业的快速发展不是偶然的,它是技术进步和知识经济的必然结果。一方面,知识、技术的创新和应用开辟了服务业中新的生产和分工领域,丰富了服务的种类,催生了新的交易方式(如电子商务),从而促使新的服务部门不断涌现;另一方面,科技进步还改变了传统的服务提供方式,改造着传统的服务业,如运输等传统服务部门引入信息管理系统,提供信息化、网络化的服务等。现代服务业的核心是具有技术创新和扩散功能的生产者服务。服务业中的运输、建筑、计算机与信息、专利与特许、保险、金融等大多是生产者服务。

知识和科技的不断进步首先反映为生产者服务的不断进步,并通过生产者服务注入生产部门;技术进步还通过生产者服务在各部门之间的联系,传递到其他部门,实现技术的外溢效应,从而使技术进步得以扩散,技术的正外部性得以发挥,最终推动整个经济的发展。因此,作为制造业的中间投入行业,现代服务业不仅直接影响制造业的发展,具有非常重要的经济内涵和经济效应,而且能够有效地拉动经济增长,成为高质量发展重要新动能的关键因素。

现代服务业的经济效应包括:①外溢效应。现代服务业能够有效带动服务业和制造业升级,提升经济整体竞争力。进一步地,在现代服务业发挥外溢效应的过程中,对外开放方式、地区发展路径等因素都起着显著的调节作用。②知识生产扩散效应。赫伯特·格鲁贝尔(Herbert Grubel)和迈克尔·沃克(Michael Walker)最早用奥地利学派的生产迂回学说阐述了现代服务业实质上充当了人力资本和知识资本的传送器,能大大提高最终产出增加值。③价值链提升效应。在全球价值链系统中,拥有强大研发能力的现代服务业居于关键地位,并掌控整个价值链。高端服务业对战略性资源,进而对全球经济具有非常强的控制力,能够提升整体经济竞争力和控制力。现代服务业在全球公司对价值链的支配上处于关键性地位,主要通过四种途径在价值链构建中发挥核心作用,即系统整合者、专业化市场交易平台、价值链国外布局、国内外终端销售渠道。

13.3.2 服务创新与现代服务业发展

国内外学者认为现代服务业尤其是知识密集型服务业具有很强的创新能力,是新知识的来源,它们与大学、客户企业形成共生的关系,是知识的共同生产者。知识密集型服务业承担了宏观创新系统中知识扩散子系统的功能,是知识转移者。知识密集型服务业在客户企业的创新过程中发挥着"创新桥梁"的作用,一方面通过有形的知识交换提供正式的"第一知识基础设施",另一方面利用过程导向的无形的知识交换提供"第二知识基础设施",是知识基础设施提供者。

1. 服务创新的内涵

服务创新是服务企业在服务过程中运用新思想和新技术改善或变革现有服务流程和服务内容,以提高服务质量和服务效率,为顾客创造新价值,最终形成服务企业的竞争优势。1998年,罗布·比尔德贝克(Rob Bilderbeek)等学者提出经典的服务创新"四维度模型",指出服务创新活动是"新服务概念设计""新传递系统设计""新顾客界面设计"和"新技术"的整合。即一项新服务的出现通常意味着新服务概念的形成,同时需要开发一个新的服务传递系统,员工也要改变工作方式及其与顾客间的关联和作用方式,并在必要时使用ICT(information & communication technology)等技术。

服务业创新与制造业创新有许多不同之处,其本质在于服务和制造品的差异。制造品通常具有标准化、有形化、可运输性等特征,而服务却是异质的、无形的、生产与消费一体化(难以运输)的。由于服务具有无形性、生产和消费的同时性、易逝性、不可储存性等特性,其创新过程与产品创新过程不完全相同,具有更高的复杂性和交互性。其中,无形性和渐进性是服务创新最核心的特性,其他特征都可以从这两个特征衍生而来。

第一,服务创新具有无形性和渐进性。由于服务本身是无形的,服务创新以渐进性创新为主,进行技术变革性创新较少,而且服务创新的结果并不表现为有形"产品",而是一种概念性、过程性的创新活动,更多源自对服务过程和服务环节进行的改进,具有明显的无形性,因此服务创新往往是"隐性"而不是"显性"的。具体来说,服务业服务的对象是客户,目的是满足客户的需求,除少数行业外,服务业多在"项目开发""质量管理"等名目下研发,而采用制造业的制度化和定式化研发活动较少。但对那些与客户关系紧密的服务企业而言,服务产品的生产销售和投入产出的同时性使企业无法分辨到底哪些经费投入了研发活动。研究发现,服务业R&D投入与产出没有显著统计意义的相关性,制造业创新倾向于强调"硬性"指标,如R&D投入等,而服务业创新更注重"软性"的研发能力,如与外部创新源的互动等。

第二,服务创新具有多样性。服务对象的要求千差万别,创新类型复杂、难以标准化,如服务生产和消费的同时性使产品创新和过程创新难以区分,除四种常见的创新(产品创新、组织创新、流程创新、市场创新),服务业还有第五种创新:专门化创新,即解决顾客特殊问题的创新。在澳大利亚和德国对交通业创新的调查中,采用过非技术创新的比例高于技术创新;在欧洲进行的"四个行业调查"中,有超过三分之一的服务企业认为它们只进行组织创新。因此,服务创新比制造业创新的含义更宽泛。正由于服务创新更多的是在组织、流程等方面进行非技术创新,如新服务、新市场、新商业模式等,而有研究对这些"软性"的创新较少关注,因此,如果仅使用R&D强度和专利数量(一般作为制造业的创新投入和产出指标),则有着相当程度的局限性。

第三,服务创新具有阶段性。根据服务创新具体工作的开展对创新过程做划分,可将服务创新过程概括为概念、发展和保护三阶段,其中发展阶段包括员工企业家精神和项目团队两个子阶段。在概念阶段,创意主要来自员工以及员工(主要是销售人员)与顾客的沟通;在发展阶段,外部的顾客、ICT供应商和咨询机构,内部的营销部门、ICT部门等都会对创新产生影响;在保护阶段,主要是企业家通过采取相关措施对服务创新的内容进行相应的保护。

第四,服务创新的行业异质性较强。与制造业相比,服务业各行业在创新程度、创新方式上的差异较大。例如欧盟的社区创新调查(Community Innovation Survey,CIS)发现,在创新程度方面,从事技术创新活动的企业占调查企业的比例因行业不同而呈现出较大差异,运输业为25%,技术服务业达到44%,而计算机服务业在66%以上;在创新方式上,既有行业依靠内部研发,也有行业依靠外部力量联合研发,且行业间差异较大。因此,有必要采取多种指标来衡量服务业不同行业内部的创新。

2. 服务创新的重要性

服务创新对服务业的发展至关重要。从熊彼特的创新理论到内生增长理论,创新作为制造业生产率提升的主要方式已成为共识。有关创新的主流文献多以制造业为研究对象,服务业通常被认为是一个创新程度低和生产率相对滞后的部门。随着信息技术业的发展,服务业的创新性逐渐得到了认可,但现有文献多以概念和分类为主,较少涉及创新对企业绩效的影响。近年来,利用欧盟的社区创新调查数据,少量文献从企业层面实证了创新对服务业生产率的作用,但关于创新的测度仍沿袭估测制造业创新的方法。

事实上,发展现代服务业还是要依靠服务创新。首先,以技术进步促进现代服务业的发展,重点发展科技含量高和劳动生产率高的现代服务业,使之成为促进经济增长和产业结构优化的主要推动力之一。其次,利用高新技术尤其是信息技术和现代科技成果推动现代制造业的发展,全面提升制造业的经济效益和产业竞争力。最后,以转变经济发展方式和推动技术创新与管理创新为核心,使高新技术和现代管理制度在现代服务企业和现代制造企业中广泛运用,从而使现代服务业和现代制造业成为生产率首先得到迅速提高、管理能力得到迅速提升、劳动者素质和产业国际竞争力得到迅速增强的现代新兴产业部门。

在新一轮科技革命的加速推动下,服务业正呈现出网络化、智慧化、平台化等发展趋势。随着中国经济"新常态"的持续化,经济发展动力从主要依靠资源和低成本劳动力等要素驱动转向更多依靠创新驱动的需求更加迫切。在服务业领域,从供给端依靠技术和商业模式的创新改变传统供给方式、提升供给质量,满足消费者日益增长的个性化需求、互动式体验等正在成为服务业发展的"新常态"。以服务创新推动中国经济高质量发展,是当前服务业发展的首要之义。

3. 服务创新的新趋势

第一,服务创新的数字化。数字经济已成为世界公认的新经济、新业态、新动能、新引擎。在数字经济时代,数字技术与服务业的融合渗透加快了服务业的快速成长和数字产业的蓬勃发展。大数据、云计算等底层技术的日益成熟,推动了数字技术在服务业领域的广泛应用。区块链、人工智能的出现更是几乎从根本上改变了金融、物流等服务业领域的传统商业模式，在给顾客带去更好更新奇服务体验的同时，也大大提高了资源配置效率。随着供给侧结构性改革的全面深入推进，服务业的数字化、网络化和智能化，正在成为不可阻挡的历史趋势。承载着转变经济发展方式、调整产业结构、建设现代产业体系职能的服务业，其数字化进程至关重要。

与此同时，数字贸易的重要性正在引起世界各国的高度重视。数字贸易的早期形式主要表现为跨境电子商务。但实际上，其本质却是以数字化的内容交付为核心的"数据跨境流动"。从表象上看，数字贸易兴起的直接原因在于数字经济的发展，而根本原因是技术创新引发的生产组织方式的深度变革。借助服务创新的数字化，人们可以将原本不可贸易的服务产品变得可贸易化，从而轻松地进行跨境服务的购买、消费与支付。在数字经济时代，依托人工智能、大数据等新技术的创新发展，数字贸易无疑将成为未来世界各国争夺的新制高点。

第二，服务创新的平台化。现代服务业在产业转型升级中的重要性已不证自明。从自身属性看，其具有专业性强、创新活跃、产业融合度高、带动作用显著等特点，是发达国家掌握话语权和实现全球价值链竞争优势的关键所在。大量发展实践充分证明，传统的"鲍莫尔—富克斯假说"和国内关于服务业低效率的提法在现阶段的中国并不成立。推动现代服务业集聚发展，是提高制造业全要素生产率，推动制造业转型升级的有力手段。

在工业设计领域，基于数字技术的广泛传播与应用，消费者可以方便快捷地将自己的个性化需求传导至工厂生产的前端，即生产设计环节。精准匹配市场需求的订单式生产既大大提升了工业生产的效率，也促进了消费者效用的提升。在现代物流领域，基于卫星定位技术和现代科技的精准配送、订单追踪、无人配送和自动货柜服务，大大提升了服务效率和客户服务体验。而在掌握资金这一重要生产要素的金融服务业领域，科技对其传统商业模式的变革同样不容小觑。例如扫码支付使得现代社会的现金使用率大大降低，手机银行使得人们足不出户便可享受方便快捷的金融服务。

第三，服务创新的融合化。科技对金融的重要性正在引起国内外学者的高度重视，面对互联网技术的"强势入侵"，商业银行在深挖大数据、人工智能、区块链等金融科技方面不遗余力。根据公开资料，四大国有商业银行都制定了数字化转型的发展规划。以中国建设银行为例，根据《中国建设银行转型发展规划》（2017），银行要朝着"综合性、多功能、集约化、创新型、智慧型"方向整体转型。此外，科技与金融的深度融合还体现在对互联网金融的影响方面。整体来看，现代科技的发展带来边界的模糊化，正在给传统的金融业商业模式带来影响深远的系统性变革。

与此同时，基于"互联网＋"的智慧物流正在成为新趋势，并深刻地改变着人们的生活，实现了"输入单号便可轻松掌握快件的实时轨迹""无人车送货"等。随着"互联网＋物流"深入推进，大数据、云计算、机器人等现代信息技术和装备在电子商务与快递物流领域的商业化应用日益常见，物流行业也迎来了一场新时代的产业变革。仓储、运输、配送等环节智能化水平显著提升,广泛使用的自动装卸传输分拣和冷链物流技术,取代了传统物流企业的人工操作。数据信息的集成应用,推动了物流行业业务平台的一体化、智能化,不仅实现了快件的自动分拨和快速运转,还提高了运输服务的安全性和客户满意度。机器人、无人机配送等基于互联网的物流新理念、新科技、新模式、新业态正在成为行业发展的新动力。

13.4 创新与产业融合发展

当前,随着产业内部专业化分工的深化,工业发展越来越依赖于服务业发展的规模和程度。单纯靠扩大加工规模降低成本的空间已经不大,附加价值也越来越有限,未来工业竞争力的提升在很大程度上要依赖于服务业的发展。与此同时,工业的发展对服务业提出了日益增多的个性化需求,尤其是生产性服务业作为随产业分工从工业中分离出来的独立产业部门,其需求规模和产品结构取决于工业。从世界服务业的发展趋势看,受全球经济结构变迁和科技进步的驱使,不同产业之间的融合创新导致了日益模糊的产业边界。尤其是在服务业领域,现代服务业与制造业融合互动成为经济发展趋势。服务业的内涵也由此更加丰富,新的业态和商业模式不断涌现。

13.4.1 产业融合的多维内涵

关于产业融合的思想最早源于 1963 年内森·罗森伯格(Nathan Rosenberg)对美国机械设备业演化的研究。[①] 产业融合作为一种经济现象,最早源于数字技术的出现而导致的信息行业之间的相互交叉。20 世纪 70 年代的通信技术革新(光缆、无线通信、宇宙卫星的利用和普及)和信息处理技术的革新及迅速发展,推动了通信、邮政、广播、报刊等传媒间的相互融合,产业融合发展的趋势初见端倪。20 世纪 90 年代以来,由于通信技术的进一步革新(数字技术、通信网的发展)和个人电脑的普及所带来的互联网的广泛应用,又推进了出版、电视、音乐、广告、教育等产业的融合。以信息技术为核心的新技术革命,给世界带来一个全新的信息时代,而作为经济发展的产业,通信技术必然进行适应性和战略性的调整。产业融合就是在这样的背景下伴随着新科技革命的步伐向我们走来的。

产业融合的研究最早是从技术视角展开的,主要指新技术创新与扩散,替代以前不

---

① Rosenberg, N. "Technological Change in the Machine Tool Industry, 1840 – 1910." *The Journal of Economic History*, 1963, 23(4): 414—443.

同的技术,使得以前不相关的产业变得相关,并促进一个新产业的出现。因此,所谓产业融合是指迄今为止不同产业分享共同知识和技术基础的过程,也即某些技术在一系列产业中的广泛应用和扩散,并导致创新活动发生的过程。当不同产业技术的一体化(即共享相同的技术基础)显著地影响或改变另一产业中产品、竞争、价值创造过程的本质时,意味着产业融合产生。

有学者从产业视角展开研究,认为产业融合就是通过技术创新和放宽限制来降低行业间的壁垒,加强行业企业间的竞争合作关系。从产业层面上看,包括产业间融合方式和产业间融合程度。在产业间融合方式上,产业融合会以不同的方式演进,构建出新的融合型产业体系,主要表现为三种融合方式,即渗透融合、延伸融合和重组融合。根据融合后产业对原有产业的替代程度的不同,产业融合包括三种类型,即完全融合、部分融合和虚假融合。

一些学者从产品视角来界定产业融合。从需求角度看,产业融合是指以产品为基础的融合,或者是采用数字技术后原本各自独立的产品的整合。这种融合可以分为替代性融合与互补性融合。从产品角度看,产业融合可以分为替代性融合、互补性融合及结合性融合三类。当用户认为两种产品可互换时,这两种产品便发生了替代性融合;而当两种产品一起使用比分开使用时效果更好或者说它们现在一起使用比以前共用效果更好,则说明这两种产品发生了互补性融合;结合性融合是指在相互功能渗透的基础上,将原先两种不同的产品结合为一体,形成一种新型的产品。

企业是产业融合的主体,当以前处于两个或多个独立产业中的企业成为直接竞争者时,即发生了产业融合。产业融合的发起者是企业,但仅以企业竞争合作关系的变化作为判断产业融合是否发生的标准,可能会忽视处于不同产业而互补的企业。

融合是指消除市场准入障碍和产业界限后,各分离市场的汇合与合并。当融合型产业出现萌芽状态后,这种融合是否成功以及能否持续下去需要经过市场的检验。只有达到相应的收入弹性条件和生产率上升条件,该产业才具有潜在的市场。从市场角度看,产业融合可以分为来自需求方的功能融合和来自供给方的机构融合,也可以分为高功能和高机构融合(纯粹的融合)、高功能和低机构融合(需求驱动的融合)以及低功能和高机构融合(供给驱动的融合)。

13.4.2 技术创新与产业融合

1. 技术创新是产业融合的基本动力

关于产业融合的动因,多数学者归于技术进步与政府管制的放松。如 Lei 认为,产业之间具有共同的技术基础是产业融合发生的前提条件,首先发生技术融合,然后才能够发生产业融合。[①] 日本学者植草益认为，产业融合源于技术进步和规制的放松。[②] 欧洲委员会的"绿皮书"（Green Paper on the Convergence of the Telecommunications, Media and Information Technology Sectors, and the Implications for Regulation）也强调技术和放松规制是产业融合发生的基本原因。

技术创新能够改变传统产业的边界，是产业融合的内在驱动力。实践表明，技术创新使现代企业经营出现了新的概念。在美国、日本等发达国家，信息技术创新及互联网的普及推动了信息产业与其他产业的融合。互联网的普及和信息技术创新促成了信息产业与其他产业的融合。技术创新在不同产业之间的扩散，使不同产业形成了共同技术基础，并使它们之间的边界逐步趋于模糊，最终导致产业融合现象的发生。因此，技术创新是产业融合现象产生的内在驱动力。

技术创新对产业融合的作用表现在以下几方面：首先，技术革新开发出了替代性或关联性的技术、工艺和产品，这些替代性或关联性的技术、工艺和产品通过渗透、扩散融合到其他产业之中，或者改变了原有产业生产的技术路线，或者丰富了原有产业经营的内容和形式，从而改变了原有产业产品的消费特征。其次，技术创新由于改变了原有产业产品或服务的技术路线和技术特征，因而改变了原有产业的生产成本函数，从而为产业融合提供了动力。最后，技术创新改变了市场的需求特征，给原有产业的产品带来了新的市场需求，从而为产业融合提供了市场的空间。可见，技术创新给产业融合带来了必要性和可能性。

产业融合的另一个重要的驱动力是商业模式创新。技术和商业模式在产业融合中起到相关却截然不同的作用。商业模式发挥两个重要的功能：价值创造（value creation）和价值获取（value capture）。电子商务在价值创造和价值获取上的四个相互依赖的关键要素是效率、互补性、锁入以及新颖性。有时候一项新技术在产业融合中起到主要作用，而有时候商业模式创新在融合过程中具有决定性。商业模式创新不仅仅与技术相关，甚至有时会超越技术。

需要说明的是，技术创新并不意味着商业模式创新。举例说明，假如有一家学术衍生机构的目标是将新技术商业化，为了实现这个目标，该机构设计了一种商业模式。这种商业模式的作用是将技术投入转变为经济产出，在此过程中，商业模式能够减少技术的市场不确定性，而对于技术实现目标市场价值无须过多重视。当技术溢出到一家公司，而该公司能设计出可行的商业模式时，技术融合就可能演化为产业融合。

2. 技术融合是产业融合的前提条件

如前所述，技术创新是产业融合的重要动力。然而，在产业发展的实践过程中，技术创新不一定导致产业融合。如果产业的技术创新大多发生在本产业内部，而不是发生在

[①] Lei, D. T. "Industry Evolution and Competence Development: The Imperatives of Technological Convergence." *International Journal of Technology Management*, 2000, 19(7/8): 699—738.
[②] 〔日〕植草益. 产业组织理论[M]. 北京：中国人民大学出版社，1988.

产业边界,则产业融合不会发生;并且只有对传统经营观念进行创新,将管理创新、技术进步、放松规制结合起来,产业融合才会变为现实。技术创新是产业融合的内在动因,技术融合则是产业融合的前提条件。

技术融合的概念最早可追溯到美国学者罗森伯格1963年对于美国机械工具产业早期演变的研究中,他认为19世纪中期当相似的技术应用于不同产业时,一个独立、专业化的机械工具产业出现了,并将这个过程称为技术融合,当时最典型的技术融合产业就是火器制造业、缝纫机制造业、自行车制造业。所谓技术融合是指迄今为止不同产业分享共同知识和技术基础的过程,即某些技术在一系列产业中的广泛应用和扩散,并导致创新活动发生的过程。当不同产业技术的一体化(即共享相同的技术基础)显著地影响或改变另一产业中产品创造价值过程的本质时,意味着技术融合产生。

技术融合现象不仅是已呈现出的客观事实,也是技术发展的内在客观规律,是一种不可阻挡的技术发展趋势。技术创新在不同产业间的扩散和应用,促使许多技术组合在一起发生复合效应,又构成了新技术。各产业通过引进、学习新技术,对本产业的技术进行改造,并促使其与自己原有的技术相融合,创造出新工艺和开发出新产品,这种现象被称为技术融合。技术融合从本质上来说是发生在各产业边界处的更高一级的技术进步,是通过革命性技术进步进一步扩散和外溢,相互渗透以至融合形成的一种技术创新。

产业融合是发生于产业之间的技术、业务和市场的融合。技术融合是产业融合的内在原因和前提,业务融合是产业融合发生的过程和必要准备,市场融合是产业融合的最终结果。产业融合必须经过技术融合、业务融合,然后才到市场融合,最后完成产业融合的整个过程。美国铱星计划的失败为这一论断提供了典型的案例。铱星计划投资虽大,技术固然先进,但它却没有市场的支撑,违背了"投资对准市场"的基本原则,因而市场的竞争能力不够,失败也就在所难免了。但它的失败表明,技术上的先进性并不能保证商业上的必然成功,其失败的原因正在于技术融合与其业务和市场的脱节,只有市场融合才是融合产业得以生存下去的基础。因而在产业融合的识别中,只有考察融合产业或企业的市场状况和市场规模,才能判断其产业融合是否真实存在。

因此,技术融合并不必然带来产品和市场的融合,并不必然带来真正意义上的产业融合。技术仅仅是影响产业融合的一个因素而已,市场需求、制度和政策环境等诸多因素都构成了产业融合的要件。产业融合也不是几个产业的简单相加,而是通过相互作用,融为一体,显示出新的产业属性。

产业融合不同于以往的技术改造。产业融合是通过两个产业的融合,优势互补,产生新的产业属性,是一种不同于以往的全新的经营理念、运营模式。产业融合使得产业之间的技术、产品和业务相互渗透和交叉,改了企业生产的成本结构和投资的特征,从而使融合的产品具备了多类产品的特征与功能。

3. 创新是产业融合实现的主要路径

如前所述,产业融合一般要经过技术融合、业务融合、市场融合三个阶段,最后才能完成产业融合的全过程。技术创新与技术融合在其中发挥着重要的作用,以下是创新作为实现产业融合的主要路径的三种表现方式。

(1) 以市场需求为主线

刘宗梅用演化经济学和产业生命周期理论构造了一个产业融合类型与产业动态演化的理论框架,即产业融合除技术替代外,还存在着技术整合的过程。[①] 企业在不断地利用产品融合所创造的创新机会来获取竞争优势的同时,也在推动产业的不断发展。无论是技术融合还是产品融合,都包含了三个独特的阶段:第一阶段,产业间从供给到需求都不相关,融合的过程由外部因素所激发;第二阶段,产业边界、市场结构和公司行为开始变化,产业间出现融合;第三阶段,两个产业的技术或产品市场具有相关性,并且市场稳定化。

(2) 以知识扩散为主线

产业融合现象有着不同的表现形式,而这些不同的融合类型是通过不同的产业环境中企业创新的成熟度或其中暗含的具体管理挑战来展现的。融合分四个阶段。①知识融合:以前不相关的、各自独立的知识库之间偶然出现的演进溢出,导致界定和隔离产业具体指示的已有边界消融。这时技术仍然是分离的,例如影像串流。这种知识边界的消融并不发生在企业水平上,而是通过更长期的产业发展而发生。②技术融合:知识融合转变为潜在的技术创新,使得产业间的知识溢出加速了新技术联合。相交叉的技术领域开始出现,例如手机搜索技术,而共同产品和商业模式有待证实。③应用融合:共同技术基础成为实际标准,而不同产业间商业模式相冲突,出现相整合的技术,例如手机电邮和产品信息管理(PIM)软件。技术融合转变为新价值创造的机会,以至于度量的大部分已经超出了最初各部分的总和(即 1+1>2)。④产业融合:应用融合转变为产业边界的转换,使得原先各自独立产业中的企业在共同应用出现的影响下而突然成为竞争对手。"融合主导设计"成为现实,例如电话和互联网服务提供,产业边界消融。

融合现象可以理解为技术变革的演进过程。从边界清晰的不同产业的知识库间溢出开始,接着扩展为融合应用性越来越强的阶段,最后导致整个产业间的融合。

(3) 以科学技术交叉渗透为主线

当不同学科、技术和市场融合时,产业融合会不断发展。从不同学科之间开始越来越多地相互使用研究成果开始,就出现了跨学科引用的科学融合,最终会发展为更紧密的研究合作。当基础科学各领域间的距离越来越小的时候,应用科技会随之发展,从而导致技术融合。接下来,新的产品和市场结合会带来市场融合,一旦企业开始相互介入,

---

① 刘宗梅. 产业融合类型与产业演化研究——以 IPTV 产业为例[D]. 山东大学,2007.

最终会形成产业融合。当然,这是一个简化的理想过程,完全产业融合只有在技术和市场融合后才会发生。

思考题

1. 创新与产业演化的理论基石有哪些?这些理论的核心思想分别是什么?
2. 以三次工业革命为例,分析创新在工业化进程中发挥的重要作用。
3. 简述新型工业化的基本内涵。
4. 结合中国实情,分析创新在新型工业化道路中的作用。
5. 列举并解释现代服务业带来的经济效应。
6. 简要介绍服务创新的内涵和特点。
7. 结合实例分析创新是如何促进产业融合的。

第 14 章
创新与区域发展

本章将重点介绍创新在区域发展中的重要作用,重点围绕创新与区域发展战略、创新与区域发展格局以及创新与区域非均衡—均衡发展三个方面展开介绍。

14.1 创新与区域发展战略

学术界最早将经济发展与战略组合起来构成经济发展战略概念的是美国著名经济学家阿尔伯特·赫希曼(Albert Hirschman)。他于 1958 年在《经济发展战略》(*The Strategy of Economic Development*)一书中首先使用了经济发展战略的概念,重点探讨发展中国家如何利用自己的潜力、资源与环境,来谋求区域经济社会发展的宏观规划。我们在这里所讨论的区域经济发展战略主要是指根据区域发展条件和进一步发展要求及发展目标所做的高层次、全局性的宏观谋划。其核心内容是根据区域现实发展条件和进一步发展面临的机遇与挑战,提出在一定时期的战略目标以及为实现战略目标而制定出的战略指导思想、方针、重点、步骤及对策等。区域经济发展战略融经济、社会、科技、人口、资源、环境发展于一体,是一门高层次的决策科学。

14.1.1 区域经济发展战略模式

1. 平衡增长战略

保罗·罗森斯坦·罗丹(Paul Rosenstein-Rodan)是奥地利学派著名经济学家,平衡增长理论的先驱。他认为,发展中国家企业家经常因收入低、国内市场狭小而不愿投资。为解决这些困难,必须同时建立各产业间相互补充的系统,同时建立适当的基础设施。为此,他提出了"大推动理论"(the theory of the big-push),认为"互补关系在一定程度上使得一切工业都变成基本的",因此,"一个发展计划要想获得成功,必须投入某一最低水平的资源",才能打破长期停滞的困境。由此可见,"大推动理论"的核心是在发展中国家或地区对国民经济的各个部门同时进行大规模投资,以促进这些部门的平均增长,从而推动整个国民经济的高速增长和全面发展。拉格纳·纳克斯(Ragnar Nurkse)是一名出生于爱沙尼亚的发展经济学家,其提出的平衡增长战略理论源于"贫困恶性循环理论"。纳克斯认为,"穷国之所以穷,就是因为它们穷"。这种同义反复的理论就是所谓的"贫困恶性循环"。该理论认为,不发达经济体中存在各种贫穷的恶性循环,阻碍着经济的发展。贫穷的恶性循环意味着在不发达经济体中,存在一些互相依赖和作用的因素及力量,它们的循环周转使国民长期处于贫穷状态。纳克斯从"贫困恶性循环理论"出发,提出在不发达经济体中实施平衡增长战略这一构想。纳克斯认为,打破恶性循环,关键在于突破资本形成不足的约束,而影响资本形成的主要因素是决定投资预期的市场有效需求不足。根据萨伊定律,只要平衡地增加生产,对广大范围的各工业部门同时投资,就会使得市场全面扩大,从而提高需求弹性,通过供给(投资)创造需求,从恶性循环中摆脱出来。实施平衡增长战略,有必要采取一揽子政策。一是在对资本品部门和消费品部门及各自内部进行投资时,要保持适当的比例;二是进行制度改革并推进社会态度的转变;三是提出详细的符合具体技术、政治和社会条件的改革与经济增长时间表;四是严格控制不符合平衡增长意图的投资;五是运用政府和社会的力量,通过政治、经济、法律的手段,消除发展的障碍。

2. 不平衡增长战略

由于发展中国家不具备全面增长的资本和其他资源,因而实现平衡增长是非常难的。投资只能有选择地在若干部门进行,其他部门通过利用这些部门投资带来的外部经济而逐步得到发展,此即为不平衡增长战略。赫希曼在《经济发展战略》一书中系统论述了不均衡增长的理论和战略。其核心内容包括三部分:一是"引致投资最大化"原理,即能通过自身发展"引致"其他项目较快发展的项目应该被优先考虑;二是"联系效应"理论,是指在国民经济中,各个产业部门之间存在着某种关系,这种关系决定了各产业部门之间互相联系、互相影响、互相依存;三是"优先发展进口替代工业"原则,发展中国家的工业部门缺乏后向联系,即资本品、原材料、半成品等的投入,而这部分的进口需要大量的外汇,对外的依赖也会造成工业发展的被动,因此赫希曼认为应该优先发展进口替代工业。具体来看,一个国家在选择适当的投资项目优先发展时,应当选择具有联系效应的产业;而在具有联系效应的产业中,又应当选择联系效应最大的产业优先发展;后向联系相对重要,发展中国家应当选择进口替代工业。换言之,发展中国家或不发达经济体取得经济增长的最有效的途径是采取精心设计的不平衡增长战略:首先选择若干战略部门投资,当这些部门的投资创造出新的投资机会时,就能带动整个经济的发展。

3. 梯度转移战略

梯度转移理论源于雷蒙德·弗农(Raymond Vernon)提出的工业生产的产品生命周期理论。产品生命周期理论认为,工业各部门及各种工业产品,都处于生命周期的不同发展阶段,即创新、发展、成熟、衰退等四个阶段。此后有学者对该理论进行了验证,并做了充实和发展。区域经济学家将这一理论引入区域经济学领域,便产生了区域经济发展梯度转移理论。

梯度转移理论主张发达地区应首先加快发展,然后通过产业和要素向较发达地区和欠发达地区转移,以带动整个经济的发展。梯度转移理论认为,区域经济的发展取决于其产业结构的状况,而产业结构的状况又取决于地区经济部门,特别是其主导产业在工业生命周期中所处的阶段。如果其主导产业部门由处于创新阶段的专业部门所构成,则说明该区域具有发展潜力,因此将该区域列入高梯度区域。该理论认为,创新活动是决定区域发展梯度层次的决定性因素,而创新活动大都发生在高梯度地区。随着时间的推移及生命周期阶段的变化,生产活动逐渐从高梯度地区向低梯度地区转移,而这种梯度转移过程主要是通过多层次的城市系统扩展开来的。与梯度转移理论相类似的是日本学者赤松要提出的雁行模式,随后山泽逸平等日本学者将其引申并应用于解释以东亚为中心的亚洲国家国际分工、产业结构变化以及经济相继起飞的过程。

4. 跳跃发展战略

经济发展既可能按一定的序列进行,也可能以跳跃、突发的方式进行。所谓"跳跃式"的发展,指的是一个国家或地区吸收和采用新的科技成果,使国民经济的某些产业部门打破通常的发展序列和惯例,跳过某些传统的中间发展阶段,直接建立在最新技术的基础之上,在最短的时期内跨入先进行列;或者是在客观条件已经具备的情况下,利用新技术革命的最新成果,集中力量建立和发展一些新兴的产业部门,很快地达到先进的技术水平,缩短或消灭与经济发达国家或地区之间的差距。

14.1.2 创新与区域经济发展战略模式

1. 创新对区域经济发展的影响

(1)创新对宏观区域经济发展的影响

康德拉季耶夫周期理论亦称"长波理论"或"大循环理论"。该理论于1928年由苏联经济学家康德拉季耶夫在《大经济循环》一书中提出,认为资本主义经济每一次大循环都有上升(繁荣)和下降(衰退)两个阶段。上升阶段主要表现为资本需求增加,投资和资本输出增加,贷款利率提高,新兴产业建设规模扩大、速度加快以及与此相适应的其他经济振兴现象。下降阶段主要表现为资本需求减少,资本主义经济进入资本饱和期,投资减少,贷款利率降低,新兴产业建设放慢以至停止,失业人数增加。康德拉季耶夫指出,长周期或长波一般为50~60年。

熊彼特等学者在康德拉季耶夫周期理论的基础上进行了拓展研究,对创新与经济长波周期之间的关系进行了论述。熊彼特将长波分为四个阶段,即繁荣阶段、衰退阶段、萧条阶段、回升阶段。

第一,繁荣阶段。创新工作的开展在推动技术进步、产品升级换代的同时,会带动更多企业投入创新活动之中,而社会范围内的用户需求也得到极大的带动,市场上出现供需两旺的局面,既带动了投资又扩大了需求。企业在良好市场预期和前景下,不断扩大业务范围,体现为投资规模扩大、经营范围扩张以及对原材料、技术市场、人才资源的需求增加,在立足于一级市场的同时加大对二三级市场的开发力度,市场得到充分开发,经济形势一片利好。

第二,衰退阶段。当企业竞相进入市场以后,由创新所带来的技术性差异以及商品功能性差异逐渐缩小,企业利润逐渐减少的同时,由于企业数量增加所导致的需求增加促使原材料成本增加、技术市场内的商品价格提高,因而企业的成本增加。利润的减少以及成本的增加,使企业不得不缩小业务范围,集中优势资源在限定市场中与竞争对手争夺有限的用户群体。在衰退阶段,企业的创新多为基础性创新,而缺乏突破性创新,加之常伴有恶性竞争,如在利润减少与成本增加的同时进行价格战,导致一些企业在创新不足以及恶性竞争的双重困境下,被迫采取缩减投入、裁员、退出市场等手段,相应地,经济也从繁荣阶段走向衰退阶段。

第三,萧条阶段。在经济步入衰退阶段以后,企业不断缩减创新投入和裁汰冗员,同时面临着退出市场甚至破产的风险。随着企业利润的不断下降,企业用于创新投入的资金逐渐减少,而此时金融投入会在综合考虑市场风险、市场预期、需求等因素以后,限制或者缩减对企业的创新投入,这将进一步导致企业的创新活动停滞不前。一些创新能力差、市场运作能力差、应变能力差、资本与规模相对小的企业或者逐渐退出市场竞争,或者另辟蹊径选择进入一些竞争相对不激烈、创新含量相对较低、市场前景乐观的领域继续发展,或者宣告破产,而此时的经济也逐渐由衰退阶段进入萧条阶段。

第四,回升阶段。某个创新主体在某一阶段,可能存在创新停滞不前或者中断的现象,但是从整个社会的角度来看,创新是一个连续的过程,是一项多学科交叉的活动。当某一企业、某一行业或某一市场领域的创新动力不足时,总是会有另外一些企业在推动着创新的不断发展,当这些企业的创新突破原有束缚时,就会吸引其他企业进入市场,进行新一轮的模仿,从而带动新一轮的创新集聚,使得经济回升,开启新一轮的循环。

(2)创新对微观区域经济发展的影响

企业通过创新带动区域经济发展的同时,在社会化专业分工与协同生产的社会大环境下,企业自身的创新必将促使产业链上下游企业共同进行创新,以满足企业创新的需求。此时,企业为了节省经济成本与时间成本,在社会资本的作用下更容易与区域内的其他企业通过供需关系或买卖关系建立连接,进而形成区域内的企业集群,这就是波特所定义的垂直企业集群。而企业通过与区域内其他企业共享市场、模仿其他企业的创新(包括技术、经验等)、使用共同的自然资源而形成的企业集群,就是水平企业集群。

创新促成企业集群发展,提升了区域内企业整体的创新能力,加快了技术扩散的速度。区域内企业在创新动力的驱使下积极筹措投入经费,使得资本的输出与投入在区域内集聚。第一,企业自身的投入力度加大,创新投入比重逐年增加;其次,企业从政府投入中获益匪浅,不仅能够得到政府政策层面的支持,还能够获得来自政府的资金支持;第三,企业集群发展以及创新的进步,降低了金融机构投资的风险与难度,增强了金融机构的投资信心,从而能使企业获得更多的来自金融机构的创新投入。在创新的驱动下,企业的生产能力日益增强,产品的市场竞争力与占有率逐步提升,生产经营规模也日益扩大,平均管理成本日益降低,经济效益越来越好,逐步形成规模经济效益。

2. 技术创新影响区域经济发展的机制

(1) 技术创新影响经济周期

熊彼特于 1934 年在其著作《经济周期》中,阐述了创新对资本主义制度条件下的经济周期的作用。熊彼特把经济数据波动的影响因素归结为增长因素、外部因素和创新。其中,增长因素不会引起经济的周期性变动;外部因素虽然是经济波动的重要因素之一,但不能起决定性作用;只有创新才能引起经济的周期性波动,熊彼特将由创新所诱发的从属现象定位为"从属波"。把从属波引入周期理论后,熊彼特建立了经济周期的"繁荣—衰退—萧条—回升"四阶段模型。在此模型中,熊彼特认为,在从属波的作用下,创新带来更多的社会需求、大量的投资活动,引起的上升将越过新均衡,形成经济的过度繁荣。一旦创新的推动消失,从属波的作用将会停止,使得经济下行速度超过无创新所引起的衰退,从而进入萧条阶段。在萧条期,从属波的影响消失,经济重新进入回升期,进而重新归于均衡。之后,经济由复苏发展到繁荣,则必须有创新活动的参与。

(2) 技术创新引致区域产业结构与空间结构的变化

技术创新带来了新技术、新产品、新工艺等,形成了新的产品供应链、新兴产业、技术改造等,由此引致了新的产业结构的形成和新的消费结构的变化。与此同时,技术创新具有空间集聚的作用,技术创新能力高的区域,产业集聚效应显著,必然吸引高层次人才、高新技术企业、较多的资金投入、区域、制度创新等。而高层次人才、高新技术企业、科研资金、制度的创新,既是技术创新能力提升的必要因素,也是推动因素。这种集聚将引发区域空间结构的变化。技术创新能力强的区域在经济发展技术方面相对于创新能力弱的区域水平较高。若技术创新能力弱的区域不增强技术创新能力、提高其技术进步率,则必然造成区域间差异的加大。

14.2　创新与区域发展格局

14.2.1　区域空间布局理论

1. 古典区位论

古典区位论又被称为成本决定论。它研究的是各种区位因素对产业布局的吸引作用。区位因素是指在特定区域或在某几个同类区域进行一种经济活动,比在其他区域进行同种经济活动可能获得更大利益的因素,这里的"利益"是指节约成本。古典区位论产生于19世纪二三十年代,第一个系统研究工业区位理论的是德国经济学家阿尔弗雷德·韦伯(Alfred Weber)。他发表了古典区位论的代表作《工业区位论》,其主要思想是一个区域对工业区位选择吸引力大小的决定力量是最小生产成本,而影响生产成本的一般性区位因素包括运输费、劳动费和集聚效益。区位选择总是趋向生产总成本最低的地点,这就是古典区位论中的"成本决定论"。成本决定论运用成本—收益分析揭示了工业布局中以最小成本支出取得最大经济效益的思想。

2. 近代区位论

近代区位论又被称为利润决定理论。传统的成本决定论由于不考虑市场因素的影响而不能正确解释实际的区位选择和产业布局,因此逐渐发展出新古典主义经济学的利润决定论。利润决定论是以在垄断资本条件下对最大利润的追求为背景产生的。德国学者瓦尔特·克里斯塔勒(Walter Christaller)于1933年首先系统解释了"中心地理论"(近代区位理论中的一个重要理论),指出要有效地组织生产与流通,必须形成以城市为中心、由相应的多级市场区所构成的空间市场结构,并且优越的市场空间结构会对产业布局产生巨大的吸引力。近代区位论的代表人物奥古斯特·廖什(August Losch)于1940年出版的《区位经济学》继承了克里斯塔勒的市场空间结构思想,将一般空间均衡方法运用到区位分析,将贸易流量和运输网络的中心地的服务区位问题也归入区位论的研究范围。廖什通过研究市场规模和市场需求结构对区位选择和产业布局的影响,指出从供求结合上分析,工业聚集区的形成和发展离不开周围的消费者,消费需求量是区位选择应该优先考虑的主导因素,而市场容量又取决于消费强度、消费倾向、产品价格、市场半径、产品推销技术、单位产品的运费等相关因素。最低成本只是作为企业总利润的一个构成因素而发挥作用,但成本最低点并不一定是利润最高点,企业家关心的实质不应是成本最低,而是利润最高。近代区位论以"市场—价格"分析指出利润最大化是影响区位选择的决定性因素,从而使区位论走向宏观化。

3. 现代区位论

现代区位论又被称为综合决定论。现代区位论强调以人的行为因素为依据对"成本—市场"因素做综合分析，进而发展成为综合的整体性区位理论，即空间结构理论。美国区域经济学家沃尔特·艾萨德(Walter Isard)明确指出，最大利润原则虽然是产业布局的基本原则，但这一原则的运用要同自然环境、产品成本和区域间工资水平等因素相联系。因此，合理的区位选择和产业布局必然会受多种因素的影响，必须对多种因素，特别是"成本—市场"因素进行综合分析。20世纪60年代以来，现代区位论更强调行为因素的作用。该理论认为，区位的选择必然受到决策者的志向、能力、知识、现实观察力及对信息收集分析与评价所付出的时间和精力的影响。现代企业家不仅关心赚钱，也追求舒适安宁的生活，包括宜人的气候、优美的自然环境、良好的社会秩序、完善的社会设施以及享受文化娱乐活动的机会等。因此，区位决策者的思想行为及价值观念，往往成为区位的决定因素。决策者所满意的区位，不一定是成本最低或利润最高的最优区位，而是综合优势最显著的区位。现代区位论对区位问题的宏观方面进行了研究，在研究对象上，从个别企业区位扩展到区位体系，认为工业、农业和城市区位都不是孤立的，而是相互联系的。每一个区位的选定，都必然引起连锁反应，并将影响经济的空间结构。在研究方法上，系统论和运筹学促进寻求最优区位的实际计算方法的发展，使现代区位论的理论与应用向纵深发展，从单项因素扩展到多因素系统的综合研究。

综上所述，区位论的发展经历了三个阶段：第一阶段的古典区位论，立足于单一工业或工业中心，着眼于成本和运费最低；第二阶段的近代区位论立足于一定区域或城市，着眼于市场扩大和优化；第三阶段的现代区位论立足于国民经济整体，着眼于地域经济活动最优组织。长期以来，区位论的研究内容在不断深化，由单一区位因素研究发展到几种区位因素研究，进而发展到多种经济社会区位因素的系统综合研究；从微观角度的研究逐步发展到微观与宏观相结合的研究；从早期着眼于第一、二产业，到中期重视加工工业和商业，再到现代以研究城市和第三产业为主体。

14.2.2 区域空间结构理论

1. 循环累积因果论

1944年，瑞典经济学家纲纳·缪达尔(Gunnar Myrdal)提出循环累积因果论(cyclic cumulating causality theory)。他认为，经济发展过程在空间上并不是同时产生和均匀扩散的，而是从一些初始条件较好的地区开始，通过不断累积吸引有利因素继续朝前发展，市场力量会强化和加剧区域间的不平衡，导致增长地区和滞后地区之间发生分化，并产生两种相反的效应：回流效应和扩散效应。

2. 中心—外围理论

中心—外围理论也被称为"核心—边缘理论"。该理论最早是 20 世纪 40 年代由劳尔·普雷维什(Raúl Prebisch)提出。20 世纪 60 年代约翰·弗里德曼(John Friedman)在《区域发展政策》(*Regional Development Policy*)一书中将中心—外围概念引入区域经济学,并加以完善和发展,形成一个完整的核心—边缘理论。弗里德曼将一定空间地域分为核心区(core regions)和边缘区(peripheral regions),认为发展是通过一个不连续但又逐步累积的创新过程而实现的,而发展通常起源于区域内具有较大相互作用潜力的少量"变革中心",创新由这些"变革中心"向周边潜力较小的区域扩张,周边地区依附于"变革中心"获得发展,这类创新变革中心称为核心区,依附于它发展的地区称为边缘区。弗里德曼将经济发展阶段与区域增长特征相联系,并将其分为四个阶段:独立的地方中心阶段、单一强中心阶段、唯一强中心和边缘次级中心阶段、区域空间一体化阶段。每个阶段的资源要素流动状态不同,呈现出不同的阶段性特征。克鲁格曼在 1992 年提出中心—外围模式,认为一个地区成为制造业中心而另外一个地区成为农业外围取决于较大规模经济、较低的运输成本和制造业在支出中占较大份额这三者的某种结合:有一个向心力维持这种关系,即厂商希望位于更加接近市场的地方,产业工人希望获得其他人生产的产品;同时有一个离心力使中心与周边关系瓦解,即中心内的厂商希望转移出去为周边农产品市场服务。如果规模经济不显著、运输成本较高以及制造业在支出中的份额一般,那么中心—外围模式就难以维系,中心就会向外围扩张,使中心—外围模式解体。

3. 空间动态变化分析理论

古典、新古典区位理论把空间视为连续体,空间内的经济活动都与距离有关。随着线性规划模型的发展,卡尔·凯斯(Karl Case)建立了经济物品和经济活动的最优空间配置模型,需求或供给区域由空间上的点来表示,这些点通过运输相联系。伴随着该理论的发展,出现了空间均衡理论。空间动态变化所研究的是区位、各种空间要素、空间结构在时间序列上的动态变化。各类经济区的区位、各种空间要素、空间结构在时间序列上的相互作用,就是要通过空间动态变化来推动各类经济区内部区位、各部分经济维度的整合,促进各类经济区加快形成和发展。

4. 区域经济的空间开发模式

区域经济的空间开发模式主要有增长极开发模式、点轴开发模式、网络开发模式和梯度开发模式四种类型,各类开发模式既有区别又有联系。如网络开发模式依托于点轴开发模式,点轴开发模式的初级阶段表现为增长极开发模式,增长极开发模式演变到高级阶段会伴随着一些低层次、小规模的点轴开发模式甚至网络开发模式等。更多信息可见表 14-1。

表 14-1 区域经济的空间开发模式

区域经济的空间开发模式		特点
1	增长极开发模式	配置若干个规模较大、增长迅速且具有较大地区乘数作用的区域增长极，以此作为区域开发的据点或基地，实行重点开发的区域开发模式
2	点轴开发模式	选择若干条经济轴线作为重点开发轴线，采取轴线延伸、逐步累积的方式进行开发
3	网络开发模式	一方面对老区进行整治，对部分传统产业进行扩散、转移，或采取工业分散化政策，以配合落后地区的增长极开发；另一方面全面、大规模地开发新区，以达到经济的空间均衡的区域开发方式
4	梯度开发模式	可以发挥发达地区的现有优势，但可能在一定时期内加剧地区之间的经济发展不平衡，并由此引发社会矛盾，使区域经济开发的总体效益不升反降。因此，这种建立在技术或经济空间不平衡机制上的梯度开发模式不具有普适性

注：本表为作者整理而得。

14.2.3 创新与区域经济发展格局

1. 创新驱动的"沿海—内陆"梯级经济发展格局

在创新的驱动下，中国区域经济发展呈现出显著的"沿海—内陆"梯级格局。创新驱动区域经济发展的途径主要有三条。第一，作为现代服务业的科技研发和成果转化过程，创新将助推形成具有战略制高点的现代服务业类型，这类产业对较大区域乃至全球具有影响力和控制力，构成区域竞争能力的核心内容。第二，通过加入科技含量对传统产业进行改造升级，发展高新技术产业，再造和提升制造业，促进实体经济的新一轮繁荣及重塑实体经济面貌。第三，相关创新活动的集聚形成了创新空间或创新地域类型，这种创新空间通过人口、经济、信息、技术、金融和商贸等枢纽建设，成为流动空间中的"汇"和"源"，从而形成最具竞争力的核心区域或城市、城市群乃至更大的空间。改革开放以来，我国东部沿海地区成为科技创新驱动区域经济发展三条途径的主要发生地。科技创新促进了沿海地区的更快发展，在一定程度上强化了中国区域发展中的"沿海—内陆"梯级格局。

现阶段我国东部沿海与内陆地区的创新环境差异明显，自主创新能力和模仿创新能力的差异进一步造成"沿海—内陆"区域经济发展格局。自主创新与模仿创新是科技创新的两种主要方式。自主创新主要发生在一些拥有特殊条件的地区，这些地区的人力资本和知识储备丰富、交通区位便利、对知识信息的处理能力强、教育发展水平高、产业集群发展好，整体上形成能促进自主创新的优良环境。这些支撑条件往往趋向于在某些具体区位集聚，这种依赖性造成了自主创新空间分布的非均衡。

综上所述，根据创新理论中创新活动的空间选择以及创新成果转化的空间指向，我国东部地区,如北京、上海、江苏、天津、浙江、广东、山东、福建等省市由于科技创新基础、环境以及创新成果转化能力方面的绝对优势,当科技创新驱动发展全面启动时,区域将迅速响应并有可能继续率先发展。而中西部由于创新资源匮乏、科技创新能力弱,发展将会因为这块短板而受到制约,在科技创新驱动发展的新一轮起跑线上就已经落后。这样的结果进一步拉大了区域发展差距,强化了"沿海—内陆"梯级格局。

2. 创新赋能的"首位度—追赶"城市群发展格局

城市规模首位度在一定程度上代表了城市群或城镇体系中的城市发展要素在最大城市的集中程度,而城市群或城镇体系中的首位城市作为区域经济的核心地带,已经成为推动区域经济发展的主要力量,乃至带动整个区域发展的引擎。城市规模的合理分布能够促进区域经济的发展,城市规模结构分布的合理性是衡量一个区域发展水平的重要标志,也体现了区域经济发展模式是否均衡有效。以区域中的特大城市为中心的城市群已经成为我国区域经济发展的主要形式。2018年,江苏下定决心要提升南京"首位度",重申省会首位度重要性的同时,还首次提出南京区划调整计划,表明江苏接下来将要大力发展南京和苏北地区城市。

14.3 创新与区域非均衡—均衡发展

14.3.1 区域经济非均衡发展

区域经济非均衡发展,是指发展中国家或欠发达区域将有限的资源有选择地集中配置在某些产业部门和地区,使这些部门和地区得到优先发展,然后通过投资的诱导机制和产业间、地区间的联系效应与驱动效应,带动其他产业部门和地区发展,从而实现整个经济的全面进步。区域经济非均衡发展的必要性主要体现在以下几个方面。

1. 区域经济发展条件的差异

世界上各区域的自然条件、自然资源和社会经济发展条件的地域差异十分明显,在区域经济发展的初级阶段,人才和资金等往往会被吸引到区域条件较好的地方,因为在那些地区人才的发展潜力大,资金投入的回报率高。这些地方往往较早地成为该区域的增长极,它的发展速度会比周边地区快,因此对资金、资源和人才的需求会增大,这就会将周边地区的资金、资源和人才等进一步吸引过来,也就成为我们所说的增长极。在这个过程中,增长极周边地区的发展会受到增长极的抑制,从而导致了核心地区和边缘地区的非均衡发展。

2. 经济发展潜力的区域差异

由于区域间经济发展的基础、条件与潜力的不同,形成了区域间投资环境、产业结构及层次的差异。经济发展条件好、投资环境优的区域,由于其资本的投入产出率高,对优质生产要素的吸引力强,产业结构与产业布局发展得较为完善,因而经济发展的速度、水平和效益就高。反之,经济发展的基础、条件及投资环境差的区域,由于其资本的投入产出率低,对优质生产要素的吸引力弱,因而经济发展的速度和水平就低。因此,即使是在统一的政策条件下,由于阻碍区域经济发展的不利因素相对较少,发展潜力大的区域的发展会快于其他区域,从而导致区域间发展的非均衡性。

3. 规模经济和集聚经济的作用

区域经济发展水平越高,产业越有可能从规模经济和集聚经济中获益,使其在区域竞争中处于更有利的地位。这是因为各种产业分布有向经济发达地区集中的趋势,而这些产业的集中又会导致那些为它们服务及它们为之服务的前向和后向产业也向这些地区集聚。集聚的结果是使该地区的经济规模扩大,人口数量增加,这就为第三产业的发展创造了条件。集聚效应使区域经济发展呈现较快的增长态势,导致发达地区与落后地区的经济差距进一步扩大,加剧了区域间发展的非均衡性。地理空间上的极化效应也促使城市规模扩大,导致城乡二元经济结构更加突出,尤其是大城市优越的条件吸引着优质生产要素的进入。完善的经济结构、成熟的市场与雄厚的技术力量和人才储备,使大城市的集聚效益和规模效益比中小城市体现得更加显著,而且随着规模的扩大而递增。

14.3.2 区域经济均衡发展

区域经济均衡发展,与区域经济非均衡发展相对,是指产业部门间的平衡发展、同步发展,以及区域间或区域内部的平衡发展、同步发展的增长状态。区域经济均衡发展理论认为,区域经济增长取决于资本、劳动力和技术三个要素的投入状况,而各个要素的报酬取决于其边际生产力。在自由市场竞争机制下,生产要素为实现其最高边际报酬率而流动。在市场经济条件下,资本、劳动力与技术等生产要素的自由流动将导致区域发展的均衡。因此,尽管各区域存在着要素禀赋和发展程度的差异,但劳动力总是从低工资的欠发达地区向高工资的发达地区流动以取得更多的劳动报酬,同理资本从高工资的发达地区向低工资的欠发达地区流动以取得更多的资本收益,于是要素的自由流动将导致各要素的收益平均化,从而达到各地区经济平衡增长的结果。为此,区域经济均衡发展理论主张在整个国民经济各地区、各部门同步进行大规模投资,通过各地区、各部门之间相互配合、相互支持的全面发展,彻底摆脱贫困落后面貌,实现经济发展。区域经济均衡发展的必要性主要体现在以下几个方面。

第一,供给和需求的不可分性使得不同经济部门保持平衡。为了克服供给和需求不可分性的作用,经济发展道路以及投资格局一定要使不同经济部门保持平衡,不要因一个部门的发展不足阻碍其他部门的发展。这里"不同经济部门保持平衡"并不是说所有部门都要以同样的速率增长,而是说各部门产出的增长要与各种产品的需求收入弹性相一致,从而使供给和需求相符,这就暗含着"均衡思想",即不存在短缺或瓶颈。

第二,供给不足和需求不足两个循环相结合导致需要采取均衡发展战略。纳克斯认为,发展中国家或欠发达区域存在两种恶性循环:一种是供给不足的恶性循环,这是由资本稀缺、收入低下和储蓄缺乏三者构成的;另一种是需求不足的恶性循环,这是由需求不足、收入低下和投资不足三者构成的。这两种恶性循环互相影响,使得经济状况难以好转,经济增长无法实现。从供给方面看,低收入意味着低储蓄能力,低储蓄能力引起资本形成不足,资本形成不足使生产率难以提高,低生产率又导致低收入,这样周而复始形成一个循环。从需求方面看,低收入意味着低购买力,低购买力引起投资引诱不足,投资引诱不足使生产率难以提高,低生产率又导致低收入,这样周而复始又形成一个循环。两个循环互相影响,使经济状况无法好转,经济增长难以实现。要解开贫困恶性循环的死结,就必须采取均衡发展战略,即同时在广大的范围内对各工业部门同时进行投资,一方面可使各个工业部门协调发展,避免供给不足;另一方面又可在不同工业部门中形成相互支持的投资格局,从而扩大市场规模,弥补需求不足。

第三,区域和产业协调发展的政策倾向得到发展中国家的重视。区域经济均衡发展战略注重促进社会公平、缩小地区间发展差距和维护社会稳定,在经济发展到一定阶段的时候有利于区域和产业协调发展。区域经济均衡发展战略模式在一些欠发达国家或区域的经济开发中受到了一定程度的重视,对工业化过程中片面强调工业化,忽视区域间、产业间、部门间的均衡协调发展的倾向有所影响。区域均衡发展战略所强调的均衡大规模投资、有效配置稀缺资源的重要性、市场机制存在的局限性,以及实行宏观经济计划的必要性,为欠发达国家或区域的工业化和区域开发提供了理论与现实模式,产生了一些积极的作用。

14.3.3 创新与区域非均衡—均衡发展

1. 创新对区域经济均衡发展的作用和影响

创新在破解区域发展结果不均衡中起引领作用。作为推动区域经济发展的核心动力,创新在优化产业结构、促进城市群集聚、带动后发地区发展等方面有着强有力的支撑作用,是促进区域空间全面、协调、可持续发展的重要路径。因此,有效促进区域经济均衡发展、提高城市发展质量的战略部署要充分利用创新这一引领发展的第一动力。

第一,创新有助于产业集聚,提升规模经济效应。熊彼特认为,在企业追逐超额利润的假设下,科技创新的出现会促使其他企业对科技创新者的创新进行模仿,在这种足够多的企业进行模仿的环境下,市场会产生大规模的创新浪潮,并使科技创新聚集在区域内部,从而促进区域经济迅速增长。在这样一种群体模仿和创新集聚的环境下,企业很难长期保持技术上的领先,而为了不断追逐超额利润,企业必须不断投入进行科技创新来保持技术上的领先,于是这又引发了新一轮的创新模仿与创新集聚,而区域经济就是在这一轮又一轮的创新模仿和创新集聚的循环往复中不断得到推动与发展。这样,企业通过与区域内其他企业共享市场、模仿其他企业或被其他企业模仿(包括技术、工艺、经验等科技创新)、使用共同的自然资源和社会资源从而形成企业集群。可以说,科技创新通过不断促成区域企业集群发展,进而提升了区域内部企业整体的科技创新能力,加快了技术扩散的速度,形成了规模区域经济效益,提升了区域经济整体实力,有利于平衡区域经济水平,尤其是对不发达区域来说,科技创新对区域经济的促进作用尤为重要。

第二,创新在破解区域发展机会不均衡中起调节作用。一方面,创新可以成为解决地区发展机会空间不均衡的"方向标"。各个地区之间的先天资源禀赋各异,发展路径也大不相同,这就导致了不同地区之间的发展机会在空间上不均衡,区域之间存在较大的差距。但是各个区域仍然具备自己独特的发展条件和潜力,只是囿于区域之间发展机会的空间不均衡,各项基础资源配置难以支撑其发展需求。因此,国家作为区域之间协调发展的关键因素,需要根据各个区域的资源禀赋和发展特点制定相关发展扶持政策,实现区域间资源配置的有效流通和高效利用,为不同地区的发展创造更加平等的机会和条件。具体来说,可以借助人工智能、大数据等新技术来制定协调区域间发展的战略,构建空间一体化的发展新格局,为欠发达地区提供更多的发展机会,也为发达地区缓解人口和环境等方面的压力。另一方面,创新可以成为解决地区发展机会空间不均衡的"测速器"。要实现各地区发展机会的相对平等,则需要适时调整当前的各项分配指标,通过各项指标分布的均衡来引导其他要素资源在空间上更加均衡地流动,为相对落后的地区增加发展机遇,加快其经济发展的步伐。然而要实现地区之间发展机会的相对均衡,单靠政府或市场的调节难以实现精准突破,这种情况下就需要依靠新技术的测度进行评估,建立一体化的协调配置机制,精准"扶贫"相对落后地区,实现各地区的"共同富裕"。

第三,创新是区域经济均衡发展的内在驱动力。科学技术是第一生产力,只有科技创新才能真正促进生产力的发展,从而推动区域经济发展水平的大幅度提升。一方面,从推动方式来分析,科学技术的进步实现了生产要素的高级化,并在此基础上进行创新,改变区域经济要素形态,真正将科技创新融入生产过程,对经济增长起到了决定性的作用。另一方面,从推动效果来分析,科技创新大幅度提高了区域经济劳动质量,实现了区域资本的扩张,有助于改善要素结构,不断优化要素配置,提高劳动生产率。由此可见,科技创新是区域经济发展转型的动力因素,为区域经济发展带来了活力,也改善了人们的生产方式和生活质量,其重要性不可低估。

2. 以创新促进区域经济均衡发展面临的挑战

当前,我国区域经济均衡发展面临诸多挑战,有效实现创新成为突破挑战的关键因素。

第一,中国东西地区之间与南北地区之间的创新能力差距拉大。当前,我国区域发展步入新阶段。在这个阶段,科技创新占主导地位。虽然我国各区域创新能力有所提升,但区域创新的不均衡性使其呈现分化趋势。《中国区域科技创新评价报告2020》显示,整体上我国区域创新水平稳步提升;但东部地区创新优势和引领发展的能力更加凸显;中西部地区创新水平虽有所提高但与东部地区相比仍差距甚远;东北地区创新资源流失问题仍没有得到解决。这意味着,进入21世纪以来,我国区域创新能力领先地区与落后地区的差距没有明显缩小。我国东中西部创新能力的差距基本处于固化状态,但同期北方16省份和南方15省份相比,南北地区创新能力的差距呈现阶段性扩大的特点,总体呈现扩大态势。全国区域创新能力综合排名前10的省市依次是广东、北京、江苏、上海、浙江、山东、湖北、安徽、陕西和重庆,其中北方地区只占了3席。而在排名前20的省市中,南方地区占了12席。伴随着南北地区创新差距的拉大,我国区域经济增长出现南北地区分化局面,北方地区经济增长相对比较慢,所占份额持续下降。南方地区15个省市的经济份额从2012年的56.99%上升到2018年61.36%。同期北方地区16个省市的经济份额则从43.01%下降到38.64%。

第二,区域创新协同机制仍未建成。目前,我国区域创新体系在重大项目方面尚存在制度的缺失,区域创新资源共建、共享、合作不足,从而无法形成推进区域创新发展的要素市场和体制等统一的新局面。我国区域科技创新协调发展水平较低突出体现在以下两个方面:一方面,区域间科技创新协调发展问题制约了我国区域科技创新协调发展的提升。虽然我国已经基本形成了多个科技创新集聚地区,但是由于科技创新产业的集群效应和科技创新机构的附着惯性,新兴地区科技创新产业的发展无疑会受到挤压和阻碍;再加上科技创新中心具有同样的政策选择自由度,在科创产业发展中均会努力扩大市场份额,追求规模化;此外科技创新经验的可复制性和推广性导致科创中心之间的科创产业竞争在一定程度上呈现同质化发展趋势。另一方面,区域内部的科技创新协调问题制约了我国区域科技创新协调发展的提升。此外,区域内部科技创新的相关政策协调匹配问题是影响区域科技创新的重要因素,特别是区域科技创新与金融融合发展问题。只有实现金融体系和科技创新体系的完全融合,才有可能发挥金融支撑科技创新的动力作用。

第三,城乡发展差距扩大。近年来,我国的城乡一体化达到一个新阶段。随着科技水平的提高,城乡之间生产要素和技术资本等方面的综合发展已初步实现。但是,由于长期存在的城乡二元结构,农民人均耕地少,粮食和大量大宗农产品(如棉花)的生产成本较高,且农业生产的净收入较低。因此,提高农民收入水平成为我国当前刻不容缓的任务。国家统计局数据显示,2020年上半年,中国居民人均消费支出为9 718元,其中城镇居民为12 485元,农村居民为6 209元。由此可见,我国城乡收入差距较大,农村经济社会发展仍然相对落后。城乡收入差距扩大问题,从世界各国的经济发展来看,是传统经济向现代经济转变过程中必然出现的一个社会问题,是一个全世界普遍存在、绝非发展中国家或中国特有的社会问题。但是,城乡收入差距问题在发展中国家显得比较严重,解决起来也相对困难。我国作为一个发展中国家,城乡收入差距具有一定的经济必然性,但是城乡收入差距的拉大进一步制约了区域经济均衡发展,值得引起注意。

3. 创新驱动区域经济均衡发展的路径

区域经济协调和高质量发展是当前我国经济发展的重大议题,如何通过创新开辟区域经济均衡发展路径成了当前需要深入探讨的问题。当前对创新发展路径的研究主要分为三个部分。

第一,高效促进信息技术和区域经济创新的融合发展。首先是促进战略性新兴产业的发展。近年来,我国的新兴行业模式逐渐走进人们的视野,其中战略性新兴产业的发展是重中之重,例如电子商务模式、新能源行业、大健康领域、新服务行业、人工智能、互联网医疗等,都为区域经济的快速发展提供了基础。对于一些传统行业,需要进行战略性改革,例如一些不发达地区就更适合电商这一新兴产业,开展以服务驱动的农产品电子商务模式,可以促进区域经济创新的全面发展。其次是促进信息技术与区域经济创新的融合发展。近些年来,我国的信息技术不断发展,互联网的迅猛进步不仅促进了各个企业的高效率运行和结构变革,还为区域经济的创新和发展带来了巨大的能量。需要根据各个地区的实际情况,注重信息技术创新对于区域经济的影响。例如甘肃地区一直以来发展缓慢,随着信息技术的不断发展,甘肃省注重高新技术的创新,不断发展包括电信、广播电视和卫星传输、互联网等信息技术服务业,信息技术产业的发展促进了区域内产业结构的升级,扩大了区域经济的规模,进而带动整个区域经济的发展和创新,并因此促进了本地区经济的快速发展。

第二,构建创新驱动要素合理配置的空间均衡服务体系。首先,区域经济发展中极其重要的因素之一就是人才,人才的流动与分布在一定程度上决定了区域的空间发展趋势,因此通过数据网络分析和人工智能等新技术对区域内的人才流动和空间布局进行监测分析,可以对地区发展趋势做出更加准确的预测。采取更加适宜的区域发展战略,并科学有效地对区域内公共服务和资源进行调配,以此提高人才资源和其他资源的利用效率,实现区域内的均衡发展。其次,科技创新是提升区域内资源要素使用效率的"调节器"。要有效解决区域发展结果的空间不均衡,不仅仅要实现区域之间基础设施资源的均衡,更需要深入探究区域之间的分工和人才资源分布,实现资源配置和发展效率上的多元均衡。要实现区域之间复杂化的多元均衡，则需要以数据网络、大数据等科技平台作为推进各地区之间公共服务资源配置模式优化的新标杆。最后，科技创新是改善区域发展质量的"加湿器"。要实现从根本上帮助欠发达地区解决人力资本缺乏、公共服务不足和质量较低的问题的目标，可以借力科技创新来推动公共服务资源在更大区域范围内的共享，利用信息网络、人工智能、虚拟现实等新一代数字化技术，建立以城市—区域为基本空间单元的公共服务资源配置体系，使不同地区的居民可以公平共享经济发展所带来的成果，即实现区域发展结果上的空间均衡。

第三，贯彻落实创新在推动区域经济均衡发展中的统筹布局。一方面，以创新为抓手引导资源要素在各地区之间更合理地流动。要提升相对落后地区的发展能力，就要打破要素在空间上的循环累积和规模集聚的局面，进而形成均衡的可持续发展状态。因此，通过大数据分析、遥感定位等新技术优化产业的空间布局，构建以技术为支撑并且与新发展阶段更加适配的区域政策工具体系，对于实现资源要素在区域内均衡流动、形成区域内更加平衡的协同发展新格局具有重要的推动作用。另一方面，以技术为依托，通过大数据分析各个区域的潜力和不足，因地制宜给予相应政策的倾斜或资金、人员上的补充。具体来说，以国土资源数据库、大数据智能数据分析为基础，结合各个区域发展的特点，通过人工智能和云数据进行区域发展效果和潜力的模拟，可以对地区发展战略进行科学的预判，并以此作为制定因地制宜化区域发展战略的依据，真正贯彻落实科学技术推动区域发展的统筹布局。

思考题

1. 创新对宏观区域经济发展战略有哪些影响？
2. 区位布局理论有哪些？这些理论之间的区别是什么？
3. 区域经济的空间开发有哪些模式？这些模式又具有哪些特点呢？
4. 哪些条件造成了区域经济的非均衡发展？

第 15 章
创新与企业战略

本章将重点介绍创新在企业发展战略中的重要作用,重点围绕创新与企业生命周期、创新与企业竞争力以及创新与企业管理三个角度展开介绍。

15.1 创新与企业生命周期

企业是一个有生命力的有机体,成长和发展是企业所追求的永恒主题,任何一个企业从其诞生的那一刻起,就有追求成长和发展的内在冲动。企业在成长过程中会经历具有不同特点的若干发展阶段,这要求企业在各个方面不断地实施变革以与之相适应,其中尤以企业组织结构形式为重,因为这关系到整个企业的应变能力和管理效率,直接影响着企业经营效果的好坏和目标的实现,只有适应企业特定成长阶段的组织结构才能促进企业健康持续地成长与发展。

15.1.1 生命周期理论

Haire 最早提出"企业生命周期"的概念,他指出可以用生物学中的"生命周期"观点来看待企业,认为企业的发展也符合生物学中的成长曲线;此外,企业发展过程中会出现停滞、消亡等现象,导致这些现象出现的原因是企业在管理上的不足,即一个企业在管理上的局限性可能成为其发展的极限。① 之后,Gardner 进一步指出,与生物学中的生命周期相比,企业的生命周期有其特殊性,主要表现在:①企业的发展具有不可预期性,一个企业由年轻迈向年老可能会经历 20~30 年的时间,也可能会经历好几个世纪;②企业的发展过程中可能会出现一个既不明显上升也不明显下降的停滞阶段,这是生物生命周期所没有的;③企业的消亡并非不可避免,企业完全可以通过变革实现再生,从而开始一个

---

① Haire, M. 1959. *Modern Organisation Theory: A Symposium of the Foundation for Research on Human Behavior*. New York: Wiley.

新的生命周期。① 在他们之后,以生命周期理论来研究企业成长以及产品更新、产业更替、技术变迁等与企业成长相关现象的学者越来越多。

现在,企业生命周期理论已经有二十多种。其中,伊查克·爱迪思(Ichak Adizes)的研究最为系统。爱迪思②在他的《企业生命周期》(*Corporate Lifecycles*)一书中指出,企业的生命周期要经历成长阶段(包括孕育期、婴儿期、学步期、青春期与盛年期)与老化阶段(包括稳定期、贵族期、官僚前期、官僚期与死亡期)。企业的成长与老化主要通过灵活性和可控性这两大因素之间的关系表现出来。他认为"企业年轻时充满了灵活性,但可控性却不一定总是很强;企业老化时,关系变了,可控性增强了,但灵活性却减弱了"。灵活性强,企业变革相对容易,但可控性较弱;而可控性强的企业往往缺乏灵活性,缺乏变革的意向。在不同的阶段,企业可能会陷入不同的陷阱中,如在学步期,企业易陷入创业者陷阱;在青春期,则面临新人与元老的矛盾。理查德·达夫特在总结前人理论的基础上,提出企业发展经历四个主要阶段:创业阶段、集体化阶段、规范化阶段、精细化阶段,并从结构、产品或服务、奖励与控制系统、创新、企业目标、高层管理方式等六个方面对组织在这四个阶段的特点进行描述。③

现代企业管理理论认为,任何企业的发展过程都有一定的周期性,其生命周期可以划分为创业期、成长期、成熟期和衰退期四个阶段。企业发展在技术创新、市场创新、组织创新、战略创新四个模块的各阶段组合演化路径不同。具体而言,在创业期,企业对技术创新显得尤为关注;而在成长期,企业更加注重产品市场的拓展;对于成熟期的企业而言,企业战略就显得尤为重要。因此,要依循企业发展所处的不同阶段,综合企业价值系统和竞争力的综合排序,深入研究科技企业各阶段发展短板,为企业发展提供相适应的政策。其中,创业期最急需技术创新政策;成长期最急需科技金融政策和人才支持政策;成熟期企业风险最小,主要需要促进持续创新的环境政策。如果企业在成熟期没有开始做出新的转型尝试,那么衰退期就是最后挣扎的机会。只有最终跨越衰退期的企业,才能获得重生。想要在衰退期重启辉煌的企业,应把资源投向更高维的颠覆性创新上,这一步很难,跨过去就是开启了一轮新的行业周期,跨不过去就将被时代淘汰。

企业在创业期、成长期、成熟期的人力资本构成和所面临的创新环境是不同的,自主创新、模仿创新的成本收益以及自主创新的成功概率也是不同的。因此,解决我国企业创新困境的关键在于根据不同的外部环境更高效地配置企业内外的人力资本和物质资本,选择适应于不同阶段的创新模式,以实现更好更快的发展。

---

① Gardner,J. W. "How to prevent organizational dry rot." *Harper's Magazine*,1965,Oct.
② 伊查克·爱迪思. 企业生命周期[M]. 北京:中国人民大学出版社,2017.
③ 理查德·达夫特. 组织理论与设计精要[M]. 北京:机械工业出版社,1999.

15.1.2 不同生命周期的企业特征

1. 创业期

创业期指企业的创建阶段。企业无论采取哪种方式兴建,在创业期一般都有如下特点:①投入大,建设周期较长;②对企业以后的发展影响大;③实力较弱,依赖性强;④产品方向不稳定,转业率高;⑤创新精神强;⑥发展速度不稳定,波动大;⑦管理工作不规范;⑧企业缺乏自己的形象。

在创业期,企业应该把主要精力放在产品的生产与质量管理工作上,包括产品的设计、流动资金的筹措、原材料的准备、人员的培训以及管理组织模式的选择等。

2. 成长期

企业创立以后,如果在5～7年之内能生存下来并获得一定的发展,一般就会进入成长期。企业在这一发展阶段的主要特点是:①实力增强;②形成了自己的主导产品;③企业由单厂企业向多厂企业发展;④创造力强,发明创造投入使用快;⑤发展速度快,波动小;⑥企业的专业化水平提高,企业之间的协作加强;⑦管理逐步规范化。

成长期是企业的关键发展时期,一方面,企业的战略重点应逐步由争取生存转到争取有利的发展机会和争取各种发展资源,抓住有利时机,使企业获得快速、健康的成长;另一方面,企业的决策者要保持清醒的头脑,认真分析企业的内外部形势,全面估计自己的实力,不要把摊子铺得太大,把战线搞得过长,使自己陷入困境。

3. 成熟期

经过成长期后,企业就进入成熟期阶段。处于这一阶段企业的主要特征是:①发展速度减慢,甚至出现停止发展的现象,但是效益提高;②产品逐步朝多样化方向发展,并形成了有特色的产品,甚至名牌产品;③企业朝集团化方向发展;④树立起了良好的企业形象;⑤内部管理逐步由集权模式向分权模式发展;⑥创新精神减退,思想趋于保守。

在这一阶段,企业的工作重点应该是保持创新精神,防止骄傲自满情绪,千方百计挖掘企业潜力,提高企业的经济效益,延缓衰退期的到来。

4. 衰退期

企业如同人一样,也会衰退。企业在衰退期的主要特征是:①"大企业病"日益严重;②工艺落后,技术装备陈旧;③产品老化;④企业的生产萎缩,效益降低;⑤负债增加,财务状况恶化。

因此,处于衰退期的企业的工作重点应该是尽量缩短衰退期,促进企业的蜕变。

15.1.3　不同生命周期内的企业创新

1. 创业期中的创新

企业在创业期一般面临着资金短缺的局面。这一阶段的企业一般规模较小,各方面的社会关系网络还没有建立起来,存在着融资困境,而自主创新需要大量的物质资本、金融资本的投入。

从人力资本的角度来说,高质量人力资本即创新型人力资本,一般不会选择到新成立的规模相对较小的公司工作。这个阶段企业的人力资本成熟度比较低,达不到自主创新所需要的高成熟度的人力资本要求,因此企业自主创新成功率低、风险大。企业若想自主创新则必须聘请高校或科研单位的创新人才进行产品的开发研制,这对于本来就面临资金短缺的企业来说是不可行的。

另外,从时间成本的角度来说,自主创新需要有一个新产品概念的前期市场导入环节,这一过程可能需要经历一段相当长的时间才能使自主创新产品被广大消费者接受,企业不仅需要花费大量的资金成本,还需要投入大量的时间成本。

因此,处于创业期的企业进行自主创新的成本高、风险大、成功率低,不宜采取此种创新模式,而宜进行较低层次的模仿创新。根据市场需求,引进其他企业的先进生产技术,通过内部学习性的解剖和吸收,掌握技术的精髓,节省资金和时间成本的投入,以最快的速度抢占市场份额,打开产品销路,增加企业的资本积累。

另外,企业应该在创业期就注意培养自己的技术骨干,通过干中学增加企业内部人力资本的存量。建议企业在此阶段加强与员工特别是创新型员工的心理契约,巩固与员工的关系,培养出一批对企业有忠诚度的科技人员,为以后进一步的创新活动储备高成熟度的人力资本。

2. 成长期中的创新

成长期是决定企业命运的关键时期,很多企业就是因为没有适应此阶段快速变化的市场环境,将生产活动停留在创业阶段低层次的模仿创新而走向了衰亡。

在成长期,企业业务量激增,但对原产品几乎饱和的市场需求以及国内外同行的激烈竞争给企业带来了更大的创新压力。谁能在最短的时间内以最快的速度抓住消费者的需求,谁就能继续生存下去。

在物质资本方面,经过创业期的努力,企业拥有了一定的资金积累,各方面的社会关系网络也逐步建立起来,企业能够在相对短的时间内筹集到所需的资金,因此,此阶段的企业拥有了一定的风险承受能力。

在人力资本方面,企业在创业阶段培养了一批自己的技术人员,企业内部整体的人力资本存量有所增加,具备了高层次的模仿创新能力,即在模仿基础上实现二次创新所需要的较高成熟度的人力资本。虽然此阶段企业尚不具备自主创新所需要的人力资本存量,但是市场需求迫使企业面临着不创新就被淘汰的潜在危险,因此,成长期的企业可以通过产学研相结合的方式,与高校、科研单位合作,鼓励科研院所和高校的人才到企业从事兼职研发、咨询工作,带动企业创新产品的发展。

此阶段激增的业务量使企业无论进行自主创新还是进行模仿创新都有很大的边际效用。有了创业期的积累,企业在物质资本、人力资本、时间成本以及风险抵抗方面都有了一定的承受能力,自主创新总成本相对较低,成功率较高。这个阶段企业适宜采用自主创新和模仿创新相结合的创新模式。模仿创新主要涉及对新引进技术的二次创新,继续发挥模仿创新所具有的低风险、高效率的优势,巩固原产品的市场份额,保持并扩大原有的顾客群。此阶段的自主创新主要是为了克服企业过度依赖引进,陷入"引进再引进""依赖再依赖"的双重恶性循环,在企业内部形成自主研发、持续创新的科研氛围,为企业业务稳定后持续创新培养和储备高成熟度的人力资本。

企业在成长期要注重创新文化的孕育,将创新理念制度化、规范化,变个体学习为团队学习,将企业创新需求与员工需求紧密结合,引导员工用创新来满足自己的职业发展需求。企业应当建立一套针对创新型人力资本的独特管理模式,给予他们必要的自主权,通过建立产权激励、员工培训激励、工资奖金激励等多种激励模式,最大限度地激发这些员工的创新热情,为企业的持续发展培养和储备高成熟度的人才。

3. 成熟期中的创新

进入成熟期,企业的业绩已经稳定下来了,产品在市场上已经有了稳定的销路,无论是进行自主创新还是进行模仿创新,企业都能提供充足的物质资本和时间资本。人力资本成熟度的提高也是企业自主创新的最有利条件,因为这不仅降低了自主创新的风险指数,而且促进了各项资源的合理配置,减少了企业的资源浪费。

与成长期相比,此阶段自主创新和模仿创新的边际效用更大,因为只有持续不断地创新才能使企业获得较强的生存和发展能力,在后续的市场竞争中经受得住挫折和失败。此时,企业对自主创新的风险承受能力更强,成功率更高。自主创新不再停留在营造企业内部的创新氛围上,而是进入实战阶段。企业需要整合企业内外的人力资本进行创新项目的研究,加大自主创新力度。

在这一阶段,企业的发展速度有所放慢,产品标准化有所提高,企业的经营领域有所拓宽,管理走向规范化。企业产品的知名度和市场占有率都有很大的提高,并且通过各种媒体渠道在公众中树立了形象,显然,企业产品进入了成熟期。但如果许多企业对某一产品的依赖性很强,待成熟期后的一段时间产品出现衰败,就有可能使企业发展后劲受到影响,导致创新精神减退。这是因为企业经过孕育期、高速成长期的艰苦奋斗和勇往直前后,往往会在环境相对舒适的成熟期里趋向保守,缺乏对新事物的敏感性和强烈的改革需求。成熟期创新精神减退的问题还与企业规章制度是否健全有关。创新强调变化,而制度要求遵守,处于成熟期的企业其规章制度已经较为健全,各级人员只能按规定办事。但市场是变化的,企业创造力沉睡时间过长,就会影响到满足客户需要的能力,企业的市场竞争力随之下降。企业在成熟期的最大风险是成熟期过于短暂。成熟期是企业生命周期中的最理想阶段,进入成熟期很困难,要想长久地停留在成熟期就更为困难。

所以,企业在成熟期仍然需要采用自主创新和模仿创新相结合的创新模式,以自主创新为主,同时不放弃模仿创新。实践证明"后发优势"是达到先进技术水平的捷径,所以,任何时候模仿创新都是不能放弃的,企业要时刻关注市场上最新产品的动态,认真研究别人研制成功的技术,直至消化吸收,达到为我所用。同时,依靠内部人力资本结合外部有效的人才资源,加大对自主创新的投入,形成一系列拥有自主知识产权的产品。因为自主创新有利于企业为自己构筑起较强的技术壁垒,通过控制核心技术的转让,在一定程度上控制某种产品甚至整个行业的技术发展进程,从而使企业在竞争中处于十分有利的地位。

企业的创新是一个持续的过程,成熟期的企业所追求的创新应该是持续性创新。所谓持续性创新是指企业在一个相当长的时期内,持续不断地推出和实施新的创新项目(含产品、工艺、原料、市场、组织、管理和制度创新项目),并持续不断地实现创新经济效益的过程。持续性创新要求企业对人力资本进行持续性优化,制定人力资本培训与开发的长期规划,转变人才观念。持续性创新还要求企业内部形成创新的企业文化,在企业内部推行"全员创新"。将创新特别是自主创新的成果与员工薪酬福利挂钩,形成"创新—激励—再创新"的良性循环。

4. 衰退期中的创新

衰退期中企业的发展在走下坡路,面临衰亡和蜕变。企业工作的重点是尽量缩短衰退期,促进企业蜕变。这一时期企业内部的管理机构庞大,决策过程复杂,人员安于现状,各部门本位主义日趋严重,生产手段落后,产品老化,导致企业生产萎缩,效益低下,财务状况恶化,已经出现了严重的"大企业病"。处于衰退期的企业其生命依然有延长的可能性。只要企业进行蜕变,成功地转换产品,灵活地转换企业形态,准确地选择新的产业领域,就可能重获新生。不过到衰退期才考虑蜕变,时间上已经晚了点,其实企业在成熟期发现业绩开始下滑时,就应该考虑蜕变的事情了。

对于企业而言,其所处的生命周期不同,所面对的内外部环境也是不同的,因此没有最优、唯一的创新模式。自主创新成本高、成功率低、风险大,企业只有具备一定的物质资本和人力资本,才适宜采取自主创新策略。而模仿创新是处于任何一个阶段的企业都不能丢弃的,因为它能让企业以相对低的成本快速掌握先进技术,大大提高企业效率。

15.2　创新与企业竞争力

15.2.1　企业竞争力

1. 企业竞争力的内涵

企业竞争力是指在竞争性市场条件下,企业通过培育自身资源和能力,获取外部可寻址资源并综合加以利用,在为顾客创造价值的基础上,实现自身价值的综合能力。企业的竞争力分为三个层面:第一层面是产品层,包括企业产品生产和质量控制能力以及企业的服务、成本控制、营销、研发能力;第二层面是制度层,包括各经营管理要素组成的结构平台、企业内外部环境、资源关系、企业运行机制、企业规模品牌、企业产权制度等;第三层面是核心层,包括以企业理念和企业价值观为核心的企业文化、内外一致的企业形象、企业创新能力、差异化个性化的企业特色、稳健的财务、卓越的远见和长远的全球化发展目标等。

2. 企业竞争力理论[①]

(1) 基于资源和能力的企业竞争力理论

以科斯理论为基础的现代企业理论,具体包括产权理论、交易成本理论、委托代理理论等,成为主流企业理论。然而,现代企业理论强调交易过程中的各种"规制",忽略了作为社会经济组织的企业所具有的独特的"生产特征"。以这一理论作指导,企业决策机制、供应机制、生产机制和销售机制等的区分都不再考虑生产成本,而仅仅关注交易成本,这导致无法从现代企业理论的角度有效解释现实企业实践活动中的一些重要现象。

鉴于以上原因,一批企业理论和战略管理研究学者提出必须重新认识和分析企业,以期更好地说明企业是什么、企业竞争优势的源泉是什么,以及企业如何保持持续的竞争优势。在这一过程中,研究者把归宿点归于企业所拥有的特殊能力,从企业内在成长的角度分析企业,企业能力理论应运而生。

首先是阿尔弗雷德·钱德勒的组织能力理论。钱德勒认为,组织能力是企业在发展过程中,充分利用规模经济和范围经济所获得的生产能力、营销能力和管理技能,是企业内部物质设施和人的能力的集合。

其次是 C. K. 普拉哈拉德(C. K. Prahalad)等提出的核心能力理论。菲利普·萨尔尼科(Philip Selznick)在 20 世纪 50 年代曾提出企业特殊能力的概念,强调一个组织比其

[①] 以下内容主要摘编自范林根. 企业竞争力的形成与提升[M]. 上海:上海财经大学出版社,2010。

他组织做得更好的因素。其后这个概念由查尔斯·斯诺(Charles Snow)等演化为企业竞争或维持变革组织的能力。1990年,普拉哈拉德和赫梅尔发表《公司的核心竞争力》[1],提出核心能力是指在一个组织内部通过整合了的知识和技能,尤其是关于如何协调多种生产技能和整合不同技术的知识和技能。从与产品或服务的关系角度来看,核心能力实际上是隐含在公司核心产品或服务里面的知识和技能,或者知识和技能的集合体。核心能力是一组技能和技术的集合体,而不是某一项单个的技术或技能。企业由核心能力、核心产品、最终产品等部分组成,核心能力是对企业进行分析的基本单元,是企业增强竞争力、获取竞争优势的关键。企业应集中资源,建立一个或几个核心能力。积累、保持、运用核心能力是企业的长期根本性战略。

最后是乔治·斯托克(George Stalk)提出的基于流程的能力理论。波士顿咨询公司的斯托克等认为,成功的企业极为注意行为方式,即生产能力的组织活动和业务流程,并把改善这些活动和流程作为首要的战略目标,企业成功的关键不仅仅在于核心能力。[2] 每个企业都必须管理一些基本业务流程,每个流程都在创造价值,每个流程也都要求部门间协调配合。因此,尽管各个部门可能拥有自己的核心能力,但是关键还在于管理这些流程、使之成为竞争能力。管理者应把自己的管理重点放在部门间协调配合以及员工的培训上。

企业能力理论根植于企业经营管理的内部活动,力求追寻企业生存和成长最重要的竞争力量来源。但企业能力理论仍未形成体系,不能解释或给出提升企业竞争力的综合要素,而仅仅强调企业内部能力,对企业外部环境的适应性分析比较单一。比如,核心能力理论在解释企业长期竞争优势的源泉的同时,没有给出用以识别核心能力的方法和评价体系,也没有就如何积累核心能力提出有效的、具有操作性的途径。组织能力理论追求传统的规模经济和范围经济效应,在不确定性因素增大的情况下,组织难以建立快速反应能力,尤其难以适应个性化和多样化的消费需求,也容易忽视核心能力的建设。

(2)波特的企业竞争力理论

波特在《竞争战略》和《竞争优势》中提供了结构性的方法,其主要包含三种分析框架。

第一,企业竞争的五种作用力。任何产业,无论是国内还是国际的,无论是生产产品还是提供服务竞争规律都将体现五种竞争的作用力:新的竞争对手入侵、替代品的威胁、客户的议价能力、供应商的议价能力,以及现存竞争对手之间的竞争。企业要选择自己

---

[1] Prahalad, C. K., Hamel, G. "The Core Competence of the Corporation." *Harvard Business Review*, 1990 (May-June):295—336.

[2] Stalk, G. Jr., Philip, E., Shulman, L. E. "Competing on Capabilities: The New Rules of Corporate Strategy." *Harvard Business Review*, 1992(March-April):57—69.

在五种作用力方面有利的产业,并争取改善这五种作用力和自己的关系。

企业利用这种分析框架分析自己在产业链条中的定位并选择行业;利用五种作用力之间的关系,推动竞争向对自己有利的方向转变。五种作用力理论扩大了企业对竞争对手仅限于同业竞争者的认知视野,为管理者提供了认识竞争环境的结构化思维方式。了解了产业竞争的力量与深层原因后,企业可以辨明在产业中的优劣势以及机会和威胁(SWOT 分析),制定有效的竞争战略。

第二,企业竞争的三种基本战略。波特认为企业可以拥有两种基本的竞争优势:低成本和差异性。两种基本竞争优势和企业的竞争范围相结合可以引导出三种基本战略:成本领先、差异化和目标聚焦战略。成本领先和差异化战略可在多个产业细分的广阔范围内寻求优势,而目标聚焦战略在一个狭窄的单个细分市场中寻求成本优势或差异化。在成本领先战略的指导下,企业的目标是要成为其产业中的低成本生产厂商。在差异化战略指导下,企业力求就客户广泛重视的一些方面在产业内独树一帜,凭借其独特的地位可获得溢价报酬。目标聚焦战略要求企业选择产业内一种或一组细分市场,并量体裁衣使其战略为它们服务而不是为其他细分市场服务。

第三,企业竞争的价值链分析。价值链将一个企业分解为战略性相关的许多活动,如设计、生产、营销等领域。这些价值活动可以分为两大类:基本活动和辅助活动。基本活动是涉及产品的物质创造及其销售、转移给买方和售后服务的各种活动,可划分为内部后勤、生产经营、外部后勤、市场营销、服务五种基本类别。辅助活动则辅助基本活动并通过提供外购投入、技术、人力资源以及各种公司范围的职能以相互支持。各种具体的基本活动与辅助活动相联系并支持整个价值链。

15.2.2 企业创新与竞争力的联系

1. 技术创新对企业竞争力的影响

第一,企业核心竞争力的形成、提升和保持阶段都离不开技术创新所带来的影响。就形成阶段来讲,企业核心竞争力的形成要建立在对技术和产品有一定的积累量上,而技术创新又是企业发展核心产品的基础。纵观世界知名企业,分析其能在激烈的市场竞争中快速成长脱颖而出的原因,还是在于它们致力于打造核心产品,坚持核心技术的研发工作,使得核心产品的发展速度能紧跟甚至引领知识经济时代的发展步伐。

就提升阶段来讲,核心竞争力的提升意味着开拓了更大的市场,而大规模的生产必然会增加企业对固定资产的投入,同时企业的刚性也随着高资产的专用性而增加,这一点不是所有企业都能承受的,而且市场环境的变化速度太快。为了从容应对这些问题,企业的健康发展必须依赖于对技术创新能力的培养,致力于创新产品和技术。

在核心竞争力的保持阶段,由于市场经济体制不断改革完善,企业之间的竞争点也在时刻发生变化,企业的核心技术经过一段时间的推移就会演化成普通技术。为了保持企业竞争力的长效性,唯一的途径就是坚持技术革新,推进对新工艺、新材料和新技术的有效应用,开发更具使用价值且低成本、高品质的全新产品,以此来保持企业的核心竞争力。反之,一个缺乏技术创新能力的企业很容易陷入开发过于雷同的市场产品过程中。

第二,技术创新是企业进入新市场、提升自身竞争力的有效途径。在任何一个行业,企业面临的市场竞争都是很激烈的,特别是在中国的经济环境下,"价格战"成为很多企业在做营销策略时必用的手段,低价格和高成本逐渐成为企业面临的最大难题。为了从"价格战"的怪圈中走出来,企业依靠的最有效手段就是技术创新。众所周知,垄断性行业和产品收获的是超额利润,企业为了提升自身竞争力,最有利的方式就是进入产品的空白市场,研发创新性的产品,获取超额利润。技术创新的类型可分为三种:跟随创新、集成创新与原始创新。对于小微型企业,可选择跟随创新战略。毕竟由于企业规模和资源有限,企业没有足够的资金与技术支持,无法实现大跨越式的技术创新。中型企业可采取跟随创新与集成创新相结合的战略。由于具备一定的人才与技术资源,中型企业如果在技术创新方面能够取得突破,就有很大的概率能够成为大型企业。大型企业面临的是国内外很多大企业的竞争,企业要想长远发展,就必须坚持走原始创新之路。大企业在做战略选择时往往是没有参照的,其面临的风险也相对大得多。企业要想在行业中获得更强的竞争力,对技术创新的需求就更大了。只有通过技术创新,打破新产品的研发壁垒,通过新产品来占有市场份额,企业才能保持更强的竞争力。

第三,技术创新是企业提升竞争力的基石。普拉哈拉德和赫梅尔认为核心竞争力是依靠成本控制来实现的,通过控制产品的生产成本,就能实现企业的高额利润。但是,企业的竞争力真正来源于技术创新。通过成本控制确实能够实现企业的利润,但这并不是最核心、最基础的动因。如果从技术创新的角度看待企业成本控制,会发现产品创新才是企业控制成本最有效、最直接的方式。企业通过渐进性和根本性的技术创新,使得产品在满足市场需求的同时,实现成本控制。以制造型企业为例,人工成本在产品成本中占据了大部分的比例,只有从劳动密集型慢慢转型为技术创新型企业,企业的生产成本才能实现大幅度的下降,而且在创新技术的支持下,先进的技术与设备能够使企业慢慢摆脱对人力劳动的依赖性,解决目前大多数企业存在的人力资源冗余的问题,并且能够大幅提升企业产品的生产效率,实质是大大降低了单位产品的生产成本。此外,技术创新也为产品的质量提供了保证,从产品开发、工艺设计、产品试制到批量生产,其核心的质量保证就是技术的支持。因此,企业在发展过程中,特别是在做成本领先型战略思考时,更要清楚地认识到技术创新才是控制企业成本的源泉。只有充分认识并且走技术创新型道路,才能真正提升企业的竞争力。技术创新将作为企业提升竞争力的基石而长久存在。

从可持续发展战略的角度考虑,目前社会资源紧缺,经济发展无法再继续依赖大量物力来维持。因此,现代企业要想实现持续稳定发展,提升企业竞争力,就必须依靠科学技术,不断提升技术创新能力,把技术创新作为企业发展的源泉,通过技术创新来降低物耗、能耗和成本,以此提升企业竞争力。

2. 技术创新战略与企业竞争力

20世纪80年代,战略管理学者开始认识到技术是竞争战略中的重要因素,于是便将技术与企业战略进行结合。随着技术进步速度的加快,技术因素对企业在市场中的竞争产生着越来越重要的影响,技术创新已经成为企业面对外部市场竞争的一种战略性工具。技术创新战略是企业为了实现创新目标,在正确分析自身的内部条件和外部环境的基础上,做出的企业技术创新总体目标部署。从技术管理的研究来看,技术创新战略日益受到高度的重视,成为技术管理中的热门研究领域。企业应及时制定出有效的技术创新战略,成为企业在动态的外部环境中提升企业竞争力、赢得竞争优势的关键。技术创新战略必须服从企业的经营战略,它是企业整体战略的重要组成部分。技术创新作为一种战略选择,对企业未来发展的影响是深远的,不但能够支持现有业务,而且有可能创造出全新的业务和竞争领域。

技术创新战略的重点是发展具有战略性的技术,其目的就是构建和提升自己的核心技术能力,从而获取竞争优势。一般来讲,技术创新战略可以分为三种类型:领先战略、追赶战略、模仿战略。

领先战略是企业采用技术领先和领导创新的策略,依靠自身的努力产生技术突破,攻克技术难关,并使科技成果商品化,获取商业利润,迅速成为该产品市场的领先者,努力确立自己在行业中的领导地位。采用这一战略的企业,一般是在创新领域积累了大量的知识和经验的大型企业,技术实力比较雄厚,在研发中的投入比较大,对市场风险的承受能力比较强。采用领先战略的企业可以优先建立起进入壁垒,使消费者对其产品产生偏好,建立有利的市场地位,树立市场领导者的形象,赢得先动者的优势,阻碍后来者进入市场。领先战略的缺点是高投入和高风险性。领先战略一旦成功,就有可能获得高额利润,否则,沉没成本也很高。从目前的全球经济发展形势来看,要在全球范围内取得科技领域的领先地位,发展中国家成功的案例还比较少。因此,大多数实行领先战略的企业是发达国家的企业。例如美国的高通公司在CDMA移动通信领域就是采用这一战略。目前,高通公司握有CDMA技术的1 000多项专利,其中核心专利就有250多项,并在全球范围内出售技术和标准。

实际上在任何国家,因为高投入和高风险性,实行领先战略的企业只是小部分,大多数企业的技术创新战略是追赶战略。实行追赶战略的企业不愿意成为某种技术创新的首创者,但是它们又不愿意在该领域内落后别人太远。因此,实行追赶战略的企业也在R&D活动中投入大量的人力、物力和财力,主要用于对领先创新者产品性能和工艺的改进。它们在技术上紧跟领先创新企业,一旦对方企业创新成功,它们就迅速跟上,一起分享企业利润;一旦对方企业创新失败,它们就迅速转向。由此可见,实行追赶战略的企业的成本和风险相对比较低。例如微软公司的 IE 浏览器原来并不是网络浏览器市场的领先者,因为采取追赶战略紧跟网景公司(市场领先者),从而占领了相当的市场份额。

模仿战略是一种特殊的追赶战略。采用此战略的企业,其技术一般都来自对领先者产品的破译和购买。这些企业通过充分消化吸收先行者的技术成果,掌握创新的核心技术,并在此基础上对技术进行改进和完善,开发出更有竞争力的产品,逐步增强自身科研实力,最后实现自主创新。技术比较落后的企业适宜采用这种战略,因为不但可以回避技术和市场风险,而且可以使自身的技术能力得到跳跃式的发展。如果企业拥有很好的市场判断能力,只要市场策略得当,也可以从领先创新者手中获得一定的市场空间。例如,20 世纪 60 年代,美国通用电气公司就率先研究了砷化镓,用于制造卫星电路和超级计算机芯片。而日本企业采用模仿创新战略,通过不懈努力,到 20 世纪 90 年代已经占据世界砷化镓市场的三分之二的市场份额。这就是一个利用模仿战略取得成功的典型例证。

企业到底选择何种技术创新战略要具体情况具体分析,在综合考虑企业发展目标、整体经营战略、企业实力、技术因素、产业竞争态势和市场环境等因素的基础上,做出科学的战略部署。企业还要根据自身的发展情况和市场竞争态势的变化,适时地做出战略调整,从模仿创新过渡到自主创新,不断提升企业的竞争力,确立企业的竞争优势。

15.3 创新与企业管理

15.3.1 企业管理的内涵

企业管理,就是由企业管理者或管理机构根据企业特征和经营规律,对企业的生产经营活动进行决策、计划、组织、领导、控制、创新,以提高经济效益,实现经营目标的过程。

企业管理包含管理者、对象、方式和目的四个要素。企业的管理者可以是企业中参与管理的人员也可以是经理。企业管理的对象包含企业生产过程中涉及的人、物、信息等要素。企业的管理方式各有不同,主要是管理者通过计划、组织、决策等一系列过程进行的。企业管理的目的是企业经营的出发点,各种管理动作最终是为实现管理目标服务的,我们评判企业管理是否有效也要依据其是否有助于企业目标的实现。

根据马克思关于企业管理二重性的原理,企业管理具有两个基本职能:一是合理组织生产力,二是维护和完善生产关系。企业管理的过程就是这两个基本职能相结合而发挥作用的过程。当它们结合作用于生产经营过程时,就表现为各种具有相对独立性的具体管理职能。不同管理者对企业管理的具体职能划分说法不一,但一般认为有以下五种职能。

第一,计划职能。计划职能包括通过调查研究和预测,制订长期和短期计划,确定实现计划的措施,并将计划指标层层分解到各个部门、各个环节。在现代企业中,计划是各项工作的"龙头",只有充分发挥计划职能的作用,才能使各个方面和各个环节以至每个职工都有明确的目标,才能把各项工作有效地组织起来,建立起正常的生产秩序和工作秩序。企业的经营规模越大,生产经营过程越复杂,计划职能的作用就越重要。

第二,组织职能。组织就是将企业生产经营活动的各要素、各部门、各环节在空间和时间的联系上、在劳动分工与协作上、在部门间与部门内的相互关系上,以及对外往来上合理地组织起来,形成一个有机整体,使企业的人、财、物得到最合理的运用。组织职能是保证实现预定计划的一项重要管理职能。组织职能水平的高低,在一定程度上决定着企业的工作效率和生产经营活动的成果。

第三,指挥职能。指挥就是为了实现既定目标,发挥领导艺术,对下级或下属进行工作布置和指导,使企业的生产经营活动有条不紊地正常进行。没有正确的指挥,计划和组织职能也不可能顺利实现。

第四,协调职能。协调也称调节,是为了有效地实现企业目标,使企业内部部门间与部门内之间以及对外的工作能保持良好的配合关系,消除和减少工作中的脱节现象和存在的矛盾。协调是一项综合性的管理职能,要做好协调工作,关键在于使企业全体员工树立全局观念,克服本位思想,加强互相协作,消除"扯皮"现象。

第五,控制职能。控制也称监督,是同计划紧密联系在一起的。计划是控制的前提和依据,控制是保证实现计划的手段。控制主要是对企业生产经营活动进行考察,把实际执行情况与原定的计划目标进行对比,找出差异,分析原因,采取对策,及时纠正偏差,保证计划目标的实现。[①]

管理的五个职能是相互联系的,计划是管理的首要职能,是组织、指挥、协调和控制职能的基础和依据;组织、指挥、协调和控制职能是有效管理的重要环节。管理是通过计划、组织、指挥、协调和控制五个职能来展开和实施的一个系统过程。在管理实践中,管理的五个职能可能并列发生或发生顺序上的变化,在不同领域和具体管理上的侧重点也会有所差别。

---

① 滕兴乐.中小企业管理创新研究[M].长春:吉林人民出版社,2020.

15.3.2　管理理论的演变

1. 古典管理理论

(1)科学管理理论

"科学管理之父"弗雷德里克·温斯洛·泰勒(Frederick Winslow Taylor)于1911年出版了《科学管理原理》一书,他倡导用科学思想、科学方法来处理和解决企业管理问题。泰勒所研究的科学管理理论,是基于自身经历,经过长期实践检验,又应用到实践中去的理论。他立足于工厂内部管理,以提高生产效率为中心,解决生产组织方法科学化和生产程序标准化等方面的问题。泰勒提出的科学管理原则如下:①劳动定额;②工具、设备、作业环境标准化;③实行计件工资制;④能力与工作相适应;⑤管理控制上的例外原则;⑥计划职能与执行职能分离;⑦实行职能工长制。泰勒的管理理论摒弃了传统落后的经验管理方法,创立了科学的管理方法,促进了生产效率提高。

(2)经营管理理论

与泰勒同时代的法国人亨利·法约尔(Henri Fayol)于1916年出版了《工业管理与一般管理》一书。他的管理理论是以企业整体作为研究对象,涉及企业领导层。法约尔的主要观点包括:①企业职能可以划分为六大类——技术活动、商业活动、财务活动、会计活动、安全活动和管理活动;②管理有四要素——计划、组织、指挥和协调;③贯彻管理的十四条原则——工作分工、职权、纪律、统一指挥、统一领导、个人利益服从整体利益、报酬、集中、等级链、秩序、公平、人员的稳定、首创精神、团结精神。经营管理理论的研究范围不同于科学管理理论,法约尔的研究范围不再是工人个人,而是整个企业,关注点也从工人作业的技术能力转移到管理工作和职能上。

(3)行政组织理论

马克斯·韦伯(Max Weber)于1920年出版了《社会组织和经济组织理论》一书,提出了行政组织理论,并提出了理想的官僚组织理论体系。他认为人们做出的行动具有社会意义,人必须加入一个组织,接受分配的工作、按照组织规定的程序工作。韦伯的理想行政组织理论的主要内容包括:①构建理想的行政组织;②提出三种被社会接受的合法权力——传统权力、超凡权力和理性-法律权力。韦伯的理论适应了当时资本主义发展的需要,为社会提供了一种高效合理的管理机制。

2. 现代管理理论

现代管理学派很多,如行为科学学派、社会系统学派、决策理论学派、经验管理学派等。但上述种种管理派别,从其主要思想上看不外乎是两大管理理论派别:一个是以泰勒为代表的科学管理理论和以法约尔、韦伯为代表的组织管理理论发展起来的管理科学学派;另一个是以乔治·埃尔顿·梅奥(George Elton Mayo)为代表的人际关系理论发展起来的行为科学学派。各主要学派的观点如表15-1所示。

表15-1 现代管理主要学派及其观点

学派	代表人物及著作、理论	主要观点
行为科学学派	亚伯拉罕·马斯洛(Abraham Maslow):需求层次理论;道格拉斯·麦格雷戈(Douglas McGregor):人性假设XY理论	①人是"社会人",不是单纯的"经济人",人除了追求物质金钱,还有社会、心理方面的需求,即追求人与人之间的感情、友谊、安全感、归属感、受人尊重等;②企业中除正式组织之外,还存在非正式组织,即由具有共同的兴趣、感情、倾向等因素的人自然形成的非正式群体;③新型的领导能力在于提高职工需求的满足程度,以鼓舞职工士气,从而达到提高生产效率的目的
社会系统学派	切斯特·巴纳德(Chester Barnard):《经理的职能》	①社会各级组织都是由有意识进行相互协调的个体构成的协作系统;②正式组织系统应包括成员相互协作的意愿、共同的目标和信息的联系三个基本要素;③一个组织中既有正式组织,也有非正式组织,两者相互创造条件;④经理人员是协作系统中的关键因素,他们的职能就是对协作进行有效的协调,以便协作系统能够正常运转
决策理论学派	赫伯特·西蒙(Herbert Simon):《管理决策新科学》	①决策决定着管理活动的成败;②系统阐述了决策原理,并提出用"令人满意"准则代替"最优化"准则;③提出了决策过程的一般程序以及决策分为程序化和非程序化两类
经验管理学派	彼得·德鲁克:《管理的实践》《管理——任务、责任和实践》	①管理的理论知识是"过时"的经验;②管理工作应当从实际出发,着重研究大企业的管理经验,以便在一定情况下将经验上升为理论,但在更多的情况下,只是为了将这些经验直接传授给实际工作者,向他们提出有益的建议
权变理论学派	琼·伍德沃德(Joan Woodward):《工业组织:理论和实践》	①组织应根据所处的内外部环境的变化随机应变,重视对内外部环境的研究,要求做到"具体问题具体分析";②环境与管理之间存在着一种函数关系,将环境作为自变量,管理作为因变量,根据两者之间的函数关系来确定一种更适合于组织的管理方式;③管理规律性要建立在调查、分类的基础上
管理科学学派	埃尔伍德·斯潘塞·伯法(Elwood Spencer Buffa):《生产管理基础》《现代生产管理》	①尽量用数量方法客观描述;②运用数学模型和程序,对管理领域中的人、财、物和信息等资源进行系统的定量分析,并求出最优的方案,以达到企业系统所追求的目标
管理过程学派	哈罗德·孔茨(Harold Koontz)、西里尔·奥唐奈(Cyril O'Donnell):《管理学》	①管理是由相互关联的职能所构成的一种程序;②管理的职能与程序是有共性的;③对管理职能进行分析可归纳出管理原则,管理原则可指导实践

15.3.3 企业管理与创新

1. 企业管理与创新的关系

企业创新一般分为技术创新和管理创新。技术创新是生产、学习、吸收和应用有价值的新颖知识,从而使产品、服务、工艺和制度得到更新和升级的过程。技术创新一般聚焦于技术和产品的更新升级,将技术创新的外延拓展到服务层面,其概念进一步得到拓展。然而,随着经济的发展,企业仅依赖这一种创新形式已难以获得良好的创新绩效,还必须依赖企业管理创新。

实际上,企业管理创新着重于资源整合和过程优化,以一种更为灵活和敏捷的制度、方法或流程等,减少经营管理摩擦,从而提高企业效益。企业需要更高的风险承担水平才能承受技术创新投资失败的风险,从而激发管理层和员工持续地进行技术创新。而企业管理创新则显示出相反的特征:企业管理创新投资多维度、分散化的特征降低了投资风险,同时注重资源优化整合的流程和方法的更新升级,通常无须持续稳定的资金投入。与技术创新的颠覆性变革相比,管理创新更多的是企业经营和管理层面的渐进式变革,其往往并不需要较长的投资周期。企业管理创新在克服组织惰性与僵化、根除组织深层次运行问题、系统提升组织绩效等方面具有不可替代的作用,是企业获取持续竞争优势的重要武器。

2. 管理创新的内容

管理创新由一系列的创新活动组成,具体包括目标创新、制度创新、企业管理制度创新、组织创新等。

(1) 目标创新

企业经营是在一定的经济环境中进行的,企业经营目标也是依据环境而定的。当企业面对的环境发生变化时,其目标必然要随之调整,每一次调整都是一种创新。

(2) 制度创新

企业创新活动在很大程度上受制于企业制度,而企业效益又在很大程度上受制于企业创新活动。因此,制度创新成为企业获利的根本保证。对企业制度进行创新成为中外企业创新首当其冲的事情。所谓企业制度创新,是指企业在生产经营过程中建立新的生产经营函数或将各种要素进行新的组合的行为。由于制度创新在企业创新中具有基础性作用,其创新必然带来一系列效应,主要包括扩散效应、群聚效应、加速效应和更新效应。

(3) 企业管理制度创新

企业管理制度创新是指在企业管理组织、方式等方面所进行的重大变革,是实现制度创新的一个重要途径。其主要内容有:企业劳动人事制度的创新;企业分配制度的改革;建立现代企业财务会计制度;加强员工队伍思想建设和企业文化建设,全面提高企业素质。制度创新是企业改革的需要,也是社会生产力发展的需要。由于经济发展的环境、条件各不相同,没有哪一国的成功经验可以照搬和模仿,因此,制度创新是一项艰巨而又复杂的任务,需要有一个逐步发展的过程。

(4)组织创新

企业的正常运行要与其环境和制度相匹配,因此企业需要有相应的运行载体,即合理的组织形式和结构。企业所面临的环境变化和企业制度的创新,必然要求企业的组织形式和结构随之调整和变化。组织创新大多从两方面来考虑:一是改变组织中人员的行为;二是改变组织本身来影响组织中人员的行为。以人为中心的组织创新强调可以通过训练人员和组织发展的方式,达到组织创新的目的。而以改变组织行为为主的方法强调组织中非人性因素的修正,如组织结构、政策和程序规则的修正等。在国际组织创新过程中,这两种方式是并存的。

思考题

1. 企业的生命周期有哪几个阶段?各有什么特征?分析各个发展阶段的企业创新。
2. 什么是企业竞争力?企业竞争力有哪些理论?
3. 企业创新与企业的竞争力有何关系?有哪些企业技术创新战略?
4. 简述企业管理的内涵。
5. 企业管理与创新有什么关系?结合实例予以说明。

第16章
科技创新案例

本章将从区域、产业和企业三个层面介绍科技创新的典型案例,并总结科技创新的成功经验。

16.1 区域:全球科技创新中心[①]

16.1.1 全球科技创新中心的内涵、类型与功能

1. 全球科技创新中心的内涵

20世纪80年代后,伴随着硅谷、班加罗尔等一批具有国际影响力的科技活动中心的发展,区域科技活动的空间异质性问题逐渐受到关注。全球科技创新中心是指全球科技创新资源密集、科技创新活动集中、科技创新实力雄厚、科技成果辐射范围广大,从而在全球价值网格中发挥显著增值作用并占据领导和支配地位的城市或地区。全球科技创新中心的兴起、更替及多极化,本质上是由科技革命、制度创新、经济长波等因素的历史性演变所决定的,也是时间与空间要素相互交织的结果。有关全球科技创新中心的内涵,Geenhuizen[②]和Datta等[③]从科技创新参与主体角度展开研究,认为全球科技创新中心具有创新活动多主体协同合作的特征,是研究型大学、公私研究机构、企业和私人投资者高度聚集的知识密集型区域。Ritala等从科技创新治理主体角度进行分析,发现科技创新中心治理网络庞大且复杂,多由不同层级的政府、咨询机构、中介机构和企业等共同构成。[④] Khorsheed等从社会文化和创新政策角度对芬兰、韩国和新加坡的国家创新生态系统进行

[①] 以下内容主要摘编自陈强,王浩,敦帅. 全球科技创新中心:演化路径、典型模式与经验启示[J]. 经济体制改革,2020(3):152—159.

[②] Geenhuizen, M. V. "Knowledge Networks of Young Innovators in the Urban Economy: Biotechnology as a Case Study." *Entrepreneurship and Regional Development*, 2008, 20(2):161—183.

[③] Datta, S., Saad, M., Sarpong, D. "National Systems of Innovation, Innovation Niches, and Diversity in University Systems." *Technological Forecasting and Social Change*, 2019(143):27—36.

[④] Ritala, P., et al. "Knowledge Sharing, Knowledge Leaking and Relative Innovation Performance: An Empirical Study." *Technovation*, 2015(35):22—31.

分析，指出基础设施、人力资本、金融资本是科技创新中心科研能力提升的重要保障。[①] Felsenstein 提出，科技创新中心的建设一方面可以促进科技成果转化，另一方面可以成为区域经济发展或振兴的催化剂，进而促进当地经济的发展。[②] 国内学者杜德斌和段德忠认为全球技术创新中心主要关注技术创新和创新氛围。[③] 当一个城市或区域的科技创新活动的影响波及全球，成为引领世界科技产业范式变革的源头时，该城市或区域就成为"全球科技创新中心"。

2. 全球科技创新中心的类型

通过观察全球科技创新中心发展的案例，可以总结出三种发展模式：自组织模式、政府干预模式以及政府干预与市场协调发展模式。[④]

第一，自组织模式。美国硅谷是自组织发展模式的典型案例，类似的还有美国东海岸马萨诸塞州的128号公路科技区等。欧美大部分国家在制度设计上倾向于自由主义经济，强调市场的力量。从历史发展来看，自组织发展模式具有较强的生命力，已成为主流发展模式。

第二，政府干预模式。日本东京是典型的政府干预模式。日本政府通过五次"首都圈规划"将东京都市圈逐步打造为以高端制造和现代服务相结合的科技创新中心。这种政府规划的发展模式在各地的科技创新中心发展过程中也较为普遍，如法国等。政府干预模式在前期能较快提升地方科技创新水平，但也存在局限性，主要是因为创新主体之间互动学习的创新网络并没有形成。这也说明了集聚高端创新要素并不一定能产生创新学习网络。政府干预模式依然需要市场激励才能健康发展。

第三，政府干预与市场协调发展模式。政府干预与市场协调发展模式的典型是英国牛津郡。20世纪80年代以来，英国牛津郡的经济结构逐渐由农业与制造业转向"新型的混合经济"，高科技企业逐渐在这里集聚和发展，至21世纪牛津郡已经成为欧洲科技创新的重要中心之一。牛津郡的发展特点包括产业链纵向协同创新、企业间非交易相互依赖性、鼓励衍生创业等。这种模式的核心在于，政府干预主要在"共享平台"搭建，以这种形式来促进区域内自组织形式的形成。所谓"共享平台"包含了语言、文化、资金、技术、市场管理等在内的共享系统。

---

① Khorsheed, M. S. "Learning from Global Pacesetters to Build the Country Innovation Ecosystem." *Journal of the Knowledge Economy*, 2017(8): 177—196.

② Felsenstein, D. "University-related Science Parks—'Seedbeds' or 'Enclaves' of Innovation?" *Technovation*, 1994, 14(2): 93—110.

③ 杜德斌，段德忠. 全球科技创新中心的空间分布、发展类型及演化趋势[J]. 上海城市规划, 2015, 120(1): 76—81.

④ 邓方青，杜群阳，冯李丹等. 全球科技创新中心评价指标体系探索——基于熵权TOPSIS的实证分析[J]. 科技管理研究, 2019, 39(14): 48—56.

3. 全球科技创新中心的功能

全球科技创新中心不仅是世界新知识、新技术、新产品、新产业的策源地,而且是全球先进文化和先进制度的先行者,具有科学研究、技术创新、产业驱动和文化引领四大功能。

第一,科学研究功能。全球科技创新中心集聚众多世界一流大学和科研机构,集人才培养与知识创新为一体,是世界新知识产生的重要源地。

第二,技术创新功能。全球科技创新中心集聚大量世界级的科技型企业和跨国公司以及风险投资公司,在知识创新的基础上产生大量新技术,并通过产品创新、市场创新和管理创新带动世界产业变革。

第三,产业驱动功能。新技术的发明和市场化不仅会催生新的产业,还能推动传统产业特别是制造业的转型升级,提升城市和国家实体经济竞争力。

第四,文化引领功能。科技进步和产业创新会催生新的生产生活方式,塑造新的商业文化,从而引领全人类的文化发展。

16.1.2 全球科技创新中心的演化路径

1. 技术革命与全球科技创新中心的演进

全球科技创新中心的形成与技术革命有着密不可分的关系,其历史变革与演化路径如图 16-1 所示。人类科技史上先后发生过四次全球范围的技术革命。18 世纪 60 年代,第一次技术革命在蒸汽机的轰鸣声中拉开序幕,英国、法国和美国最先抓住历史机遇,建立了首批全球科技创新中心,并逐渐发展成为主导全球技术变革的领军力量。19 世纪 40 年代,电能的应用成为照亮电力行业的曙光,内燃机的发明带动钢铁、煤炭和机械等领域崛起,美国和德国抓住技术革命机遇,形成了全球科技创新中心两大阵营。20 世纪 50 年代,美国在第二次世界大战结束后通过移民政策从世界各地吸引大量顶尖科技人才,凭借原有技术的累积优势,在原子能和计算机方面取得了巨大突破。自此,美国掀起第三次技术革命,波士顿与硅谷地区发展成为全球科技创新中心的佼佼者。纵观技术发展史,前三次技术革命都是由西方国家主导,技术革命推动社会从蒸汽时代、电气时代向信息时代过渡演变。进入 21 世纪,技术革命的轴心力量开始从西方向东方转移,中国、新加坡、日本和韩国等国家抓住科技变革机遇,占据了智能时代技术革命主战场的一席之地。随着时间的推移,在这样的趋势下东方与西方的生产力差距将持续缩小,世界创新力量轴心随之转移并逐渐平衡,这将是百年未有之大变局的最重要变化。在第四次技术革命之后,人类的百年生产格局将会被重新塑造,全球科技创新中心也将呈现多极化分布。

2. 创新模式与产业结构的变革

全球科技创新中心往往伴随新产业与新技术的出现而形成,创新驱动发展战略在社

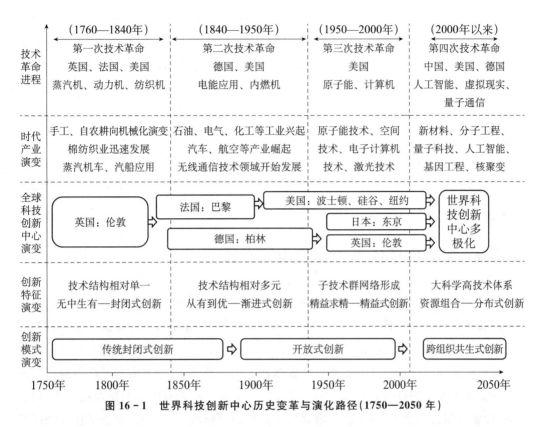

图16-1 世界科技创新中心历史变革与演化路径(1750—2050年)

会运作和经济效益方面的地位日益凸显。在全球科技创新中心的演变过程中,主要经历了传统封闭式创新、渐进式创新、精益式创新和分布式创新等范式。

第一次技术革命主要表现为传统封闭式创新,产业技术结构相对单一,创新链多由独立的企业或机构主导。在封闭式创新范式的影响下,工业技术实现"从无到有"的突破。生产方式从原始手工、自耕农向机械化过渡,蒸汽机车、汽船开始应用到工业生产过程中,棉纺织业迅速发展,首个全球科技创新中心在英国伦敦形成。

从第一次技术革命到第二次技术革命,创新范式逐渐向渐进式和开放式演变。渐进式创新强调通过不断的、渐进的、连续的小创新完善技术,产业链优势互补形成上下游创新成果匹配,创新活动运作高效且完整。在开放式创新范式影响下,产业技术结构逐渐多元化,创新链转型升级为多主体参与形式,工业技术实现"从有到优"的动力升级模式。自此,美国和德国将电能和内燃机应用到工业生产中,石油、电气、化工等工业逐渐兴起,无线通信技术领域开始发展,汽车、航空等产业迅速成熟崛起。

在第三次技术革命中,全球创新网络在英国、法国、美国、德国和日本等国家形成,跨组织共生式和精益式创新范式日渐兴起。跨组织共生式创新以创新生态系统为核心,强调知识密集型部门的协同合作和创新要素丰富区域的聚集联动效应,注重产学研用的共生关系。在新型创新范式作用下,产业逐渐形成技术网络群结构,并向大科学高技术体系衍生,创新生态系统逐渐发展成为"四螺旋、多群落、多形式"的共生模式。"四螺旋"模式是基于政府(公共机构)—企业(产业)—大学机构(科研)—用户(市民)结构新视角的创新范式;多群落效应使创新要素形成更加明显的集聚效应和联动效应;多形式创新包含整合式创新、责任式创新和开放式创新等多种创新形式,创新活动更具针对性。

在新一轮科技革命中,创新范式逐渐演变为分布式创新,产业结构和创新要素在资源流动过程中重新布局,全球创新链、产业链、价值链和供应链将发生重大改变。在创新型国家建设背景下,创新驱动发展战略将推进国家供给侧与需求侧结构持续优化升级,劳动密集型环节将逐渐被知识密集型机构的创新成果替代,专业化分工促进创新资源流动倾向更加明显。

16.1.3 全球科技创新中心的典型模式

1. 伦敦模式——打造科技与金融互补发展的多元化创新中心

伦敦是全球首个科技创新中心,拥有发达的科技产业和服务业,是世界金融、艺术、文化和科技中心。伦敦之所以发展成为多元化国际中心,一方面在于银行和相关保险业务集聚形成的独特优势为其发展科技金融奠定了良好基础;另一方面在于众多科研院所和跨国企业为其成为创新型城市奠定了基础。在全球科技创新中心的建设过程中,伦敦采取"国家—城市—地方"的多级政府共治的科技创新行政管理体系,营造了良好的创新生态环境。伦敦注重高新技术产业和金融科技产业的互补发展,着力打造更具国际影响力的多元化创新中心。伦敦科技创新中心建设模式如图16-2所示。

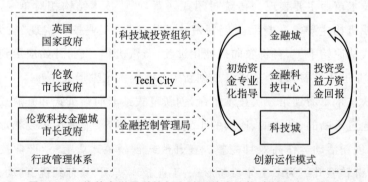

图16-2 伦敦市利用科技与金融互补发展推动创新中心建设

第一,构建多级政府共治的科技创新行政管理体系,为科技与金融互补发展提供了政策支持和制度保障。一是国家层面,政策出台宏观调控和财政输出政策支持创新。二是城市层面,通过中观治理和体制保障促进创新。2010年,伦敦市政府推出伦敦东区建设"Tech City"计划,通过发展一批初创科技公司打造科技聚集地,形成金融和科技互补驱动的全球科技创新中心。三是科技城层面,科技与金融互补发展和自我治理。伦敦金融科技城下设金融控制管理局，专门管理伦敦市的科技创新中心建设和金融科技环境。伦敦金融控制管理局出台的税收政策简单有效，包括企业家的低资本所得税减免、研发税收抵免、早期投资者的企业投资计划和新设备税收减免等。

第二，构建科技与金融双向促进、互补发展的创新运作模式。一是金融城向科技城提供初始资金。数据显示，伦敦共有五百多家银行，是世界银行数量最多的城市。伦敦城每年进行的外汇成交总额可以达到约4万亿英镑，是目前世界上最大的国际主要外汇市场。伦敦金融体系庞大，可以向科技创新体系注入大量的启动资金。二是科技城崛起创造大量就业岗位并吸引创投资本。2010—2015年，伦敦科技企业数量增长了近50%，这些企业创造了近30 000个新工作岗位，成功吸引342亿美元创投资本，有效带动了伦敦金融市场发展。

2. 纽约模式——政府"对症下药"解决创新生态难题

2008年金融危机后，为促进城市经济复苏，纽约市政府将工作重心放在扶持具有竞争优势的行业上，并实行专门的创业行动计划激励行业可持续发展，旨在通过激发中小企业创新活力来恢复国民经济。创业行动计划以鼓励技术创业为出发点，由纽约市政府调控治理，纽约市经济发展公司（New York City Economic Development Corporation, NYCEDC）负责具体实施，多维度干预，助力科技创新企业发展。纽约市创新治理体系如图16-3所示。NYCEDC是战略实施、创新治理和政策保障的关键机构。在创新治理过程中，NYCEDC确定了支持纽约市科技创业生态系统发展和可持续发展的关键领域，并将其作为政治目标，制定了一系列促进关键领域发展的创新创业保障政策。

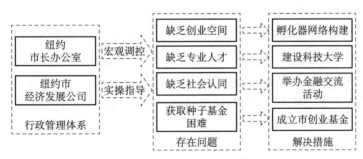

图16-3 纽约市创新治理体系

第一，政府与企业合力打造纽约市科技人才管道，促进企业与高校间定向合作关系链条形成，并通过科技人才管道提供相关职业教育和技能培训，高度匹配岗位需求与就业需求。纽约市"科技人才管道"（Tech Talent Pipeline）计划推行于2014年，旨在解决企业科技岗位人才供应不足与高校毕业生就业困难的问题。一方面，为满足企业对技术人才的需求，NYCEDC与职业培训教育机构开展定向合作，通过科技创新暑期培训班帮助毕业生更好地了解岗位并快速掌握技能；另一方面，为提升高校毕业生就业质量，纽约市推出"CUNY 2x Tech"计划，与世界500强企业达成协议，为毕业生提供轮岗实习机会，并鼓励企业高技术人员参与课堂教学。2019年,"科技人才管道"计划已成功与385家企业结为合作伙伴,并吸引17家高校参与到科技创新人才职业培养体系中。

第二,成立创业基金组织,解决当地创业公司获取种子基金难的问题。2008年,NYCEDC推出"纽约种子基金"计划,旨在推动概念产品的加速研发。该计划借鉴孵化器计划的成功经验,倡导政府组织不直接干预投资决策,并鼓励知名企业家和风险资本家为初创企业提供指导。NYCEDC注重资金获取的开放性,没有条条框框的投资条件限制,适用于在纽约合法注册的企业。宽松的政策环境为基金投资者提供了自由权限,为纽约科技公司投融资带来新的发展机遇。

第三,关注信息传播对企业发展的影响,通过构建数字化信息交流网络增强企业间的联系,营造良好的信息融通环境。2014年,纽约市政府联合IBM公司推出"城市数字化战略",旨在打造纽约市在线创业服务中心,为初创企业提供整个地区的行业发展与创业相关信息,包括纽约市所有科技公司、初创企业、投资者、创业孵化器、工作间、活动及社会招聘等信息。政府通过数字化战略为科技企业提供了良好的信息融通环境,并在科技创新社区和城市之间形成了畅通的数字交流渠道。

3. 首尔模式——实行市民共治的社会创新模式

首尔市政府倡导社会开放治理,推动市民参与社会建设和创新治理。首尔市政府重视与市民之间的相互影响关系,其推行的市民共治的社会创新路径如图16-4所示,形成了以政府、创新局和市民为主体的"三螺旋"模式。2011年,首尔市政府发起"市民是市长"的倡议,鼓励市民主动参与市政工作。2013年,首尔市政府设立了世界上首个市级主管创新的政府机构——首尔市创新局,旨在将首尔打造成为创新共治城市。首尔市创新局隶属市长办公室,负责首尔市电子政务平台的构建和维护,同时保证市民意见对公共政策制定和实施的影响效力。在城市建设过程中,规划项目可以由市民提案,并且通过市政府和市民一起评估提案,综合评定考量是否接纳建议。电子政务平台使首尔市民能够直接参与城市规划、创建、实施和评估的各个阶段,群策群力提升城市发展水平和质量。

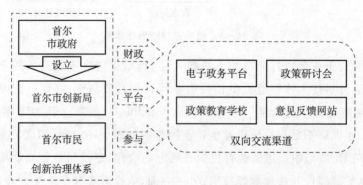

图16-4 首尔市市民共治的社会创新路径

第一,通过政策研讨会进一步提高市民共治程度,集合市民智慧发挥社会创新优势,促进城市更好更快地发展。数据显示,首尔市创新局自设立以来,已经举行超过 6 000 次政策研讨会,累计听取超过 60 万公民的意见。2017 年,市民发起的 35 个项目被纳入城市预算,15 个城市自治区采用了新的经营理念,包括促进市民委员会的公私合作治理,其中出现了许多成功的市民主导政策制定的案例。

第二,面向市民开办政策教育学校,安排城市运作和创新创业教育课程,提高市民参与创新治理的提案质量。在双向交流过程中,不仅要保证市民积极参与城市创新治理,在"量"上夯实基础,还要确保市民提出解决方案的"质"的提高。因此,首尔市政府为市民参与创新治理专门创办学校,旨在通过课程教育指导市民了解创新基本机制和城市运作原理。自 2016 年以来,学校为公共和私营部门举办多场教育活动与培训课程,并注重培养市民在未来规划、项目设计、创新治理和沟通议事方面的能力。

第三,设立双向意见交换和信息反馈平台,保证信息有效传达,开放数据使政务公开透明化,推进市民建言献策便捷化。为了确保市民共治过程中沟通机制的有效性,首尔市政府制定了与首尔市民沟通交流的三个原则:一是市政府与市民之间的沟通必须保证双向对话,这就要求市政府与市民之间的交流是意见的交换和反馈,而不是单方面告知;二是市政府的决策过程要更加透明,应向市民开放相关细节信息,使市民能够为城市管理提供建设性意见;三是市政府支持市民通过政府宣传渠道发表观点和意见。

4. 东京模式——推行官产学研协同合作,倡导科技改善民生

日本东京地区是全球科技创新中心之一,拥有日本 30% 的高等教育机构、40% 的高端人才和 50% 的国家科研机构,具有极强的科技创新能力并形成了良好的创新生态环境。在 2019 年全球竞争力排名中,日本位居世界第 6。日本近代文明始于明治时期,百废待兴的社会环境和西方资本主义的强烈冲击,迫使日本走上了"明治维新"的道路。日本维新成功的关键在于明治政府对科学技术地位的正确判断,在科技引进政策方面围绕"文明开化""富国强兵"和"殖产兴业"三大国策展开,侧重于在教育、军事和经济等制度方面施行系列变革,为日本人才培养体系、自主研发能力和产业技术融合奠定了重要基础。

东京本土企业极强的创新能力、东京的国际枢纽地位以及当地产学研合作三者相辅相成,带动了东京高新制造业稳健发展。一是东京市政府遵循市场经济发展规律,提倡顺应市场变化进行创新治理,强调企业产品设计要与客户需求紧密结合。东京凭借其国际枢纽地位,鼓励本地企业生产和对外贸易网络相互补充,推动东京逐步成为日本汲取全球外部知识与转移内部知识的中间纽带,在协调生产关系过程中不断优化政府服务职能。二是打造知识密集型创新群落,注重地区知识溢出能力建设和知识转移效率提升。一方面,政府支持大学教师在企业担任学术、技术顾问,提供科技指导和技术咨询,以增强知识溢出能力;另一方面,政府鼓励企业和大学召开系列科技知识交流活动,进而提高知识转移效率。东京的国际枢纽地位与产学研合作形成的创新集群相辅相成,逐渐演变成为典型的内生型全球科技创新中心。其全球科技创新中心建设模式如图 16-5 所示。

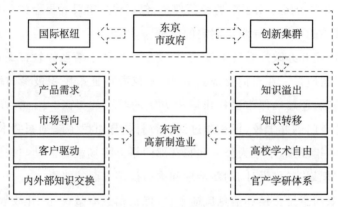

图 16-5 东京全球科技创新中心建设模式

第一,依托创新要素聚集优势,持续施策助力官产学研协同合作发展,促进创新集群的知识溢出与知识转移,实现社会创新资源高效协同。在全球科技创新竞争大背景下,日本政府充分认识到,企业和大学的创新改革意识较弱,创新要素未能发挥推动科技发展进而提升国民经济的作用。为应对这一局面,日本政府在 2018 年 6 月颁布的《科学技术创新综合战略 2018》中对产学研创新模式做出进一步规划,指出要构建新型人才、知识、资金等创新要素循环体系,重点推进开放式创新结构的强化、中小企业的创新能力强化和地方创新等工作。此外,日本政府文部科学省和经济产业省联合发布《产学官合作共同研究强化指南》,旨在构建以产学研为核心的知识集约型产业创新生态环境,同时推进官产学研合作的管理体制,促进企业资金向高校流动,计划到 2025 年企业对学术研究的投资额度达到 2014 年度水平的 3 倍。成功的官产学研合作模式为东京在科技成果转化、知识产权保护和技术交流等方面提供了强大支撑,有效激发了创新主体之间的创新活力。政府从科技研发、成果转化和知识产权保障等方面出台系列科技创新保障制度,并针对研究经费补助、研究管理人才、捐赠、其他竞争性资金、知识产权等内容建立知识共享数据库鼓励知识流动。

第二,政府推行"社会 5.0"模式,提升高新技术面向社会公众的应用程度,促进虚拟空间与现实空间高度融合,宣扬技术惠民精神,倡导科技改善民生。2016 年 1 月,日本安倍政府内阁会议通过了第五个国家科技振兴综合计划《第五期科学技术基本计划(2016—2020)》,该计划首次提出"社会 5.0"战略,构建了完整的战略体系和实施方针。2018 年 6 月,日本政府出台《科学技术创新综合战略 2018》,再一次强调"社会 5.0"战略的重要性,并重点加强在大学改革、人工智能、农业发展和环境能源等与社会发展密切相关问题的政策落实。日本政府推行"社会 5.0"战略的核心目标是打造人工智能、物联网、大数据和人机交互等技术驱动下的"超智慧社会"。政府更加注重协同创新的开放性,强调从解决社会问题出发,要将高新技术应用于社会服务中,旨在通过政府干预形成更具社会实践意义的新型官产学研体系,以促进社会和经济同步发展。日本重视高新技术可能给未来社会变革和经济发展带来的潜在影响的预测,并计划通过物联网技术手段将物质与信息高度融合,进而实现人类社会活动个性化、智能化和便利化。

5. 上海模式——围绕"增强创新策源能力"的政策主线,提出促进主体创新

2015 年 5 月,上海市发布《关于加快建设具有全球影响力的科技创新中心的意见》("科创 22 条"),涉及体制机制、人才、创新创业等方面;2019 年 3 月,出台《关于进一步深化科技体制机制改革增强科技创新中心策源能力的意见》("科改 25 条"),围绕"增强创新策源能力"的政策主线,提出促进主体创新、激发人才活力、推动科技成果转移转化、改革优化科研管理、融入全球创新网络、推进创新文化建设 6 个方面 25 项重要改革任务和举措。2023 年,上海科技创新中心建设重点工作主要包括加快探索新型举国体制实施路径、更好发挥国家战略科技力量作用、加快建设高水平人才高地、加快构建以企业为主体的科技创新体系、全面推进战略性新兴产业体系建设等。据悉,上海将全力推动重大项目落地,全面推进现代化产业体系建设。具体任务目标包括:大力推动三大先导产业重大项目和改革任务落地,全面推进战略性新兴产业体系建设,推进产业智能化、绿色化、融合化发展,加快传统产业升级,全面支撑构建上海市"2+3+6+4+5"现代化产业体系。上海将推进集成电路全产业链发展,推进生物医药研发和产业化发展,推进人工智能产业融通创新,加快战略性新兴产业发展和产业转型升级,积极承担深空、深远海重大任务和项目,以科技创新赋能数字产业集聚发展。

16.2　产业:新一轮科技革命与工业 4.0

16.2.1　新一轮科技革命

当今世界正处在一个大发展、大变革、大调整的时代,人类社会充满希望,新机遇层出不穷。全球科技发展周期循环往复,新一轮科技革命孕育而生,全球政治、经济、科技结合日益紧密,错综交织。科技作为人类社会发展的原动力,正在塑造和影响全球的政治经济格局。2018 年 5 月 28 日,习近平总书记在两院院士大会指出:"新一轮科技革命和产业变革正在重构全球创新版图、重塑全球经济结构,科学技术从来没有像今天这样深刻影响着国家前途命运,从来没有像今天这样深刻影响着人们生活福祉"。

进入 21 世纪以来,全球科技创新进入空前密集活跃的时期,以人工智能、量子信息、移动通信、物联网、区块链为代表的新一代信息技术加速突破应用;以合成生物学、基因

编辑、脑科学、再生医学等为代表的生命科学领域孕育新的变革;融合机器人、数字化、新材料的先进制造技术正在加速推进制造业向智能化、服务化、绿色化转型;以清洁高效可持续为目标的能源技术加速发展将引发全球能源变革;空间和海洋技术正在拓展人类生存发展新疆域。总之,信息、生命、制造、能源、空间、海洋等领域的原创突破为前沿技术、颠覆性技术提供了更多创新源泉,学科之间、科学和技术之间、技术之间、自然科学和人文社会科学之间日益呈现交叉融合趋势。

2022年,科技部部长王志刚提出,新一轮科技革命和产业变革呈现了以下六个主要特征:第一,重要科学领域从微观到宏观各尺度加速纵深演进,科学发展进入新的大科学时代;第二,前沿技术呈现多点突破态势,正在形成多技术群相互支撑、齐头并进的链式变革;第三,科技创新呈现多元深度融合特征,人—机—物三元融合加快,物理世界、数字世界、生物世界的界限越发模糊;第四,科技创新的范式革命正在兴起,大数据研究成为继实验科学、理论分析和计算机模拟之后新的科研范式;第五,颠覆性创新呈现几何级渗透扩散,以革命性方式对传统产业产生"归零效应";第六,科技创新日益呈现高度复杂性和不确定性,人工智能、基因编辑等新技术可能对就业、社会伦理和安全等问题带来重大影响和冲击。

据统计,物理学、化学领域的诺贝尔奖一半都与重大科技基础设施相关。也正因为如此,近年来,中国布局建设了中国天眼、P4实验室(生物安全四级实验室)、上海光源、全超导托卡马克核聚变实验装置等一批具有世界先进水平的重大科技基础设施,要为技术前沿研究提供有力支撑。此外,化学、生物等传统依赖实验数据的学科,正逐渐开始利用大数据和计算机仿真模拟进行研究,人类知识获取进入"第四范式",比如麻省理工学院团队利用深度学习模型几天内就筛选了超过1亿种化合物,从中发现了强大的新型抗生素,可以杀灭多种致病细菌。

专栏16-1 人工智能

人工智能(artificial intelligence),英文缩写为AI,是研究、开发用于模拟、延伸和扩展人的智能的理论、方法、技术及应用系统的一门新的技术科学。人工智能是计算机科学的一个分支,它试图了解智能的本质,并生产出一种新的能以人类智能相似的方式做出反应的智能机器,该领域的研究包括机器人、语言识别、图像识别、自然语言处理和专家系统等。人工智能从诞生以来,理论和技术日益成熟,应用领域也不断扩大,可以设想,未来人工智能带来的科技产品将会是人类智慧的"容器"。人工智能可以对人的意识和思维的信息加工过程进行模拟,它不是人的智能,但能像人那样思考,也可能超过人的智能。

16.2.2 工业4.0

"工业4.0"这一名称主要是指人类历史上的第四次工业革命。第一次工业革命是

18世纪60年代至19世纪中期兴起的通过水力和蒸汽机实现的工厂机械化;第二次工业革命是19世纪后半期至20世纪初的电力广泛应用;第三次工业革命是20世纪后半期出现的基于可编程逻辑控制器(PLC)的生产工艺自动化。工业4.0则是利用信息化技术促进产业变革的时代,也就是智能化时代,是可与前三次工业革命比肩的技术革新。

工业4.0的概念最早出现在德国,在2013年的汉诺威工业博览会上正式提出,其核心目的是提升德国工业的竞争力,在新一轮工业革命中占领先机。随后德国政府将工业4.0列入《德国2020高技术战略》的十大未来项目之一。该项目由德国联邦教育与研究部和联邦经济与技术部联合资助,投资预计达2亿欧元,旨在提升制造业的智能化水平,建立具有适应性、资源效率及基因工程学的智慧工厂,在商业流程及价值流程中整合客户及商业伙伴。其技术基础是网络实体系统及物联网,即利用信息物理系统(cyber-physical system,CPS)将生产中的供应、制造、销售信息数据化、智慧化,最后达到快速、有效、个人化的产品供应。工业4.0项目主要分为三大主题:一是智能工厂,重点研究智能化生产系统及过程,以及网络化分布式生产设施的实现;二是智能生产,主要涉及整个企业的生产物流管理、人机互动以及3D技术在工业生产过程中的应用等;三是智能物流,主要通过互联网、物联网、物流网,整合物流资源,充分发挥现有物流资源供应方的效率,而需求方则能够快速获得服务匹配,得到物流支持。

工业4.0概念包含了由集中式控制向分散式增强型控制的基本模式转变,目标是建立一个高度灵活的个性化和数字化的产品与服务的生产模式。在这种模式中,传统的行业界限将消失,并会产生各种新的活动领域和合作形式。创造新价值的过程正在发生改变,产业链分工将被重组。工业4.0的本质就是通过数据流动自动化技术,从规模经济转向范围经济,以同质化规模化的成本,构建出异质化定制化的产业,这将对产业结构改革起到至关重要的作用。工业4.0所驱动的新一轮工业革命,其核心特征是互联。互联网技术降低了产销之间的信息不对称程度,加速了两者之间的相互联系和反馈,由此催生出消费者驱动的商业模式,而工业4.0是实现这一模式的关键环节。工业4.0代表了"互联网+制造业"的智能生产,能孕育大量的新型商业模式,从而真正实现"C2B2C"的商业模式。

16.3 企业:苹果、华为、比亚迪及特斯拉

16.3.1 苹果公司的创新分析[①]

苹果公司早期以生产电脑软硬件为主,2004年进入智能手机行业,凭借较强的创新

---

① 以下内容主要摘编自韩煜东,任瑞丽. 移动智能终端领域商业模式创新的系统性要素分析[J]. 科技管理研究,2015,35(8):143—146+157。

能力实施技术突破主导赶超路径,并借助 iOS 平台整合了创新互补资源,引领了智能手机的发展。

1. 价值主张的创新

苹果公司重新定义了手机的功能价值,拓展了人们对手机的需求,利用 iPhone 提供了对用户多样化需求的解决方案。在这样的解决方案中,从硬件角度来说,已经从原来的简单的通讯模块扩展到具有 GPS 模块、内存、处理器、重力感应模块、蓝牙、视频音频解码器、WiFi、电子指南针模块等,这些硬件是实现多种功能的基础。从软件角度来说,苹果公司开发的 iOS 操作系统提供了一个非常好的应用软件安装系统,从而能够完成用户所需要的多种功能;苹果公司又创建了 App Store,其提供了数以百万计的应用程序,而这些程序有效地扩展了移动智能终端的功能,使其作用得到了极大化的发挥。总之,苹果手机形成了一个三位一体的综合性解决方案,给顾客所能带来的价值效用是多方面的,是一个可以满足交流沟通、游戏娱乐、音乐欣赏、视频欣赏、阅读、在线社交、网页浏览、导航等需要的综合性平台。当然对于这样一个方案,市场需要有一个评价尺度来衡量到底哪家公司所能提供的产品更好,在诺基亚所主导的时代,市场的评价尺度曾经是"质量",但是在乔布斯主导下的移动智能终端时代,评价尺度已经变革为"用户体验"。

2. 盈利模式的创新

苹果公司在盈利模式上的创新主要通过与移动通信运营商合作的利润分成及应用程序下载分成两种形式来体现。在曾经的功能手机市场上,传统厂商都采用了销售硬件的盈利方式,相对来说盈利方式比较单一。苹果公司扩展了盈利途径,包含以下几个方面:产品销售的利润收入、与移动通信运营商合作的利润分成、产品附属配件的审核费、应用程序上架年费、音乐和应用程序的下载分成以及 iAd 的分成等。其中产品销售的利润收入以及与移动通信运营商合作的利润分成占了绝大部分,其余几个方面较少,但是其作用也非常重要。在以往的手机厂商和运营商之间的合作中,手机厂商往往处于弱势地位,但是乔布斯却改变了这一规则,其利用 iPhone 所能产生的市场效应,在 iPhone 刚刚问世时就和 AT&T 签订了改变市场规则的合约,由 AT&T 提供各种套餐合约降低 iPhone 的购买成本,但是通过今后每月的通信套餐进行弥补。在这个过程中,苹果自始至终从运营商的收入中进行分成也就是获得运营商的补贴,这使得苹果公司又开创了很大一部分利润的来源。而苹果公司开创的另一个重要的盈利途径就是 App Store 中的收费分成政策,对获得的付费进行三七分账;而 iAd 则是苹果公司开创的通过整体广告形式获得分成的方式。

3. 关键资源的创新

苹果公司很早就实行了生产外包战略,在全球整合创新资源,追求全产业链创新:苹果公司只负责产品的研发,零配件在全世界采购,最后由中国的台资企业代工组装。韩国、日本以及一部分中国台湾企业都是苹果公司的重要供应商。韩国厂商生产了 iPhone 的屏幕、处理器、内存、电池等主要零件,其他高端的零部件由日资企业提供,在 iPhone 中,从日本采购的零部件大约占总成本的 34%。苹果公司现已成为供应链管理最为优秀的企业之一。苹果公司对供应商的选择极为严格,所选的企业一般都是该零配件生产领域中最为优秀的企业。为了防范生产中的风险,每一零配件的供应商不会只有一家企业,即使是参与了苹果产品的生产研发并申请了专利的企业,苹果公司也会要求其将专利转让给另外的一到两家企业,由这几家企业共同为苹果公司供货。为了阻止竞争对手的模仿,苹果公司采用了阻击式的大订单采购,以控制上游的资源。2005 年,苹果公司曾以 12.5 亿美元的价格向三星和海力士等公司订下快速闪存记忆芯片的长期供货合同,以保证苹果公司在这一关键零部件的供货。当竞争对手希望推出类似的产品时,却发现产能已被买光,导致竞争对手在短期内难以推出类似的产品。苹果公司这样做的目的,一方面保证了自己的零配件供应,另一方面有效地打击了竞争对手,使竞争对手在短期内难以买到与苹果公司类似的零配件,从而无法模仿其产品。

4. 企业文化的创新

苹果的企业文化体现在"以人为本"的创新管理。首先,对员工要有充分的信任与尊重。苹果公司是由工程师而非管理者主导,而且大部分管理者都有长期的工程师经历,大家拥有共同的阅历就能相互理解、就能在管理者与员工之间建立互信与尊重。对于任何一个创新,苹果首先要求有 10 个方案,这是希望设计师们有足够的创新空间,在没有限制的情况下进行开放式的创新。然后公司会从中挑出 3 个方案来仔细研究,最终决定得出(不一定是选出)一个最优秀的方案。其次,激发员工的创新热情。苹果公司在招募员工的过程中就表示他们需要的是那种对公司、产品、整体格调和公司肩负的使命有真正激情的人。苹果坚信最好的创新驱动源于员工自发的激情,只有怀着推动社会前进的热情,才能够拥抱创新和独树一帜的理念。此外,苹果公司非常关心员工的生活,强调工作与生活的平衡。苹果公司为员工提供了周全的医疗保险计划,有慷慨的假期安排,为员工提供温馨而舒适的工作环境。苹果公司非常善于发展员工,让员工在工作中不断地学习,掌握自我提升的各种技巧,在心理上对生活与工作充满激情。员工在为公司源源不断地创新的同时,自身价值和事业目标都能得以实现。

16.3.2 华为的创新案例分析[①]

创立于 1987 年的深圳华为技术有限公司(简称"华为"),是一个以代理香港交换机

---

① 摘自刘海兵等. 后发企业技术创新能力路径如何演化?——基于华为公司 1987—2018 年的纵向案例研究[J]. 科学学研究,2020,38(6):1096—1107。

起步的中国民营企业。在明确的创新战略引导下,华为通过长期的研发投入和不断的技术突破,逐渐成为中国电信行业的头部企业。2020年华为全球有效专利数超过8.5万件,发明专利占比超过90%,其中欧盟专利局专利申请排名第一,达3 524件。经过30多年的发展,华为已成为全球领先的ICT(信息与通信)基础设施和智能终端提供商,业务遍及170多个国家和地区,服务30多亿人口。目前,作为5G技术的引领者,华为已经成为掌握未来技术的国际一流通信企业。

1. 华为的创新发展路径

以华为移动通信领域核心技术的变迁作为主要"逻辑口"对华为纵向历史事件中的关键事件进行串联,并以关键事件发生的时点作为华为发展的阶段性节点,可以大致将华为的发展勾勒为以下6个阶段:

(1)第一阶段:总代理时期(1987—1990年)

1987年华为创立之初,正值中国固定电话骨干网络的初建期,同时在"以市场换技术"的政策鼓励下,国外通信设备垄断国内市场、价格居高不下的局面日益严峻。在此背景下,任正非敏锐地意识到巨大的市场需求,开始代理香港交换机产品,并在全国范围内发展代理商,1989年华为已经建立了覆盖全国的销售网络。

(2)第二阶段:交换机时代以模仿为主的技术创新能力(1990—1993年)

1990年,华为利用敏锐的市场触觉实现从代理商到生产商的战略转变,但由于技术基础薄弱,只能通过接受客户预定的方式抢占市场,因此,这一阶段战略的主要表征是市场利用性战略。同时,华为调整创新范式以适应快速学习技术的要求,在简单的直线型组织结构下,通过土狼式的市场攻占策略积累研发互补资产。1991年,华为成功开发出能带24门分机的小总机BH03交换机。这一时期,得益于任正非早期的技术人才引进制度,华为的产品开发几乎是在"技术天才"的支撑下完成的,但仍局限于对"先行者"的简单模仿,且企业由于处于成长初期,规范的技术研发流程和战略体系仍未形成。

这一阶段,悬殊的技术距离是华为技术发展中最大的障碍,后发企业技术创新能力的首要维度体现在其克服技术壁垒、缩小技术距离的能力。由于知识基础薄弱、技术储备能力和技术效率能力缺乏其必要的表达环境,华为只能通过对"先行者"的模仿拓展企业知识存量,缩小其技术差距,因此,模仿创新能力成为这一时期技术创新能力的核心内涵。

(3)第三阶段:2G时期初步的二次创新能力(1993—1997年)

1993年起,在国外移动通信技术的不断发展及国家邮电部的政策支持下,华为洞察到移动通信市场的巨大商机,转战2G市场。这一时期,华为通过产品改进和完善服务成功占领中低端市场,逐渐确立品牌。同时尽管华为研发投入巨大,但仍停留在简单的工艺改进和流程优化,创新战略集中表现为成熟的市场利用性和低水平的技术利用性。在此基础上,其创新范式也进行了一系列适应性调整,主要表现在变革技术研发体系,组织结构调整为五大系统并列;建立基本制度规范——华为基本法;同时大量引进高校技术人才;提倡竞争型文化。这一阶段的创新范式表现出技术追赶的核心内涵。华为于1997年推出全套GSM系统和QuidwayS2430因特网交换机。通过"研发中学"(learning by R&D),完成了关键技术和市场知识的原始积累。

这一阶段,技术储备逐渐受到重视,但其技术储备仍处于较低水平,技术效率能力的体现也极不明显。同时,企业仍聚焦于技术追赶,重点在于技术利用性创新战略指引下的知识吸收和内化,以明确其核心技术的主要模型或模式,缩小技术距离。这一时期,华为技术创新能力介于完全的模仿创新能力与成熟的二次创新能力之间的过渡阶段,主要表现为对条件的适应性改进,因此可归纳为初步的二次创新能力。

(4)第四阶段:3G时期成熟的二次创新能力(1997—2007年)

1997年,华为的主要矛盾转变为产能过剩和内部低下的技术创新效率,在此矛盾的驱动下,华为在俄罗斯建立合资公司,走出进军国际市场的第一步;同时连续3年主攻3G,并积极与高通签订3G专利授权协议,直接利用成熟技术,确立了初级的市场探索性和成熟的技术利用性创新战略。基于战略引领,华为开始动态调整组织结构,改革技术研发流程(引入IPD,即集成产品开发流程),花费巨资大规模移植国际标准管理模式,同时强调集体奋斗的学习型组织文化。2003年华为根据欧洲市场需求率先提出分布式基站理念,实现欧洲3G市场的突破。

这一阶段,华为的技术创新主要是基于"反求工程"的改进型创新,对技术进行"功能性理解",技术距离明显缩小。2000年之后,华为陆续建立研究所、联合创新中心,储备优秀技术和人才资源,技术储备能力有所提升;IPD等规范性研发流程的引入,帮助华为实现了研发基本活动的高效衔接,技术效率能力实现巨大突破。因此,这一时期华为能够抓住技术机会,实现路径跳跃,技术创新能力类型演变为成熟的二次创新能力。

(5)第五阶段:LTE集成创新为主的技术创新能力(2007—2013年)

在2008年全球经济危机的大背景下,华为逆势而上,根据敏锐的市场触觉和对技术轨道的精准预测,早在2007年就做出从WCDMA向LTE技术轨道扩散的战略性技术转移,并于2008年建立了业界第一个LTE/SAE商用网络,创新战略呈现市场探索和技术利用的高水平均衡发展态势。

这一阶段,华为调整为适度分权的矩阵式组织结构,变革公司制度,优化业务架构,创新性地推出轮值CEO管理机制,同时提倡顾客导向的企业文化,创新范式呈现市场拉动的核心内涵。通过与运营商(客户)建立联合创新中心,实现技术知识的长期积累和渗透,为华为技术轨道的扩散提供了契机。接下来的发展中,华为实行高市场探索性、低技术探索性创新战略。在这一战略引领下,华为更加重视对知识深度的挖掘,培育其核心能力,是后发企业走出"马太效应"的关键时期。这一阶段华为的技术距离几乎开始消失,并开始出现"超越—追赶"现象。

(6)第六阶段:以 5G 原始创新突破为方向的技术创新能力(2013—2019 年)

立足于全球产业转型和跨行业融合的大背景,华为作为欧盟 5G 项目的主要推动者,发布 5G 白皮书,在全球 9 个国家建立 5G 创新研究中心。在这一创新战略渗透下,华为组织结构调整为强矩阵制结构,便于分权增强组织柔性,制度方面调整为以项目经营为中心,管理方面实现组织、人才、技术及经验等循环流动的高效管理模式,同时营造了开放、合作、共赢的企业文化氛围,创新范式呈现市场超越的核心内涵。随着行业地位的不断提升,华为实行高市场探索和技术探索性创新战略推动其持续发展。

这一阶段,华为已经拥有了改变技术范式"核心结构"的经验和知识储备,技术效率进一步提高,避免企业陷入"创新陷阱"。同时,其技术发展已与一流企业实现同步甚至超越。企业对于先进工艺流程和核心技术专利等创新资源的储备能力已经达到高水平,呈现主动的技术竞争态势。因此,华为实现换轨,其技术创新能力发生质变,表现为自主创新能力。

(7)第七阶段:以大数据和人工智能为基础的原始创新能力(2019 年至今)

华为认为未来 20—30 年人类社会将演变成一个智能社会,智能社会有三个特征:万物感知、万物互联、万物智能。在智能社会,物理世界将实现万物可感知,并转变为数字信号;网络联接万物,将所有数据实现在线联接;基于大数据和人工智能的应用将实现万物智能。为此,华为将围绕信息的全流程,研究和发掘未来的技术,从信息的产生、存储、计算、传送、呈现一直到信息的消费。比如,显示领域的光场显示,计算领域的类脑计算、DNA 存储、光子计算,传送领域的可见光通信等,以及基础材料和基础工艺领域的超材料、原子制造等。华为对未来创新的流程一方面表现为延长线上的技术创新,另一方面表现为突变的技术创新。

这一阶段,华为的创新路径已经步入了"无人区",到达当下人类社会的科技前沿,未来的创新发展也不再有先前经验可以借鉴,必须依靠基础理论的突破和基础技术的发明来推动。ICT 基础设施(如 5G、物联网、AI 等)是智能世界的基石,为实现对未来智能社会的假设和愿景,需要打破制约 ICT 发展的理论和基础技术瓶颈,实现理论突破和基础技术发明的创新,实现"从 0 到 1"的创新。

2. 华为创新历程的成功经验

一是遵循全球主流标准,积极参与标准组织。只有主流标准才能孕育大产业,才能成为领先者。华为采用世界最先进的技术、零部件、软件及平台,站在巨人的肩膀上,与行业顶尖企业过招,才能更快进步,才能取得行业技术主导权。华为积极参与国际产业组织及标准组织,加入全球 400 多个产业组织(如 3GPP、AII、IIC、ECC、LF、TMF 等),并担任了超过 400 多个的重要职位(如 IEEE—SA、BBF、ETSI、TMF、Linaro、Openstack、

OPNFV 和 CCSA 的董事会成员)。华为在全球拥有 8 万多件授权专利,其中很多基础和核心专利被标准组织广泛使用,是 5G 标准的最大贡献者。

二是以客户需求为牵引,创立联合创新中心。以欧洲市场为例,该市场的成功拓展奠定了华为国际一流公司的地位,而其成功的原因就是基于客户需求的创新。欧洲市场是国际主流通信设备公司的本土市场,低价竞争只会扰乱市场,只有技术领先和创新才可能被欧洲领先运营商所选择。华为站在帮助客户实现商业成功的角度主动创新。2005 年,华为突破传统基站的模式,开发了业界第一款分布式基站,解决了站址难找、安装困难、耗电和运维成本高等一系列难题,更快、更便宜地建设移动网络。2007 年,华为又在业界率先推出了 SingleRAN(单一无线接入网)基站,实现 2G、3G 基站合一(现在可以 2G、3G、4G、5G 合一)。这些系列化的创新,其价值不仅仅是帮助运营商降低 30% 总拥有成本,更是极大地降低了网络建设的门槛,提高了建网速度。这些产品和解决方案的巨大技术与商业优势,使得欧洲厂商不得不跟随华为,也推出类似的产品,从而这些产品成了行业的事实标准并引领了无线产业的发展方向。此外,2006 年华为与沃达丰(Vodafone)公司建立了第一个联合创新中心,真正从客户战略、产品方案、商业模式、产业发展等各方面与客户深度合作创新,牵引客户需求,共同解决行业面临的挑战和难题,实现商业成功。发展到今天,华为与客户和合作伙伴建立了遍及全球的 36 个联合创新中心。

三是利用全球资源开放式创新,与合作伙伴共建共享。围绕着全球技术要素及资源,华为在全球建立了超过 16 个研发中心和 60 多个基础技术实验室,包括材料、散热、数学、芯片、光技术等。华为围绕着全球人才和资源,建立研究中心。华为发起成立了绿色计算机产业联盟,共同拓展基于 ARM 的绿色计算机产业,目前已有国内外 50 多家成员单位。为了推动各行各业的数字化转型的进程,华为还发起成立了跨行业、跨产业的全球产业组织(Global Industry Organization,GIO),共同推动数字化转型的框架、规范、标准和节奏,从"抢蛋糕"到"做大蛋糕",做大产业空间。

四是遵循压强原则,做到厚积薄发。技术、解决方案创新背后是持续的研发投入。华为在研发领域的投资不惜成本,不仅投资于现在,同时投资于未来。早在 1996 年,华为预研部就明确要求预研费用必须占研发费用的 10% 以上,现在提高达到 20%—30%,这意味着华为每年有 20 亿—30 亿美元投入到前沿和基础技术研究。华为 2022 年的研发费用达到 1616 亿元,在全球所有公司中排名前 5 位。华为在全球现有超过 8 万研发人员,占总人数 45% 左右。华为坚信在产品之下的核心技术才是产品竞争力的来源,包括数学、芯片设计、材料、散热等。早在 1991 年,华为就设计了第一片 ASIC 芯片,并成立了芯片设计室,也就是今天的海思半导体有限公司的前身。现在,海思的"麒麟 990"是世界上最先进的 5G 手机芯片之一。华为有 60 多个基础技术实验室,700 多名数学博士,200 多名物理学和化学博士,这些都保障了持续的技术领先。如今华为的技术进步,都是依靠研发的长期投入、压强原则和厚积薄发取得的。

五是对管理流程进行创新,确保创新活动有序进行。创新不是漫无目的布朗运动,创新是可以被管理的活动。从 1997 年开始,华为构建了研发、供应链、财经、人力资源、市场等的国际化流程体系和最佳实践,从而奠定了华为走向世界的管理基础,同时确保了华为的运行和创新是有序的,通过确定性的流程和方法来应对创新的不确定性。

六是要与科研院所开放合作,共同研究。在中国科学院的支持和帮助下,华为把企业及科研机构的成果,通过产品转化成商业成功。2011 年以来,在芯片、人工智能(AI)、计算机等领域,华为与中国科学院 34 家合作单位开展了 286 项合作。

16.3.3 比亚迪和特斯拉的颠覆式创新[①]

铁路运输行业已经实现电气化运输几十年,但直到 21 世纪,电动汽车发展的两大瓶颈才逐步得到解决并不断优化。电动汽车瓶颈突破后,就能充分发挥其能源效率。根据"油井—车轮"(WTW,Well-to-Wheels)效率对比,对于传统内燃机汽车而言,柴油的 WTW 效率为 17%,汽油为 14%,混合动力汽车为 21%—24%,纯电动汽车高达 27%。对于我国汽车工业而言,电动汽车基本上将发动机和变速箱的瓶颈全部消除,从而能够实现换道超车。作为新能源汽车领域的两家巨头,比亚迪和特斯拉却呈现出了两种截然相反的颠覆式创新历程,为我们提供了较为经典的创新案例,下面将详细比较两家企业在创新模式上的不同。

1. 比亚迪的低端跨界颠覆性创新路径

(1)颠覆性跨界探索期:电池到汽车(1995—2003—2005 年)

首先,比亚迪在二次充电电池领域采用"高速度、高毛利"的发展模式,积累大量资金,为进军汽车行业提供资金支持。2003 年,比亚迪入主陕西秦川汽车,并重组北京吉驰汽车模具公司,通过并购快速掌握汽车设计和制造能力。

其次,目标市场明确,实施逆向创新。比亚迪瞄准金字塔低端的广阔市场,从低端起步,逆向研发合资经典车型,并在 2005 年推出第一款自主品牌轿车 F3。F3 是中国品牌首次跨入"万辆俱乐部"的单一车型,其最大特点就是高品质、低价格。

最后,快速复制第一次创业的成功经验,通过"人海战术"和"人手+夹具"的半自动化生产线以及垂直整合全产业链等方式实现超低成本。低成本优势是低端颠覆性创新的特点之一。

[①] 以下内容主要摘编自张枢盛,陈劲.数字智能化背景下电动汽车混合颠覆性创新模式研究——比亚迪与特斯拉案例[J].科技进步与对策,2023,40(24):51—60.

(2)颠覆性开拓期：商业化(2006—2009—2012年)

一是比亚迪通过IT产业与汽车产业的融合集成创新，极大降低研发和生产成本。将电池和手机零部件方面的经验消化吸收并运用到汽车上，设计与自主研发零部件模具，是比亚迪垂直整合模式成功的关键，也极大节省了成本，避免对设备制造商的依赖，使产品整体性能得以提升，从而实现融合集成创新。此时，比亚迪汽车超过70%的零部件由公司内部事业部生产。

二是利用IT产业和传统燃油产业获取资金，反哺新能源汽车开发。比亚迪通过在资本市场上市和向国际知名投资公司募资获取资金与信心，如2007年比亚迪电子（国际）有限公司在香港上市，募集59亿港元资金；2008年，巴菲特的伯克希尔—哈撒韦公司投资比亚迪18亿美元。

三是完成新能源汽车产业链布局，迎来国家政策红利，初步实现电动汽车的商业化运营。2008年，比亚迪收购电动机控制系统IGBT生产商宁波中纬；2009年，比亚迪收购湖南美的客车制造有限公司的全部股权，在资质上具备了制造电动大巴的能力；2009年，投资50亿元的电动车电池生产基地基本建成，意味着比亚迪初步完成电动车产业链构建。

需要说明的是，这一阶段比亚迪向上突破遇到困难，未能打破"10万元天花板"。但是作为战略上的过渡阶段，比亚迪没有被燃油车赛道锁定，使其可以在战略和战术上全力推进新能源汽车的发展。2010年，全球首批纯电动出租车（比亚迪e6）在深圳投运。这一阶段是比亚迪从"0到1"的过程，此后，比亚迪通过电动车开始向中高端车型发起冲击。

(3)颠覆性拓展爆发期：数字智能化(2013—2016—2023年)

首先，比亚迪于2013年推出双模电动车"秦"，完美实践"短途用电、长途用油"策略，代表颠覆性拓展爆发期的开始。这离不开一个非常重要的因素——政策红利，在制度机会窗口驱动下，政府政策支持能最大程度降低成本，给企业带来经济价值与长期优势。

其次，互联网科技企业开始进入汽车行业并快速崛起，以蔚来、理想、小鹏、零跑、威马、合众等为代表的中国造车新势力诞生。同期，特斯拉Model S正式向中国消费者交付，汽车行业进入一个激烈竞争的颠覆阶段。互联网对传统燃油汽车发起了降维式打击，使得汽车的核心竞争逐渐转移到软件上，产业呈现出无边界化，标志着数字化智能汽车时代的来临，新的汽车价值网络正在形成。这一阶段，比亚迪通过产业融合，开启汽车电子化、智能化风潮，并开始打造智能平台和车联网。一方面，比亚迪制定新能源汽车新标准，推进新能源汽车的多元化应用，例如2014年比亚迪发布"542战略"（百公里加速5秒以内，全时电四驱，百公里综合油耗2L以内），2015发布"7+4"全市场战略。另一方面，比亚迪从中低端开始发力，推出王朝系列秦、唐、元、宋、汉，通过新能源汽车侵入中高端市场。2021年，比亚迪发布DM-i超级混动，当年便实现100万辆新能源汽车下线。在市场全面爆发后,比亚迪推出海洋系列,从而形成王朝、海洋系列及腾势、仰望品牌,成功进入中高端市场。

最后,比亚迪于2022年宣布停止燃油汽车的整车生产,成功实现新能源汽车的完全转型。同年,比亚迪第300万辆新能源汽车下线,不仅再次问鼎全球新能源汽车销量冠军,而且连续10年稳居中国新能源汽车销量第一,成功实现中国情境下的颠覆性创新。

2. 特斯拉的高端跨界颠覆性创新路径

马斯克将很多惊世骇俗的想法逐个推向现实,是一个"天马行空"的美国硅谷创业者和企业家,具备较强的跨界甚至无边界创业能力以及整合全球资源进行创业创新的能力。

(1)高端颠覆性跨界探索期:硅谷汽车(2003—2011年)

特斯拉将硅谷IT技术、创业精神与电动车相结合,以IT理念造汽车,用新思维与传统底特律汽车巨头抗衡。特斯拉成立之初的定位是高性能运动型跑车,2004年马斯克投资特斯拉并成为最大股东。由于缺乏传统燃油车的研发基础,特斯拉通过招标与英国莲花公司共同开发电动车,特斯拉只负责完成电池管理控制系统部分,即电池包框体、电池保护连接结构和电池冷却系统等。作为联合研发的全球第一款高性能电动车,第一代特斯拉Roadster是一种跨界整合探索。特斯拉大量采购零部件进行组装,自身只掌握少量电池核心技术,并且生产由手工打造,价格高昂,销量不到3000辆,就市场销售而言并不算很成功,但就研发创新来说是成功的。马斯克通过不断融合互联网、硅谷IT,甚至SpaceX的经验,为特斯拉的后期发展奠定了基础。

(2)高端颠覆性开拓期:超级生产(2012—2016年)

2012年底,特斯拉推出电动超跑Model S,售价在6万—10万美元之间。2013年Model S销量达到两万多辆,规模效益开始显现,可谓厚积而薄发,震动了整个电动汽车行业。这一时期特斯拉通过以下方式实现快速发展:

第一,实现超级生产,快速提升产能、产品质量和自动化程度,降低成本。Model S基于NUMMI生产线打造,并采用真正的硅谷系统架构,融合了硅谷技术和思维。从2014年开始,特斯拉着手构建全新的智能工厂,即美国内华达超级工厂(Gigafactory)。内华达超级工厂被设计为一个垂直集成供应链,很多汽车部件都在此生产,从而能够不依赖供应商。

第二,特斯拉从2012年开始不断加大投资,全面打造全新的销售和服务网络。通过互联网和体验店直销,建立机动分队,提供上门维修和远程维修服务;建立超级充电网络;不投放广告,而是采用全新的营销和销售方式,极大节约了成本。

第三,通过开源消除电动汽车产业技术壁垒,吸引更多厂商进入。2014年,马斯克宣布特斯拉所拥有的专利全部开源,希望通过开源消除电动汽车产业技术壁垒,吸引更多厂商（尤其是传统汽车制造商）进入，提高电动汽车产业整体技术水平，迅速改变电动汽车产业的边缘地位，使其在数量、质量上形成与传统汽车产业相抗衡的竞争力，从而加速可持续化交通时代的到来。

(3) 高端颠覆性拓展爆发期：面向大众（2017—2023年）

2017年特斯拉推出 Model 3，一款价格约3.5万美元的大众消费车型，并且在2019年推出价格较低的 SUV Model Y。2017年特斯拉全球销量仅10万辆，2020年上升为50万辆，到2022年高达131万辆。

这一阶段，特斯拉继续通过并购快速获得技术和人才，逐渐形成完整产业链，推进垂直整合，甚至仪表板和座椅也在厂内生产。特斯拉专注于技术型的中小创业公司，通过收购快速获取人才和技术，不断提升自动化生产、自动驾驶和电池生产方面的能力。

特斯拉不断推进这一大型新能源闭环生态系统，初步构建起"车＋桩＋光＋储＋荷＋智"的新能源产业生态闭环体系，形成"纵向硬件垂直一体化＋横向软件定义硬件＋软硬件融合相互赋能"的新型商业模式，特斯拉生态圈协同效应逐步显现。

3. 特斯拉和比亚迪创新模式的比较

特斯拉是美国情境下的产物。美国汽车制造历史悠久，特斯拉只是从底特律模式切换到硅谷模式，其崛起是站在传统汽车厂商探索电动车的"巨人肩膀上"。特斯拉从一开始就走纯电路线，采用自上而下的高端跨界颠覆性创新策略，因而其价值网络构成也是全新的。与传统燃油汽车完全不同，特斯拉采用直销体系，没有任何转换和沉没成本。特斯拉通过技术创新和并购，整合全球供应链，快速获取技术和人才，扩大生产规模，充分利用各种红利，实现规模效益，从而降低成本。特斯拉通过公开专利，带动新能源产业的全球扩张，实现开源创新，并在外包与垂直整合创新之间找到平衡，打造自动驾驶、电池管理、底盘制造等核心优势。

比亚迪则是中国情境下的产物，是中国式现代化的典型代表。比亚迪从生产燃油车开始，采用自下而上的低端跨界颠覆性创新策略，在各方面积累到一定程度后，果断放弃传统燃油车生产，从而理顺价值网络，消除燃油车与新能源车的内在冲突，通过从逆向创新到垂直整合集成创新再到构建创新生态系统，成功进行范式转换，实现跨越式发展。

两家企业的发展崛起都采用"三步走"策略。比亚迪首先利用一定政策红利，从公共交通领域切入，成为品质验证和品牌推广先锋，并不断完善新能源汽车基础设施建设，逐步培育市场。其次，从燃油逐步向混动和纯电过渡，并利用政府补贴和人口红利打造中低端的双擎和纯电车型，不断实现技术突破和迭代。最后完成向中高端市场的侵入，完全放弃燃油车生产，转变为全方位新能源整体方案的领导者。特斯拉则从电动超跑入手，再推出产品级豪华车，最后推出面向大众的产品，进入家用消费市场。

思考题

1. 什么是全球科技创新中心？有哪些类型？
2. 简述全球科技创新中心的功能与演化路径。
3. 新一轮科技革命包括哪些内容？
4. 简述工业 4.0 的内涵。
5. 分析其他一些企业的创新精神，用具体事例予以说明。

教辅申请说明

北京大学出版社本着"教材优先、学术为本"的出版宗旨,竭诚为广大高等院校师生服务。为更有针对性地提供服务,请您按照以下步骤在微信后台提交教辅申请,我们会在1~2个工作日内将配套教辅资料,发送到您的邮箱。

◎ 手机扫描下方二维码,或直接微信搜索公众号"北京大学经管书苑",进行关注;

◎ 点击菜单栏"在线申请"—"教辅申请",出现如右下界面:
◎ 将表格上的信息填写准确、完整后,点击提交;

◎ 信息核对无误后,教辅资源会及时发送给您;如果填写有问题,工作人员会同您联系。

温馨提示: 如果您不使用微信,您可以通过下方的联系方式(任选其一),将您的姓名、院校、邮箱及教材使用信息反馈给我们,工作人员会同您进一步联系。

我们的联系方式:

北京大学出版社经济与管理图书事业部
通信地址:北京市海淀区成府路205号,100871
电子邮件:em@pup.cn
电　　话:010-62767312 / 62757146
微　　信:北京大学经管书苑(pupembook)
网　　址:www.pup.cn